Catherine Bronson

Leben nach dem Inzest

Frauen überwinden
traumatische Erfahrungen

Deutsche Erstausgabe

Wilhelm Heyne Verlag
München

HEYNE LEBENSHILFE
Band 17/101

Aus dem Amerikanischen übersetzt
von Traudi Perlinger

Titel der Originalausgabe:
GROWING THROUGH THE PAIN

ISBN 3-453-06555-7

Inhalt

Die Medusa. Verdrängung und Isolation: Die Feinde der Genesung. Drei Elemente der Genesung. Genesung: Wie Sie Besserung finden. Schuld, Verdrängung. Verlust unseres Selbst. Eignen Sie sich Ihr Selbst wieder an. Akzeptieren Sie Ihre Machtlosigkeit. Inventarliste. Ein Ort, der Ihnen gehört. Ein Freund auf Ihrer Reise durch die Aufarbeitung des Inzests. Der intellektuelle Ansatz ist unzureichend. Führen Sie Tagebuch.

Was ist Inzest? Häufigkeit. Die Opfer. Alle Methoden, um das Opfer gefügig zu machen sind gewaltsam. Wesenszüge der Mißbrauchstäter. Alkoholismus und Inzest. Gemeinsamkeiten bei Inzestüberlebenden und erwachsenen Kindern. Inzestfolgen. Posttraumatische Belastungsstörung. Häufigkeit von Inzest in Behandlungsgruppen. Verschleierte Präsenz. Drei Langzeitfolgen treten über ›Entwicklungsauslöser‹ auf. Chronisch traumatische Neurosen – Verdrängung und Wiedererleben. Parentifizierung – Beziehungsstörungen in der Familie. Generationenüberschreitendes Inzestrisiko. Inzest-Erkennungsprofil. Halluzinationen einer nicht-psychopatischen Person. Veteranen einer anderen Form der Gewalt.

Noelle – Ich sehe nicht aus wie ein Inzestopfer. Mein Vater war Alkoholiker. Meine Mutter: unzulänglich aber wichtig. Mit dem Mißbrauchstäter isoliert. Inzest ist Teil eines Kontinuums. Alle Risikofaktoren traten gemeinsam auf. Ich blockte die Erinnerung bis zur Geburt meiner Tochter ab. Ich liebe meinen Papi. Ich glaubte, kein Recht auf mein Leben zu haben. Mit Problemen aufwachsen. Die Nachwirkungen von Inzest. Eltern – der Phantasievater. Eine liebevolle und unfähige Mutter. Zwei Kinder wachsen allein auf. Die Geschichte umschreiben. Nachhaltige elterliche Verdrängung. Ich dachte nicht, daß ich dieses Glück empfinden könnte.

Megan — Eine Bilderbuchfamilie. Meine Mutter kreischte und tobte. Die schlechteste Mutter der Welt. Eine streng katholische Familie. Mutter brauchte mich nach dem Tod meines Vaters. Ich dachte, ich bedeute ihr nichts. Bei meinem Vater fühlte ich mich sicher — vor seinem Herzinfarkt. Vater krank — vom Bruder sexuell mißbraucht. Mein Bruder. Eine narzißtische Persönlichkeit. Warum hat er es getan? Scham und Entsetzen — ich wagte nicht, es meiner Mutter zu sagen. Ich verbannte es aus dem Gedächtnis. Heute — Fortschritte durch Therapie.

Didi — Nach dem Tod meiner Mutter mißbraucht. Meine Mutter war krank, solange ich denken kann. Man sagte mir, vielleicht stirbt sie. Ich durfte mich nicht von ihr verabschieden. Ungelöste Probleme — Tod und Inzest. Nach dem Inzest — schwere Jahre.

Ann-Marie — Ein streng gehütetes Geheimnis. Ich wollte nicht ich sein. Wir wurden nie erwischt. Eifersucht meiner Mutter. Ich erinnere mich schwach. Er machte mir angst. Es passierte betrunken und nüchtern. Ich denke, ich dissoziierte. Flucht in die Bücher. Es war vorbei und doch nicht vorbei. Fortschritte. Ich schütze meine Familie noch heute. Wem kann ich es sagen? Generationen der Leiden. Ich stelle mich der Wahrheit.

Brenda — Als Dreijährige mißbraucht. Betreuerin der Familie. Sexueller Mißbrauch durch den Pflegevater. Ich versuchte rauszukommen. Mir wurde die Schuld am Mißbrauch gegeben. Dissoziation — was geschah, als ich schwanger war. Die nächste Pflegefamilie. Ich habe nie geweint. Die Kirche. Phantasie und Willenskraft — Überlebenswerkzeuge. Eine gute Schülerin. Ehe — meine einzige Fluchtmöglichkeit. Scheidung und zweite Ehe. Sexuelle Schwierigkeiten. Meine Mutter — jagte mir noch im Tod Angst ein. Verleugnung — meine Tante. Verleugnung — der Priester. »Warum bist du so verbittert?« Es ist ihr Problem, nicht meins. Ich habe erreicht, was ich mir vorgenommen habe.

Ellen — Was ist wirklich geschehen? Die Krankheit meiner Großmutter. Ein weiterer sexueller Gewaltakt. Hinterher — Tod und Zerrüttung. College und Heirat. Alles bricht zusammen. Kampf gegen Depression. Veränderungen. Ein wachsendes Gefühl des Ichseins.

4. KAPITEL
Zwischen Inzest und Therapie: Verdrängung und Dysfunktion laufen Amok

Noelle — Nach dem Inzest — Angst und Mißbrauch. Dissoziation — ein Überlebensmechanismus. Klug genug, um zu fliehen. »Noelle lächelte immer.« Vom Wildfang zur Femme fatale. Hinweise auf das verborgene Trauma. Durchs Leben tasten und stolpern — eine unmögliche Person. Ich war so, wie ich sein mußte. Schule — das nächste Trauma. Ich wußte nicht, was ich tat. Krisen - Schule, mißbrauchender Psychologe und Selbstmord. Ein Schimmer von Bewußtsein. Neuanfang mit sechzehn — beinahe. College — Leistungsdruck und heimlicher Sex. Wieder zu Hause — Zusammenbruch. Erste Ehe — ich gegen

HEYNE
BÜCHER

LEBENSHILFE

die Welt. Kinder – die ich zunächst ablehnte. Kinder – ein neues Bewußtsein. Ich verliebe mich in einen Vater. Trennung einer freundschaftlichen Ehe. Ich lief vor Männern weg, die etwas zu geben hatten. Das typische Muster der Selbstzerstörung. Zwangsverhalten am Arbeitsplatz. Dinge, die mir einfach ›passierten‹. Beginn der Therapie.

Megan – Nach dem Inzest – Angst vor Nähe. High-School – es ist leicht, Jungen aus dem Weg zu gehen. Vater starb, aber das Leben ging weiter. College – weiterhin Vermeidung. Knapp davongekommen. Eine kontrollierte Beziehung. Selbstmord. Verdrängung. Depression führt zur Therapie. Umgang mit dem Tod. Inzest beherrschte nach wie vor mein Leben.

Didi – Eine schreckliche Zeit in meinem Leben. Ich versuchte, gut zu sein. Es ist leicht, ›schlecht‹ zu sein. Eine Stiefmutter. Toll war es nie. Es war mir völlig egal, was mit mir geschah. Danny – mein Ehemann. Liebesheirat. Ich hielt mich nie für gut genug.

Ann-Marie – Ich habe nie wirklich um meinen Vater getrauert. Schuld, Taubheit und Erleichterung. Glänzender Schulabschluß. Ein vielbeschäftigtes Leben. Ins College fortgeschickt. Er brauchte mich. Eine Liebe wie eine Achterbahnfahrt. Tschüß Jeff – hallo Dave. College-Retrospektive – verloren in schlechten Beziehungen. Flucht in die erste Ehe. Die Illusionen schwinden – Scheidung. Ich fange an, Kontrolle zu haben.

Brenda – Volle Verantwortung übernehmen. Selbstverteidigung. Schuldzuweisung annehmen. Ich fühlte mich unzulänglich. Pflegeeltern – Verdrängung. Im Beruf – die Superfrau. Als Mutter gab ich alles. Traumatische Therapie. Autoritätsfiguren zur Verfügung stehen. Sexuelle Manipulation. Ich liebe meine Kinder, konnte es ihnen aber nie sagen. Was soll aus mir werden? Ich ändere Negatives in Positives.

Ellen – Das Lied der Verdrängung. Minderwertigkeitsgefühle. Der erste Zusammenbruch. Dissoziation. Klinik und Schockbehandlungen – wieder ein Trauma. »Ich habe es nicht anders verdient.« Zweite Krise – erneutes Kliniktrauma. Erneute Dissoziation. Ich mußte überleben und zwar alleine. Erneuter Therapieversuch. Zweite Ehe – eine Katastrophe. Schuldgefühle, kein Ausweg. Erneute Beziehung – Liebe und Abscheu. Die Geschichte wiederholt sich – beinahe.

5. KAPITEL

Parentifizierung: Oder der ›Schau-wozu-du-mich-treibst‹-Effekt

Noelle – Ich war für meinen Vater verantwortlich. Ich sah, wie bedauernswert meine Mutter war. Was hätte ich sonst tun können? Ich opfere mich für Papi: ein tägliches Ritual. Meine eigenen Bedürfnisse mißachten. Erwachsene Beziehungen – Freunde. Sexuelle Beziehungen – heimlich und unbefriedigend. Andere Beziehungen – keine klappte. Zweite Ehe – eine schwierige Sache.

Beruf – unterbezahlt und überarbeitet. Fußabtreter und Superfrau in einer Person. Generationenüberschreitende Folgen der Parentifizierung. Ich wiederhole das Mißbrauchsmuster in meiner Ehe. Zunehmende Erschöpfung. Die Wahrheit verleugnen, um die Illusion zu erhalten. Mich der echten Gefahr stellen. Den Kreislauf der Opferhaltung erkennen. Den Kreislauf durchbrechen. Die parentifizierte Mutter: Erschöpfung führt zu Mißbrauch. Zu starke Kontrolle oder keine Kontrolle. Die Gefahr von Kindesmißbrauch. Hilfe durch Therapie. Patentrezepte helfen nicht.

Megan – Ich kümmere mich um Mutter. Eine Geschichte von Parentifizierung und Mißbrauch. Meine Mutter konnte ihre Kinder nicht beschützen. Als Erwachsene – unfähig, mich zu öffnen. Ich lerne, ein wenig zu geben und ein wenig zu nehmen. Sexuelle Beziehungen – ich meide meine Bedürfnisse. Ich nehme Verbindung zu meinen Bedürfnissen auf. Es ist besser, als es war.

Didi – Die Vergangenheit war nicht gerade perfekt. Ich kümmere mich um alle. Gefühle bagatellisieren, um Papa zu schonen. Ich richte mich stets nach anderen. Ich fühle mich ausgelaugt und verletzlich. Ich lerne, für mich einzutreten.

Ann-Marie – Mich um Mutter kümmern. Vaters Alkoholismus heilen. Meine Mutter – Eine Neubewertung. Mich immer um andere kümmern. Verwirrung in Bezug auf Bedürfnisse. Ehe – darf ich meine Bedürfnisse befriedigen? Kann ich es Liebe nennen? Ich darf nicht sein, wie ich bin. Ich habe ein Recht, auf der Welt zu sein. Selbstachtung. »Was habe ich falsch gemacht?«

Brenda – Ich war immer erwachsen. Als Dreijährige Elternpflichten übernehmen. Meinen Bruder beschützen. Ich ließ ihn im Stich. Ich habe noch heute Schuldgefühle. Versuch einer Schwester-Bruder-Beziehung. Alles war meine Schuld. Ich war für das Ego meiner Mutter verantwortlich. Zurückweisung. Meine Gefühle wurden nicht berücksichtigt. Ich übernehme für alles die Verantwortung. Projektion des Schmerzes. Generationenüberschreitende Folge der Parentifizierung. Meine Kinder, kleine Terroristen. Gib alles und fühle dich ausgenutzt. Ich habe mein Bestes getan. Unzulänglichkeit. Endlich akzeptiere ich das Kind in mir.

Ellen – Ich wäre besser nicht geboren worden. Ich glaubte, es sei meine Schuld. Jetzt brauchen mich alle. Schuldgefühle wegen meiner Mutter. Ich fühle mich noch immer mißbraucht und ausgenutzt. Ich sehe meine Mutter realistisch.

6. KAPITEL

Noelle – Die Spuren sind da. Dissoziation und Entfremdung – Überlebensgewohnheiten. Dissoziatives Wiedererleben. Wiedererleben im Verhalten –

Künstlerische Umsetzung. Sexualität. Emotionales Wiedererleben − Ohnmachten. Panik. Weinen. Rückblenden. Körperliche Empfindungen. Phobien und Ängste. Depression. Selbstmord. Kognitives Wiedererleben − Halluzinationen. Alpträume.

Megan − Wiedererleben − körperlich. Alpträume. Dissoziation.

Didi − Wiedererleben − körperlich. Rückblenden.

Ann-Marie − Emotionales Wiedererleben − Ängste. Kognitives Wiedererleben − Alpträume. Wiedererleben − Dissoziation. Im Verhalten. Körperliches Wiedererleben − Kopfschmerzen.

Brenda − Wiedererleben − Dissoziation. Körperliches Wiedererleben − Kopfschmerzen. Bettnässen. Emotionales Wiedererleben − Ängste. Kognitives Wiedererleben − Halluzinationen. Alpträume.

Ellen − Wiedererleben − Dissoziation. Emotionales Wiedererleben.

Noelle − Beginn der Therapie − einen Therapeuten finden. Eine Show abziehen. Zufällig auf das Thema Inzest stoßen. Sich vor der Wahrheit verstecken. Wir wollen so tun als ob. Arbeit mit Wiedererlebnissen. Verdrängung − wie sie sich anfühlt. Wie konnte er mir das antun? Fünf Formen der Erinnerung. In die Vergangenheit zurückgehen − ein Prozeß. Reaktion auf eine Erinnerung − Verleugnung. Umgang mit Erinnerungen − nicht zusammennehmen. Ich lerne zu überleben. Eine kleine Atomexplosion nach der anderen. Meine Kinder absorbieren meine Emotionen. Im Beruf − Konzentration auf die Gegenwart. Stellenwert. Mein Vater gehört nicht mehr in mein Leben. Meine Mutter − Angst und Wut. Sex − gehört der Vergangenheit an. Ich empfinde Sex als Mißbrauch. Selbst mein Aussehen hat sich verändert. Ich brauche Hilfe, um mich zu verändern. Selbstenthüllung − mit Vorbehalt. Veränderungen in Beziehungen. Ich steuere auf Lösungen zu

Megan − Beginn der Therapie wegen Depressionen. Ich erwähnte, daß mein Bruder mich belästigte. »Weil er mir das angetan hat!« Erinnerung − das reine Entsetzen. Hypnose − Erinnerungen gezielt freisetzen. Konfrontation − dem Sexualtäter die Verantwortung zuweisen. »Es gab gar keinen Sex.« Er war keine Hilfe im Therapieprozeß. Er hat die Wahrheit nie akzeptiert. Allein damit fertig werden − mit der Strömung schwimmen. Ich dachte, ich sei okay. Gruppentherapie − alle sahen so normal aus! Heute fühle ich mich als Überlebende. Alleinsein − besser oder schlechter?

Didi − Therapie. Ich ging zu einem Gespräch, in der Erwartung, hinterher geheilt zu sein. Eine Gruppe finden. Zwei Therapeuten, die Anteil nahmen. Mal besser, mal schlechter. Versuch, für meine Familie da zu sein. Ich fühlte mich schwach und wurde doch stärker. Die zweite Runde – mit meinem Vater ins reine kommen. Therapie mit dem Täter. Er hat nie gelernt, ehrlich mit seinen Emotionen zu sein. Ich schrieb alles in einem Brief – Wut, Verletzung, Schmerz. Er versuchte, mir Schuldgefühle zu geben. Die Gruppe ist eine große Hilfe. Therapiethemen – Kinder. Ich mache mir Sorgen, daß meine Kinder mißbraucht werden. Frauenthemen. Ich habe Glück, in guter Behandlung zu sein.

Ann-Marie – Suche nach einem Therapeuten. Suche nach einem Zeichen, daß etwas nicht stimmt. Endlich erhielt ich Antworten. Eine Gruppe finden. Die Isolation beenden. Rasche Veränderungen. Ist es allein leichter? Ehe unter Druck. Sich mitteilen. Heute stelle ich mich den Themen.

Brenda – Therapie. Nicht ernst genommen. Die Probleme verschwanden nicht. Erneutes Behandlungsfiasko. Endlich wirkungsvolle Behandlung. Versuch, es allein zu schaffen. Wieder in Therapie. Ein echter Wendepunkt. Erneute Herausforderung. Ich löse mich von meiner Mutter. Gute Beziehung zu meinen Kindern. Heute habe ich Entscheidungsfreiheit.

Ellen – Therapie. ›Therapie‹ hörte sich an wie Strafe. Ich muß mich meinen Problemen stellen. Mein Therapeut schlief in der Sitzung ein. Ich glaube, meine neue Therapeutin ekelt sich vor mir. Therapiethemen. Der Schmerz eines Neugeborenen.

Danksagung

Ich bedanke mich bei den Frauen, die durch ihren Mut und ihre Entschlossenheit, ihr Leben positiv zu gestalten, zum Entstehen dieses Buches beigetragen haben. Sie alle hoffen, mit ihren Lebensberichten die Leiden anderer Überlebender zu erleichtern und ihnen zu helfen, ihren Schmerz zu lindern. Wir dürfen nicht vergessen, daß wir nicht nur aus unserer Vergangenheit und unseren Dysfunktionen bestehen. Wir entfalten unser Leben zu tieferer Bedeutung.

Mein Dank gilt dem Women's Center von Northern Virginia. Dort werden Frauen nicht nur darin bestärkt zu ›überleben‹, sondern an ihren Leiden zu wachsen.

Mein Dank geht weiterhin an (in alphabetischer Reihenfolge): Lorraine Beaulieu, M. Ed (C. Ed), Northern Virginia Counseling and Consulting Associates of Springfield, Virginia; Mark Binderman, Ph. D., Vienna Family Therapy Clinic of Falls Church, Virginia; Jean Thurow, Psy. D., Woodstock, Illinois; für ihren Rückhalt und ihre fachkundige Kritik am Manuskript.

Mein Dank gilt John Small, Jr., dem Direktor des Verlags Parkside Publishing, der mich in diesem Projekt gefördert und ermutigt hat; Terry Spohn für seine Geduld und Beharrlichkeit als Lektor; Ellie Cerniglia, Pat Martindale und Georgeanne Glennon, die das Manuskript getippt haben; Nancy Ethiel für ihre einfühlsame Bearbeitung; Janet Plant, die Korrektur gelesen hat; sowie an Sharon W. Pepping für das Text-Layout.

Ich danke meinem Ehemann und meinen Kindern, die mir klar machten, daß unser Leben weitergehen muß.

Einführung

Dieses Buch richtet sich an ›Inzest-Überlebende‹. Es handelt von Inzest, wie er von Betroffenen *erfahren* wurde, nicht von Inzest, wie er von Außenstehenden sachlich-theoretisch analysiert wird. Der Sinn und Wert dieses Buches liegt in der Berichterstattung und dem Erfahrungsaustausch von sechs inzestgeschädigten Frauen. Es soll Inzestüberlebenden ein nützlicher Begleiter auf ihrer Reise in die Genesung sein. Es bestätigt die Erfahrungen vieler Überlebender und bietet Anteilnahme, Zuversicht und Hoffnung. Es gibt den Lesern zu verstehen: »Du bist nicht allein; auch du wirst es schaffen.«

Isolation ist eines der schmerzlichsten Elemente des Inzestgeschehens. Aufnahmebereiten Überlebenden stellt dieses Buch sechs neue Weggefährtinnen vor, die über die verschiedenen Phasen ihrer Heilung berichten.

Manches ist schmerzhaft, manches verwirrend, manches beunruhigend; doch alle Berichte sind ehrliche und exakte Aufzeichnungen auf dem Weg durch die Leiden als Inzestopfer zur Inzestüberlebenden bis hin zur endgültigen Befreiung aus dem Inzesttrauma.

Ein Großteil des Materials sind Tatsachenberichte, die allerdings einige analytische und theoretische Anmerkungen zum besseren Verständnis des Inzestgeschehens nötig machten. Ich habe mich bemüht, diese Erläuterungen möglichst verständlich und basisbezogen zu halten. Das Buch wurde von einigen erfahrenen Praktikern, die viele Jahre mit Inzestüberlebenden gearbeitet haben, gelesen und beurteilt. Es erhebt nicht den Anspruch, ein Lehrbuch oder eine theoretische Abhandlung zu sein. Dennoch finden auch Experten in den Lebensberichten wertvolle Fallstudien. Dieses Buch wurde nicht geschrieben, um die psychologische Forschung voranzutreiben oder um neueste klinische Techniken zu analysieren. Es stellt auch nicht den Versuch dar, alles zu sagen, was es über das Inzesttrauma zu sagen gibt.

Das Ziel dieses Buches besteht darin, Inzestüberlebenden

wertvolles Begleitmaterial, Hoffnung und Bestätigung ihrer Erfahrungen zu geben. Es will den Lesern zu verstehen geben: »Wir schaffen es, uns durch den Schmerz zu arbeiten. Das Leben kann gut sein. Heilung ist möglich. Wir wissen es. Wir machen uns auf den Weg.«

1. KAPITEL

Wir sind Überlebende

Wir sind Überlebende, keine Opfer. Als vertrauensvolle und abhängige Kinder waren wir Opfer, die von Menschen, die wir liebten und denen wir vertrauten, für deren Zwecke benutzt wurden. Zunächst fühlten wir, daß uns unser Körper weggenommen wurde. Später, als unser Schmerz und unsere Qualen auf Ablehnung und Verleugnung stießen, wurde uns auch unser Geist weggenommen[1]: »Nein, das ist nie geschehen. Wie kannst du es wagen, so etwas von deinem Vater (Bruder, Onkel, Großvater) zu behaupten!« »Das ist ja abscheulich – ich will nichts davon hören!« »Vergiß es. Es ist nicht wichtig.« Durch solche Sätze wurden wir gezwungen, unsere Gedanken und Gefühle an andere auszuliefern.

Eine solche Haltung endet damit, daß wir unsere Seele an Alkohol, Drogen, schädliche Beziehungen oder andere selbstzerstörerische Verhaltensweisen verlieren. Es sei denn, wir schlagen wütend mit der Faust auf den Tisch und sagen: »Schluß damit!« Gelegentlich müssen wir in tiefe Verzweiflung stürzen, um zu erkennen, daß unser Schmerz nie enden wird, wenn wir ihn nicht anpacken, umdrehen und ihm ins Gesicht sehen.

Und wir *können* ihm ins Gesicht sehen. Im Prozeß der Genesung sehen wir dem ›Monster‹ ins Auge. Wir untersuchen es, wir werden mit ihm einig und wir befreien uns ein für allemal davon. Wir nehmen unser Selbst wieder in Besitz und befreien uns, wir sind nicht länger Opfer, nicht länger Überlebende, sondern endlich wieder unser eigenes Selbst.

Die Medusa

Aber wie gerieten wir überhaupt in den Griff unseres Monsters? In der griechischen Mythologie gibt es die Sage der Medusa, einem grauenhaften Ungeheuer, bei deren Anblick der Betrachter zu Stein erstarrte. Die Medusa wurde in ein Verließ gesperrt und alle Menschen wurden gewarnt: »Seht euch das Ungeheuer nicht an.«

Menschen, die Inzest erlitten haben, wurde das Gefühl gegeben, daß sie die Medusa in sich tragen. Man machte uns zu den Wärtern des Ungeheuers. Wir haben nicht nur den Schmerz des an uns begangenen Verbrechens erlebt, wir mußten auch den darauffolgenden Schmerz – die kalte Ablehnung und Verleugnung unserer Qualen – erdulden. Unsere Familien, die Gesellschaft, ja selbst Angehörige psychosozialer Berufe gaben uns zu verstehen: »Schau dir dieses grauenhafte Ding nicht an.« Wir waren gezwungen, das Ungeheuer allein in uns zu tragen, schützten andere vor ihm, wahrten den Schein, während wir innerlich Qualen ausstanden. Und immer wieder erhielten wir die Botschaften anderer: »Sieh nicht hin. Wir wollen es nicht sehen.« Solange wir uns dieser Botschaft nicht widersetzen und uns dem Ungeheuer nicht stellen, wird es unser Leben beherrschen.

Viele von uns wurden zu vollendeten Schauspielerinnen. Wir sind berufstätig, verheiratet, haben Freunde und Familien. Wir stehen morgens auf, ziehen uns an, setzen unsere Maske auf und lächeln. Wir gehen zu Parties und reden mit anderen Leuten über Belanglosigkeiten. Wir hören uns mitfühlend die Probleme unserer Freundinnen in ihrem Liebesleben, ihrem Beruf, mit ihren Autos, Kindern, etc. an. Gelegentlich greifen wir zu Alkohol oder anderen Drogen, um unseren inneren Schmerz ein wenig zu betäuben.

Häufig fühlen wir uns innerlich verwundbar. Die harte, kalte ›normale‹ Welt anderer Menschen durchbricht unsere schützende Fassade. Die Belastung, unsere Mauern der Abwehr aufrechtzuerhalten, überfordert uns, wenn wir zu lange mit anderen Menschen zusammen sind. Wir müssen uns an den sicheren

Ort in unserem Inneren zurückziehen, wo wir allein mit unserem Ungeheuer sind und keine Rolle spielen müssen. Dort dürfen wir weinen, verletzlich sein und trauern. Und niemand weiß davon. Viele von uns fühlen sich nur sicher, wenn sie alleine sind, weil sie dann niemand verletzen kann. Nur alleine dürfen wir so sein, wie wir wirklich sind. Verbotene Gefühle dürfen wir nur zulassen, wenn niemand davon weiß.

Es ist ein verrückter Gedanke, diese Welt im Innern zu besitzen, die nicht in die äußere Welt paßt. Manchmal denken wir: »Eine dieser Welten muß unwirklich sein!« Manche zweifeln an der Wirklichkeit ihrer Inzesterfahrung. »Vielleicht war es ein Traum?« *»Habe ich mir das alles nur ausgedacht?«* »Mache ich einen Riesenwirbel um nichts?« Auf diese Weise wird uns der Verstand geraubt.

Nur wenn wir auf der Wahrheit bestehen, können wir daran etwas ändern. Auch wenn Sie zunächst nicht daran glauben, da Ihre Lage aussichtslos erscheint, werden Sie auferstehen aus dem Leiden und der Enteignung Ihres Selbst durch den Inzest. Sie können Ihr Leben wieder in die Hand nehmen.

Verdrängung und Isolation: Die Feinde der Genesung

Die traditionelle Psychologie Freuds hat dazu beigetragen, daß die Wahrheit über Inzest nicht akzeptiert wird. Als Sigmund Freud, der Vater der modernen Psychologie, sich anhörte, wie junge Wienerinnen aus gutem Hause berichteten, sie seien von Vätern oder anderen männlichen Verwandten sexuell mißbraucht worden, war er verblüfft. Als Mann war ihm daran gelegen, das Bild des Mannes zu schützen, deshalb wollte er nicht glauben, daß große, starke Männer sich an hilflosen kleinen Mädchen vergingen. Daher konstruierte er eine einleuchtende Erklärung ihrer Berichte: Er bezeichnete sie als Phantasien, entsprungen aus dem sexuellen Verlangen der Mädchen nach ihren Vätern.

Aufgrund dieses Mythos wurden nahezu ein Jahrhundert lang Mißbrauchstäter geschützt und Inzestopfer Lügen gestraft. Die Kombination aus Verleugnung in der Familie und

Verleugnung seitens der psychosozialen Berufe verstärkte die Verleugnung in der Gesellschaft und hinderte die Betroffenen daran, sich mit ihren Verletzungen und Schmerzen in Behandlung zu begeben. In den letzten zehn Jahren wurde Freuds Irrtum aufgedeckt, und die psychosozialen Berufe begannen die weite Verbreitung von Inzest zu erkennen und gesund und einfühlsam darauf zu reagieren. Doch leider sind Verleugnung und Verdrängung der Gesellschaft, unter der wir alle täglich zu leiden haben, nach wie vor vorhanden.

Ich erwähnte in meinem Bekanntenkreis mein Vorhaben, dieses Buch zu schreiben. Die Reaktionen darauf veranschaulichen das Ausmaß der Isolation von Inzestopfern:

»Halten Sie Inzest nicht für überbewertet? Ich meine, ist das meiste davon nicht bloß Phantasie, Einbildung von Frauen, die ganz andere Probleme haben?«

»Es liegt doch erst echter Inzest vor, wenn es sich um eine Vergewaltigung handelt.«

»Oh.« (Ende des Gesprächs.)

»Ich will Ihnen mal was über diese Leute erzählen – das sind soziale Randgruppen. Bei denen ist so etwas eben üblich. Am besten, man läßt sie in Ruhe.« (Aussage eines ehemaligen Sozialarbeiters.)

»Insekten? Sie meinen – Käfer?«

Dabei handelt es sich um gebildete, intelligente, urbane Menschen. Wir alle wurden durch solche Anschauungen vor den Kopf gestoßen und verletzt. Dagegen können wir uns zur Wehr setzen.

Drei Elemente der Genesung

Verleugnung und Isolation verletzen uns. Wenn wir uns dem Schmerz gemeinsam stellen, werden wir schneller gesund. Der Prozeß der Genesung ist langwierig und mühsam und sollte nicht alleine unternommen werden. Drei Elemente sind unerläßlich:

1. Ein guter Therapeut, der mit den negativen Langzeitfolgen von Inzest vertraut ist und der Erfahrung in der Arbeit mit dieser Problematik nachweisen kann.
2. Eine Selbsthilfegruppe oder Therapiegruppe mit anderen Inzestüberlebenden.
3. Der Wille zur Heilung. Sie müssen das Gefühl haben, daß Sie ihren gegenwärtigen Zustand nicht länger ertragen können. Wenn Sie Ihren Seelenzustand nämlich einmal konfrontiert haben, können Sie ihn nicht wieder verleugnen. Es wird Momente geben, in denen der Prozeß so schmerzhaft ist, daß Sie wünschten, umkehren zu können. Eine Umkehr ist allerdings nicht möglich.

Genesung: Wie Sie Besserung finden

Schuld

Im Genesungsprozeß überwinden wir Schuld und Verdrängung, um unseren Schmerz über den Inzest auszuheilen.

Beherzigen Sie stets drei Dinge:

1. Es ist nicht Ihre Schuld.
2. Es ist nicht Ihre Schuld.
3. Es ist nicht Ihre Schuld.

Jahre der Verdrängung gaben vielen von uns das Gefühl, die Verantwortung an dem Inzestgeschehen liege irgendwie bei uns. Wir waren gezwungen – nicht der Täter – das Ungeheuer Medusa zu bändigen. Wir haben Schuldgefühle und schämen uns, weil wir das Ungeheuer mit uns herumschleppen, das von allen so sehr gehaßt wird, daß man sogar seine Existenz leugnet.

Um uns in unserer Haut wieder wohler zu fühlen, müssen wir uns vor Augen führen, daß das, was geschehen ist, *nicht unsere* Schuld war. Wir haben nichts Schlechtes getan. Wir müssen uns immer wieder den Grundsatz vor Augen halten: *Bei jeder sexuellen Aktivität zwischen einem Erwachsenen und einem Kind trägt der Erwachsene die Verantwortung.* Wenn Sie nicht von einem Erwachsenen, sondern von einem Geschwister oder einem Gleichaltrigen mißbraucht wurden, gilt: *Sie waren Opfer eines unausgeglichenen Machtverhältnisses. Die Partei mit der größeren Macht ist immer verantwortlich!*

Weiterhin gilt zu beachten, daß Inzest an sich gewaltsam ist[2]. Viele Mißbrauchstäter bagatellisieren ihr Verhalten und sagen: »Ich habe ihr nie weh getan.« Mag sein, daß wir nicht geschlagen oder gefesselt oder mit einer Waffe bedroht wurden. Mag sein, daß wir der Verführung erlagen.

Egal, wie bereitwillig wir machten, was von uns verlangt wurde, wir waren Opfer von Gewalt. Wir waren der echten oder wahrgenommenen Macht unseres Mißbrauchstäters ausgeliefert. Das ist Gewalt. Es fühlt sich an wie Gewalt, und es ist

Gewalt. Wir waren keine Komplizinnen; wir waren Opfer von Gewalt. Immer wenn uns Schuldgefühle peinigen, müssen wir daran denken.

Verdrängung

Die Unfähigkeit anderer[3], mit Inzest umzugehen, entstammt ihrem Entsetzen vor dem Verbrechen. Da wir als Opfer das Verbrechen verkörpern, richtet sich das Entsetzen gegen uns. Die Menschen haben Opfer nicht gern, da sie nicht wissen, wie sie ihnen begegnen, was sie sagen sollen. Sie glauben, reagieren zu müssen, wissen aber nicht, wie. Deshalb verhalten sie sich oft ungeschickt und sagen Dinge, die wehtun. Die häufigste Reaktion besteht darin, unsere Erfahrung irgendwie zu verleugnen.

Wir müssen bedenken, daß ihre Unfähigkeit, uns in die Augen zu sehen, ihre Unfähigkeit zu reagieren, *ihr* Fehler ist, nicht der unsere. Das bedeutet nicht, daß andere böse sind, oder daß wir böse sind. Es heißt lediglich, daß Menschen oft nicht wissen, was sie tun und wie sie sich richtig verhalten sollen.

Wie reagieren wir richtig auf die Verdrängung anderer? Es ist ein schwieriges Problem für uns und eines, mit dem wir uns als Überlebende kontinuierlich auseinandersetzen müssen. Diese Frage wird in einem der folgenden Kapitel eingehend erörtert. Eine Grundüberlegung müssen wir uns aneignen. Sie lautet: Verdrängung schadet unserem Selbstbewußtsein.

Durch Verdrängung verlieren wir unser Selbstbewußtsein[4]. Die Verdrängung setzt sich aus zwei Teilen zusammen – aus der Verdrängung anderer und unserer eigenen Verdrängung. Die Verdrängung seitens anderer ist der Versuch, Realität abzulehnen, da sie nicht wissen, wie sie darauf reagieren sollen. Wenn die Realität unserer Inzesterfahrung oder ihre Folgen in unserer Kindheit verdrängt wurden, machen wir uns diese Verdrängung zu eigen.

Die in unserer Kindheit entstandene eigene Verdrängung verstärkt sich im Laufe unseres Heranwachsens. Wir kommen im allgemeinen aus Familien, in denen Wahrnehmungen und Bedürfnisse von Kindern ohnehin wenig Beachtung und Bestätigung fanden. Als wir mißbraucht wurden, suchten wir bei den Menschen unserer Umgebung nach Antworten, die unsere Gefühle bestätigen sollten. Wie alle Kinder vertrauten wir unserem Umfeld, bei dem wir Vorbildfunktionen suchten, um darauf unsere eigenen Antworten und Denkweisen zu gründen.

Als erstes erfuhren wir, daß Inzest etwas ›Schlechtes‹ ist. Als zweites erfuhren wir, daß er nicht wirklich passiert ist; oder wenn schon, daß er nicht wirklich wichtig war, oder wir die Schuld daran hatten. Der Täter ist gewöhnlich der erste und gemeinste Vertreter dieser Verdrängung, der uns sagt: »Es ist bloß ein Spiel; ich hab dir nicht weh getan. Du weißt, daß es dir gefällt; es bleibt unser Geheimnis.« Als wir älter wurden, wurde unsere Verdrängung ständig verstärkt, da wir keine gültige Antwort auf unser Trauma erhielten.

Das Trauma blieb bestehen. Es verschwand nicht. Wir versuchten, uns eine andere Version der Realität anzueignen, was allerdings nie wirklich klappte, da unser inneres Erleben von Schmerz, Verletzung und Wut bestehen blieb und nie ganz verschwand. Mit der Botschaft, der Inzest sei nicht ›echt‹ oder nicht ›wichtig‹, gab man uns das Gefühl, unsere innere Erfahrung müsse etwas sein, *das wir erfunden haben, etwas, das wir uns selbst antaten.* Damit wurden wir gezwungen, uns selbst Schuld an unserem Trauma zuzuweisen. Wenn wir Trauer, Schmerz, Wut, Angst verspürten, war unsere Reaktion darauf: »Mit mir muß etwas nicht stimmen. Ich dürfte das nicht empfinden.« Der Bezug zum ursprünglichen Trauma war verloren.

Unsere Schlußfolgerung bestand darin, die ›Schlechtigkeit‹ des Inzests uns selbst zuzuweisen. Der Täter war vergessen. Wir wurden nicht nur für sein Verbrechen verantwortlich gemacht, sondern auch für die Folgen, die das Verbrechen auf uns hatte. Die Verantwortung wurde uns zu Unrecht einmal von unseren Peinigern, zum anderen von unseren Familien, der Gesellschaft und vielfach von unfähigen Psychologen angelastet. Wir trugen die ›Schlechtigkeit‹ des Inzests in uns; wir luden uns die Schuld und Beschämung auf, dafür die Verantwortung zu tragen.

Verlust unseres Selbst

Der nächste Schritt war der Verlust unseres Selbst. Durch Verdrängung und Verleugnung lernten wir daß unsere Gefühle, Gedanken und Wahrnehmungen falsch sind. Diese Haltung wurde uns meist von unserer Familie vermittelt, als wir noch Kinder waren. Uns fehlte damals die nötige Reife, um zu wissen, was wir wußten, und zu fühlen, was wir fühlten. Wir hatten noch nicht gelernt, unseren eigenen Wahrnehmungen zu vertrauen, und wuchsen heran, ohne wirkliches Selbstvertrauen entwickeln zu können. Als Erwachsene suchen wir weiterhin Bestätigung von außen, wie damals in der Kindheit.

Als Erwachsene richten wir uns nach äußeren Faktoren, um unsere Identität zu bestätigen. Wir eignen uns die Identität anderer Leute an und lassen unsere Selbstachtung von ihnen bestimmen. Wir lassen uns gewissermaßen sagen, was wir zu denken und wer wir zu sein haben. Letztlich besteht die Gewalt des Inzests nicht nur darin, daß uns die Bestimmung über unseren Körper genommen wurde, sondern auch darin, daß uns die Bestimmung über unseren Geist geraubt wurde. Wir fühlen nicht, was wir fühlen. Wir wissen nicht, was wir wissen. Wir müssen uns ständig den Empfindungen und dem Wissen, die uns von außen aufgezwungen werden, anpassen. Wir haben unser Selbst verloren.

Diese Vorgänge erlebt jede von uns sehr unterschiedlich. Wie viele von uns haben in ihrem Leben immer wieder versucht, eine andere Persönlichkeit zu sein? Haben wir nicht unsere Namen geändert? Haben wir uns nicht abhängig gemacht von unseren Beziehungen, unseren Leistungen, unseren Berufen, unserer Kirche oder anderen äußeren Faktoren, um unsere Identität und unsere Selbstachtung zu finden?

Eignen Sie sich Ihr Selbst wieder an

Unser erster Schritt in der Genesung besteht in der Wiederaneignung unseres Selbst. Nehmen Sie Ihre Erfahrungen, Ihre Gedanken und Gefühle für sich in Anspruch und bringen Sie ihnen Achtung und Liebe entgegen. Schützen Sie Ihr Selbst vor Unwissenheit und Uneinsichtigkeit. Wählen Sie Ihre Freunde mit Bedacht. Ebenso Ihren Therapeuten! Beschützen Sie sich selbst. Umarmen und lieben Sie das Kind in Ihrem Innern, das verletzt wurde und leiden mußte. Schenken Sie ihm Glauben und verteidigen Sie es. Dieses Kind gehört zu Ihnen. Sagen Sie ihm jeden Tag:

»Es war nicht dein Fehler.«

»Du bist sehr verletzt worden; nun kümmere ich mich um dich und mache es wieder gut.«

»Du bist ein guter Mensch, und ich habe dich lieb.«

Lassen Sie es weinen, leiden, wütend sein und trauern. Halten Sie es dabei in den Armen.

Akzeptieren Sie Ihre Machtlosigkeit

Das fällt vielen von uns sehr schwer. Viele können das Kind in ihrem Innern nicht annehmen. Manche hassen es sogar (womit wir uns selber hassen), weil es den Inzest ›zugelassen‹ hat. Wenn wir unser Selbst wieder gewinnen wollen, müssen wir zu einer Einstellung finden, die uns zunächst erniedrigend erscheint:

Wir waren unserem Täter gegenüber machtlos.

Wir waren echte Opfer.

Diese Wahrheit ist deshalb so schwer zu akzeptieren, da sie eine unserer liebsten Illusionen zerstört, daß wir nämlich stets die Kontrolle haben. Das Eingeständnis, machtlos gewesen zu sein, bedroht unser ›großes Ich‹ im Innern, das darauf besteht: »*Ich* war nie machtlos. *Ich* habe die Kontrolle.«

Wir befürchten, daß mit unserem Eingeständnis der Machtlosigkeit unser Selbstbild als starke und machtvolle Erwachsene zusammenbricht und wir wieder hilflos und verwundbar wie einst sind. Und wir fürchten uns vor Demütigung.

Daher machen wir das mißbrauchte Kind, das wir einst

24

waren, verantwortlich. Diese Haltung bleibt nicht ohne Folgen: Wenn das Kind verantwortlich ist, müssen wir es ablehnen. Wenn wir es ablehnen, lehnen wir uns selbst ab. Wir verlieren unser Selbst. Ironischerweise verlieren wir aber letztlich uns, wenn wir darauf bestehen, ständig die Kontrolle zu bewahren.

Inventarliste

Ein wichtiger Schritt, um sich Ihr Selbst wieder anzueignen, besteht darin herauszufinden, welche Aspekte Ihres Denkens und Fühlens Ihnen durch Mißbrauch und Verdrängung aufgezwungen wurden. Dies sind die Aspekte, die Ihnen solche Schmerzen bereiten. Es sind die Bereiche, von denen Sie sich trennen müssen, um Raum für Ihr Selbst zu schaffen. Dieser Schritt kann nur in der Therapie vollzogen werden. Sie müssen sich mit diesen Bereichen gründlich auseinandersetzen, wenn Sie Erfolg haben wollen.

Stellen Sie sich ein Zimmer vor, vollgepackt mit Trödel und Unrat, in dem kaum Platz ist, um darin zu leben oder die Dinge unterzubringen, die Sie brauchen und gern haben. Nach jahrelangen, ermüdenden Versuchen, sich in dem nutzlosen Trödel und Unrat einen Weg zu bahnen zu den wenigen Dingen, die Ihnen gehören, entschließen Sie sich endlich, eine Inventur zu machen. Stück um Stück nehmen Sie sich jeden Gegenstand in dem Zimmer vor, untersuchen ihn auf seine Brauchbarkeit und werfen ihn weg, wenn er nichts taugt. Sie schaffen Platz für sich selbst und finden endlich Zugang zu den Dingen, die Ihnen gehören.

Ein Ort, der Ihnen gehört

Wenn Sie Ihr Selbst wiedergewonnen haben, finden Sie schließlich einen festen Platz, auf dem Sie stehen können. Anfangs mag das nur ein winziger Fleck sein und Sie wünschten er wäre etwas größer und bequemer. Bleiben Sie dennoch Ihrem Standpunkt treu und respektieren Sie ihn. Die Verdrängung, die Ihnen einredete, Ihr wahres Selbst sei beschämend, funktioniert nicht mehr so gut, wenn Sie Ihren eigenen Standpunkt vertreten. Ihr Schuldgefühl und Ihre Scham verringern sich, wenn Sie sich der Tatsache stellen, daß der Mißbrauch Ihnen aufgezwungen wurde, wenn Sie die Verantwortung dem Mißbrauchstäter übertragen, dem sie rechtmäßig gebührt. Ihr Schmerz wird allmählich nachlassen und Sie werden feststellen, daß Sie ihn akzeptieren können, ohne daran zugrundezugehen.

Statt Ihre Erfahrung vor anderen zu ›verstecken‹, übernehmen Sie Selbstfürsorge und lehnen es ab, sich den Vorschriften anderer Leute zu unterwerfen. ›Sich verstecken‹ und ›sich schützen‹ haben nichts miteinander zu tun. Wir müssen etwas ›verstecken‹, wenn wir zulassen, daß Verdrängung uns die Schuld an Mißbrauch zuweist. Damit wird er zu unserer Medusa und wir beugen uns der Forderung: »Sieh das Ungeheuer bloß nicht an.«

Wenn wir uns mit unserem Mißbrauch auseinandersetzen, verlieren wir bald die Furcht vor der Medusa. Wenn wir uns selbst erkennen und unsere Gedanken, Gefühle und Erfahrungen als unser Eigentum beanspruchen, verwandelt sich die Medusa. Sie finden in Ihrem Inneren kein grauenhaftes Ungeheuer, sondern Ihr WAHRES SELBST. Sie haben Sich Ihr Selbst wieder angeeignet.

Sie brauchen sich nicht zu verstecken. Statt dessen werden Sie sich schützen und Sorge für sich tragen, und damit beginnt Ihr Heilungsprozeß.

Ein Freund auf Ihrer Reise durch die Aufarbeitung des Inzests

Dieses Buch richtet sich an Inzestüberlebende, die es wagen, der Medusa ins Auge zu sehen, die also ihr Selbst wieder gewinnen wollen. Dieses Buch wird Sie auf Ihrem Weg begleiten. Niemand sollte diesen Weg alleine gehen. Die Gemeinschaft, der Rückhalt und das Mitgefühl anderer, die diesen Weg ebenfalls gegangen sind, wird sich als hilfreich erweisen. Die Ein-

samkeit von Inzestgeschädigten ist unbeschreiblich. Ich kam
mir immer vor wie ein einsames, frierendes Kind in dunkler
Nacht, das durch ein erleuchtetes Fenster zusieht, wie andere
Leute Weihnachten feiern. Dieses Buch soll allen inzestgeschädigten Kindern ein liebevoller, mitfühlender Freund sein. Sie
stehen nicht mehr allein in der Finsternis.

Die folgenden Kapitel werden Ihnen helfen zu verstehen, was
Ihnen angetan wurde und welche Empfindungen Sie im Verlauf
der Konfrontation und Heilung zu erwarten haben. Das 2. Kapitel gibt Ihnen einen repräsentativen Abriß über Inzest und
seinen Folgeerscheinungen aus klinischer Sicht. Es stellt einen
theoretischen Bezugsrahmen für Therapeuten dar und faßt
unsere Erfahrungen in Fachbegriffe und Ordnungssysteme.
Unser Schicksal wird in diesem Kapitel in der Sprache der Psychologie beschrieben. Zusammenhänge werden vereinfachend
in Fachterminologie erläutert. Komplexe Erfahrungen werden
in Sammelbegriffen erfaßt, etwa der Begriff ›Dissoziation‹.
Beim Lesen dieses Kapitels beleuchten wir das Thema Inzest
von der Warte eines Psychotherapeuten.

Der intellektuelle Ansatz ist unzureichend

Viele von uns glauben, unsere Erlebnisse besser kontrollieren
zu können, wenn wir sie mit intellektueller Sachlichkeit analysieren. Es gibt uns ein Gefühl der Sicherheit, unser Verhalten
zu etikettieren und zu klassifizieren − wir bauen einen Käfig
aus Worten, in den wir unser Monster sperren. Häufig ist das
eine Form der Vermeidung emotionaler Realitäten und würde
uns letztlich daran hindern, mit diesen Emotionen ins reine zu
kommen, wenn wir es dabei belassen würden. Klinische Fachliteratur liefert uns Fachwissen und Fachterminologie, ist aber
kein Ersatz dafür, Gefühle zuzulassen. Inzest rein intellektuell
zu analysieren ist unzureichend. Wir müssen den Schmerz über
das, was uns angetan wurde, spüren. Wir müssen um uns selbst
trauern, bevor es uns besser gehen kann. Der Heilungsprozeß
kann einsetzen, wenn wir unsere Wunden lokalisieren und versorgen. Dieser Vorgang kann viele Jahre in Anspruch nehmen.

Häufig ist dieser Weg ermutigend und erfrischend, aber auch oft einsam und beängstigend.

Daher befaßt sich dieses Buch vorwiegend mit den Erfahrungen Inzestüberlebender auf ihrem Weg durch den Heilungsprozeß. Jedes Kapitel beschäftigt sich mit einer Komponente des klinischen Bildes, das im 2. Kapitel gezeichnet wird, nunmehr aber aus der Sicht von Frauen, die diese Erfahrungen tatsächlich durchgemacht haben. Es ist eine große Hilfe zu wissen, daß andere Opfer diesen Weg bereits gegangen sind, daß sie überlebt und zu einer glücklicheren und gesünderen Lebensform gefunden haben.

Über die Erfahrungen anderer Frauen zu lesen, lindert zwar nicht Ihren Schmerz, verringert aber Ihre Angst davor. Ich stellte fest, daß die Angst, die ich vor meinen intensiven und zerrütteten Emotionen hatte, diese Empfindungen um ein Vielfaches verschlimmerten. Mir war es eine große Hilfe zu wissen, daß ich nicht der einzige Mensch war, der das Leiden durchstehen mußte, daß andere mit den gleichen Erfahrungen es durchgestanden hatten und gestärkt und glücklicher daraus hervorgingen.

Ich brauchte Hilfe, um nicht von meinen Gefühlen zerfressen zu werden. Ich brauchte Hoffnung, um Verzweiflung und Hilflosigkeit zu überwinden. Ich brauchte Rückmeldung meiner Gedanken und Gefühle, die mein ganzes Leben lang verdrängt und verleugnet worden waren. Aus diesem Grund wurden die folgenden Kapitel dieses Buches geschrieben.

Führen Sie Tagebuch

Wie bereits angesprochen, leistet ein Tagebuch gute Dienste, um mit uns selbst Verbindung aufzunehmen. Ihre Eintragungen sollen möglichst frei und assoziativ sein. Mit dem Schreiben stellen sich Gedanken und Gefühle ein, die wir bislang nicht zuließen.

Schriftliche Aufzeichnungen sind weiterhin von therapeutischem Nutzen, da wir unseren Gedanken Struktur verleihen. Versuchen Sie neben den Tagebucheintragungen Ihre eigene

Geschichte zu schreiben. Das Aufzeichnen unserer Biographie kann gleichfalls von hohem therapeutischen Nutzen sein, uns aber auch überfordern. Dieses Buch gibt Anleitung und Struktur zur therapeutischen Arbeit, nach der Sie sich richten können. Nachdem Sie einen Abschnitt gelesen haben, versuchen Sie Ihre eigene Geschichte über diese Phase zu schreiben. Die thematische Gliederung des Buches hilft Ihnen, sich auf spezifische Teilbereiche zu konzentrieren. Sie werden dadurch Ihrer Erfahrung Sinn geben. Die Frauen, die ihre Erlebnisse zu diesem Buch beigesteuert haben, stellten schließlich fest, daß ihnen am Ende vieles klarer war als zu Beginn.

>>Werden wir nicht nachlassen in unserem Kundschaften
Und das Ende unseres Kundschaftens
Wird es sein, am Ausgangspunkt anzukommen
Und den Ort zum erstenmal zu erkennen.<<

T. S. Eliot, ›Little Gidding‹, Vier Quartette

FUSSNOTEN ZUM I. KAPITEL

1 Die Vorstellung, daß uns zunächst unser Körper und danach unser Verstand weggenommen wird, wurde mir zum ersten Mal in einer Gruppensitzung nahegebracht, die von Lorraine Beaulieu, M. Ed., C. Ed. geleitet wurde.

2 »Nötigung, Manipulation, Zwang und Gewalt sind stets vorhanden, wenn ein Erwachsener ein Kind sexuell mißbraucht. Wer schwache, unzulängliche Männer, die Kinder mißbrauchen, als nicht gewalttätig bezeichnet, versäumt es, diese Täter so zu sehen, wie ihre Opfer sie sehen — als große und mächtige Erwachsene.« (Conte, Jon R., ›Progress in Treating the Sexual Abuse of Children‹, *Social Work*, (Mai-Juni 1934, 260).

3 Wenn ich mich hier auf ›andere‹ beziehe, schließe ich die Täter aus. Ihre Verdrängung ist eine völlig andere Sache.

4 Verdrängung, Bestätigung und das Wahre Selbst werden im 4. und 5. Kapitel eingehend erörtert.

2. Kapitel

Inzest aus klinischer Sicht

Dieses Kapitel will Ihnen Grundkonzeption und Fachterminologie des Begriffs Inzest erläutern. Möglicherweise finden Sie Einzelheiten über Ihren Fall beschrieben, wenn auch nicht in der Form, wie Sie die Zusammenhänge erleben. Jedem Folgekapitel, in dem Überlebende ihre persönlichen Gefühle und Krisen in den einzelnen Genesungsphasen schildern, ist ein Auszug dieser klinischen Darstellung vorangestellt. Gefühle und Erfahrungen in Fachbegriffe zu gliedern erleichtert uns die Analyse und Zuordnung von Empfindungen, die anfänglich als chaotische Flut überwältigender Gefühle auf uns einstürmen.

Ich beziehe mich in meiner Darstellung von Inzestüberlebenden aus klinischer Sicht vorwiegend auf eine Veröffentlichung von Denise J. Gelinas. Ihre Abhandlung gibt meiner Anschauung nach eine umfassende und allgemein verständliche Beschreibung der Problematik, zu der auch Leser ohne psychologische Vorbildung Zugang finden. Ich ziehe auch andere Quellen heran, um die Vielfalt der Auffassungen zu dieser Thematik aufzuzeigen. Die Ausführungen in diesem Kapitel erheben nicht den Anspruch einer wissenschaftlichen Abhandlung, sie sollen lediglich als anschauliches Beispiel dienen, welche Theorien von Angehörigen psychosozialer Berufe vertreten werden.

Dieses Kapitel erhebt auch nicht den Anspruch, einen tiefgreifenden Diskussionsbeitrag zum Thema Inzest zu liefern. Das würde den Rahmen dieses Buches sprengen, das sich vielmehr darauf beschränkt, Erfahrungsberichte Betroffener zum Thema Inzest wiederzugeben. Als dieses Buch im Entstehen begriffen war, wurden neue Erkenntnisse in Theorie und klinischer Praxis veröffentlicht. Lesern, die am jüngsten Stand psychologischer Forschungen und an gründlichen theoretischen Diskussionsbeiträgen zum Thema Inzest interessiert sind, empfehle ich, psychologische Fachzeitschriften nach Veröffentli-

chungen zu studieren und sich anhand von Fachbüchern weitere Einblicke zu verschaffen.

Denken Sie beim Lesen dieses Kapitels daran, daß es Ihnen das Rüstzeug vermitteln möchte, das Sie für Ihre Arbeit an Ihren Gefühlen brauchen – eine Arbeit, die ich Ihnen nicht ersparen kann, wenn Sie wirklich geheilt werden wollen. Die intellektuelle Analyse des Inzests mag für den Arzt und Psychologen genügen, der uns in unserem Heilungsprozeß zur Seite steht, für uns Betroffene ist sie jedoch unzureichend. Wir können nur dann Heilung finden, wenn wir uns durch unseren Schmerz arbeiten.

Was ist Inzest?

Was ist Inzest? Es gibt verschiedene Definitionen, von denen sich viele auf einen physischen Tatbestand beziehen, der selten, zumal bei sehr jungen Opfern, vorliegt. Inzest wird generell definiert als Sexualkontakt zwischen Erwachsenem und Kind, die in einem Verwandtschaftsverhältnis zueinander stehen. Diese Definition ist unzureichend, da sie Geschwisterinzest ausklammert. Eine korrekte Definition bezieht zwei entscheidende Komponenten ein, die Inzest auf Geschwister und Ersatzelternteil ausweiten: unterstelltes Vertrauen und unausgeglichene Machtpositionen. Diese weitergefaßte Definition besagt, daß die mächtigere Partei (Vater, Mutter, Bruder, Cousin, Stiefvater) das echte oder unterstellte familiäre Vertrauen der weniger mächtigen Partei zu sexuellen Zwecken mißbraucht. ›Unterstelltes Vertrauen‹ ist in dieser Definition wichtig, da dadurch klargestellt wird, daß ungeachtet der Tatsache, ob die weniger mächtige Partei der mächtigeren Partei echtes Vertrauen entgegenbringt, eine berechtigte *Vertrauenserwartung* in der familiären Beziehung vorliegt.

›Sexueller Kontakt‹ beinhaltet jede Form von Sexualverhalten, von autoerotischer Zurschaustellung über Berührung der Geschlechtsteile, oral-genitalem Kontakt, bis hin zu analem und vaginalem Geschlechtsverkehr.

Häufigkeit

Theorien zufolge ist die Häufigkeit bei weiblichen und männlichen Inzestfällen gleich hoch. Statistische Erhebungen belegen allerdings, daß 80 Prozent bis 90 Prozent der registrierten Inzestopfer weiblich und etwa 90 Prozent der Täter männlichen Geschlechts sind[1]. Die Häufigkeit von Inzest in der weiblichen Bevölkerung liegt einer jüngsten Studie zufolge in den USA bei 16 Prozent[2]. Die Zahlen über die Häufigkeit von generellem sexuellen Mißbrauch liegen höher als die Inzestdaten. Schätzungen darüber, welchen prozentualen Anteil Inzest-

delikte an der Gesamtheit der registrierten Fälle von Sexualmißbrauch haben, schwanken zwischen 10 Prozent und 50 Prozent[3].

Diese Zahlen weisen einen hohen Anteil unter Patienten aus,
auf die sich das erfaßte Datenmaterial stützt. MacFarlane, Waterman u. a. betonen jedoch, daß unter Patienten nur jene
Opfer anzutreffen sind, die so massive Schädigungen davongetragen haben, daß eine psychologische Behandlung erforderlich war.

Aus diesem Grunde liegt der Anteil der Inzestopfer dieser
Erhebungen höher, da Inzest im allgemeinen gravierendere
Folgen hat als andere Formen von Sexualmißbrauch[4].

Die Opfer

Es gibt große Unterschiede in den Altersangaben der Opfer.
Gelinas bezieht sich auf Studien, die ein Durchschnittsalter der
Opfer zwischen 4 und 12 Jahren angeben, wobei sich die Häufigkeit der Fälle auf die Altersgruppen zwischen 4 bis 9 Jahren
konzentrieren[5].

Forward bezieht sich auf Studien, die das Durchschnittsalter
mit 11 bis 13 Jahren angeben, wobei Forward selbst von einem
Durchschnittsalter zwischen 7 und 8 Jahren spricht[6].

Auch über die Zeitdauer des Inzestgeschehens werden unter-
schiedliche Angaben gemacht; sie scheint keine Korrelation zur
Schwere des Traumas zu haben. Das Alter des Opfers bestimmt
zu einem gewissen Grad die Form sexueller Aktivitäten und die
Methoden, das Opfer gefügig zu machen. Bei kleinen Kindern
ist Geschlechtsverkehr im allgemeinen aus anatomischen Gründen nicht möglich; Analverkehr ist etwas weniger problemlos
durchzuführen.

Folglich werden anderweitige, körperlich weniger auffällige
Formen sexueller Aktivität vorgezogen, bis das Opfer in die
Pubertät gelangt, in der Geschlechtsverkehr häufiger prakti-
ziert wird.

Alle Methoden, um das Opfer gefügig zu machen, sind gewaltsam

Die Methoden, das Opfer gefügig zu machen, werden mit dem Heranwachsen des Kindes bedrohlicher und gewaltsamer. Sehr kleine Kinder sind leicht zu verführen, da ihnen die Voraussetzungen fehlen, sexuelle Nötigung als solche zu erkennen. Zwang muß gewöhnlich nicht angewendet werden, da das Kind dem Täter normalerweise Vertrauen entgegenbringt und sich nach vermehrter Zuwendung sehnt, selbst wenn der Sexualakt an sich Angst einflößt. Wichtig ist jedoch die Einsicht, wie Conte betont: »Nötigung, Manipulation, Zwang und Gewalt sind stets vorhanden, wenn ein Erwachsener ein Kind sexuell mißbraucht... Wer das, was dem mißbrauchten Kind angetan wurde, bagatellisiert mit dem Einwand, es sei keine Gewalt im Spiel gewesen, leistet Machtmißbrauch und Gewaltanwendung Vorschub[7].« Der Täter sichert sich häufig Geheimhaltung, indem er dem Kind einredet, eine Aufdeckung habe seine Inhaftierung oder sogar seinen Tod zur Folge. Der Täter bedroht sein Opfer aber auch direkt mit Strafe. Da der Täter gewöhnlich ein männlicher Verwandter ist, den das Kind kennt und – wie anzunehmen ist – gern hat, verfehlen solche Drohungen meist nicht ihre Wirkung.

Eine Jugendliche wird in aller Regel durch Schuldgefühle, Verantwortung für ihre Familie und Gewaltandrohungen zu Gefügigkeit und Schweigen genötigt. Inzesttäter reden ihren jugendlichen Opfern häufig ein, eine Aufdeckung zerstöre die Familie oder das Opfer habe selbst Schuld an dem Geschehen. Aus diesen Gründen bewahren Kinder meist Stillschweigen über die Vorgänge. Eine weitere Drohung, die jugendliche Opfer zu hören bekommen, lautet, der Täter werde sich an jüngeren Geschwistern vergreifen, wenn sie nicht gefügig sind.

Wesenszüge der Mißbrauchstäter

Als Gruppe sind Inzesttäter heterogen. Jeder kommt als Täter in Frage. Keine ethnische Gruppe oder soziale Schicht ist überproportional repräsentiert. Es gibt allerdings einige gemeinsame Merkmale. Eine US-Studie weist Täter und Opfer zu 44 Prozent als Katholiken aus[8]. Diese Studie stellt zwar Katholiken in den Vordergrund, es ist jedoch davon auszugehen, daß jede Religionsgemeinschaft, die an strikte Dogmen gebunden ist, bei Inzestvergehen überproportional repräsentiert sein dürfte. Religiöse Verbote, Bedürfnisse außerhalb der Familie zu befriedigen, tragen vermutlich dazu bei, daß ein Sexualtäter sich an Familienmitglieder wendet, wenn ihm die Ehe zur Befriedigung seiner sexuellen Bedürfnisse nicht ausreichend erscheint. Eine andere Erklärung besteht darin, daß Inzest im Kontext schwerwiegender Familiendysfunktion stattfindet, wobei auch hier die strengen und starren Bewältigungsmechanismen mit den ähnlich strengen religiösen Vorschriften vergleichbar sind. Wo immer die Gründe zu suchen sind, religiöse Bindungen sind in Inzestfamilien häufig vorzufinden. Interessanterweise berichten viele Opfer, daß religiöse Tabus das bloße Erwähnen sexueller Aufklärung innerhalb der Familie untersagten, wodurch die Mystifizierung der Sexualität und damit der sexuelle Mißbrauch an Kindern gefördert wurden.

Alkoholismus und Inzest

Ein weiteres Merkmal elterlicher Inzesttäter ist Alkoholismus. In bis zu 90 Prozent der Fälle von Kindesmißbrauch wurde Alkohol als ausschlaggebender Faktor angegeben[9]. In einem Programm zur Inzestbehandlung berichteten 75 Prozent der erfaßten Familien von Alkoholproblemen. Eine Studie bei Gefängnisinsassen weist 46 Prozent der Inzesttäter als Problemtrinker aus[10].

Täter nennen häufig als Grund für ihr Inzestverhalten die enthemmende Wirkung von Alkohol. Inzest ist jedoch in der Mehrzahl der Fälle eine vorsätzliche Straftat. Der Täter wählt sorgsam Zeit, Ort und Art seiner Sexualhandlungen in der vorsätzlichen Absicht, sein Vorgehen geheimzuhalten. Es ist daher davon auszugehen, daß Täter absichtlich Alkohol als Enthemmungsmittel zu sich nehmen[11].

In einigen psychologischen Modellfällen ist der Alkoholiker – wie auch der Inzesttäter – durch einen primärnarzißtischen Defekt gekennzeichnet und weist profunde psychosexuelle Unreife auf[12]. Andere Studien belegen, daß sowohl Alkoholiker als auch Inzesttäter symbiotische Merkmale aufweisen. Hier finden wir überzeugendere Zusammenhänge zwischen Alkohol und Inzest als in der vereinfachten Darstellung, Alkoholkonsum ziehe wegen seiner triebenthemmenden Wirkung Sexualdelikte nach sich.

Unreife und Narzißmus des Täters sind nicht alle gemeinsamen Kennzeichen in Alkoholikerfamilien und Inzestfamilien. Beide Familiensysteme weisen weitere bemerkenswerte Ähnlichkeiten auf, etwa im Hinblick auf die Wahrung des Familiengeheimnisses. Ein Großteil der Fachliteratur über Alkoholikerfamilien bezieht auch Inzestfamilien ein. Beide sind geprägt durch Verdrängung, unzulängliche Grenzen, strikte und unangemessene Bewältigungsmechanismen, Parentifizierung der Kinder, ehelicher und sexueller Dysfunktion, sozialer Isolation, körperlichen und seelischen Mißbrauch von Kindern und Ehegatten, fehlender Zuwendung sowie emotionaler Deprivation.

Gemeinsamkeiten bei Inzestüberlebenden und erwachsenen Kindern

Langzeitfolgen, die erwachsene Kinder von Alkoholikern (sogenannte ›erwachsene Kinder‹ mit Inzestüberlebenden gemeinsam haben, beschreibt Claudia Black überaus treffend in ihrem Buch *Mir kann das nicht passieren*:

»Erwachsenen Kindern von Alkoholikern fällt es oft schwer, Gefühle zu erkennen und auszudrücken. Sie entwickeln eine sehr rigide und bestimmende Persönlichkeit. Einige geraten in starke Abhängigkeit von anderen Menschen; sie sehen in ihrem Leben keine Möglichkeit, sich selbst frei für etwas zu entscheiden. Ihr Leben ist oft von übermächtigen Angst- und Schuldgefühlen geprägt. Viele leiden unter Depressionen und sind oft nicht in der Lage, sich einem anderen Menschen nahe zu fühlen oder ihm nahe zu kommen.« (Seite 15.)

Janet Woititz nennt in ihrem Buch *Um die Kindheit betrogen: Hoffnung und Heilung für die erwachsenen Kinder von Suchtkranken* einige Merkmale erwachsener Kinder, die nicht nur Inzestüberlebenden, sondern allen anderen Opfern aus zerrütteten Familien, die Geheimnisse wahren, vertraut sein werden: Weiß nicht, was normales Verhalten ist; hat Schwierigkeiten, Projekte zu verwirklichen; Gewohnheitsmäßige Unehrlichkeit; übersteigerte Selbstkritik; verkümmerter ›Spieltrieb‹ aufgrund überentwickelter Wachsamkeit; Unfähigkeit, Nähe beizubehalten; ständiges Anerkennungsverhalten; überverantwortlich oder verantwortungslos; impulsiv; übermäßige oder unreflektierte Treue.

Inzestfolgen

In Familien, in denen Kinder elterlichen Alkoholismus sowie Inzestvergehen ertragen müssen, kann oft nur schwer unterschieden werden zwischen den Wirkungen des dysfunktionalen Familiensystems und den Folgen des Inzestgeschehens. Während Familiendysfunktion die von Black und Woititz geschilderten Komplikationen aufwirft, sind andere Folgeerscheinungen ausschließlich auf Inzest zurückzuführen. Gelinas bezeichnet sie als »traumatische Neurosen und deren Bezugselemente [wie] Verwirrung, Wiederholungserlebnisse, Zwänge, Rückblenden, unterdrückte Erinnerungen und Affekthandlungen«[13]. Gelinas erläutert: »Ist ein Kind chronischer ehelicher Entfremdung, ungenügender Elternbetreuung und Rollentausch mit der Mutter ausgesetzt, sind das ganz eindeutig keine optimalen Bedingungen, sie führen häufig zu negativen Folgeerscheinungen im späteren Leben. Solche Tatbestände rufen aber keine traumatischen Neurosen hervor. Sex mit einem Elternteil tut das jedoch in der Mehrzahl der Fälle[14].« »Sex mit einem Elternteil« muß auf die Definition von Inzest erweitert werden, der Geschwister, Pflegeeltern und andere Bezugspersonen einschließt.

Posttraumatische Belastungsstörung

Kovach hat 50 Prozent Alkoholikerinnen, die Inzest mit Vaterfiguren erlitten, ›posttraumatische Belastungsstörungen‹ (PTSS) bescheinigt und weiterhin festgestellt, daß PTSS den Hauptunterschied ausmacht zwischen Alkoholikerinnen generell und solchen Alkoholikerinnen, die zudem in der Kindheit Inzestopfer waren. PTSS ist lediglich ein anderer Begriff für ein Phänomen, das Gelinas als traumatische Neurosen bei Inzestopfern[15] bezeichnet. Bemerkenswert ist, daß Inzest überproportional bei Frauen in Alkoholbehandlung anzutreffen sind. Kovach berichtet, daß von 117 Teilnehmerinnen einer AA-Gruppe 29 Inzestopfer waren[16]. Eine Vergleichsstudie bei Alkoholikerinnen und Nicht-Alkoholikerinnen belegt, daß 74 Prozent der Alkoholikerinnen sexuell mißbraucht wurden, während die Zahl der sexuell mißbrauchten Nichtalkoholikerinnen bei 50 Prozent lag[17]. Nicht bekannt ist, ob die höhere Anzahl der Inzestüberlebenden bei Frauen in Alkoholismusbehandlung eine Folge von Inzest oder eine Folge von Alkoholismus in der Herkunftsfamilie oder eine Kombination beider Faktoren ist.

Häufigkeit von Inzest in Behandlungsgruppen

Bei psychiatrischen Patientinnen liegt die Häufigkeit der registrierten Inzestfälle zwischen 8 Prozent und 13,4 Prozent bei stationär behandelten Patientinnen[18]. Bei ambulant behandelten Patientinnen liegt die Häufigkeit bei 33 Prozent[19]. Eine Studie bei 188 psychiatrischen Patientinnen belegt, daß fast die Hälfte der Befragten körperlich oder sexuell mißbraucht wurden. Davon wurde 90 Prozent von Familienmitgliedern mißbraucht[20]. Laut MacFarlane, Waterman, u. a.: »Ist unklar, wie häufig Psychopathologie als Folgeerscheinung bei kindlichen Sexualopfern auftritt; Schätzungen reichen von etwa 20 Prozent bis 50 Prozent der Opfer. Allem Anschein nach ist schwere Psychopathologie und/oder soziale Benachteiligung eher die Ausnahme denn die Regel als Langzeitfolge von sexuellem Mißbrauch[21].«

Verschleierte Präsenz

Gelinas geht davon aus, daß Inzest bei einem hohen Anteil klinischer Behandlungsgruppen zwar vorhanden aber nicht aufgedeckt ist[22]. Es ist keineswegs überraschend, daß diese ›verschleierte Präsenz‹ ein chronisches Problem in der klinischen Inzesterfahrung zu sein scheint[23]. Wie bereits erwähnt, entstammen Inzestopfer dysfunktionalen Familiensystemen, denen eine Reihe typischer Symptome des Erscheinungsbildes zuzuschreiben sind. Wenn Opfer sich in Behandlung begeben, so Gelinas, geschieht das nicht wegen Alkohol- oder sonstigem Suchtmittelmißbrauch, sondern zumeist wegen ehelicher oder beruflicher Schwierigkeiten, Sexualstörungen, Depressionen, Unsicherheiten, Hemmungen, Ängsten und geringer Selbstachtung (gepaart mit suizidalen Gedanken oder Absichten). Ohne die Kenntnis des Inzestgeschehens behandelt der Kliniker das verschleierte Problem ohne jeden Erfolg.

Drei Langzeitfolgen treten über ›Entwicklungsauslöser‹ auf

Gelinas bezeichnet die Symptome, die ein Opfer zur Behandlung veranlassen, als lediglich sichtbare Zeichen negativer Langzeitfolgen des Inzestgeschehens. Diese Folgen treten häufig über ›Entwicklungsauslöser‹ auf, die eine neue Entwicklungsstufe eines Lebensbereiches sind, der durch den Inzest Schaden genommen hat[24]. Gelinas gibt in ihrer Abhandlung ›The Persisting Negative Effects of Incest‹ (*Psychiatry* 46, November 1983) eine umfassende und exakte klinische Darstellung der negativen Langzeitwirkungen von Inzest. Sie nennt drei Wirkungen, deren ›Sekundärbearbeitungen‹ ein klares klinisches Bild der Verwüstungen von Inzest zeichnen. Diese drei Folgeerscheinungen sind:
1. chronisch traumatische Neurosen,
2. Beziehungsstörungen und
3. generationen-überschreitendes Inzestrisiko.

Gelinas warnt: »Diese Folgen sind so nachhaltig, daß sie viele Jahre nach Beendigung des Mißbrauchs auftreten, und so vorherrschend, daß sie Vergangenheit, Gegenwart und Zukunft des Opfers zerstören können[25].

Chronisch traumatische Neurosen – Verdrängung und Wiedererleben

Nachfolgend eine Zusammenfassung der drei negativen Langzeitfolgen von Inzest, wie Gelinas sie schildert. Chronisch traumatische Neurosen mit ›Sekundärbearbeitungen‹, die bei Nichtbehandlung entstehen, sind zunächst gekennzeichnet durch Verdrängung mit »wiederholtem störendem Eindringen« bestimmter Elemente des Traumas. Völlige Verdrängung des Geschehens ist selten und tritt nur bei Mißbrauch an einem sehr kleinen (Vorschul-) Kind auf.

Völlige Verdrängung oder die Unfähigkeit, sich an den Inzest zu erinnern, wird mit extrem zerstörendem Eindringen des unterdrückten Traumas im späteren Leben des Opfers in Verbindung gebracht. Da das Opfer keine Erinnerung an den Inzest hat, wird das Wiedererleben bestimmter Teilaspekte des Inzesttraumas als ›verrückt‹, als Auftreten unheimlicher, beängstigender und unerklärlicher Phänomene wahrgenommen, die erhebliche Schäden im Leben des erwachsenen Opfers anrichten.

Häufig wird die Signifikanz des Geschehens verleugnet[26]. Opfer berichten, sie wüßten, daß etwas in ihrem Leben nicht stimmt. Es sei ihnen auch klar, daß sexuelle Handlungen an ihnen begangen wurden, sie stellen aber keinen Bezug zwischen den beiden Phänomenen her. Üblich ist auch, daß Elemente im Zusammenhang mit dem Erlebnis unterdrückt werden, etwa Zeitdauer, emotionale Inhalte oder der Ort des Geschehens.

»Wiederholt störendes Eindringen« ist das Wiedererleben von Teilaspekten des verdrängten Traumas.[27] Dieses Wiedererleben kann kognitiv sein, also in Alpträumen, Halluzinationen, wiederkehrenden Bildern oder in Zwangsvorstellungen auftreten. Es kann auf emotionaler Ebene stattfinden, etwa in unkontrolliertem Tränenfluß, Angst oder Panikanfällen, ohne jede bewußte Bezugnahme zwischen dem Anfall und dem Inzesttrauma. Das Wiedererleben kann in Verhaltensweisen auftreten wie zwanghaftem Sprechen über das Trauma, körperlichem Abreagieren oder in künstlerischer Umsetzung[28].

Bei wiederholtem Eindringen warnt Gelinas: »Kann die Erinnerung und Affektbeziehung der Betroffenen zum ursprünglichen Trauma so lebhaft, intensiv und unverändert sein, daß Erlebnis-Rückblenden auftauchen, die durch Umstände die dem ursprünglichen Trauma ähneln oder im Therapieprozeß direkt ausgelöst werden[29].«

Gelinas nennt als weiteres Merkmal traumatischer Neurosen die Dissoziation, die häufig bei Inzestopfern auftritt[30]. Viele Opfer sprechen davon, daß sie Dissoziation als Abwehrmaßnahme zur inneren Betäubung während des Inzestgeschehens benutzten. Leider wird die Dissoziation häufig unfreiwillig in Streßsituationen beibehalten, lange nachdem das Inzestgeschehen aufgehört hat. Diese Erscheinungen werden als Momente der Verwirrung, Orientierungslosigkeit, als ›Erstarren‹ von Gedankengängen oder völlige Amnesie geschildert[31].

Erst wenn der Inzest aufgedeckt wird, kommt die traumatische Neurose zum Vorschein und kann dem therapeutischen Prozeß zugänglich gemacht werden[32]. Gelinas weist darauf hin, daß Gespräche über Inzest gewöhnlich mit starken Emotionen verbunden sind, da verdrängte Erinnerungen freigesetzt werden: »Die Intensität der Affekte während dieses Vorganges kann für Patient und Therapeut besorgniserregend und verwirrend sein und leicht als psychotische Kompensationsstörung fehlgedeutet werden[33].« Sie rät dem Therapeuten, das Tempo der Behandlung zu zügeln, um zu gewährleisten, daß Affekte allmählich und kontrolliert freigesetzt werden können. Ein Sturmangriff auf verdrängte Erinnerungen wäre keineswegs ratsam.

Parentifizierung – Beziehungsstörungen in der Familie

Die zweite negative Langzeitfolge von Inzest ist die ›Beziehungsstörung mit Sekundärbearbeitungen‹ wie Gelinas sie bezeichnet[34]. Sie ist ein häufiges Merkmal dysfunktionaler Familien und tritt meist in Alkoholikerfamilien auf. Gelinas beobachtet: »Inzestopfer weisen außerdem die Folgen von Beziehungsstörungen innerhalb der Familie auf, die verantwortlich dafür sind, daß der Inzest überhaupt geschehen konnte, daß er fortgesetzt wurde und unaufgedeckt und unbehandelt blieb[35].« Wichtig ist zu erkennen, daß Inzest kein isoliertes Phänomen ist. Er geschieht im Kontext der Familiendysfunktion; und diese fortgesetzte Dysfunktion verstärkt die negativen Inzestfolgen und richtet einen Großteil der Spätschäden an. Meist sind die Symptome der Beziehungsstörungen der Anlaß für das Opfer, sich in Behandlung zu begeben.

Ein typischer Störfaktor in der Inzestfamilie wie auch in der Alkoholikerfamilie ist ein Phänomen, das Gelinas ›Parentifizierung‹ der Kinder nennt[36]. Diese Erscheinung ist in der klinischen Fachliteratur über erwachsene Kinder von Alkoholikern ausführlich dokumentiert und erörtert. Der Begriff bezeichnet einen Vorgang, in dem ein Kind in einer Rollenumkehrung die Funktionen eines Elternteils übernimmt, sozusagen zum Elternkind gemacht wird. Gelinas macht einen wichtigen Unterschied zwischen Kindern, die bei Erwachsenenaufgaben *helfen* und Kindern, die hierfür *verantwortlich* gemacht werden. Hilfe ist angebracht; dem Kind die volle Verantwortung aufzubürden, ist Mißbrauch.

Eine weitere wichtige Unterscheidung ist die Komponente der Angemessenheit. Es mag angemessen sein, wenn eine Dreijährige der Mutter beim Tischdecken hilft und die Servietten verteilt. Es ist jedoch nicht angemessen, wenn die Mutter sich darauf verläßt, daß ihre dreijährige Tochter jeden Tag den Tisch deckt, und das Kind bestraft, wenn es etwas falsch macht. In dysfunktionalen Familien, in denen Parentifizierung stattfindet, übernimmt das Kind verfrüht Haushaltspflichten wie Kochen, Putzen, Waschen, Geschwisterbetreuung; es schlichtet Streit zwischen den Eltern, hört sich deren Eheprobleme an und versucht, sich um die ganze Familie zu kümmern.

Die Tochter lernt, sich um alle anderen zu kümmern, nur nicht um sich selbst. Sie ist Betreuerin und Pflegerin und, wie Gelinas betont: »Sie beginnt ihre Eigenidentität um die Vorstellung zu formieren, es sei ihre Verantwortung, sich um Menschen zu kümmern, die ihrerseits keine Verpflichtung haben, sich als Gegenleistung um sie zu kümmern[37].«

Als Erwachsene wird die Elterntochter nicht wissen, wie sie ihre Bedürfnisse erfüllt, sie wird nicht einmal fähig sein, ihre Bedürfnisse zu erkennen. Im Beruf wird sie größere Verantwortung übernehmen, als sie tragen kann. Sie wird nicht wissen, wie sie ihrem Arbeitgeber zu verstehen gibt, daß die Belastung sie überfordert. Sie fügt sich ohne Widerspruch in eine Ausbeutungssituation und ist typischerweise unterbezahlt und überarbeitet. Möglicherweise wird ihr gar noch gekündigt, da sie sich zu viel Arbeit aufgebürdet hat und nicht in der Lage ist, die hohen Erwartungen zu erfüllen.

Sie wird vermutlich eine Ehegemeinschaft eingehen, in der potentiell Inzest entstehen kann. Der Mann, zu dem sie sich hingezogen fühlt, ist narzißtisch, unreif, gehemmt und abhängig. Er hat möglicherweise selbst als Kind unter emotionaler Deprivation gelitten. Gemeinsam bilden die Elterntochter als Ehefrau und der narzißtische, symbiotische Ehemann den Kern eines potentiell inzestuösen Familiensystems. Die Situation explodiert mit der Geburt des ersten Kindes.

Plötzlich sieht der Ehemann sich der Fürsorge und Aufmerksamkeit seiner Ehefrau entzogen, die bislang als Ersatzmutter für ihn fungierte, und er reagiert verärgert auf das Baby. Die Ehefrau fühlt sich »emotional ausgelaugt und erschöpft«, da sie für alle Ersatzmutter war und keine Kraftreserven hat[38]. Zum ersten Mal wendet sie sich an ihren Ehemann um Hilfe und Unterstützung, genau zu dem Zeitpunkt, an dem er sich von ihr vernachlässigt und verlassen fühlt, weil sie sich so sehr auf das Kind fixiert. Er stellt noch größere Forderungen und erhöht dadurch ihr Gefühl der Erschöpfung und Bitterkeit.

Mit jedem Familienzuwachs wird die Ehefrau sich vermehrt an die Kinder um Hilfe wenden, sie überträgt ihnen Aufgaben, für deren Erledigung sie sich zu erschöpft fühlt. Es handelt sich dabei nicht nur um Haushaltspflichten, sondern auch um Aufgaben in Emotions- und Beziehungsbereichen. Eine zweite Generation von Elternkindern ist im Entstehen begriffen.

Der Vater, der sich von seiner Frau verlassen und vernachlässigt fühlt, sucht bei anderen Zuwendung. Wenn er sie nicht außerhalb der Familie bekommt, findet er sie mühelos innerhalb der Familie bei der zum Elternkind gemachten Tochter, die unter der Vernachlässigung der Mutter leidet und sich nach der Aufmerksamkeit des Vaters sehnt.

Gelinas Überzeugung nach ist dies der für Inzest typische Kontext[39]. Besonders gefährlich wird die Situation, wenn Alkohol im Spiel ist. Weitere fördernde Faktoren können entstehen, wenn der Vater seine Stellung verliert, wenn ein Elternteil von ihm stirbt, wenn die Mutter ernsthaft erkrankt oder ein weiteres Kind zur Welt kommt. Gelinas vertritt die Anschauung, daß die meisten Inzesttäter nicht pädophil veranlagt sind.[40] Ihrer Ansicht nach geschieht Inzest eher aus Sehnsucht des Täters nach Bemutterung und Zuwendung. Da seine sexuelle Entwicklung häufig im vorödipalen Stadium verkümmert ist, verwechselt er leicht sexuellen Kontakt mit Zuwendung; das Elternkind ist ein vertrauensvolles und empfängliches Opfer. Conte bezweifelt diese Anschauung und weist darauf hin, daß nicht genügend Informationsmaterial vorliege, um mit Gewißheit sagen zu können, ob das Sexualverhalten von Inzesttätern sich pathologisch von dem anderer mit Kindern involvierter Sexualtäter unterscheidet[41].

Klar ist allerdings, daß bestimmte Familienkonstellationen im Auftreten von Inzest eine Rolle spielen. Was jedoch nicht heißt, daß der Täter im Falle anderer Konstellationen keinen sexuellen Kindesmißbrauch begehen würde. Ebensowenig läßt sich behaupten, der Täter würde außerhalb der Familie keinen sexuellen Kindesmißbrauch begehen. Unter Berücksichtigung dieser Einschränkungen kann davon ausgegangen werden, daß gewisse Familiendynamiken zwar zum Auftreten von Inzest beitragen, jedoch keine erschöpfende kausale Erklärung hierfür liefern. Gelinas schildert die Präsenz von Familiendynamiken, die sich auf die nächste Generation übertragen. Die Langzeitwirkungen von Inzest richten gemeinsam mit Beziehungsstörungen den größten Schaden beim Opfer an. Da die Elterntochter nie Kind sein durfte, besitzt sie ein übersteigertes Verantwortungsbewußtsein für andere und ein unterentwickeltes Selbstwertgefühl. Es fehlt ihr eindeutig an Selbstachtung, da sie ohne Vorstellung ihrer eigenen Rechte aufgewachsen ist. Ihr wurde beigebracht, sie dürfe keine eigenen Bedürfnisse haben. Ihre eigenen Bedürfnisse stellten eine Bedrohung für die Familie dar, daher ist sogar die Wahrnehmung ihrer Bedürfnisse von Ängsten und Schuldgefühlen begleitet[42].

Schuld ist ein wichtiger Faktor ihrer psychologischen Struktur. Das Opfer fühlt sich für den Inzest verantwortlich und gibt sich selbst die Schuld daran. Das Maß ihrer Schuldgefühle ist gepaart mit dem Maß ihrer Parentifizierung, durch die sie sich für alles verantwortlich fühlt. Verstärkt werden ihre Schuldgefühle durch die Tatsache, daß sie den Sexualtäter liebte, Gefallen an der vermehrten Zuwendung fand und möglicherweise sexuelle Erregung verspürte[43].

Opfer von Beziehungsstörungen werden ernsthafte Probleme in allen anderen Beziehungen haben, da sie nicht wissen, wie sie zwischen ›Pflichten und Rechten‹ abwägen sollen[44]. Freundschaften werden für diese Frauen schwierig, in sexuellen Beziehungen werden sie ausgebeutet. Sie wiederholen das Verhaltensmuster ihrer Mütter und begeben sich in Beziehungen, die mißbrauchend oder ausbeuterisch sind, da ihnen die Begleitumstände vertraut und angenehm erscheinen. Andere Formen der Beziehung sind ihnen unangenehm; sie fühlen sich im höchsten Maß unsicher, wenn sie eine Beziehung mit einem reifen, gebenden, emotional zugänglichen Mann einzugehen versuchen.

Als Mütter fühlen sie sich ausgelaugt und überfordert. Sie können keine Grenzen setzen, Strukturen formen, ihre Kinder nicht zu vernünftiger Disziplin anhalten oder ihnen Zuwendung geben, die über das biologisch Notwendige hinausgeht. Sie ziehen sich von ihren Kindern zurück, die daraufhin zumeist durch Fehlverhalten Aufmerksamkeit auf sich lenken wollen. Das verstärkt die innere Leere der Mutter; sie wird sich noch mehr von ihren Kindern distanzieren. Hier beginnt die Parentifizierung ihrer eigenen Kinder. Die eheliche Entfremdung folgt dem nämlichen Muster wie in der Herkunftsfamilie. In diesem Szenario ist die Tochter des Opfers in Gefahr, von Inzest bedroht zu werden[45].

Generationenüberschreitendes Inzestrisiko

Gelinas erläutert, wie Beziehungsstörungen direkt zur dritten nachhaltig negativen Folgeerscheinung von Inzest führen, die sie als ›generationenüberschreitendes Inzestrisiko‹ bezeichnet. In diesem Kontext stellen sowohl Eltern- wie Geschwisterinzest eine Gefahr dar. Gelinas hebt weiterhin hervor, daß bei unbehandelter traumatischer Neurose die Mutter des Opfers den Inzest noch seltener bemerkt. Unbewußt blockt sie jede Erinnerung an ihr eigenes Trauma ab[46]. In ihrem Erschöpfungszustand wird sie möglicherweise auch ihre eigenen Kinder körperlich und emotional mißbrauchen.

Sekundärbearbeitungen von Beziehungsstörungen sind der weitaus häufigere Grund, warum Opfer sich in Behandlung begeben, als chronisch traumatische Neurosen. Die Opfer berichten von Familien- und Eheproblemen, Sexualstörungen, suchen Rat im Umgang mit ungehorsamen Kindern, sprechen über Depressionen und Selbstmordabsichten. Der Inzest bleibt unerwähnt, solange der Therapeut seine verschleierte Präsenz nicht durchschaut[47].

Gelinas betont, daß verschleierte Präsenz sowohl für den Therapeuten als auch für das Opfer ein Problem darstellt. Das Opfer ist seiner tiefverwurzelten Verdrängung ausgeliefert und wird ohne Therapie zu keinem Durchbruch fähig sein. Therapie ist aber erst möglich, wenn der Inzest aufgedeckt ist. Der Inzest kann wiederum wegen der Verdrängung nicht aufgedeckt werden. Gelinas erstellt ein Inzest-Erkennungsprofil (IRP), das den Therapeuten auf die verschleierte Präsenz von typischen Inzestfaktoren aufmerksam macht und ihn befähigen soll, das wahre Problem zu erkennen, zu untersuchen und zu behandeln[48].

Halluzinationen einer nicht-psychotischen Person

Ein weiteres Symptom unbehandelter Inzestfolgen, das in Gelinas Inzest-Erkennungsprofil nicht enthalten ist, sind Halluzinationen einer nicht-psychotischen Person. Dies steht im Widerspruch zur klassischen Theorie, die Halluzinationen nur als Manifestation einer Psychose sieht. Allmählich wird anerkannt, daß vorhandene Symptome von unbehandeltem Inzest (etwa Dissoziation und Halluzinationen), die bislang als psychotisch eingestuft wurden, in Wahrheit nicht-psychotischer Natur sind. Sie entspringen nicht einer Denkstörung des Opfers. Sie sind nicht pathologisch. Sie sind vielmehr die Antworten eines gesunden Geistes auf ein Trauma, das ihm von außen aufgeladen wurde. Da diese Erscheinungsformen weder psychotisch noch neurotisch sind, lassen sie sich nicht in traditionelle psychologische Theorien einordnen.

Veteranen einer anderen Form der Gewalt

Gelinas liefert eine sorgfältig durchdachte und dennoch optimistische klinische Darstellung über Diagnose und Behandlung

IRP

Auftretende Störung

Chronische, sich verschlimmernde Depression. Depressive Stimmung und Affekt, geringe Selbstachtung, Schuld und Niedergeschlagenheit.

Komplikationen chronischer Stimmungsstörungen. Suchtmittelabusus, selbstzerstörerisches oder suizidales Verhalten, schlechtes Urteilsvermögen, Schwierigkeiten, Elternaufgaben zu meistern, schlechte Beziehungen, Sexualstörungen.

Atypische Elemente

Dissoziative Elemente. Klagen einer nicht-psychotischen Person über ›Verwirrung‹, wiederkehrende Alpträume, unangenehme Erinnerungen oder Reaktionen, ausgelöst durch ein Vorkommnis oder eine Person, Entfremdungsgefühle.

Impulsive Elemente. Weglaufen, triebgesteuertes Essen, Trinken, Geldausgeben, Promiskuität, Autounfälle, Kindesmißbrauch.

Persönliche Geschichte

Hintergrund der Parentifizierung. Verfrühte und zu große Verantwortung als Kind oder Jugendliche für Finanzen und Haushalt oder Pflichten der Kinderbetreuung, Pseudoreife.

negativer Langzeitfolgen von Inzest bei Erwachsenen. Sie befaßt sich eingehend und analytisch mit den Problemen von Diagnose und Behandlung. Die meisten Inzestüberlebenden wurden nämlich bislang weder wirklich sachkundig diagnostiziert noch richtig behandelt.

Gelinas stellt fest: »Die häufig schmerzlichen Einzelheiten des Mißbrauchs und seiner Nachwirkungen geben sowohl Aufschluß über die Fähigkeit des Therapeuten im Umgang mit dieser Problematik als auch über den therapeutischen Ansatz, der zur Heilung unentbehrlich ist. Viele Therapeuten scheuen verständlicherweise davor zurück, dieses beunruhigende und schmerzliche Material zu analysieren, und ziehen es vor, derartige Sachverhalte gar nicht erst zu behandeln[49].« Viele Therapeuten sind für die Behandlung von Inzestpatienten weder geschult noch vorbereitet. In Lehrbüchern, die noch vor zehn Jahren veröffentlicht wurden, finden Inzest und seine Langzeitfolgen bei erwachsenen Überlebenden gar keine Erwähnung. Chronisch- traumatische Neurosen (oder post-traumatische Belastungsstörungen) wurden, wie Gelinas betont, vorwiegend bei Kriegsveteranen diagnostiziert. Erst in jüngster Zeit hat die Fachwelt begonnen, Veteranen einer anderen Form der Gewalt aufzuspüren, die sich lange Zeit im Verborgenen gehalten haben.

FUSSNOTEN ZUM 2. KAPITEL

1 Gelinas, Denise, J.: ›The Persisting Negative Effects of Incest‹, *Psychiatry* 46 (November 1983): 313. Gelinas spricht zunächst von 97 Prozent bis 98 Prozent männlicher Täter, verzeichnet jedoch einen Zuwachs an weiblichen Tätern.

2 Russel, Diana E. H.: *The Secret Trauma: Incest in the Lives of Girls and Women*, New York 1986, 60.

3 MacFarlane, Kee/Waterman, Jill: *Sexual Abuse of Young Children*, New York 1986, 8.

4 ebd.

5 Gelinas, 313.

6 Forward, Susan/Buck, Craig: *Betrayal of Innocence*, New York 1983, 20.

7 Conte, Jon: ›Progress in Treating the Sexual Abuse of Children‹, *Social Work* (Mai – Juni 1984), 260.

8 ebd., 32.

9 Lovingfosse, M.: ›Incest Connection‹, *Alcoholism, The National Magazine* 5 (1984) 2:51.

10 Burns, L.: ›Fathers and Daughters: A Hidden Hangover‹, *Magazine of the Texas Commission on Alcoholism* 8 (1982) 3C4:8 – 9

11 Covington, S.S.: ›Alcohol and Family Violence‹, (Vortrag zur Neunten Jahrestagung über Alkoholprobleme: New Waves of Knowledge, '84, San Mateo, California) 17. – 21. September 1984, 9 – 20.

12 Noiville, P.: ›L'alcoolique, le sexe et l'alcool‹, *Haut Comité d'étude et d'information sur l'alcoolisme: Série Documents* (Paris: *La Documentation Française*, 191).

13 Gelinas, 330.

14 ebd.

15 Kovach, J.A.: ›Incest as a Treatment Issue for Alcoholic Women‹, *Alcoholism Treatment Quarterly* 3 (1986), 1:1 – 15.

16 ebd.

17 Covington, S.S.: ›Facing the Clinical Challenges of Women Alcoholics: Physical, Emotional and Sexual Abuse‹, *Focus on Family* 9 (1986), 3:10 – 11, 37, 42 – 44.

18 Gelinas, 313.

19 ebd.

20 Carmen, E.H./Rieker, P.P./Mills, T.: ›Victims of Violence and Psychiatric Illness‹, *American Journal of Psychiatry* 141 (1984), 3:378 – 383.

21 MacFarlane, Waterman, 107 – 108.

22 Gelinas, 313.

23 ebd, 326.

24 ebd, 317.

25 ebd, 315.

26 ebd, 316.

27 ebd, 317.

28 ebd.

29 ebd, 319.

30 ebd, 316.

31 ebd.

32 ebd, 315.

33 ebd.

34 ebd, 219.

35 ebd.

36 ebd.

37 ebd, 320.

38 ebd.

39 ebd, 320 – 321.

40 ebd, 321.

41 Conte, Jon.: ›Sexual Abuse of Children‹, *Social Work* (Mai – Juni 1984), 254.

42 ebd, 322.

43 ebd, 322 – 323.

44 ebd, 323.

45 ebd, 323 – 325.

46 ebd, 325.

47 ebd, 325 – 326.

48 ebd, 326.

49 ebd, 330.

3. KAPITEL

»Wer sind wir und was ist geschehen?«

*»Inzest wird generell definiert als Sexualkontakt zwischen Er-
wachsenem und Kind, die in einem Verwandtschaftsverhältnis
zueinander stehen... Eine korrekte Definition bezieht zwei
entscheidende Komponenten ein, die Inzest auf Geschwister
und Ersatzeltern ausweiten: unterstelltes Vertrauen und unausgeglichene Machtpositionen... ›Sexueller Kontakt‹ beinhaltet
jede Form von Sexualverhalten... 80 Prozent bis 90 Prozent
der registrierten Opfer sind weiblich, etwa 90 Prozent der Täter
sind männlichen Geschlechts*[1] *... Es gibt große Unterschiede in
den Altersangaben der Opfer.. Das Alter des Opfer bestimmt
zu einem gewissen Grad die Form sexueller Aktivitäten und die
Methoden, das Opfer gefügig zu machen... Als Gruppe sind
Inzesttäter heterogen... Jeder kommt als Täter in Frage...
Strikte religiöse Bindungen sind häufig in Inzestfamilien vorzufinden... Ein weiteres Merkmal elterlicher Inzesttäter ist Alkoholismus... Inzest tritt häufig in Verbindung mit einer Krise
des Täters auf, beispielsweise der Tod eines Elternteils oder des
Ehepartners, Verlust des Arbeitsplatzes, ernsthafte Erkran-
kung der Mutter, die Geburt eines zweiten Kindes... Täter
nennen häufig als Grund für ihr Inzestverhalten die enthemmende Wirkung von Alkohol. Inzest ist jedoch in der Mehrzahl
der Fälle eine vorsätzliche Straftat... Kann oft nur schwer unterschieden werden zwischen den Wirkungen des dysfunktionalen Familiensystems und den Folgen des Inzestgeschehens.«*

In diesem Kapitel werden sich sechs Inzestüberlebende vorstellen, die kurz berichten, was ihnen widerfahren ist, und die uns
eine allgemeine Schilderung ihrer Lebensumstände zur Zeit des
Inzests geben. Wir werden sehen, daß Inzestopfer und Inzesttäter keinen bestimmten ethnischen oder sozio-ökonomischen
Gruppierungen zuzuordnen sind. Etwaige Klischeevorstellun-
gen in diesem Zusammenhang dürften somit ausgeräumt sein.

Bei der Lektüre der Einführungen und der anschließenden Berichte bitte ich zu bedenken, daß die Geschichte jeder betroffenen Frau so wiedergegeben wurde, wie sie erzählt wurde. Sollten Ihnen Passagen unklar oder verwirrend erscheinen, liegt das daran, daß für die Überlebenden einige Bereiche noch immer unklar oder verwirrend waren. Etwaige Lücken oder Widersprüche in der Geschichte der jeweiligen Frauen oder Deutungen von Ereignissen, die Ihnen verzerrt oder verwirrend erscheinen, sind darauf zurückzuführen, daß jede der Frauen ihr Leben berichtet, so wie sie es erfahren hat. Eine Interpretation der Ereignisse erfolgte nur in der Form, wie die Betroffenen die Zusammenhänge zu dem Zeitpunkt verstanden, als ihr Bericht aufgezeichnet wurde. Jede Geschichte ist eine Art psychologischer Schnappschuß, zeichnet ein Lebensbild, wie es zu dem gegebenen Zeitpunkt begriffen wurde. Daher sind auch alle Grenzen im Verständnis der Betroffenen zu diesem Zeitpunkt wiedergegeben.

Im Verlauf Ihrer Genesung werden Sie bei jedem Wiederlesen dieses Buchs auf einen Sachverhalt stoßen, der Ihnen bislang nicht aufgefallen war, und Sie werden Aspekte bei sich selbst feststellen, von deren Vorhandensein Sie bislang nichts wußten. Solche Einblicke verhelfen Ihnen zu einem tieferen Verständnis Ihrer eigenen Person.

In den späteren Kapiteln werden wir die Erfahrungen jeder einzelnen Frau genauer untersuchen, um ein gründliches Verständnis der Langzeitfolgen des Inzests zu erlangen. Dieses Buch kann auf zwei Arten gelesen werden. Entweder Sie lesen es themabezogen abschnittsweise, also jede Geschichte in jedem Kapitel als Beitrag zu einem gegebenen Diskussionspunkt. Wenn Sie beispielsweise Bedenken wegen Ihrer Verhaltensweisen in der Vergangenheit haben und sich fragen, auf welche Weise der Inzest darauf Einfluß genommen hat, so setzt sich das 4. Kapitel mit der Zeitspanne in unserem Leben auseinander, in der die meisten von uns ihre Inzesterlebnisse ›verdrängt‹ haben und wir nur ahnten, was mit uns geschehen war. Oder Sie sind besorgt wegen Ihrer wiederkehrenden Wut- und Tränenausbrüche, oder Ihrer Alpträume – im 6. Kapitel wird das Thema Wiedererleben eingehend erörtert.

54

Sie können aber auch jeden einzelnen Bericht durchgehend lesen. Wenn eine der sechs Frauen Ihren persönlichen Erfahrungen am nächsten kommt, können Sie ihre Geschichte von Anfang bis Ende lesen. Achten Sie jedoch darauf, die jedem Kapitel vorangestellte Einführung zu lesen — sie bildet den konzeptionellen Rahmen, der zum Verständnis des aufgezeichneten Materials notwendig ist.

Dieses Buch wurde geschrieben, um Bedürfnissen erwachsener Überlebender nachzukommen. Sie werden darin einen Freund finden, der Sie auf Ihrer Reise in die Gesundheit begleitet.

Noelle
Unternehmensberaterin
Alter: 39
Zweimal verheiratet; zwei Kinder
Inzest durch Vater; erinnert sich erst im Alter von 36 daran.
Neun Jahre Therapie mit einigen Unterbrechungen.
Vater Alkoholiker.

Noelle gibt einen ausführlichen Bericht darüber, daß sie sich nicht an das Inzesttrauma erinnern kann, ein Phänomen, das sich auf ihr gesamtes Leben zerstörerisch auswirkt. Noelle vergaß, daß sie im Alter von drei Jahren von ihrem alkoholsüchtigen Vater sexuell mißbraucht wurde. Da das Trauma total verdrängt wurde, suchte es sich durch andere Kanäle, nicht über die bewußte Erinnerung, Ausdruck zu verschaffen.

Das Inzesttrauma taucht immer wieder auf in Form von unerklärter Angstschübe, Phobien, Panik, Wut und Tränen, von Ohnmachten, wiederkehrender Alpträumen und Halluzinationen, Dissoziation und unangemessenen sexuellen Beziehungen. Diese Phänomene bezeichnen wir als ›Wiedererleben‹.

Noelles Bericht ist deshalb von besonderem Wert, da er uns den Begriff Wiedererleben und die damit verbundenen Gefühle veranschaulicht (6. Kapitel). Er ist weiterhin besonders nützlich, da Noelle uns die Mechanismen der Erinnerung vor Augen führt (7. Kapitel). Noelles Problem lag in der Verdrängung, der ein langer Kampf folgte, um das Inzest-Puzzle aus Träumen, emotionalem Wiedererleben, Wiederholungsverhalten und schließlich einigen konkreten Erinnerungsfragmenten zusammenzusetzen.

Noelle berichtet außerdem über ihre Schwierigkeiten als Mutter. Sie sieht ihre eigene emotionale Zerrissenheit in ihren Kindern widergespielt (5. Kapitel). Kinder fügen den Konflikten der Inzestüberlebenden im Verlauf ihres Heilungsprozesses eine weitere Dimension hinzu.

Noelle und andere, die Gedächtnisausfälle erlitten haben, kommen sich ›verrückter‹ vor als jene, die klare Erinnerungen an ihren Mißbrauch haben. Das mag ein Ergebnis jahrelanger unerklärter Schübe von Extremverhalten sein, die von anderen und letztlich auch von den Betroffenen selbst als verrückt bezeichnet wurden.

Es fällt ihnen schwer, ihre Wiedererlebnisse mit dem Inzesttrauma in Verbindung zu bringen, wenn sie wenig oder gar keine Erinnerung daran haben. Sie brauchen fachkundige, umfassende therapeutische Betreuung in diesem oft langwierigen Prozeß.

Für Betroffene, die keine Erinnerung haben, werden Noelle und später Ellen von großem Nutzen sein, da sie ihre Erfahrungen bestätigen und ihnen helfen, sich von dem hartnäckigen Zugriff der Verdrängung zu befreien.

Ich sehe nicht aus wie ein Inzestopfer

Niemand, der mich kennenlernt (auch nicht Leute, die mich gut kennen), würden vermuten, was mir angetan worden ist. Im allgemeinen wird doch angenommen, Inzest ist eine so entsetzliche Sache, daß eine Betroffene leicht zu erkennen ist. Irgendwie müsse man es uns ansehen, wir müßten als Gruppe erkennbar sein. Das stimmt aber nicht. Das ist eines meiner Probleme, dieses Gefühl, daß ich den Leuten, die mich kennen, etwas vormache, weil es diesen Bereich in meinem Leben gibt, von dem sie nichts wissen. Das ist andererseits auch beruhigend, denn es bedeutet, daß Inzest im Vergleich zu meinem gesamten Leben nur einen kleinen Teil ausmacht. Das war zwar nicht immer so, aber seit ich ihn richtig einordnen kann, ist es so.

Ich habe mich erst mit 36 Jahren an den Inzest erinnert. Obwohl ich ihn vergessen hatte, war er unterschwellig präsent, war in mir vergraben, verzerrte mein Verhalten und zerstörte mein Leben, ohne daß ich eine Ahnung hatte, was mit mir los war. Ich konnte nichts tun, um mir zu helfen, weil ich nicht wußte, worunter ich litt. Ich fühlte mich nur manchmal verrückt und machte Sachen, die ›verrückt‹ waren, aber ich konnte nicht anders handeln.

Ich bin bald vierzig. Ich habe einen Ehemann, den ich liebe und zwei Kinder, die ich vergöttere. Ich habe ein Haus, das mir gefällt. Ich bin erfolgreich in meinem Beruf, in dem ich mir einen guten Namen gemacht habe. In einer Menschenmenge würde ich nicht sonderlich auffallen.

Mein Vater war Alkoholiker

Ich bin in einer Kleinstadt in New England geboren.

Mein Vater war Rechtsanwalt. Und er war Alkoholiker und das war das Problem. Meine Mutter war eine Kriegsbraut. Sie war Französin, hatte die Kunstakademie besucht. Als wir klein waren, gab sie Malunterricht, um unseren Lebensunterhalt zu verdienen, da die Trinkerei meines Vaters damals so schlimm geworden war, daß wir kein Geld hatten; wir waren völlig verarmt. Meine Mutter fühlte sich in dem fremden Land vereinsamt, sie wußte nicht, wohin sie sich wenden sollte, und mußte einen Weg finden, wie sie uns satt kriegen konnte. Also gab sie Malstunden.

Meine frühe Kindheit war sehr schwer. Meine ganze Kindheit war schwierig und traumatisch, bis ich von zu Hause wegging, weil mein Vater uns so schlecht behandelte. Für ihn waren Kinder Objekte seiner Bedürfnisbefriedigung, die er ansonsten nicht beachtete. Ich wuchs auf mit dem Gefühl, daß ich entweder seinen Befehlen zu gehorchen oder mich unsichtbar machen mußte. Er gab mir das Gefühl, kein Recht auf meine Existenz zu haben, wenn ich seine Befehle nicht ausführte. Er *erlaubte* uns, in seinem Haus aufzuwachsen.

Meine Mutter, unzulänglich aber wichtig

Meine Mutter war die arme, bedauernswerte Sklavin meines Vaters. Ich sah sie eigentlich nie wirklich als Erwachsene. Für mich war auch sie ein mißbrauchtes Kind. Sie war eine sehr liebevolle und zärtliche Frau, die mich liebte. Ich saß auf ihrem Schoß und erinnere mich, daß ich ihr übers Haar und Gesicht streichelte und sagte: »Mami, bitte du darfst nie sterben.« Sie gab mir Zärtlichkeit in meinem Leben. Aber sie gab mir kein Gefühl der Sicherheit, weil sie selbst Todesangst ausstand, immerhin liebte sie mich. Sie liebt mich noch heute. Ich bin meiner Mutter trotz all ihrer Unzulänglichkeiten noch heute tief verbunden.

Mein Vater war entsetzlich. Er hörte auf zu trinken, als ich etwa fünf Jahre alt war, aber das änderte nichts an der Situation. Jetzt kam er nicht mehr betrunken nach Hause, hatte jedoch oft unkontrollierte Wutausbrüche. Mein Bruder und ich nannten ihn einen tollwütigen Hund. Es war völlig unwichtig, ob wir etwas ausgefressen hatten, er suchte sich willkürlich einen Sündenbock und der hatte bei Gott nichts zu lachen.

Mit dem Mißbrauchstäter isoliert

Natürlich bin ich froh, daß er aufhörte zu trinken, doch er blieb nicht aktiv bei den AA, deshalb wurde er eigentlich nie wirklich gesund. Er war Alkoholiker, der zum Workaholiker wurde. Er war ein wahnsinnig ehrgeiziger Mann und hatte sich ein gewisses Renommee im internationalen Handelsrecht erworben, deshalb reisten wir viel und lebten im Ausland.

Das viele Umherreisen machte die Sache noch schlimmer, da wir so isoliert lebten. Ich befand mich in dieser furchtbaren Mißbrauchssituation und war mit dem Mißbrauchstäter isoliert. Es gab keine Verwandtschaft, niemand konnte mir helfen. Meine Eltern hatten keinen Freundeskreis, sie waren sehr isolierte Menschen. Für mich war niemand da und ich hatte häufig entsetzliche Angst. Ich war ein sehr verschlossenes Kind.

Inzest ist Teil eines Kontinuums

Der Grund, warum ich so weit aushole und die vielen anderen Mißbrauchsformen heranziehe, liegt darin, weil ich es für wichtig halte zu erkennen, daß Inzest nur ein Teil eines Kontinuums von Mißbrauchsverhalten ist. Es ist nicht so, daß man ganz normale Eltern hat, und eines Tages kommt der Vater auf die Idee, sein Kind sexuell zu mißbrauchen, und das hört dann nach einer Weile wieder auf, und alles ist wieder beim alten. Das Inzestverhalten meines Vaters war nur Ausdruck seines Narzißmus und seiner Unfähigkeit, seine Kinder um ihretwillen zu lieben. Das Inzestverhalten war Teil der Hilflosigkeit meiner Mutter und ihrer Unfähigkeit, uns zu beschützen; es war auch Teil ihrer Dysfunktion. Es war Teil des gesamten Familiensystems. Obgleich es kein unvermeidbar zwangsläufiger Teil war – in vielen Familien herrschen Verhältnisse wie in unserer, ohne daß es zu Inzest kommt. Der Inzest geht einzig und allein zu Lasten meines Vaters.

Alle Risikofaktoren traten gemeinsam auf

Es passierte, als ich drei Jahre alt war. Damals ging es in unserer Familie schlimm zu. Die Mutter meines Vaters starb ganz plötzlich, und das war ein tiefer Schock für uns alle. Vor ihrem Tod war die Situation schon schlimm genug, aber meine Eltern hatten sie wenigstens noch. Mein Vater vergötterte seine Mutter, und Mama liebte ihre Schwiegermutter wie ihre eigene Mutter.

Dann wurde meine Mutter sehr krank und kam ins Krankenhaus. Danach ging es ihr lange Zeit ziemlich schlecht, aber sie rackerte sich nach wie vor für uns ab. Es muß eine fürchterliche Zeit für sie gewesen sein. Mein Vater trank sehr viel, hatte Gedächtnisausfälle, war tagelang verschwunden. Manchmal hatte sie kein Geld für Essen. Einmal klaute sie sogar Essen aus dem Nachbarhaus, weil wir Hunger hatten.

Ich sehe mich als Dreijährige, sehr verängstigt, sehr einsam. Ich wollte zu meiner Mami. Ich fror und war krank an Weihnachten. Meine Nase war wund. Ich hasse Weihnachten, wenn ich an dieses Weihnachten zurückdenke.

Ich blockte die Erinnerung bis zur Geburt meiner Tochter ab

Wir wohnten in einem sehr alten Bauernhaus. Es war eigentlich eine historische Ruine. Bad und Klo waren im Keller. Mein Vater lauerte mir unten auf, wenn ich in den Keller zur Toilette ging. Dort mißbrauchte er mich. Es war schrecklich, weil ich so klein war. Ich blockte die Erinnerung völlig ab, bis ich 36 Jahre alt war. Alles in meinem Leben paßte zwar wunderbar in das Profil eines Inzestopfers; aber ich hatte den Inzest völlig vergessen. Wie ich mittlerweile weiß, trifft das bei Kindern, die im Vorschulalter mißbraucht werden, häufig zu.

Ich begann mich an den Mißbrauch zu erinnern, als meine Tochter geboren wurde. Das ist einer der Entwicklungsauslöser, die häufig mit dem Auftauchen von Erinnerungen in Verbindung stehen. Meine erste Erinnerung war ein Traum, der nichts mit meinen normalen Träumen gemeinsam hatte.

Das ist wirklich wichtig, weil es einen qualitativen Unterschied gab zwischen diesem Traum, der ein tatsächliches Geschehen widerspiegelte, und den Träumen mit nur symbolischem Charakter. Als ich meinen Erinnerungstraum hatte, an den ich mich in jedem Detail mit aller Deutlichkeit erinnere, wachte ich schreiend und tränenüberströmt auf. Ich konnte einen halben Tag nicht aufhören zu weinen. Mit dem Traum wurden Emotionen freigesetzt, die so intensiv waren, daß mein Leben tagelang durcheinander gebracht war. Ich sah mich um mehr als dreißig Jahre in meinem Leben zurückversetzt. Es war sehr verwirrend und demütigend. Ich konnte mich nicht zusammennehmen. Ich hatte alle intensiven Gefühle einer Dreijährigen, die sexuell mißbraucht wurde. Ich war 36, hatte ein kleines Baby und erlebte eine furchtbar schwere Zeit. Ich wußte, daß der Traum echt war. Ich wußte, er war eine Erinnerung.

Dann allmählich, nach und nach, kamen weitere Erinnerungen. Und jedesmal, wenn eine neue Erinnerung auftauchte, kam sie verpackt in diese intensiven Emotionen, die zu dem Inzest gehörten. Jedesmal fühlte ich mich in der Zeit um mehr als 30 Jahre zurückversetzt und erlebte die Gefühle einer Dreijährigen wieder, die von ihrem Vater mißbraucht wurde. Es war jedesmal grauenhaft erschütternd, aber auch sehr erleichternd. Ja, es war eine Erleichterung. Es war fast, als werde jedesmal ein wenig Druck in mir freigelassen. Und ich war dankbar, daß es herauskam, trotz der Verrücktheit, dem Gefühl von Unwirklichkeit, die damit einhergingen. Ich betete damals, wieder einen Traum zu haben, damit ich mich von dem ganzen Druck befreien konnte!

Ich liebte meinen Papi

Soweit ich mich erinnern kann, ist es im Keller passiert. Er war nicht betrunken; er war nur sehr nervös. Das erkannte ich an seiner Stimme, seinen Gesten, wie er mit mir sprach, wie er mich anfaßte; er war wirklich nervös. Er sagte ständig: »Es ist nicht schlimm, es ist nur ein Spiel. Es ist nicht schlimm. Hab keine Angst, es ist nicht schlimm.« Er setzte mich seitwärts auf die Toilette, so daß er die Treppe im Blickwinkel hatte, falls jemand herunterkam. Das war alles geplant; er war sehr vorsichtig. Er wußte genau, was er machte; er war nicht betrunken. Er versuchte Geschlechtsverkehr mit mir. Das gelang aber nicht, also zwang er mich zu oralem Sex, und das machte er dann auch bei mir. Er sagte, wenn ich darüber redete, würde man ihn abholen und ihn töten. Und ich liebte meinen Papi, ich liebte ihn sehr, ich betete ihn an.

Das war eines der Dinge, die mich zu Tode erschreckten, als meine erste Erinnerung auftauchte. Mein ganzes Leben war meine Liebe zu meinem Vater mit Wut, Angst, Haß und auch ein wenig Mitleid vermischt. Als ich diesen ersten Traum hatte, überkam mich neben der Angst und Trauer dieses absolut reine Gefühl der Liebe. Ich konnte dieses Gefühl der Liebe gar nicht glauben. Ich hatte nie einen Menschen so geliebt. Das muß ich wohl damals als Dreijährige auch empfunden haben.

Diese völlige Liebe, die ich für ihn empfand, ermutigte ihn wohl, sich an mir zu vergehen. In dem ersten Traum hatte ich große Angst, daß meinem Papi etwas zustoßen würde, daß man ihn fortbringen würde, daß ich ihn beschützen mußte. Neben meiner Trauer und meinem Entsetzen über das, was er mir antat, war ich von unendlicher Liebe zu ihm erfüllt. Ähnliche Gefühle der Liebe hatte ich nur, wenn ich in einen Mann verliebt war, bevor er mich verletzte oder enttäuschte.

Ich glaubte, kein Recht auf mein Leben zu haben

Das ist also geschehen, und ich weiß nicht genau, ob er damit weitermachte, als wir umzogen und er mit dem Trinken aufhörte. Wir zogen in ein Haus um, wo er mich nicht so leicht kriegen konnte – das Badezimmer war im Wohnbereich einbezogen. Mein Vater war ein kluger Mann. Er wußte genau, was er tat, und er wollte nicht erwischt werden. Er war sehr vorsichtig, um sich nicht erwischen zu lassen. Ich glaube nicht, daß meine Mutter je dahinter kam. Er hörte auch mit dem Trinken auf. Ich denke, sein Alkoholismus spielte eine Schlüsselrolle in seinem Verhalten. Ich glaube aber nicht, daß der Mißbrauch mit Rauschzuständen zu tun hatte. Er war nicht betrunken.

Wie dem auch sei, danach hörte er damit auf und ließ mich in Ruhe. Er zog sich von mir zurück. Ich glaube, er liebte mich noch immer, wußte aber nicht, wie er mit mir umgehen sollte. Er konnte diesen Fehltritt in seinem Leben nicht dulden. Doch da gab es mich, den lebenden Beweis seiner Schlechtigkeit. Sie können sich also vorstellen, wie unangenehm ihm meine Gegenwart war. Er gab mir das Gefühl, irgendwie kein Recht auf mein Leben zu haben. Er zog sich vor mir zurück, zum Teil wollte er mich wohl auch vor sich schützen. Ich glaube, er liebte mich.

Mit Problemen aufwachsen

Als Teenager zeichnete ich mich durch starkes Ausagieren aus. Ich geriet in ernsthafte Konflikte mit dem Gesetz. Ich wurde

von jedem Jungen, mit dem ich befreundet war, sexuell mißbraucht, da mir das unausweichlich erschien, auch wenn ich
das damals nicht verstehen konnte. Mit sechzehn bekam ich
mein Leben irgendwie in den Griff, schaffte den Schulabschluß
und später den College-Abschluß.

Meine erste Ehe nach dem College war ein zehnjähriger Mißerfolg. Nach der Scheidung begab ich mich in Therapie, da ich
wußte, mit mir war etwas ganz erheblich in Unordnung,
obwohl ich geradezu zwanghaft ehrgeizig war. Ich hatte zwei
Universitätsexamen und machte dank meiner Arbeitssucht
rasch Karriere. Ich wirkte nach außen sehr selbstbewußt, aber
irgend etwas stimmte ganz und gar nicht mit mir. Ich begab
mich in Therapie. Und nach fünf Jahren begann ich mich
schließlich an den Inzest zu erinnern. Erst danach machte ich in
der Therapie wirkliche Fortschritte und es ging mir langsam
sehr viel besser. Heute denke ich, das Gröbste liegt hinter mir.
Ich bin über den Berg; ich habe es beinahe geschafft.

Die Nachwirkungen von Inzest

Die Nachwirkungen von Inzest und Mißbrauch verfolgen mich
bis heute. Es fällt mir schwer, Beziehungen mit anderen Menschen einzugehen. In mancher Hinsicht gebe ich mich zu leicht
zu erkennen und in anderer bin ich wieder zu sehr verschlossen.
Ich weiß nicht, wie ich mich im Beisein anderer Menschen verhalten soll. Irgendwie komme ich mir immer fremd vor. Mir
bricht buchstäblich der Schweiß aus, wenn ich mit Menschen
spreche, selbst am Telefon. Nach einer Viertelstunde bin ich in
Schweiß gebadet. Ich fühle mich wohler und sicherer, wenn ich
allein bin. Ich bin gern allein. Ich habe Freunde, die mir sehr
am Herzen liegen und habe sie gelegentlich gern um mich, aber
am wohlsten fühle ich mich, wenn ich allein bin.

Ich liebe meine Kinder, aber es fällt mir unendlich schwer,
sie großzuziehen. Auch das ist eine Folgeerscheinung des Mißbrauchs in meiner Familie. Ich bemühe mich sehr, um mir normale, gesunde Erziehungsmethoden anzueignen. Ich finde es
furchtbar, daß meine Kinder unter meinen Kindheitserlebnis-

sen leiden müssen, aber ich mache meine Sache viel besser als meine Eltern damals. Zu meiner Ehrenrettung muß ich sagen, daß ich die schlimmsten Fehler, die sie machten, vermieden habe. Ich würde meinen Kindern niemals das antun, was meine Eltern mir angetan haben.

Eltern – der Phantasievater

Meine Erinnerungen an meine Eltern sind sehr gemischt. Ich erinnere mich zwar an den ständigen emotionalen Mißbrauch und die Vernachlässigung meines Vaters, weiß aber auch, daß er mich liebte. Vielleicht kommt das daher, weil meine Mutter mir ständig sagte: »Du kennst deinen Vater nicht. Er hat dich wirklich lieb.« Ich wußte, daß er mir in einer echten Krise beistehen würde. Ansonsten ging ich ihm aus dem Weg. Die Krise trat nie ein. Eigentlich war das damals eine Krise im Keller, aber damals konnte er mir nicht helfen.

Das wirklich Seltsame liegt für mich darin, wie ich diesen Phantasievater aufbaute, der neben dem mißbrauchenden Vater existierte. Mir ist bewußt, daß ich seine positiven Züge verherrlichte, bis er in meiner Phantasie gottähnliche Gestalt annahm. Ich sah ihn als Supermann, als Mann mit großen Idealen und absoluter Integrität, der gegen eine korrupte und schlechte Welt kämpfte. Ich sah ihn als großen Intellektuellen. Ich spürte, daß es diesen Phantasievater irgendwo in ihm gab, und mit ihm entschuldigte ich den Mißbrauch des realen Vaters. Ich habe die Worte meiner Mutter noch heute im Ohr und weiß, daß sie dieses Phantasiebild förderte. »Dein Vater ist ein sehr empfindsamer, ein wunderbarer Mann. Das kommt nur nicht zum Vorschein, weil er so überarbeitet ist und sich nicht entspannen kann.«

Dieser Phantasievater lebte in meiner Vorstellung, bis ich von zu Hause wegging und ins College kam. Da geschah etwas Merkwürdiges. Ohne mir dessen bewußt zu sein, redete ich unentwegt von ihm. In jeder Situation, jedem Gespräch stellte ich Bezüge zu meinem Phantasievater her. Er bildete meinen Bezugsrahmen. Das wurde mir erst bewußt, als mir eines Tages eine Freundin sagte: »Hör endlich auf damit, Noelle. Findest du nicht, daß es Zeit ist, dich von deinem ›Papi‹ zu trennen?« Das versetzte mir einen richtigen Schock. Ich erinnere mich, daß ich ihr erschrocken entgegnete: »Ich hasse ihn! Er ist der gemeinste Mensch, der mir je begegnet ist!« Von diesem Tag an bemühte ich mich bewußt, meinen Vater so zu sehen, wie er war. Weder als widerliches Ungeheuer, noch als gottähnlichen Supermann, sondern als realen fehlerhaften Menschen. Es dauerte Jahre, bis mir das gelang. Heute ist mir klar, daß der wirkliche Vater eine ziemlich unbedeutende Figur ist. Ich liebe ihn und trauere darum, ihn verloren zu haben, aber ich übernehme nicht mehr die Verantwortung für ihn.

Eine liebevolle und unfähige Mutter

Das Bild, das ich von meiner Mutter habe, ist weniger widersprüchlich. Sie war immer kindlich, untüchtig und liebevoll. Ich war zeitweise wütend auf sie und nahm ihr übel, daß sie mich zwar liebte, aber nicht für mich eintreten konnte. Heute glaube ich, sie hat ihr Bestes getan und gegeben. Sie war ein echtes Opfer. Als ich klein war, war ihre Hilflosigkeit real. Sie machte heroische Anstrengungen, um ihr möglichstes zu tun mit den wenigen Mitteln, die ihr zur Verfügung standen. Eigentlich hätte sie meinen Vater verlassen müssen; dazu war sie aber nicht fähig. Sie war gefangen von ihrem eigenen Gefühl der Hilflosigkeit. Dazu kam, daß es für sie damals keine Fluchtmöglichkeiten gab. Sie konnte uns nicht ernähren, sie war allein in einem fremden Land. Ich begreife, in welcher Falle sie saß.

Dann kam die Zeit zwischen meinem letzten Jahr in der Grundschule und den ersten beiden Jahren in der High-School. Damals gab es in unserer Familie eine finanzielle Krise und sie mußte arbeiten gehen. Zu der Zeit festigte sich in mir die Meinung, daß sie eine Sklavin, ein Opfer war. Ich sah sie als kranke, völlig erschöpfte und ausgelaugte Frau, die unfähig war, sich zu behaupten. Das deprimierte mich sehr. Ich versuchte, mich um sie zu kümmern. Ich erinnere mich, daß ich

Haushaltspflichten übernahm. Ich machte ihr auch kleine Geschenke und schrieb ihr kleine Briefe. Sie tat mir leid und ich weinte um sie.

Zwei Kinder wachsen allein auf

Später als Teenager entfremdete ich mich meinen Eltern immer mehr. Sie waren mir ohnehin nie eine große Hilfe gewesen. Sie wurden mir unwichtig, machten mir nur gelegentlich Schwierigkeiten. Im Rückblick sehe ich sie als zwei Menschen, die in ihren eigenen Problemen verstrickt waren und nichts für mich tun konnten. Ich sehe mich als Kind, das sich allein durchkämpfte, auch wenn ich in ihrem Haus aufwuchs. Ich mußte mir Anleitung holen aus Büchern, von anderen Leuten, aus Filmen, aus der Phantasie. Meine Eltern waren nicht da. Sie waren einfach nicht da.

Ich habe bislang wenig oder gar nichts über meinen Bruder erzählt. Das liegt daran, daß wir in unserer Familie alle ums Überleben kämpften und auf uns selbst angewiesen waren. Es gab keine Chance für eine Geschwisterbeziehung. Das war reiner Luxus. Er war da, aber wir wuchsen getrennt unter einem Dach auf. Ich verstehe mich gut mit ihm, ohne je mit ihm über Probleme zu sprechen. Sein Leben war völlig anders mit anderen Problemen. Er ist mir sehr fremd. Ich liebe ihn, aber es gibt eine Kluft zwischen uns, die ich nie überbrücken kann, weil er die Wahrheit nicht akzeptieren kann. Er hat die Familienverdrängung noch unterstützt.

Die Geschichte umschreiben

Meine Eltern lebten in der Überzeugung, daß in unserer Familie nie etwas wirklich schief gelaufen sei. Meine Probleme oder die meines Bruders haben nichts mit ihnen zu tun und jeglicher Hinweis darauf, es sei anders gewesen, ist in ihren Augen völlig unsinnig. Und sie wollen nichts von meiner Therapie oder den Problemen meines Bruders hören, da wir damit unterstellen, sie hätten etwas falsch gemacht, was ihrer Meinung nach nicht stimmt. Mein Vater behauptet, ich hätte von seiner Trinkerei nichts mitbekommen können, das Familienleben sei damals sogar sehr harmonisch und ich schließlich ›Papas kleiner Liebling‹ gewesen.

Sie haben sich eine hübsche Fassade gebastelt. Sie sind einer religiösen Fundamentalisten-Sekte beigetreten, in der mein Vater eine gehobene Position einnimmt. Er steht Gott sehr nahe und jeder hält die beiden für nahezu perfekt. Sie leben in einem wunderschönen Haus und sie haben einen makellosen Ruf. Die Leute halten meinen Vater für vollkommen.

Es stimmt, mein Vater ist ein Idealist und hat viele bewunderswerte Dinge in seinem Leben getan. Jeder, der meine Eltern kennenlernt, sagt: »Was sind das für wunderbare Menschen.«

Es ist wichtig, daß ich dies alles berichte, weil damit aufgezeigt wird, was für ein hinterhältiger Sachverhalt Inzest ist. Die meisten Familiendysfunktionen sind so hinterhältig, daß man sie von außen nicht erkennt, wenn man nicht darauf geeicht ist, bestimmte Verhaltensmuster zu erkennen.

Nachhaltige elterliche Verdrängung

Ich habe meine Eltern nie mit dem Inzest konfrontiert. Sie wissen, daß ich wegen irgendwelcher Probleme, die mit meiner Vergangenheit zu tun haben, in Therapie bin. Ich bin aber so weit gegangen, ihnen zu sagen, daß es etwas mit einer Familiendysfunktion zu tun hat, daß es mit dem Trinken meines Vaters zu tun hat, und daß ich sexuell belästigt worden bin. Die Reaktion meines Vaters darauf war nicht: »Es tut mir leid, daß dir etwas zu schaffen macht. Kann ich irgend etwas für dich tun?« Nein. Seine Reaktion war vielmehr: »Und wie fühle ich mich dabei? Welches Licht wirft das auf mich?« Der Ordnung halber muß ich ihn wörtlich zitieren: »Ich möchte ein für allemal klarstellen, daß unsere Familie nicht schlecht war. Meine Trinkgewohnheiten waren völlig normal. Ich habe mir nichts zuschulden kommen lassen.« Das war seine Reaktion. Beide Eltern verdrängten alles total.

Jetzt sind sie alt. Und ich bin überzeugt davon, daß mein Vater die Geschichte völlig umgeschrieben hat. Er hat sich erfolgreich eingeredet, daß das, was er getan hat, nie stattgefunden hat. Das halte ich für sehr gut möglich, weil er glänzend verdrängen kann, weil er zu sich selbst nicht aufrichtig ist. Jede Form der Konfrontation zwischen mir und meinen Eltern steht völlig außer Frage. Ich habe ein Stadium erreicht, an dem eine Konfrontation mir nicht schaden würde. Sie würde mir aber auch nichts nützen, und sie würde ganz sicher nichts bei meinen Eltern bewirken. Sie würden sich dadurch weder verändern noch tiefere Einblicke gewinnen. Damit wäre mir lediglich die Möglichkeit genommen, die Beziehung zu ihnen aufrechtzuerhalten.

Ich möchte mit meinen Eltern weiterhin in Verbindung bleiben. Ich möchte, daß meine Kinder Großeltern haben, und ich möchte auch meine Mutter weiterhin in meinem Leben haben. Sie war eine schwache Frau, aber sie liebte mich, und wenn es sie nicht gegeben hätte, wäre mein Leben vermutlich nicht zu retten gewesen. Ihre Liebe gab mir wenigstens das Fundament, mich von dem Mißbrauch zu erholen, also möchte ich die Beziehung zu ihr beibehalten. Und ich möchte meinen Vater nicht verletzen. Er verletzt sich selbst genug. Wenn Sie mich und meine Familie kennenlernen würden, hätten Sie einen völlig normalen Eindruck von uns. Wenn Sie uns im Kreis der Familie sehen, würden Sie denken: »Wie glücklich diese Leute sind. Die haben ganz sicher keine Probleme.«

Ich dachte nicht, daß ich dieses Glück empfinden könnte

Nach Jahren der Therapie kann ich sagen, daß die Dinge jetzt ins Lot gekommen sind, ja es ist alles in Ordnung. Ich hätte nie gedacht, daß ich diese Zufriedenheit spüren würde. Ich dachte nicht, daß ich dieses Glück empfinden könnte. Ich wußte nicht, daß es das gibt; aber ich habe es gefunden und jeder Tag ist ein Schritt nach vorn in dem Prozeß. Jeden Tag geht es mir ein kleines bißchen besser. Ich bin immer noch voller Angst, fühle mich noch immer sehr bedroht und verletzlich. Manche Tage

sind schlimmer, manche sind wunderbar. Ich gehe immer ein
bißchen zurück und wieder vor, aber jeden Tag spüre ich, daß
ich wieder einen Schritt vorwärtskomme. Ich kann es schaffen.
Ich wünsche bloß... Ich möchte, daß andere Leute wissen, daß
es eine echte Chance zum Glücklichsein gibt.

Megan
Unternehmensberaterin
36 Jahre alt
Single
Geschwisterinzest.
Acht Jahre in Therapie.
Mutter Alkoholikerin.

*»Wir waren die perfekte Bilderbuchfamilie« berichtet Megan.
Dann erzählt sie, daß sie acht Jahre Therapie brauchte, um die
Familiendynamiken zu verstehen, die mit der Vergewaltigung
durch ihren 14jährigen Bruder in Verbindung standen, als sie
zehn Jahre alt war.*

*In Megans Geschichte finden wir viele Familienmerkmale
wieder, die mit Inzest in Verbindung stehen – strenge Gläubig-
keit, Erschöpfungszustand der Mutter, Parentifizierung der
Kinder, schwere Krankheit eines Elternteils, unreifer und narzißtischer Mißbrauchstäter und Verdrängung des Traumas. In
ihrer Geschichte finden wir außerdem ein typisches Merkmal
von Geschwisterinzest – körperliche Gewalt tritt häufiger auf,
wenn zwischen Opfer und Geschwistertäter ein signifikanter
Altersunterschied besteht.*

*Megan selbst gibt ein Beispiel für den Zeitbombeneffekt von
Inzest, besonders im Hinblick auf ihre unterdrückten Erinnerungen. Sie vergaß die Vergewaltigung, bis sie 35 Jahre alt war
und dachte, ihr Bruder habe sie ›nur‹ sexuell belästigt, sie hätte
keinen bleibenden Schaden davon getragen und alles sei bei ihr
in Ordnung – abgesehen von ihrer Angst vor Männern, ihrer
Angst vor Sex, ihrer Angst vor Nähe, ihren Depressionen und
ihren Selbstmordgedanken, allesamt Symptome, die sich im Er-
wachsenenalter verstärkten. Dann explodierte die Zeitbombe.*

Megan hatte Glück. Sie fand rasch einen guten Therapeuten und begann den Inzest trotz der verschleierten Präsenz zu konfrontieren. Sie ging in die Therapie und sprach über ihre Depressionen, die sie auf den kürzlichen Tod ihrer Mutter und ihres Vaters zurückführte, was jedem Therapeuten einleuchtend erschienen wäre. Zum Glück reagierte ihr Therapeut auf eine beiläufige Bemerkung ihrerseits, in der sie die ›Belästigung‹ ihres Bruders erwähnte.

Achten Sie bei ihrer Lektüre von Megans Bericht darauf, wie ihr Sexualverhalten durch den Inzest verzerrt wurde. Während Noelle zwanghaft sexuelle Beziehungen suchte, in der Hoffnung, dadurch ihre überwältigenden Bedürfnisse zufrieden zu stellen, vermied Megan sexuelle Kontakte, weil sie vor ihren überwältigenden Bedürfnissen Angst hatte. Beides sind Manifestationen des gleichen Problems — eine verzerrte Vorstellung von Liebe und Sex. Gelegentlich erleben wir beide Verhaltensweisen in Form von abwechselnd übersteigertem Sexualverhalten mit völligem Vermeiden von Sexualität. Wenn Sie über Megan und Noelle lesen, können Sie möglicherweise erkennen, welche Form Ihre eigene Sexualstörung angenommen hat.

Eine Bilderbuchfamilie

Ich bin 36 Jahre alt und wuchs im Vorort einer Großstadt im amerikanischen Mittelwesten auf. Ich bin das sechste von acht Kindern, vier Jungen und vier Mädchen. Ich stamme aus einer streng katholischen, irischstämmigen Familie. Meine beiden Eltern waren sehr strenge Katholiken. Nach außen gaben wir das Bild einer perfekten Bilderbuchfamilie.

Mein Vater war Diplomingenieur und meine Mutter arbeitete vor ihrer Heirat als Sekretärin. Später war sie Mutter und Hausfrau und blieb zu Hause bei uns. Wir Kinder besuchten alle katholische Schulen vom Kindergarten bis zum College. Fünf von uns acht schafften den College-Abschluß. Ich machte nach außen stets einen guten Eindruck — ich war eine überdurchschnittlich gute Schülerin, verantwortungsbewußt, hatte nie mit Drogen oder Alkoholmißbrauch zu tun, hatte eine

Menge Freundinnen und arbeitete ab 16 in Teilzeitjobs. Nach außen machen wir alle in unserem Erwachsenenleben den Eindruck erfolgreicher, selbständiger Menschen, mit Ausnahme einer Schwester.

Sie ist geschieden und hat ihrem Ehemann das Sorgerecht für ihre Kinder überlassen. Seit 20 Jahren arbeitet sie als Kellnerin, obwohl sie ihren Collegeabschluß und einen Hochschulabschluß hat. Sie ist eine sehr intelligente Frau, aber sie läßt sich buchstäblich fallen. Das fing etwa zum Zeitpunkt des Todes meiner Mutter an. Damals ließ sie sich scheiden, das liegt jetzt 15 Jahre zurück. Sie ist die einzige Ausnahme in der oberflächlichen Betrachtung unserer perfekten Bilderbuchfamilie.

Meine Mutter kreischte und tobte

Wie sah es in meiner Familie aus? Es fällt mir in gewisser Weise unendlich schwer, darüber zu berichten, doch allmählich werde ich objektiver. Bis zu Beginn meiner Therapie und auch noch im ersten Jahr der Behandlung erzählte ich meinem Therapeuten ständig, daß ich eine wundervolle Familie hatte, daß meine Eltern mich liebten, daß sie einander liebten und all die netten Sachen. Im Lauf der Zeit stellte ich fest, daß meine Familie in keiner Hinsicht perfekt war.

Meine Mutter kreischte und tobte. Sie schlug uns nicht. Aber Mann! Ihre Stimme war so keifend, daß mir bis zum heutigen Tag schlecht wird, und ich den Raum verlassen muß, wenn eine Frau zu zetern anfängt.

Sie schnauzte uns von morgens bis abends an. Weil eines der Kinder sein Bett nicht machte, sein Frühstück nicht aß, weil wir ihre Befehle nicht auf der Stelle ausführten – schon legte sie los. Mich brüllte sie noch am wenigsten an, weil ich so brav war. Ich bemühte mich, ihr alles recht zu machen, damit sie nicht mit mir herumschrie.

Mein Bruder Kevin, der mich später mißbrauchte, ist vier Jahre älter als ich und war immer das schwarze Schaf in der Familie. Er steckte immer in Schwierigkeiten. Er schwänzte die Schule, ging am Sonntag nicht zur Messe. Ich war ganz anders als er. Ich wollte meiner Mutter nie einen Grund geben, mich auszuschimpfen.

Die schlechteste Mutter der Welt

Ich konnte es einfach nicht ertragen, wenn sie anfing zu brüllen. Ich glaubte, die schlechteste Mutter auf der ganzen Welt zu haben. Einmal stand ich in unserer Garageneinfahrt, damals muß ich fünf oder sechs gewesen sein. Es war Sommer und alle Fenster standen offen. Sie brüllte eines der Kinder wegen irgend eines Vergehens an. Ich stand da und haßte sie, weil sie eine so schreckliche Mutter war; und es war mir peinlich, weil die Nachbarn sie hören konnten. Mein Vater war meist nicht zu Hause. Wenn er abends nach Hause kam, war sie relativ gemäßigt.

Nach der Geburt meines jüngeren Bruders fing sie an, Martinis zu trinken. Sie und mein Vater genehmigten sich abends zwei Martinis, wenn er vom Büro heim kam. Sie erzählte meiner Tante einmal, daß sie ein tolles neues Getränk entdeckt habe, und meine Tante fragte: »Was denn?« Und sie sagte: »Martini.« Meine Tante sagte: »Maureen, das ist purer Schnaps.« Meine Mutter entgegnete: »Na und? Zwei Martinis, und die Kinder können soviel Krach machen, wie sie wollen.« Damals hatte sie bereits sieben Kinder und war vierzig Jahre alt.

Eine streng katholische Familie

Ein weiterer wichtiger Punkt, der meine Familie betrifft, ist die Tatsache, daß Inzest in katholischen Familien überdurchschnittlich verbreitet ist. Meine Eltern waren selbst für eine katholische Familie im Umgang mit dem Thema Sex außergewöhnlich sittenstreng und prüde. Die einzige Zärtlichkeit, die sie je in Gegenwart von uns Kindern austauschten, war der morgendliche Abschiedskuß und der abendliche Willkommensgruß meines Vaters. Noch nach 30 Jahren Ehe errötete meine Mutter, wenn eines ihrer acht Kinder ihnen bei diesem Zärtlichkeitsbeweis zusah.

Bei uns herrschte die Regel, daß keiner sein Zimmer verließ, ohne völlig angezogen zu sein, und wenn schon im Schlafanzug, dann mit Bademantel und Hausschuhen an den Füßen.

Über Sex wurde nie geredet, das Thema wurde nie erwähnt. Meine ältere Schwester war 16, als die jüngste zur Welt kam. Und sie sagten meiner älteren Schwester, was sie uns anderen Kindern auch sagten: »Deine Mutter und ich, wir sind ins Krankenhaus gefahren und haben ein neues Schwesterchen für euch abgeholt.« Schwangerschaft wurde nie erwähnt. Wir nahmen das Wort ›schwanger‹ nie in den Mund. Ich hörte meine Mutter das Wort einmal aussprechen, als sie über eine andere Frau redete. Sex existierte also nicht. Man redete nicht darüber. Sex gehörte nicht zum Leben.

Es gab noch eine interessante Regel im Hinblick auf das, was mir angetan wurde. Sie lautete, daß die Buben uns Mädchen nie anfassen durften. Bei acht Kindern kommt es häufig zu Streitereien und Rangeleien. Aber es war den Buben verboten, die Mädchen anzufassen.

Mutter brauchte mich nach dem Tod meines Vaters

Meine Mutter hatte keine enge Beziehung zu uns Kindern. Erst nach dem Tod meines Vaters suchte sie unsere Nähe. Das Jahr nach seinem Tod war der einzige Abschnitt in meinem Leben, in dem sie mir menschlich näher kam. Zum ersten Mal ging sie aus sich heraus und ließ uns näher an sich heran. Es blieb ihr ja nicht viel anderes übrig, nach dem Tod meines Vaters.

Meine Eltern standen einander sehr nahe. Das einzig Positive an ihnen war, daß sie einander mochten. Es mag nicht die gesündeste Ehe gewesen sein, weil meine Mutter niemals Wut gegen meinen Vater zeigte. Das war ungesund.

Nach dem Tod meines Vaters wurde ich ihre Zuhörerin. Sie brauchte jemand, mit dem sie reden konnte und wandte sich an mich. Da fing ich an, sie ein bißchen besser kennenzulernen. Aber als ich kleiner war, konnte ich nicht zu ihr gehen, wenn ich mir weh getan hatte, oder wenn ich traurig war. Ich suchte immer Trost bei einem Bruder oder einer Schwester.

Ich dachte, ich bedeute ihr nichts

Jahre später, als ich mich in der Therapie an den Inzest erinnerte, empfand ich tiefen Haß gegen sie, weil sie mich nicht beschützt hatte, weil sie uns ständig anbrüllte und uns nie sagte, daß sie uns lieb hatte, und weil sie kaum zwei Jahre nach dem Tod meines Vaters an Krebs starb. Es war doch klar, daß sie uns nicht liebte, daß sie mich nicht liebte. Ich weinte, weil ich eine Mutter hatte, der ich nichts bedeutete.

Ich muß etwa 15 gewesen sein, als ich sie einmal fragte, ob sie sich acht Kinder gewünscht hatte. Ihre Antwort war, sie habe mit 24 geheiratet und gewußt, was auf sie zukam. Das Gefühl, nur geduldet zu sein, begleitete mich unentwegt. Bis letzten Sommer: Damals fiel mir plötzlich ein, aus welchem Grund auch immer, daß meine Mutter mir eines Tages sagte, ich müsse von zu Hause weggehen und in einer anderen Stadt studieren, sonst würde sie sich zu sehr an mich binden. Das war zweifellos ein Zeichen von Selbstlosigkeit – ein Kind gehen zu lassen. Es fällt mir schwer, mich damit abzufinden, daß ich vor dem Mißbrauch meines Bruders nicht beschützt wurde. Aber wenigstens kann ich jetzt glauben, daß ich geliebt wurde.

Bei meinem Vater fühlte ich mich sicher – vor seinem Herzinfarkt

Mein Vater war etwas zugänglicher. Daran erinnerte ich mich in diesem Winter in der Gruppe – und wäre beinahe zusammengebrochen. Monika, unsere Gruppentherapeutin, fragte: »Gab es eine Zeit in eurem Leben, in der ihr euch sicher gefühlt habt? Wenn ja, an welchem Ort habt Ihr euch sicher gefühlt? Und wo fühlt Ihr euch als Erwachsene sicher?« Diese einfachen Fragen versetzten die gesamte Gruppe in einen enorm traumatischen Zustand. Alle antworteten nein, es habe nie eine

74

Zeit gegeben, in der sie sich sicher gefühlt hätten; als Erwachsene fühlen wir uns nur sicher, wenn wir alleine sind. Bei jeder war das ein wenig anders, die meisten fühlten sich beim Autofahren oder in einem Zimmer, ganz für sich allein am wohlsten.

Ich sagte, wie alle Gruppenteilnehmerinnen auch: »Nein, ich fühlte mich nie sicher. Ich kann mich an keine Zeit erinnern, an der ich mich sicher fühlte.« Und plötzlich, warum weiß ich nicht, stellte ich die Verbindung her. Ich erinnerte mich, daß ich mich bei meinem Vater vor seinem Herzinfarkt sicher gefühlt habe. Mein Vater hatte seinen ersten Herzinfarkt, als ich in der vierten Klasse war, ich muß also grade zehn gewesen sein. Bis zu seiner Krankheit besuchte mein Vater jeden Morgen von Montag bis Freitag die Frühmesse, bevor er zur Arbeit ging. Und in diesem Jahr begleitete ich ihn. Es war mein Wunsch, ihn zu begleiten. Und plötzlich hatte ich diese Erinnerung an eine Zeit, die mir besonders lieb war, eine Zeit, in der ich allein mit ihm war.

Ich mochte meinen Vater gern, aber ich erzählte anderen Leuten immer, daß ich ihn als Mensch nicht kannte. In dieser Gruppensitzung erinnerte ich mich daran, wie ich ihn als Zehnjährige wahrgenommen hatte, bevor er krank wurde und bevor ich mißbraucht wurde. Er war ein wirklich netter, gütiger Mann. Ich erinnere mich nur an zwei Gelegenheiten in meinem Leben, in denen er laut wurde. Die ganze Familie erinnert sich kaum daran, ihn wütend erlebt zu haben. Meine Mutter agierte die Wut für beide aus.

Vor seinem Herzinfarkt spielte er mit uns kleineren Kindern. Am Samstag setzte er uns vor dem Kino ab, holte uns nach der Vorstellung ab und lud uns zu einem Eisbecher mit Früchten ein. Er war zugänglich und freundlich. Aber dann hatte er den Herzinfarkt im April. Um diese Zeit muß auch der Mißbrauch begonnen haben.

Vater krank — vom Bruder sexuell mißbraucht

Er lag sechs Wochen im Krankenhaus. Da meine Mutter keinen Führerschein hatte, fuhr meine ältere Schwester sie jeden Tag nach der Schule ins Krankenhaus. Meine Schwester war damals achtzehn und die beiden Ältesten studierten bereits in einer anderen Stadt. Deshalb paßten Kevin und Jim — Jim war 15 und Kevin 14 — auf meine zwei kleinen Schwestern und mich auf. Wie Sie sich denken können, war ich mir ohne jede Aufsicht selbst überlassen. Mein Bruder Kevin wies immer schon eine gestörte Persönlichkeit auf. Ich bin mir bis heute nicht ganz sicher, was ihn dazu trieb, denke aber, es gibt dafür einige Gründe. Zum Teil lag es an seiner pubertären Sexualität, die er mit seiner katholischen Erziehung und in seiner katholischen Schule nicht mit gleichaltrigen Mädchen ausagieren konnte.

Er war fast 14, als er damit anfing. Es dauerte 13 Monate, begann mit Berührungen und endete mit Vergewaltigung. Es fing an mit dem Vorwand, er wolle mich über Menstruation aufklären. Dazu müsse ich meine Kleider ausziehen.

Als die ersten Erlebnisbruchstücke wieder auftauchten, kam auch die Erinnerung an das erste Mal. Ich stand in seinem Zimmer, es war später Nachmittag. Draußen begann es bereits dunkel zu werden, und im Zimmer war kein Licht. Er erklärte mir, was Menstruation ist, und ich war anfangs sehr neugierig, weil kein Mensch mit mir je über so etwas sprach. Doch dann fand ich es nicht richtig, daß ich dazu meine Kleider ausziehen müsse. Möglicherweise zog er mir nur das Hemd aus, vielleicht nicht alle Kleider. Aber ich wußte, es war nicht richtig. Er beruhigte mich und sagte, ich müsse darüber unbedingt Bescheid wissen.

Ich habe viel darüber nachgedacht, was ihn dazu motiviert hatte. Ich denke, es war Neugier und ich war gefügig. Es gab keine Aufsicht von Erwachsenen, und ich war ein so gefälliges Kind. Ich machte alles, um den Leuten zu gefallen, damit sie nicht böse auf mich waren oder mich zurückwiesen. Der Grund, warum es über kindliche Spielerei hinausging, lag an Kevins im klassischen Sinne narzißtischer Persönlichkeit.

Mein Bruder

Kevin hat nie in seinem Leben für irgend etwas die Verantwortung getragen. Er ist 39 und eines der drei Kinder, die das College nicht abgeschlossen haben. Die anderen beiden, die es nicht schafften, und das halte ich für signifikant, sind die beiden Jüngsten, die ihre Eltern verloren, als sie noch zur High-School gingen. Die beiden haben ein schreckliches Trauma davon getragen, daß unsere Eltern so früh gestorben sind.

Kevin war schon als kleiner Junge ein schlechter Schüler – machte nie Schularbeiten, hatte immer Probleme mit den Nonnen und schaffte nicht mal den High-School-Abschluß. Er ging zur Navy, um nicht nach Vietnam eingezogen zu werden. Nach seinem Militärdienst arbeitete er als Kellner. Zwanzig Jahre später arbeitet er immer noch als Kellner. In 20 Jahren hat er, glaube ich, 40mal die Stellungen gewechselt. Ich wette, er wechselt zweimal im Jahr den Job.

Er war einmal verheiratet, und seine Frau verließ ihn nach drei Jahren Ehe, als ihr Sohn etwa ein Jahr alt war.

Eine narzißtische Persönlichkeit

Kevin gab immer allen anderen die Schuld, der Fehler lag nie bei ihm. Wenn er wieder einmal einen Job verlor, lag das nicht an ihm. Der Grund, warum seine Ehe in die Brüche ging, lag nicht an ihm; seine Frau hatte Schuld daran. Er machte einen kläglichen Versuch, nach Florida zu ziehen, um seinem Sohn nahe zu sein, weil er ein guter Vater sein wollte. Als er dort ankam, behauptete er, seine Frau habe ihn nicht in die Nähe seines Sohnes gelassen; deshalb habe er keinen Grund gesehen, weiter in Florida zu leben, und kehrte nach Kalifornien zurück. In Wahrheit spielte es sich ganz anders ab. Als seine Frau Kevin mit dem Kind allein ließ, wurde der Kleine unruhig und fing an zu weinen; Kevin wußte nicht, was er mit dem Buben anfangen sollte, und brachte ihn seiner Mutter zurück. Uns aber sagte er: »Meine Frau läßt meinen Sohn nicht zu mir. Sie hat ihn mir weggenommen.« Er übernimmt für nichts die Verantwortung, und alles muß immer nach seinem Willen gehen. Wenn man ihm nicht auf der Stelle hilft, ist man böse. Wenn man sich nicht so verhält, wie er sich das vorstellt, ist man ein gemeiner Mensch.

Da ich heute weiß, daß er eine narzißtische Persönlichkeit hat, vermute ich, daß ihn seine Triebhaftigkeit dazu veranlaßte, mich zu mißbrauchen. Er fing sehr früh mit Sex an. Und er brachte mir bald bei, ihn abzuspritzen. Ich erinnere mich, daß ich bei seiner ersten Ejakulation einen hysterischen Anfall bekam. Ich wußte nicht, was geschah. Und ich war völlig damit bekleckert. Ich fing an zu weinen und zu schreien, er befahl mir, leise zu sein, drohte, mich zu schlagen, wenn ich nicht aufhöre, und sagte, ich solle mich nicht so anstellen, es tue ja nicht weh.

Mein Vater entwarf als Ingenieur das Haus so, daß Kinder sich darin wohlfühlten und sie nicht ständig aufpassen mußten, um nichts kaputtzumachen. Unser Wohnzimmer war mit Kastanienholz getäfelt, weil dieses Holz viele Astlöcher hat und es deshalb nichts ausmachte, wenn wir noch ein paar Löcher dazu machten. All diese Vorkehrungen wurden getroffen, um uns zu schützen und uns eine angenehme Kindheit zu ermöglichen. Und das Grauenvollste, das mir in meinem ganzen Leben zugestoßen ist, geschah in dem Zimmer neben dem Schlafzimmer meiner Eltern.

Ich glaube, ein Grund ist auch, daß mein Bruder alles daran setzte, um Vorschriften zu mißachten. Deshalb war er ein miserabler Schüler; deshalb machte er die High-School nicht fertig. Wo es eine Regel gab, mußte er sie brechen. Deshalb ging er sonntags nicht zur Messe. Er lebte, um Vorschriften zu übertreten; damit machte er auf sich aufmerksam. Wir waren zu viele, als daß jeder einzelne viel Zuwendung erhalten hätte. Und Kevin nahm, soweit ich zurückdenken kann, die ganze Energie unserer Eltern in Anspruch. Er war der Fünftgeborene, der dritte Sohn, also ein echtes mittleres Kind. Seine Art, Aufmerksamkeit auf sich zu lenken, indem er den bösen Buben spielte – und darin war er brillant – nahm all ihre Energie in Anspruch.

Ich habe mich oft gefragt, ob er zornig war, weil mein Vater den Herzinfarkt hatte, und meine Mutter an seinem Krankenbett wachte und niemand da war, der ihm Aufmerksamkeit

schenkte. Daß er deshalb das letzte Tabu brach, das ihm
verbot, ein nacktes Mädchen anzufassen. Vielleicht hoffte er
sogar, erwischt zu werden, deshalb machte er es im Zimmer
neben dem Schlafzimmer unserer Eltern. Das habe ich mir
schon oft überlegt. Vielleicht wollte er dabei erwischt werden.

Scham und Entsetzen – ich wagte nicht, es meiner Mutter zu sagen

Als meine Therapeutin mich zum ersten Mal fragte, warum ich
es meiner Mutter nicht gesagt habe, mußte ich lachen. »Soll das
ein Witz sein?« In unserer Familie, in der nie über Sex gesprochen wurde, hinzugehen und zu sagen: »Hör mal Mama, Kevin
belästigt mich unsittlich«, wäre ein Ding der Unmöglichkeit gewesen. Meine Eltern waren Leute, vor denen ich als kleines
Kind weggelaufen bin, wenn ich Hilfe brauchte, weil sie mit
Emotionen nicht umgehen konnten. Sie waren Leute, die nicht
über Sex redeten, die Sex ausklammerten. Außerdem lag mein
Vater im Krankenhaus und meine Mutter war ständig unterwegs. Ich hätte gar keine Möglichkeit gehabt, es ihr zu sagen.
Ich hatte Angst, mit ihr darüber zu reden; Angst, sie würde mir
die Schuld geben.

Heute weiß ich, daß Kevin mir sogar noch einredete, es sei
meine Schuld. Er behauptete ständig, er tue es nur, weil ich
Spaß daran habe. Er mache es, um mich aufzuklären; er mache
es, weil ich darüber Bescheid wissen müsse, wenn ich einmal
heirate; er tue mir nur einen Gefallen damit. Und er sagte mir
auch, er tue es, weil ich Spaß daran habe. Die Stimulation bei
sexuellem Mißbrauch ruft häufig sexuelle Reaktionen hervor
– es tut zum Teil gut. Was mir haften blieb, war, daß es gut
tat, weil Kevin mir ständig einredete, daß ich Spaß daran hatte.
Er sagte: »Du willst es.« Und als er endlich mit mir aufhörte,
sagte er, er könne nicht weitermachen, nur weil ich es haben
möchte. Das war das Gefühl, das in meiner Erinnerung haften
blieb, dieses Gefühl, Spaß daran gehabt zu haben; weil Kevin
mir sagte, er könne nicht weitermachen, nur weil ich es wollte.

Was ich nicht wußte, woran ich mich aber später erinnerte,

war dieses Gefühl des völligen Entsetzens. Es unterschied sich so sehr von dem Gefühl, das ich 20 Jahre mit mir herumtrug. Es dauerte lange, bis ich mich mit beiden Gefühlen aussöhnen konnte. Ich bin bis heute nicht sicher, wie ich die beiden Empfindungen zusammenbringen kann, weil sie so völlig verschieden sind.

Es ist schwierig, die Gefühle sexueller Stimulierung mit den Gefühlen des Entsetzens in Einklang zu bringen, weil man denkt, sie könnten nicht gleichzeitig existieren. Aber sie sind zur gleichen Zeit möglich, und das macht dich verrückt. Das ist wohl der Grund, warum ich mich von meiner Sexualität abgespalten habe. Mit dem Entsetzen konnte ich nicht fertigwerden, deshalb wollte ich auch keine sexuelle Stimulierung.

Ich glaube, das ist mit ein Grund, warum es Kevin leicht fiel, mich einzuschüchtern, nicht darüber zu reden. Ich schämte mich, sexuelle Erregung gespürt zu haben. Und ich fürchtete, mich würde die Schuld treffen. Und nachdem er mich vergewaltigt hatte, war mein Entsetzen zu groß.

Ich verbannte es aus dem Gedächtnis

Ich war zehn und es dauerte 13 Monate. Ich habe diese Erfahrung nie total abgeblockt wie andere Frauen. Ich blockte fast alles ab. Aber als ich die Therapie begann, erinnerte ich mich an zwei Dinge. Wie Schnappschüsse. Ich habe mich nicht an die Vergewaltigung erinnert. Wenn man von mir verlangt hätte, die Erfahrung zu beschreiben, hätte ich gesagt, ich sei von meinem Bruder unsittlich berührt worden. Aber ich redete mir immer ein, es habe mir nicht wirklich geschadet, weil ich damals erst zehn war, und die ganze Sache eigentlich recht harmlos war.

Als ich mit der Therapie anfing, litt ich an Depressionen. Ich sagte meiner Therapeutin auch, daß ich Angst vor Männern habe, ohne je eine Verbindung herzustellen zwischen Kevins Belästigungen und meiner Angst vor Männern. Ich habe meiner Therapeutin gegenüber zunächst gar nichts von dem Inzest erwähnt.

Als ich mit 26 die Therapie begann, hatte ich jahrelang gedacht, es sei alles in Ordnung. Ich hatte entsetzliche Hemmungen vor Männern und Angst vor Sex, doch meine Erziehung und die katholischen Mädchenschulen lieferten mir plausible Erklärungen, um die Ursprünge meiner Ängste nicht ergründen zu müssen. Ich hatte viele Freundinnen. Alles schien in Ordnung zu sein. Dennoch litt ich unter schweren Depressionen. Die Zeitspanne zwischen dem Inzest und dem Beginn meiner Therapie war keineswegs das, was sie zu sein schien. Ich dachte, ich hätte alles im Griff, während ich in Wahrheit alles nur abblockte.

Heute — Fortschritte durch Therapie

Die Therapie half mir, mich dem Mißbrauch zu stellen und zu erkennen, in welcher Form er mein Leben beeinflußte. Ich hatte großen Erfolg im Beruf, darauf hatte ich mich konzentriert. Aber ich war unfähig, mich Menschen zu öffnen, mich auf sie einzulassen. Erst heute, nach achtjähriger Therapie, kann ich offener sein und auf Freunde zugehen, wenn ich Hilfe brauche. Ich interessiere mich auch mehr für Männer, doch daran muß ich noch arbeiten, weil ich mich nach wie vor für ›ungefährliche‹ Männer interessiere — Männer, mit denen ich beruflich zu tun habe, verheiratete oder ansonsten gebundene und unerreichbare Männer. Doch zumindest empfinde ich heute sexuelle Reize und bin für eine Beziehung bereit. Ich habe Fortschritte gemacht.

Didi
Hausfrau und Mutter
24 Jahre
Verheiratet; zwei Kinder.
Inzest mit Vater.
Zwei Jahre Therapie.
Mutter Alkoholikerin.

Ihre Mutter starb und der Vater mißbrauchte sie sexuell. Diese zwei Erfahrungen ereigneten sich kurz hintereinander in Didis Leben, als sie 11 Jahre alt war. In ihrer Berichterstattung sind die beiden Sachverhalte so unentwirrbar miteinander verwoben, daß es schwerfällt zu erkennen, wo der eine Verlust aufhört und der andere beginnt.

Didis Fallbeispiel unterstreicht erneut die Tatsache, daß Inzest kein Einzelphänomen ist; daß er in der Erfahrung des Opfers vermischt ist mit dem Kontext, in dem er sich ereignete. Für Didi bestand der Kontext aus Verlust und Verlassenheit. Der Inzest selbst war ein weiterer Verlust und erneutes Verlassenwerden. Um davon loszukommen, muß sie nicht nur Trauerarbeit im Hinblick auf den Inzest, sondern auch im Hinblick auf den Tod der Mutter leisten.

Didi berichtet über eine weitere ungewöhnliche Erfahrung. Sie konnte die Therapie gemeinsam mit ihrem Vater beginnen, der sich später einer Einzeltherapie unterzog (7. Kapitel). Die Erfahrung, ihren Schänder zu konfrontieren, erwies sich für sie als günstig und zeigt den therapeutischen Wert, den diese Erfahrung haben kann. Die Lehre, die wir alle daraus ziehen müssen, lautet, daß wir eine derartige Konfrontation nur dann in Betracht ziehen dürfen, wenn wir die Gewißheit haben, daß dieser Schritt uns in unserem Genesungsprozeß weiterbringt. Didis Vater bemühte sich, einen Teil der Verantwortung zu übernehmen. Stellen Sie sich die Frage, wie Ihr Mißbrauchstäter reagieren würde und was in Ihnen vorgehen würde, falls er die Verantwortung ablehnt. Konfrontation sollte nicht herbeigeführt werden ohne sorgfältige Überlegung und professionelle Unterstützung.

Ein weiterer wichtiger Aspekt in Didis Bericht ist die Problematik, die auftaucht, wenn die Betroffene sich mit Inzest auseinandersetzt und gleichzeitig Mutter ist. Überlebende mit Kindern werden wissen, welche zusätzlichen Komplikationen und Belastungen Kinder darstellen. Sie werden erfahren, wie Didi darauf reagiert (5. und 7. Kapitel).

Inzest fügt unserer Selbstachtung schweren Schaden zu. Wir alle reagieren darauf in unserer eigenen Weise. Manche geben auf, verlieren die Hoffnung, jemals gut genug zu sein, ihre

Träume zu verwirklichen und erleiden den schlimmsten Verlust von allen – den Verlust ihrer Hoffnungen, ihrer Ideale, ihrer Träume. Megan dachte, sie könne nie heiraten oder Kinder haben. Didi glaubte, sie könne nie das College besuchen oder einen Beruf erlernen und ausüben (4. Kapitel).

Die gegensätzliche Reaktion darauf ist das Streben nach dem Supererfolg. Nach der Maxime: »Wenn ich dies oder jenes leiste, dann bin ich wer.« Viele von uns lechzen nach Lob und Anerkennung in der Hoffnung, das bringe die große Veränderung, nur um festzustellen, daß sie nie genug davon bekommen.

Für uns alle aber führt der Weg zur Selbstachtung über die Konfrontation mit unserer Opfersituation und unserer Hilflosigkeit. Didi hat sich große Mühe gegeben, um das zu erreichen. Sie hat sich mit ihrem Vater auseinandergesetzt und ihm die Verantwortung an dem Inzest zugewiesen. Sie gibt uns allen Grund zum Nachdenken.

Nach dem Tod meiner Mutter mißbraucht

Ich bin 24 Jahre alt und Mutter, Ganztagsmutter von zwei kleinen Mädchen im Alter von drei und eineinhalb Jahren. Ich komme aus einer Mittelschichtfamilie mit drei Kindern. Ich bin die Jüngste, habe einen Bruder und eine Schwester. Ich wurde von meinem Vater nach dem Tod meiner Mutter zwei Jahre lang sexuell mißbraucht. Ich war etwa 11, als es anfing. Damals war ich eigentlich das einzige Kind im Haus. Mein Bruder war zwar da, aber er war emotional nicht greifbar. Er kümmerte sich nie, nie um mich. Meine Schwester war auf dem College, sie konnte mir also nicht helfen. Daran war ihr ohnehin nichts gelegen; sie gab aber vor, es zu tun.

Meine Mutter war krank, solange ich denken kann

Der Beruf meines Vaters machte häufige Auslandsreisen erforderlich, und meine Mutter war jedesmal sehr unglücklich, wenn sie die Staaten und ihre Familie verlassen mußte. Schon bevor ich zur Welt kam, litt sie an Brustkrebs und mußte sich einer Operation unterziehen. Als ich noch ein Baby war, mußten wir wieder ins Ausland. Sie war sehr unglücklich dort und wurde schwer krank. Sie war krank, solange ich denken kann.

Dann kamen wir in die Staaten, und sobald wir das Schiff verließen, wurde sie ins Krankenhaus gebracht, wo die Krebsdiagnose gestellt wurde. Das war in New York. Es gab keine Verwandten oder Freunde in der Stadt, und mein Vater verbrachte viel Zeit im Krankenhaus bei meiner Mutter. Ich blieb viele Stunden mit meinem älteren Bruder und meiner Schwester allein in einem Hotelzimmer.

Meine Schwester war erst 11. Es muß sehr beängstigend für mich gewesen sein. Und dann kam meine Mutter aus dem Krankenhaus und wurde in ihre Heimatstadt gebracht, wo sie wieder ins Krankenhaus kam.

Ich kam zu Verwandten. Ich weiß nicht, welche Behandlung sie bekam, aber es ging ihr bald besser und wir zogen in unser neues Haus an der Westküste.

Man sagte mir, vielleicht stirbt sie

Die folgenden fünf oder sechs Jahre ging es ihr nicht gut. Ich weiß, daß sie immer krank war, weil sie sich so schwach fühlte. Sie bekam Chemotherapie und vermutlich auch Bestrahlungen. Es gab keine Familienferien, selten Ausflüge mit der Familie. Ich wußte damals nicht, was eigentlich los war. Mir wurde nicht gesagt, daß sie Krebs hatte, oder daß sie sterben müsse. Ihr Zustand verschlechterte sich zusehends. Dann kam sie vier oder fünf Tage vor ihrem Tod wieder ins Krankenhaus. Sie wußte vermutlich, daß sie sterben würde; aber mein Vater sprach nicht darüber.

Meine ältere Schwester setzte sich einen oder zwei Tage vor Mamas Tod zu mir und sagte: »Vielleicht stirbt sie.« Das war alles. Sie müssen wissen, daß meine ältere Schwester keine besonders warmherzige Person ist.

Ich durfte mich nicht von ihr verabschieden

Eine Sache, die mir sehr weh getan hat, war, daß ich sie nicht mehr sehen durfte, bevor sie starb. Eines Morgens gingen wir mit einer Menge Verwandter ins Krankenhaus und alle durften zu ihr, nur mein Bruder und ich saßen in der Halle und warteten allein. Nach einer Weile kamen alle wieder herunter und irgend jemand sagte, meine Mutter ist gestorben. Ich weiß nicht mehr, wer es mir sagte. Keiner weinte, niemand nahm mich in die Arme. Dann wurde eine Messe für sie gelesen; daran durfte ich aber nicht teilnehmen. Es gab kein Begräbnis, vermutlich wurde sie eingeäschert es gab eine Art Trauerfeier. Aber daran habe ich auch nicht teilgenommen. Ich wurde irgendwie ausgeschlossen.

Es war alles unwirklich. Wir gingen vom Krankenhaus nach Hause und sie war einfach nicht mehr da: als würde sie gleich wiederkommen. Ich war fast elf, als sie starb. Noch mit 22, als ich die Therapie begann, glaubte ich oft, sie in einer Frau im Supermarkt oder auf der Straße wiederzuerkennen.

Mein Vater sprach nie mit mir über ihren Tod. Als wir vom Krankenhaus nach Hause kamen, wurde nicht mehr über sie gesprochen. Direkt danach muß er angefangen haben, mich sexuell zu mißbrauchen, und es dauerte zwei Jahre. Ich kam nicht dazu, um sie zu trauern. Bis heute nicht.

Ungelöste Probleme — Tod und Inzest

Manchmal bin ich sehr beunruhigt, weil ich fürchte, die Erinnerung an sie zu verlieren. Ich habe viele Fotos von ihr, alle aus der Zeit vor ihrer Chemotherapie. Als die Chemotherapie anfing, ließ sie sich nicht mehr fotografieren. Auf allen Fotos, die ich von ihr habe, ist sie jünger. Ich habe in der Therapie an dem Inzest gearbeitet und denke, ich muß auch am Tod meiner Mutter arbeiten, weil beide Ereignisse so kurz aufeinanderfolgten.

Besonders zwei Dinge machen mir zu schaffen. Meine ältere Schwester sagte einmal so etwas wie: »Mutter hätte dich nicht bekommen dürfen.« Damit gab sie mir zu verstehen, daß ihre Schwangerschaft mit mir den Krebs reaktiviert habe. Mein Vater hat mir zwar gesagt, das stimme nicht, meine Geburt habe nichts mit ihrem Krebsleiden zu tun. Trotzdem bin ich mit diesem Gefühl aufgewachsen, ich trage irgendwie die Verantwortung an ihrem Tod.

Das zweite ist, daß ich nicht mehr mit ihr sprechen durfte, bevor sie starb. Ich fand heraus, daß sie mit meinem 14jährigen Bruder vier oder fünf Tage vor ihrem Tod fast eine Stunde lang gesprochen hat. Aber mich hat sie nicht zu sich kommen lassen. Ich glaube, es hätte mir viel gegeben, wenn sie noch einmal mit mir gesprochen hätte.

Nach dem Inzest — schwere Jahre

Die Jahre danach waren schwer — in der High-School. Ich ging auf Parties, trank Alkohol, begab mich in Gefahren; es war mir völlig egal, was aus mir wurde. Glücklicherweise lernte ich meinen Mann mit 14 kennen, er war älter als ich und immer für mich da. Wir heirateten direkt nach der High-School, und ich bekam zwei Mädchen. Ich bemühe mich, eine gute Mutter zu sein, versuche, mit dem Inzest und den dazugehörigen Problemen umzugehen, aber es ist sehr schwer. Doch Danny, mein Mann, ist immer für mich da.

Vor ein paar Jahren begann ich mit der Therapie wegen meiner Sexualstörungen und es stellte sich heraus, daß es viel mehr als das ist. Ich werde mit dem Inzest und dem damit verbundenen Schmerz mein ganzes Leben zu schaffen haben. Mein Vater begann seine Therapie gemeinsam mit mir und ist jetzt in Einzeltherapie, um seine Probleme zu bearbeiten, die darauf zurückzuführen sind, daß er selbst als Kind mißbraucht und von seiner Mutter vernachlässigt und verlassen wurde. Es ist sehr schwer, besonders als Mutter von kleinen Kindern auch noch all diese Schmerzen durchmachen zu müssen. Aber so ist es besser, als gar nichts zu tun. Ich war an einem Punkt, an dem irgend etwas tun besser war als nichts tun. Ich muß mich den Problemen stellen und das tue ich.

Ann-Marie
Vizepräsidentin eines Daten-Management-Unternehmens
34 Jahre
Zweimal verheiratet; keine Kinder.
Inzest durch den Vater.
Zwei Jahre Therapie; zuvor mehrere Therapieversuche.
Vater Alkoholiker.

Ann-Marie wurde von ihrem Vater im Alter zwischen 7 und 13 Jahren mißbraucht. Ihre Haltung ist sehr kontrolliert und intellektuell gesteuert. Sie erinnert sich an keine Gefühlsregungen, während ihr Vater sie mißbrauchte (Dissoziation). Wenn sie ihre Geschichte erzählt, sind ihre Emotionen häufig distanziert oder sie schweift auf andere Begebenheiten ab. Ann-Maries Emotionen werden in andere Kanäle gelenkt und kommen dort zum Ausdruck – Bücher, Filme, ihre Familiengeschichte mit all ihren Geheimnissen. »Ich komme mir vor, als stoße ich auf Jahrhunderte voller Schmerzen... und das alles stürmt jetzt auf mich ein«, sagt sie.

Wir alle gehen unterschiedlich mit unserem Schmerz um, lenken ihn von uns ab, um ihn distanzierter, kontrollierter und weniger bedrohlich zu spüren. Kontrolle ist ein wichtiger Faktor. Aber irgendwann nehmen wir alle unseren Schmerz als das an, was er ist, und weisen ihn dem ursprünglichen Trauma zu, wo er hingehört. Das dauert lange Zeit; und das ist richtig so. Wir lassen immer nur so viele Gefühle zu, wie wir verkraften können. Wenn das für unseren Selbstschutz wichtige, bedächtige Tempo nicht eingehalten wird, besteht die Gefahr, daß wir traumatisch überfrachtet werden.

Wenn wir die Geschichten von Ann-Marie und den anderen Frauen lesen, erkennen wir, welche Gefühle die Verdrängung auslöst, wenn das Opfer sich an den Inzest erinnert, aber unfähig ist, die Erinnerung mit den Inzestfolgen in Verbindung zu bringen, trotz des bewußten Wunsches, dies zu tun (4. Kapitel). Hier wird deutlich, daß Verdrängung ein unbewußt gesteuerter Schutzmechanismus ist, der auch unserem besten Bemühen, ihn aufzubrechen, widersteht. Wir brauchen andere Menschen,

die außerhalb unserer verstrickten emotionalen Vernetzungen
stehen, um uns zum Durchbruch zu verhelfen — besonders
wichtig sind ein guter Therapeut und eine Inzest-Selbsthilfe-
gruppe.

Ein streng gehütetes Geheimnis

In meiner Familie gibt es zwei Geheimnisse. Eines davon fällt
in die Kategorie ›offenes Geheimnis‹ und ist der Alkoholismus
meines Vaters. Wir täuschten der Außenwelt vor, daß alles
normal sei, obwohl wir in einer Kleinstadt lebten und alle Welt
natürlich davon wußte. Das zweite Geheimnis, das wesentlich
besser gehütet wurde, war der Inzest zwischen meinem Vater
und mir.

Ich erinnere mich, daß die ganze Sache von Anfang an sehr
merkwürdig und unheimlich war; ich war sehr verwirrt und begriff nicht, was los war. Ich erinnere mich aber nicht, meinen
Vater je gefragt zu haben: »Warum tun wir das?« Ich glaube,
als Kind ist mir ein solcher Gedanke nie in den Sinn gekommen. Ich vermute, ich wußte nicht mal, was mit mir geschah,
geschweige denn, warum es geschah.

Soweit ich mich erinnern kann, fing das Ganze an, als ich
etwa sieben war. Der einzige Grund, warum ich das so bestimmt zu sagen weiß, ist die Tatsache, daß wir umzogen, als
ich von der zweiten in die dritte Grundschulklasse kam. Ich
habe eine sehr klare Erinnerung an das allererste Mal, weil es
im Schlafzimmer meiner Eltern im neuen Haus passierte. Es
muß ziemlich kurz nach dem Umzug gewesen sein, weil ich in
die dritte Klasse ging und eine Freundin hatte, die Amy hieß.
Ich erinnere mich, daß ich es ihr einmal fast erzählt hätte. Sie
wissen, wie geheimnisvoll kleine Mädchen sein können. Ihre
Großmutter wohnte in unserer Straße — daher kannte ich
Amy, außerdem gingen wir in dieselbe Klasse. Ihre Großmutter
hatte einmal einen Untermieter, einen älteren Herrn, der etwas
pflegebedürftig war. Amy sagte eines Tages zu mir: »Wenn du
mir deine Geheimnisse sagst, dann sag ich dir meine.« Ich
glaube, das war das einzige Mal in meinem Leben, daß ich mein

Wort brach. Ich überredete sie, ihr Geheimnis zuerst zu verraten, und sie erzählte etwas davon, daß der Untermieter selten badete oder so was. Wir standen vor unserem Haus – mein Vater schlief oben in seinem Zimmer – und ich schaute zu unserem Haus hinüber. Ich weiß nicht, was mich dazu bewog, aber ich sagte mir: »Nein, ich darf nicht sagen, was Papi mit mir macht.« Als sie mir ihr Geheimnis verriet, dachte ich: »Tolle Sache.« Ich wußte, daß mein Geheimnis viel größer war als das ihre.

Ich wollte nicht ich sein

Einmal sagte ich Amy, das muß wohl um die gleiche Zeit gewesen sein, daß ich meinen Namen haßte, daß ich nicht gern Ann-Marie heiße. Ich wollte nicht Ann-Marie sein. Wir standen im Schulhof und plötzlich schrie Amy laut: »Ann-Marie will nicht zu ihren Eltern gehören«, oder so was ähnliches. Ich war tief gekränkt.

Niemand sagte etwas zu mir. Sicherlich dachten alle bloß, was für eine komische Bemerkung. Heutzutage würde mich vermutlich ein Lehrer beiseite nehmen oder mich zum Schulpsychologen bringen und versuchen, herauszufinden, was da nicht in Ordnung ist. Heute macht man sich viel mehr Gedanken darüber; solche Bemerkungen lassen meist darauf schließen, daß etwas nicht in Ordnung ist. Doch damals kam niemand auf die Idee, mit mir könnte etwas nicht stimmen.

Wir wurden nie erwischt

Mein Vater war vorsichtig und sorgte dafür, daß wir nie erwischt wurden. Er machte es immer, wenn niemand sonst im Haus war. Meine Mutter arbeitete jahrelang als Kellnerin, bis vor kurzem, deshalb war sie tagsüber meist nicht da. Mein Vater hatte keinen festen Job. Es war Barmixer und arbeitete nachts. Wenn mein Bruder da war, schickte er ihn oft raus zum Spielen, sagte, er soll aus dem Haus gehen. Ich dachte damals:

»Bobby muß es doch rauskriegen.« (Er war klein; mein Bruder ist 19 Monate jünger als ich.)

Eifersucht meiner Mutter

Als ich heranwuchs, sagten alle, ich sei der Augapfel meines Vaters, und ich dachte immer: »Wenn die bloß wüßten.« Wenn es das bedeutet, der Augapfel seines Vaters zu sein, dann wollte ich nichts davon wissen. Ich wuchs mit diesem Stempel auf und haßte ihn wie die Pest.

Ich spürte die Eifersucht meiner Mutter. Ich glaube nicht, daß ihr wirklich klar war, was er machte, aber im Rückblick glaube ich, daß sie eifersüchtig war. Es gab ein paar Gelegenheiten, in denen meine Mutter sehr sarkastisch zu mir war, als sei ich eine Erwachsene. Das brachte mich völlig durcheinander. Ich fühlte mich ihr völlig entfremdet und von ihr allein gelassen. Das bißchen Schutz, das mir zuteil wurde, bekam ich nämlich von ihr. Wenn ich sie verlieren würde, hätte ich gar nichts mehr.

Ich erinnere mich schwach

Wenn mein Vater mich mißbraucht hatte und meine Mutter nach Hause kam, ging alles seinen gewohnten Gang für mich. Meistens schlief Papa ein. Daran erinnerte ich mich vor kurzem. Wenn er einschlief, lag sein Arm meist um meine Mitte, ganz locker. Ich versuchte sehr vorsichtig mich unter dem Arm herauszuwinden, ohne ihn zu wecken.

Ich kann mich nicht an bestimmte Einzelheiten nach einem jeweiligen Vorfall erinnern. Mir sind ganze Zeiträume verlorengegangen. Und niemand schöpfte Verdacht.

Er macht mir angst

Ich hatte meinen Papi gern. Ich hatte auch furchtbare Angst vor ihm. Die Entdeckung, daß ich furchtbare Angst vor ihm hatte, machte ich erst vor ein paar Jahren. Ich glaube, das ist mit ein Grund, warum er damit anfing. Mein Bruder hatte auch Angst vor ihm. Wenn er spät abends nach Hause kam, entweder vom Saufen oder von der Arbeit, saßen meine Mutter, mein Bruder und ich im Wohnzimmer vor dem Fernseher. Mein Bruder und ich flitzten sofort in unsere Zimmer und schlossen die Tür ab. Ich war froh, wenn Mama zu Hause war, weil sie dann für ihn kochen und mit ihm reden mußte. Wenn sie nicht da war, mußte ich ihm etwas zu Essen machen.

Was mich bei all meiner Angst so erstaunte, war die Tatsache, daß der Inzest schließlich aufhörte, als ich nein sagte. Es war kurz bevor ich meine Periode bekam. Ich war etwa dreizehn Jahre alt. Wir machten es eigentlich immer in seinem Bett. Meine Eltern hatten zwei getrennte Doppelbetten in ihrem Schlafzimmer. Das erste Mal machte er es im Bett meiner Mutter mit mir. Es war mehr gegenseitiges Masturbieren. Beim letzten Mal waren wir im Wohnzimmer. Er lag auf der Couch. Ich glaube, er wollte, daß ich mich neben ihn lege. Ich weiß nicht, woher ich den Mut nahm, aber ich sagte endlich: »Papa, ich glaube, wir dürfen das nicht mehr tun.«

Jahrelang hatte ich Schuldgefühle wegen dieses ›nicht mehr‹, weil ich *von Anfang an* glaubte, es sei unrecht, aber so kam es eben über meine Lippen. Ich muß 13 gewesen sein, und das war der letzte Vorfall. Ich glaube, er machte ein trauriges oder beleidigtes Gesicht. Ich weiß nicht, es fällt mir schwer, das heute einzuordnen. Aber das war das Ende. Mehr mußte ich nicht sagen, damit er aufhörte. Ich war total verblüfft, daß es so einfach war. Irgendwie dachte ich: »Warum ist mir das nicht früher eingefallen?« Hätte ich das bloß gewußt, hätte ich die Sache viel früher beenden können.

Es passierte betrunken und nüchtern

Das Geheimnis war relativ leicht zu bewahren, weil Papa wegen seines Alkoholismus viel schlief. Es war nichts Ungewöhnliches, wenn er im Bett lag. Meine Mama war tagsüber meist nicht zu Hause. Und Bobby spielte oft draußen, und wenn er mal einen Nachmittag zu Hause war, schickte Papa ihn weg.

Es passierte, ob mein Papa stocknüchtern oder total betrunken war; es machte wirklich keinen Unterschied. Ich erinnere mich an einen Vorfall (ich muß damals zehn gewesen sein). Er saß im Bett und blätterte in einem Pornoheft – die untere Schublade seiner Wäschekommode war voll damit. Mein Bruder und ich sahen sie uns heimlich an, wenn unsere Eltern nicht da waren. Er rief mich zu sich und ich dachte – damals fing ich an, mir mehr Gedanken darüber zu machen, was mir angetan wurde –: »Jetzt ist er stocknüchtern und macht es trotzdem.«

Ich denke, ich dissoziierte

Ich glaube, Dissoziation wurde mir zur Gewohnheit. Ich erinnere mich nicht, daß er mich vergewaltigt hat. Ich erinnere mich, daß er einmal Geschlechtsverkehr mit mir versuchte, ganz sanft. Ich weiß nicht, woher ich wußte, aber ich führte seinen Penis zu meinem Anus statt in meine Vagina. Anscheinend spürte er meinen Widerstand, weil er mich gebeten hatte, ihm zu helfen. Dann rollte er von mir herunter. Damals war ich vermutlich nicht älter als zehn. Ich kann mich wirklich nicht erinnern, wie alt ich war. Wenn ich darüber irgendwelche Emotionen hatte, glaube ich nicht, daß ich sie wirklich spürte, als das alles passierte. Ich glaube, ich habe mich irgendwie gespalten. Weil es einfach... es... Ich erinnere mich an nichts Bestimmtes.

Manchmal, wenn er fertig war, war ich ein bißchen glücklich, weil Papa mich liebte, weil ich etwas Besonderes für ihn war. Ich hatte in meiner Kindheit immer das Gefühl, etwas Besonderes zu sein, daß ich wirklich für etwas Außergewöhnliches bestimmt sei. Ich dachte immer, wenn ich eine erstklassige Schülerin bin, wenn ich nur Einsen schreibe – ich war Klassenprimus –, dann müsse etwas Besonderes geschehen.

Abgesehen von diesem Gefühl, etwas Besonderes zu sein, erinnere ich mich wenig an meine Kindheit. Ich suchte nach einer Fluchtmöglichkeit. Ich war eine Leseratte. Ich saß immer in einer Ecke mit einem Buch vor der Nase.

Flucht in die Bücher

Mein Vater war Barmixer und mußte immer gut angezogen sein. Er legte großen Wert auf sein Äußeres. Ich erinnere mich an seine schneeweißen, gestärkten Hemden mit seinem Monogramm. Ich holte regelmäßig seine Hosen aus der Reinigung. Er gab mir immer den gleichen Geldbetrag mit, und ich wußte, wieviel Wechselgeld ich wieder kriegte und das durfte ich behalten. Auf dem Heimweg ging ich häufig in das Kaufhaus und kaufte mir ein Buch.

Wenn wir meine Großeltern besuchten, die Eltern meines Vaters, bekam ich von ihnen Bücher geschenkt. Mein Großvater sammelte Reader's Digest Hefte. Niemand fand mich unhöflich, wenn ich mich nach einer Weile in die Couchecke verdrückte und las, bis wir uns verabschiedeten. Ich erinnere mich, daß ich mir beim Lesen häufig wünschte, ein anderes Leben zu führen.

Meine Mutter lachte mich oft aus, weil ich beim Lesen so versunken war. Wenn ich lese, sehe ich die Bilder deutlich vor mir, die ich mir nach der Schilderung des Verfassers mache. Ich befinde mich in dem Buch, nicht außerhalb. Das ist bis heute so geblieben. Ich kann mich meist nicht erinnern, ob ich einen Film gesehen oder das Buch gelesen habe, weil die Bilder so lebhaft sind. Die Stunden, die ich mit Lesen verbringe, sind die reine Flucht. Wenn ich aufhöre, ist es wie ein Aufwachen, ich muß mich erst wieder in der wirklichen Welt zurechtfinden. Aber die Bilder, die ich mir erschaffen habe, bleiben bestehen. Das war meine Flucht als Kind und ist es noch heute.

Es war vorbei und doch nicht vorbei

Mein Vater starb schließlich an seinem Alkoholismus, als ich 15 war, etwa zwei Jahre, nachdem der Inzest aufgehört hatte. Ich war wie betäubt bei der Beerdigung. Ich glaube nicht, daß ich wirklich um ihn getrauert habe. Ich hatte das Gefühl: »Es ist vorbei.« Und ich war froh, daß es vorbei war. Gegen Ende, in den letzten Jahren seines Lebens, hatte ich mit ihm über die Gefahren von Alkohol gesprochen und versucht, ihn davon loszukriegen. Ich hatte die naive Vorstellung, er würde aufhören, Alkohol zu trinken, wenn er wüßte, wie gefährlich das ist. Das klappte natürlich nicht.

Ich beendete die High-School, ging aufs College und heiratete nach dem College. Mit meiner beruflichen Karriere ging es steil bergauf, doch mein Privatleben war problematisch. Meine erste Ehe war ein Fehlschlag. Ich wußte, etwas war nicht in Ordnung, aber ich wußte nicht, was. Ich ging zur Beratung wegen meiner Eheprobleme. Unser Sexualleben war eine Farce. Ich erzählte der Beraterin von dem Inzest, doch sie reagierte nicht darauf. Also dachte ich, die Sache sei belanglos. Die Ehe ging in die Brüche und ich ließ mich scheiden. Danach hatte ich ein paar Beziehungen, wovon eine viereinhalb Jahre dauerte. Als ich meinen jetzigen Mann heiratete, hatte ich es einige Male mit Therapie versucht, aber keinerlei Fortschritte erzielt. Ich befaßte mich nicht wirklich mit dem Inzest, weil es niemanden gab, der mir zeigte, welche Konsequenzen er für mich hatte. Ich war auf der Suche, hatte aber niemand, der mir den Weg zeigte.

Fortschritte

In dieser Zeit lernte ich meinen jetzigen Mann auf einer Geschäftsreise kennen, und ein Jahr später heirateten wir. Durch Zufall geriet ich an einen guten Therapeuten, der endlich darauf reagierte, als ich ihm von dem Inzest berichtete. Ich ging in eine Gruppe und habe seither wirkliche Fortschritte gemacht. Meiner Meinung nach ist die Gruppenarbeit ein unerläßlicher Bestandteil des Prozesses.

Meine Ehe hat sehr schwere Zeiten durchgemacht und ich bin nicht sicher, wie es weitergehen wird. Ich brauche Rückhalt und Hilfe, und manchmal bekomme ich sie nicht in der Ehe.

Jetzt spüre ich meine Bedürfnisse und gebe nicht auf, selbst wenn es bedeuten sollte, meine Ehe aufs Spiel zu setzen. Ich habe mein sexuelles Verlangen verloren. Ich will mit Sex nichts mehr zu tun haben, was sehr seltsam für mich ist. Ich vermute, wir beide brauchen zu einem bestimmten Zeitpunkt einen Sexualtherapeuten; aber es macht keinen Sinn, wenn ich kein Interesse an Sex habe.

Ich sehe meine Fortschritte, aber es ist sehr schwer. Mein Leben ist in Aufruhr. Ich will, daß es besser wird, als es war. Ich kann nicht zurück.

Ich schütze meine Familie noch heute

Wenn ich manchmal an das Verhalten meiner Mutter denke, frage ich mich, ob nicht auch sie sexuell mißbraucht wurde, aber ich habe Angst, sie danach zu fragen. Neben meiner Angst vor ihrer Zurückweisung fürchte ich, sie könnte sich um Hilfe an mich wenden, wenn ich ihre Problematik aufdecke. Das würde mich wieder einmal in die Situation bringen, meine ganze Familie zu beschützen.

Ich denke viel über meine Mutter nach. Etwa eineinhalb Jahre nach dem Tod meines Vaters heiratete meine Mutter ein zweites Mal und zwar einen Mann, der sich ebenfalls als Alkoholiker entpuppte. Er ist jetzt trocken und bei den AA, aber darüber wird nicht gesprochen; es ist ein großes Geheimnis. Mama hat uns am Telefon gebeten, das Thema nicht anzuschneiden, weil er derjenige sein muß, der damit auf uns zukommen muß. Es ist das gleiche Spiel. Sie bittet mich, vorzutäuschen, etwas nicht zu wissen, was ich sehr wohl weiß. Wieder Geheimnisse.

Wem kann ich es sagen?

Meine Mutter hat meinem Stiefvater zu Beginn ihrer Ehe viel von ihren Nöten und Leiden in der ersten Ehe anvertraut. Leider hat er das gegen sie benutzt. Er ist meinem Vater ziem-

lich ähnlich. Er hält sich nicht für sehr erfolgreich, obwohl er
eine Firma hat und finanziell hervorragend gestellt ist.

Weil er so freundlich zu mir war, habe ich schon mit dem Gedanken gespielt, mit ihm über den Inzest zu reden. Aber ich
fürchte, wenn ich es ihm erzähle, verwendet er das gegen meine
Mutter und sagt: »Was für eine Mutter warst du eigentlich, daß
du zulassen konntest, daß deiner Tochter so etwas angetan
wurde?« Das würde sie furchtbar verletzen. Das ist ein Grund,
der mich davon abhält, mit ihm darüber zu sprechen, weil ich
fürchte, er würde es gegen sie verwenden, und das möchte ich
auf keinen Fall.

Vor kurzem habe ich entschieden, ich muß es ihm gar nicht
sagen. Wenn ich mit jemand darüber spreche, dann nur mit
meiner Mutter. Und sie soll entscheiden, ob er davon wissen
soll. Damit kämpfe ich immer noch. Ich bin immer noch die
Hüterin unserer Familiengeheimnisse.

Generationen der Leiden

Außer Inzest gibt es noch weitere Familiengeheimnisse. Vor ein
paar Jahren begann ich, Ahnenforschung in der Familie meines
Vaters zu betreiben. Von meinem Großvater erfuhr ich einiges,
bevor er starb. In der Familie meines Vaters gab es mehrere Geheimnisse. In den letzten Jahren sprach ich manchmal mit
meiner Mutter über ihre Familie, in der es auch eine Menge Geheimnisse gibt. In beiden Familien gab es Alkoholiker. Mit
Ausnahme meiner Mutter, ihres Bruders und ihrer Schwester,
auch ihre beiden Eltern waren nicht davon betroffen, gab es
eine Menge Alkoholiker in ihrer Familie.

Schlimmer war aber noch, daß der Großvater meiner Mutter
einen Mann tötete, den er für den Liebhaber seiner Frau hielt.
Das war auch ein Familiengeheimnis. Kurz nach dem Mord
brachte meine Urgroßmutter ein behindertes Kind zur Welt,
meinen Großonkel. Ich habe ihn wirklich gern. Die Leute sagten
damals, er sei die Strafe Gottes für den Fehltritt meiner Urgroßmutter gewesen, die mit dem Liebhaber. Es wurde auch gemun-
kelt, mein Großonkel sei das Kind von diesem Liebhaber.

Je weiter ich in die Vergangenheit forsche und auf all diese Geheimnisse und all das Leid stoße, ist mir, als begegne ich Jahrhunderten voll Leiden, die nie gelöst wurden, und mir ist, als komme das jetzt alles auf mich zu.

Ich stelle mich der Wahrheit

Ich komme mir vor wie eine Empfängerin, nicht nur des Inzests, sondern als Empfängerin einer ungeheuren Menge ererbten Leides, das mit diesen Geheimnissen verbunden ist. Ich weiß nicht, wie ich das sonst beschreiben könnte. Sozial gesehen konnten die Menschen damals sich mit ihren Problemen nicht auseinandersetzen, sie hatten keine Möglichkeiten. Es gab keine Therapie, nichts. Deshalb kann ich den Leuten trotzdem nicht verzeihen. Ich bin wütend auf sie. Ich bin die erste, die sich diesen Sachverhalten stellt. Es ist eine sehr schmerzhafte Entscheidung. Meine Ehe ist daran beinahe zerbrochen. Jetzt geht es besser. Ich weiß nicht, wie lange. Ich bin erst seit zwei Jahren verheiratet. Ich weiß nicht, was ich besser machen könnte, wie ich die Heilung vorantreiben könnte.

Ich habe mir all die Jahre eine Frage gestellt: Wie viele meiner Probleme sind direkt aus dem Inzest entstanden oder direkt aus dem Alkoholismus, und wieviel davon hat ausschließlich mit mir zu tun und hat weniger Bedeutung? Ich trage die Last dieser Geheimnisse seit vielen Jahren mit mir herum und versuche herauszufinden, was mich direkt betrifft und was ich buchstäblich über Bord werfen müßte. Die Familiengeheimnisse sind in meiner Therapie immer noch ein heißes Thema, und ich versuche herauszufinden was ich damit anfangen soll. Wenigstens habe ich einen Anfang gemacht.

Brenda
Vizepräsidentin eines erfolgreichen Unternehmens
Alter 39
Zweimal verheiratet; zwei erwachsene Kinder.
Inzest mit Pflegevater; Mißbrauch von früher Kindheit bis ins Jugendalter.
Fünf Jahre Therapie; zunächst falscher Therapieansatz.
Mutter Alkoholikerin.

Brendas Erfahrung zeigt uns das extreme Ende des Miß-brauchsspektrums. Ihre Geschichte ist sehr leidvoll, ist so furchtbar, daß man sich fragt, wie sie das alles überhaupt überleben konnte. Sie werden jedoch feststellen, daß sie wie andere Überlebende mit ähnlich gelagerter Problematik erfolgreich umgeht mit: ihrer Schwierigkeit, Bedürfnisse zu erkennen, ihrer Unfähigkeit Bedürfnisse in einer Beziehung zu erfüllen (Beziehungsstörungen), ihren Schwierigkeiten mit Elternaufgaben, ihrer geringen Selbstachtung, Depression, Dissoziation, ihren Halluzinationen, Ängsten, Schuldgefühlen, Sexualstörungen.

Brendas Fall macht das Versagen von Angehörigen psychosozialer Berufe deutlich, die den sexuellen Kindesmißbrauch nicht erkannten und nicht behandelten. Sie wurde als Pflegekind mißbraucht. Sozialarbeiter wollten ihr nicht glauben. Später hörten ihre neuen Pflegeeltern (beide Psychologen) ihr nicht zu, wenn sie versuchte, ihnen etwas von dem Mißbrauch in ihrer frühen Kindheit zu erzählen. Ihre ersten Versuche, sich als Erwachsene behandeln zu lassen, gaben ihr das Gefühl, eine Monstrosität zu sein. Sie hatte ihre Emotionen bloßgelegt und niemand half ihr, eine Lösung zu finden. Ihre Erlebnisse mit Angehörigen psychosozialer Berufe fügten ihr weitere traumatische Schmerzen zu. Zum Glück gab sie nicht auf und fand schließlich zwei kompetente Therapeutinnen, mit deren Hilfe ihre Heilung rasche Fortschritte machen konnte (4. und 7. Kapitel).

Brenda hat nie eine Träne über ihr Schicksal vergossen. Wie viele unserer Leidensgefährtinnen schützte sie sich vor überwältigendem Leid und tiefer Trauer, indem sie sich von diesen Gefühlen distanzierte. Um ihren Bruder kann sie trauern (5. Kapitel), weil damit keine Gefahr für sie verbunden ist. Möglicherweise erkennen Sie diesen Mechanismus bei sich selbst und bei anderen Frauen, deren Geschichten in diesem Buch wiedergegeben sind. Je gesünder wir sind, desto leichter fällt es uns, unsere Schmerzen und Trauer akzeptieren. Eines Tages, wenn Brenda sich stark und ausreichend stabil fühlt, wird sie das Kind, das sie einmal war, umarmen, seine Hilf-losigkeit akzeptieren, sich von aller Verantwortung freisprechen und Tränen über ihr schweres Schicksal weinen können.

Brendas Ausdauer, Mut und ihre Fortschritte in der Therapie geben uns Kraft in Zeiten, in denen uns das Maß unserer Probleme zu überfordern droht.

Als Dreijährige mißbraucht

Ich bin 39 Jahre alt, an der Ostküste geboren und aufgewachsen. Meine Mutter war Alkoholikerin und Prostituierte. Meinen Vater habe ich nie gekannt; er verließ uns, als ich noch sehr klein war. In meiner Familie gab es drei oder vier Generationen lang Alkoholiker, Kindesmißbrauchstäter, Sexualtäter, Manisch-Depressive, Selbstmordkandidaten. In dieser Familie gab es alles Negative, was man sich vorstellen kann.

Die erste Begebenheit, an die ich mich erinnere, geht in die Zeit zurück, als ich etwa drei Jahre alt war. Damals verkaufte mich meine Mutter an einen ihrer Freier; das war meine erste Erfahrung mit sexuellem Mißbrauch. Wenn mein Gedächtnis weiter zurückreichen würde, würde ich vielleicht feststellen, daß ich schon früher sexuellem Mißbrauch durch meine Mutter ausgesetzt war, aber daran erinnere ich mich nicht.

Betreuerin der Familie

Wir waren acht Kinder, sechs von uns wurden zur Adoption freigegeben oder auf dem Schwarzen Markt verkauft. Mein Bruder und ich haben denselben Vater. Als mein Bruder zur Welt kam, war mein Vater schon weg. Ich war die Betreuerin der Familie, ich bemutterte alle, auch meine Mutter. Ich klaute Essen.

Ich sorgte wenigstens für ein bißchen Sicherheit, wenn wir uns unter den Tisch verkrochen, hinter der Tür oder unter dem Bett versteckten. Es gab ständig Krach, Bierflaschen flogen durch die Gegend, Messer wurden geworfen, es wurde geschimpft und gekreischt. Mein Bruder und ich waren den Auseinandersetzungen zwischen meiner Mutter und ihren Freiern hilflos ausgeliefert. Wir lebten in äußerster Armut in einer

Großstadt, in ständig wechselnden Slum-Unterkünften, die meistens nur aus einem Raum bestanden.

Kinder kamen und Kinder gingen. Mein Bruder und ich klammerten uns aneinander, vermutlich weil wir fürchteten, eines Tages plötzlich zu verschwinden, so wie es vielen unserer Brüder und Schwestern erging. Als ich etwa fünf oder sechs Jahre alt war, holte uns das Jugendamt ab und wir wurden in ein Kinderheim gebracht. Dort ging es uns etwas besser als bei meiner Mutter, aber nicht wesentlich besser. Zumindest bekamen wir Essen und ein Dach über dem Kopf. Für meinen Bruder und mich folgten endlos viele Pflegeheime und ähnliche Einrichtungen.

Sexueller Mißbrauch durch den Pflegevater

Wir kamen zu einer Familie mit einem Kind und lebten dort etwa sechs Jahre. Als ich dort ankam, war ich ungefähr neun Jahre alt. Da ich noch nie eine Schule besucht hatte, war die Hauptsorge meiner Pflegeeltern, mich in eine Schule zu geben, wo ich, wenn möglich, den versäumten Lernstoff nachholen sollte. Ich wurde geprüft und man hielt mich für intelligent genug, um den Stoff nachzuholen. Ich kam in die dritte Klasse, die nur ein Jahr hinter meiner Altersstufe zurücklag.

Der Sexualmißbrauch in meiner Pflegefamilie begann, als ich etwa 11 Jahre alt war, zu der Zeit, als meine Pflegemutter mit ihrem zweiten Kind schwanger war. Ich wurde zwei Jahre lang sexuell mißbraucht. Mein Pflegevater drohte, mein Bruder und ich würden unser Heim verlieren, wenn ich ein Wort darüber verliere. Da ich wußte, was uns in anderen sozialen Einrichtungen erwartete, entschied ich mich dafür, meinen Mund zu halten.

Ich versuchte rauszukommen

Die Schwester meiner Mutter lebte in Maryland und hatte allem Anschein nach eine einigermaßen normale Familie. Erst heute weiß ich, daß sie von Drogenmißbrauch und Alkohol, Depressionen und Selbstmord und eine Reihe anderer unangenehmer Dinge gezeichnet war. Aber damals erschienen mir diese Leute normal, allein durch die Tatsache, daß sie eine Familie waren, die unter einem Dach lebten. Eine Familie mit Mutter und Vater und Kindern war etwas, das ich nicht kannte.

Eines Tages rief ich sie an und bat sie um Hilfe. Ich fragte sie, ob mein Bruder und ich nicht bei ihr leben dürften. Sie antwortete mir in aller Deutlichkeit, daß sie weder Platz in ihrem Haus habe, noch die Verantwortung für die Kinder ihrer Schwester übernehmen wollte. Sollte meine Mutter sich doch um uns kümmern. Wenn sie das nicht schaffte, war das ihr Problem.

Diese Sätze kamen von einer Frau, die streng religiös und sehr angesehen in ihrer Gemeinde war, die armen und obdachlosen Menschen half. Aber für die Kinder ihrer Schwester, die sie um Hilfe baten, hatte sie kein Erbarmen. Sie versteht bis heute nicht, warum ich so verbittert bin, warum ich meiner Mutter nicht verzeihen kann, was sie mir angetan hat, nichts. Ich hielt meine Tante für einen guten Menschen. Sie und ihr Mann setzten sich für wohltätige Zwecke ein, und sie nannte sich stets eine gute Christin.

Die Zurückweisung meiner Tante machte mir wieder einmal klar, daß ich nichts wert war. Nicht einmal meine Familie wollte mich bei sich haben. Allem Anschein war ich nur auf der Welt, um von Erwachsenen mißbraucht zu werden.

Mir wurde die Schuld am Mißbrauch gegeben

Der sexuelle Mißbrauch fand meist im Auto statt, wenn mein Pflegevater mich von der Kirche nach dem Kirchenchor abholte. Er fuhr dann zu einer Baustelle oder in eine Sackgasse. Später wurde er mutiger und machte es in der Küche in einer Ecke mit mir, wenn ich Geschirr spülte oder den Fußboden putzte. An einem Abend, als ich im Keller Wäsche wusch, fiel er über mich her und seine Frau erwischte uns dabei.

Ich fühlte mich so gedemütigt und hielt mich verantwortlich

für sein Verhalten, daß ich ihr nicht ins Gesicht sehen konnte. Ich rannte weg und suchte Zuflucht bei einer Freundin. Am nächsten Tag kam die Beauftragte des Jugendamtes, um mich zurückzuholen.

Und als ich ihr berichtete, was vorgefallen war, war sie völlig entsetzt, daß ich über diese wundervolle Familie solche ekelhaften Lügen verbreiten konnte, diese guten Menschen, die mich Abschaum bei sich aufgenommen hatten, mir ein Elternhaus, eine Ausbildung und alle Chancen boten. »Warum lügst du?« fragte sie und zwang mich, mich für mein Verhalten zu entschuldigen.

Dissoziation — was geschah, als ich schwanger war

Ich wurde ins Heim zurückgebracht. Dort stellte man fest, daß ich schwanger war und vertuschte die Sache. Ich wurde zwar untersucht, aber es wurde keine Aufzeichnung davon gemacht; ich habe intensiv nachgeforscht. In den Akten gab es nur eine kurze Eintragung, daß bei mir Anzeichen einer Schwangerschaft vorhanden seien.

Ich kann mich nicht genau erinnern, was mit mir los war. Es ist alles irgendwie verschwommen. Ich weiß aber, daß ich schwanger war. Vermutlich habe ich das Kind verloren. Es muß eine Totgeburt gewesen sein, denn ich war weit über den dritten Monat hinaus und eine Abtreibung war nicht mehr möglich. Ich erinnere mich, daß ich dicker wurde. Das wurde mir von Freundinnen bestätigt, mit denen ich damals zusammen war. Sie sprachen mich damals nicht darauf an, weil sie mich nicht in Verlegenheit bringen wollten. Aber sie erinnern sich deutlich an meine Schwangerschaft und waren der Meinung, ich wüßte nicht darüber Bescheid, daß ich schwanger bin. Aber ich erinnere mich an eine Wirtschafterin im Heim, die mir immer größere Sachen zum Anziehen brachte. Sie gehörte zu den wenigen Menschen, die verstanden, oder sich die Mühe machten zu verstehen, was mir angetan worden war. Obwohl auch sie verdrängte, war sie doch wenigstens eine Frau mit einem Hauch von Mitgefühl.

Die nächste Pflegefamilie

Nach der Schwangerschaft, als man mich wieder vermitteln konnte, kam ich zu einem Psychologen-Ehepaar. Selbst diese Leute – als Psychologen – begriffen nichts. Jedesmal, wenn ich versuchte, mit ihnen über das zu reden, was mir angetan worden war, lenkten sie ab, wollten nichts davon hören. Natürlich waren meine Versuche, mich zu artikulieren, damals bestenfalls schwach.

Ich hatte furchtbare Angst, mit einem Mann allein zu sein. Ich wollte mit meinem neuen Pflegevater weder im Haus noch im Auto allein sein. Ich versuchte ständig, den beiden meine Ängste begreiflich zu machen. Ich weigerte mich, allein mit dem Mann irgendwohin zu fahren. Wenn ich mal gezwungen war, dennoch allein im Auto mit ihm zu sein, drückte ich mich an die Autotür, hielt meine Hand am Türgriff und überlegte krampfhaft, was er mir antun würde, wann ich aus dem Auto springen müßte.

Abgesehen von den vielen Ängsten, war die Zeit bei diesen Pflegeeltern gut. Sie gaben mir viele Chancen, mein Leben zu verbessern. Sie gehörten der oberen Einkommensschicht an und ermöglichten mir viele Dinge, die ich ohne sie nie gesehen, nie erlebt hätte. Dort wurde mir Gelegenheit geboten zu sehen, wie andere Menschen lebten; das gab mir neue Zielvorstellungen im Leben.

Ich habe nie geweint

Ich war ein sehr haßerfülltes, verbittertes Kind, hatte zu niemandem Vertrauen, war sehr aggressiv, ließ mich weder von Kindern noch von Erwachsenen verletzen. Ich habe als Kind nicht oft geweint. Ich weiß noch, daß ich gedacht habe: Mir kann niemand mehr etwas antun, was mir wehtut. Ich war getreten und blutig geschlagen worden, man hatte mich mit zerbrochenen Flaschen geschnitten, mich auf die Straße geworfen, frierend und hungrig. Es gab wirklich nicht mehr viel, was man mir noch hätte antun können. Und bei all dem erinnere ich mich nicht, geweint zu haben, ich hatte nur Angst. Mein Bruder hat nur wenig Erinnerung an das alles, und ich finde, das ist gut so. Aber es fällt ihm manchmal schwer, Verbindungen herzustellen. Er geht mit den Dingen auf seine Art um.

In meiner ganzen Kindheit wollte ich sterben. Ich betete sogar, daß Gott mich tötet. Gleichzeitig lebte ich in der Angst, was aus meinem Bruder werden sollte, wenn ich sterbe.

Die Kirche

Als Kind hatte ich mich oft an die Kirche gewandt. Als kleines Kind, als ich auf der Straße lebte, nachdem meine Mutter mich hinausgeworfen hatte, war die Kirche ein Zufluchtsort, und die Klosterfrauen gaben mir Essen und für eine Weile Unterkunft. Wenn ich mich später als Teenager an die Kirche wandte, war niemand mehr für mich da. Ich fing an zu glauben, das sei Gottes Strafe für den sexuellen Mißbrauch nach dem Kirchenchor. Gott würde nie wieder für mich da sein. Ich hörte auf zu beten und ging auch nicht mehr zur Kirche. Ich war ganz allein, ich mußte mich um mich selber kümmern, ich war für alles selber verantwortlich.

Phantasie und Willenskraft — Überlebenswerkzeuge

In der Grundschule lebte ich in einer Phantasiewelt, wollte nicht, daß die Menschen wissen, wer ich war, woher ich kam, daß ich ein Pflegekind war. Doch das wurde mir gelegentlich vorgeworfen, wenn Eltern herausfanden, wer ich war, und ihren Kindern den Umgang mit mir verboten. In der Phantasie sah ich mich völlig anderes. Ich sah mich als normales Kind mit schönen Kleidern, das eine gute Schule besuchte; ich durfte meine Freundinnen mit nach Hause bringen, durfte Parties geben, durfte alles tun, was ich im wirklichen Leben nicht tun durfte. Dieses Phantasien behielt ich in meinem Erwachsenenleben bei, bis ich in Therapie kam — besser gesagt, bis ich ein paar Jahre Therapie hinter mir hatte.

Ich war ein sehr willensstarkes Kind, fest entschlossen, alles Leid durchzustehen. Meine magische Zahl war 18. Mit 18 würde ich meine gesetzliche Volljährigkeit erreichen und konnte tun, was ich wollte. Dann war ich mein eigener Herr und mußte nicht ständig Angst haben, auf die Straße gesetzt zu werden, wenn ich den Mund aufmachte oder einen Fehler machte. Damals waren Pflegekinder im Grunde genommen billige Hausangestellte mit Familienanschluß. Du mußtest tun, was man dir sagte; und du hattest keine Fragen zu stellen. Niemand scherte sich darum, wie du dich fühltest, niemand wollte wissen, was dir früher passiert ist oder was dir heute passiert. Tu, was man dir sagt, und halt den Mund.

Eine gute Schülerin

Es gab Zeiten in der Schule, da war ich ausgesprochen aggressiv und wollte anderen wehtun, besonders den Buben. Buben, die zweideutige Anspielungen oder mir sexuelle Avancen machten – mit denen prügelte ich mich; ich verteidigte mich mit allen Mitteln. Ich verbreitete Angst und Schrecken. Es gab Zeiten, in denen ich mich zurückzog, ganz verschlossen war und mit niemand etwas zu tun haben wollte. Ich begab mich in meine Phantasiewelt. Ich war immer eine ausgezeichnete Schülerin, obwohl ich gestehen muß, daß die Lehrer es nicht immer leicht mit mir hatten, aber ich hatte immer gute Noten und war immer aufmerksam.

Ehe – meine einzige Fluchtmöglichkeit

Als mein achtzehnter Geburtstag sich näherte, führte ein Vorfall zum anderen, und ich stand plötzlich ohne Dach über dem Kopf da. Schließlich nahm mich eine andere Schwester meiner Mutter zu sich, und ich war wahnsinnig aufgeregt, bei einer Verwandten, einer Blutsverwandten zu leben, nur um festzustellen, daß die Frau halb verrückt war. Nach ein paar Monaten warf sie mich wieder auf die Straße, und ich wußte überhaupt nicht mehr, wohin ich gehen sollte. Ich nahm wieder Kontakt zu meiner Sozialarbeiterin auf und die sagte mir, für mich gäbe es nur einen Weg – zurück in die Besserungsanstalt.

Da entschloß ich mich, einen Mann zu heiraten, den ich seit längerer Zeit kannte, der sieben Jahre älter war als ich. Es war meine einzige Fluchtmöglichkeit. Meine betrunkene Mutter unterschrieb die Papiere für mich und ich begab mich völlig ahnungslos ins Eheleben. In den ersten drei Jahren meiner Ehe bekam ich zwei Kinder.

Auf die Mutterrolle war ich vollkommen unvorbereitet. Aber eines wußte ich: Ich würde meinen Kindern nie das antun, was mir angetan worden war. Dieser Vorsatz machte aus mir aber leider noch keine gute Mutter. Ich gab den Kindern alles, was ich nur konnte. Aber ich konnte nicht lieben, ich wußte nicht, was es bedeutet, Kind zu sein, ich wußte nicht, was für ein Kind normal war. Ich erwartete wahrscheinlich von den Kindern, sich so erwachsen zu benehmen, wie ich mich immer benommen hatte. Aber ich habe mich, weiß Gott, bemüht.

Scheidung und zweite Ehe

Diese Ehe endete mit Scheidung. Dann verbrachte ich viele Jahre damit, die Kinder allein zu erziehen. Ich arbeitete sehr viel, ging abends zur Schule, arbeitete in zwei, oft in drei Jobs, damit wir ein Dach über dem Kopf und Essen auf dem Tisch hatten. Ich heiratete wieder; und diese Ehe war von Anfang an zum Scheitern verurteilt, weil der Mann, den ich mir ausgesucht hatte, labil und bedürftig war. Ich glaubte, ich könne und müsse für alle und jeden auf der Welt sorgen. Die Ehe ging in die Brüche, und ich begann eine Beziehung mit dem nächsten labilen Mann. Mein zweiter Ehemann und der Mann, mit dem ich jetzt in einer Beziehung lebe, die im Auflösen begriffen ist, sind wirklich gute Menschen. Sie sind nur sehr labil. Mein zweiter Mann glaubte, er müsse mein Psychiater sein, er müsse sich um mich kümmern, er war um mich besorgt und bedauerte mich, und damit konnte ich nicht umgehen.

Jetzt mache ich Fortschritte in der Therapie und untersuche, warum ich mir immer die gleiche Sorte Männer aussuche – das ist auch ein Grund, warum ich meine jetzige Beziehung beende – es war eine ungesunde Wahl. Ich hoffe, im Verlauf meiner Therapie in der Lage zu sein, mehr Warnsignale zu sehen und zu erkennen, meine Gefühle besser zu analysieren und zu deuten und darauf zu achten, mir gesunde Menschen auszuwählen, wenn ich eine Beziehung eingehe.

Sexuelle Schwierigkeiten

Ich habe kein Interesse an Sex. Es fällt mir extrem schwer, Sex mit einem Mann zu haben. Zu Beginn einer Beziehung fühle ich mich ganz wohl. Wenn es aber so aussieht, als könne die Sache von Dauer sein, fühle ich mich kontrolliert, fühle mich unfrei. Wenn ich spüre, ich habe keine Entscheidungsfreiheit, schwindet bei mir jedes sexuelle Lustgefühl. Und jede Berührung, jede Umarmung tut mir körperlich weh – ein Zeichen, daß jemand versucht, mich zu kontrollieren.

Ich bin nicht sehr zärtlich zu den Kindern, das war ich nie. Das ist ein Punkt, an dem ich jetzt arbeite, obwohl meine Kinder jetzt schon 19 und 21 Jahre alt sind. Es ist nie zu spät, den Menschen zu zeigen, daß man sie liebt.

Meine Mutter – jagte mir noch im Tod Angst ein

Vor ein paar Jahren starb meine Mutter. Die Beerdigung war für mich äußerst traumatisch. Ich erinnere mich, wie meine Mutter im offenen Sarg lag. Ich konnte nicht nahe an den Sarg herantreten, weil ich fürchtete, sie würde sich aufsetzen und mir wehtun. Natürlich sagte mir mein Verstand, sie ist tot. Aber in meinem Inneren hatte ich immer nur Angst vor dieser Frau. Ich sah sie im Sarg liegen und mußte an die böse Hexe aus dem *Zauberer von Oz* denken. Genauso sah sie für mich aus. Ich hatte unbeschreibliche Angst. Von dieser toten Frau im Sarg ging eine Macht aus, eine Macht, die mich mein ganzes

Leben bedroht hat. Ich hatte Angst, diese Frau könnte mich immer noch verletzen.

Während der Trauerfeier fragte ich mich ständig, wovon der Priester eigentlich redete. Er sagte so wundervolle Dinge über diese Frau, wie sehr sie gelitten habe, wie sehr sie versuchte, ihrem Leben eine neue Richtung zu geben. Irgendwann mußte ich aufstehen und rausgehen, weil ich so verwirrt war. Ich wußte nicht, von wem der Mann eigentlich redete. Es fiel mir schwer zu realisieren, daß sie in dem Sarg lag. Weil ich beim ersten Blick in den Sarg die böse Hexe sah. Ich wagte nicht, näher zu treten und dann redete der Priester von einer Frau, die ich gar nicht kannte.

Verleugnung – meine Tante

Ich ging raus und stand mit meinem zweiten Mann in der Halle. Und dann kam meine Tante, die, die mich nicht bei sich aufgenommen hatte, heraus und war entrüstet, weil ich die Trauerfeier verlassen hatte. Ich sah sie an und sagte: »Wer bist du? Wieso tust du so, als sei alles normal? In diesem Raum gibt es nichts Normales. Es ist nicht normal, daß sie da liegt und aussieht, wie jemand, den ich nie in meinem Leben gesehen habe. Es ist nicht normal, daß ein Priester über eine Frau, die grausam, unehrlich und böse war, spricht, als habe sie ein anständiges Leben geführt und den Menschen nur Gutes getan. Es ist nicht normal, daß du die Dinge nicht siehst, die falsch sind. Es ist nicht normal, daß du über deine drogensüchtige Tochter sprichst, als würde sie lediglich Medikamente einnehmen. Die ganze Versammlung ist verrückt.« Mir war, als sei ich verrückt.

Verleugnung – der Priester

Dann kam der Priester heraus und ich wandte mich an ihn: »Kann ich Sie kurz sprechen?« Ich nahm ihn beiseite und brachte mein Erstaunen über seine Predigt zum Ausdruck, über diese Frau, die so nie existiert hatte. Er entschuldigte sich mit den Worten: »Ich kannte Ihre Mutter nur als guten Menschen und gute Christin.« Ich entgegnete: »Ich will Ihnen mal etwas über diese Frau erzählen, die Sie für so heilig und so gut halten.« Ich klärte ihn über einiges von dem auf, was ich durchgemacht hatte. Der sexuelle Mißbrauch, die Prügel, die Demütigungen, das Entsetzen, in dem ich gelebt hatte. Er sah mich an und sagte: »An einem gewissen Punkt müssen wir auch verzeihen können. Sie müssen mit diesen Dingen ins reine kommen. Das ist der Wunsch Gottes.«

Er fing wieder eine Predigt an, daß ich mein Herz läutern müsse und ich unterbrach ihn: »Ich bin nicht diejenige, die verzeihen muß; ich bin nicht diejenige, die ihr Herz läutern muß. Wenn das die Antwort der Kirche auf solche Menschen ist, dann muß die Kirche gehörig mit sich ins reine kommen, nicht ich.«

Ich war wütend auf diesen Mann. Er wollte bloß beschwichtigen, es war ihm völlig gleichgültig, was geschehen war. Er glaubte nur das, was er sah, er wollte nichts anderes sehen oder hören. Er wollte nichts mit einem Menschen zu tun haben, der voll Wut und Haß und Verletzung und Demütigung war. Er wußte nicht, wie er mit mir umgehen sollte, er wußte keine Antworten. Ich sagte ihm: »Wenn sie nicht in die Hölle kommt, dann hat die Kirche mehr Probleme, als es Gott lieb sein kann.« Der Mann war völlig entsetzt von mir.

»Warum bist du so verbittert?«

Später kam meine Cousine zu mir und sagte: »Ich verstehe nicht, wieso du so verbittert bist. Ich verstehe nicht, wieso du den Menschen ihre Fehler nicht vergeben kannst.« Diese Worte sagte eine Frau, die nicht mißbraucht worden war, die in einer normalen Familie aufgewachsen war, die ein normales Leben führte mit einem Ehemann und Kindern, die keine Angst vor Sex und Männern und Armut und Demütigung und Beschämung hatte. Ich verließ die Trauerfeier voll Haß gegen diese Leute, halb wahnsinnig vor Zorn, weil das, was um mich herum geschah, keinen Sinn ergab. Diese Menschen begriffen nichts.

Auf dem Friedhof wollte meine Tante, daß ich einen Blumenstrauß trage. Mir graute davor, die Blumen anzufassen. Ich sagte dem Bestattungsunternehmer: »Bitte nehmen Sie diese Blumen. Ich will sie nicht anfassen. Jemand anderer soll sie nehmen, bloß nicht ich.« Und meine Tante war empört, daß ich eine Szene am Grab meiner Mutter, ihrer Schwester, machte, da diese Frau doch ewigen Frieden finden sollte. Ich verließ den Friedhof und wußte, daß ich nie wieder zurückkehren würde. Ich wartete aber noch so lange, bis sie Erde auf den Sarg schaufelten, weil ich immer noch fürchtete, sie könne sich irgendwie befreien und wieder rauskommen. Ich mußte wenigstens sehen, wie sie Erde auf den Sarg warfen.

Es ist ihr Problem, nicht meins

Der ganze Wahnsinn, die Verleugnung, das Nicht-zugeben-was-wirklich-ist, die Heuchelei, das Verstecken, die Geheimnistuerei, das alles war einfach zu viel für mich. Wochenlang war ich voll Wut und fühlte mich wieder als Opfer. Stimmte mit mir etwas nicht? War ich die einzige, die die Dinge so furchtbar sah? Hatte ich wirklich erlebt, was ich zu erleben geglaubt hatte? War alles nur in meiner Phantasie geschehen? Hatte ich es irgendwo gelesen? War das alles nur ein böser Traum? Was war mit mir nicht in Ordnung?

Heute weiß ich, daß es in vielen Familien Geheimnisse gibt, mit denen niemand etwas zu tun haben will, weil keiner bereit ist, damit umzugehen. Das macht mich traurig. Ich bin traurig, weil sie nicht einmal ihre eigenen Probleme in ihrer eigenen Familie anerkennen können. Ständig spielen sie diese geheimen Spiele. Diese ewige Komödie, daß alles in Ordnung sei, nur um nicht mit irgendwelchen Emotionen umgehen zu müssen. Ich fing an zu überlegen, daß es vielleicht gut war, daß meine Tante mich damals nicht bei sich aufgenommen hatte, weil mich das vielleicht nur noch mehr verwirrt hätte, mich noch größerer Selbstmordgefahr ausgesetzt hätte. Oder vielleicht hätte ich Drogen genommen, wie ihre jüngste Tochter. Auch das war eine sehr schmerzliche Erfahrung.

Ich habe erreicht, was ich mir vorgenommen hatte

So lange ich zurückdenken kann, hatte ich ziemlich klare Vorsätze, die alle genau das Gegenteil von meiner Mutter waren. Sie trank. Ich nahm mir vor, nie zu trinken. Sie schlug ihre Kinder. Ich schwor mir, meine Kinder nie zu schlagen. Ich hungerte und wollte nie wieder Hunger leiden. Ich mußte alte getragene Fetzen anziehen und wollte immer gut angezogen sein. Ich wollte nie im Armenviertel wohnen, nie mit Männern schlafen, mich nie von einem Mann mißbrauchen lassen, wie sie es ihr ganzes Leben getan hatte. Ich wollte mir Bildung aneignen und studieren. Und ich habe all diese Ziele erreicht, so gut ich konnte unter den Bedingungen, die mir als junger Frau zur Verfügung standen, auch ohne therapeutische Hilfe.

Auch wenn es nach Eigenlob klingt: Ich habe erreicht, was ich mir vorgenommen habe. Ich bin Vizepräsidentin eines erfolgreichen Unternehmens. Ich bin in der Lage, meinen Söhnen und mir einen gehobenen Lebensstandard zu bieten. Ich habe hart an meiner Therapie gearbeitet und habe deutlich sichtbare Fortschritte in vielen Gebieten gemacht. Ich muß noch mit meinen Gefühlen, die ich dem Kind, das ich einmal war, entgegenbringe, ins reine kommen. Auch das werde ich zu gegebener Zeit schaffen.

Ellen
International anerkannte Wissenschaftlerin
54 Jahre
Dreimal verheiratet; zwei erwachsene Kinder.
Großvater Mißbrauchstäter; im Alter von 8 sexuelle Nötigung durch einen Jugendlichen aus der Nachbarschaft.
Mehrere Behandlungen/Beratungen seit 25 Jahren; Inzest wurde 22 Jahre lang nicht diagnostiziert.
Vater und Großvater Alkoholiker.

Vor 28 Jahren war es üblich, Frauen wie Ellen mit Psychopharmaka, Elektroschocks und stationären Aufenthalten in psychiatrischen Kliniken zu traktieren, da die Fachwelt ihre chro-

nisch traumatischen Neurosen mit Psychosen verwechselte. Die Warnung der Psychologin Denise Gelinas, daß die heftigen emotionalen Wiedererlebnisse des Inzesttraumas leicht mit psychotischen Kompensationsstörungen zu verwechseln sind, erhält eine tiefe Bedeutung, wenn wir Ellens Geschichte lesen, die sich in den späten 50er und frühen 60er Jahren in den Händen von Psychiatern und Psychologen befand (4. Kapitel). Zum Glück stehen uns heute aufgeklärte Fachärzte zur Verfügung, die mit der weiten Verbreitung von Inzest vertraut sind und seine Langzeitwirkungen behandeln können. Vor zwanzig oder dreißig Jahren wäre uns vermutlich ähnliches wiederfahren wie Ellen.

Ellen hat wenig Erinnerung an die sexuellen Übergriffe ihres Großvaters. Sie erinnert sich lediglich an etwas, das sie anfänglich als ›Befummeln‹ abgetan hat. Es verging sich aber auch ein Nachbarjunge sexuell an ihr, als sie acht Jahre alt war. Sie wuchs mit sehr starker Verleugnung der Bedeutung beider Traumen auf. Selbst heute im Alter von 54 berichtet sie ihre Geschichte mit einem zweifelnden Unterton. Sie hat die Verdrängung seitens ihrer Familie völlig in ihre Denkweisen übernommen, die ihre Worte mit einer Irrealität durchdringt, die selbst Ellen bedenklich erscheint.

Ellen konnte bisher noch keinen Erfolg in der Therapie verzeichnen. Das spüren wir, wenn wir ihre Geschichte verfolgen. Achten Sie darauf und Sie werden feststellen, wie sehr sie sich von den anderen Frauen im Hinblick auf ihre Gefühle zur eigenen Person und ihrer Erfahrung unterscheidet. Sie ist immer noch unsicher, bemüht sich nach wie vor, Selbstzweifel auszuräumen (7. Kapitel). Diese Phase müssen die meisten Überlebenden, die den Inzest vergessen haben, durchmachen, wenn sie beginnen, Erinnerung freizusetzen. Das kann lange dauern, denn Verdrängung ist eine starke Schutzmaßnahme. Sie braucht einen guten Therapeuten, der ihr hilft, sich der Realität des Inzests zu stellen und die Verdrängung aufzubrechen, ohne sie dabei noch mehr zu traumatisieren.

Ellens Geschichte macht uns deutlich, wie wichtig es ist, einen kompetenten, erfahrenen Therapeuten zu finden. Fehldiagnosen, die Inzestopfer als psychotisch oder als Borderline-

Patientinnen einstufen, werden heute weniger häufig gestellt. Ein Patient kann jedoch jahrelang bei einem unerfahrenen Therapeuten in Behandlung sein, ohne einen therapeutischen Erfolg zu erzielen. Ellens Bericht sollte uns alle motivieren, die Form der Betreuung, auf die wir Anspruch haben, anzufordern und zu suchen.

Was ist wirklich geschehen?

Ich bin 1934 in einer Großstadt im Mittleren Westen der Vereinigten Staaten geboren. Meine Mutter hatte ihr Hochschulstudium abgeschlossen und mein Vater machte sein Examen kurze Zeit später. Mein Großvater war ein hoher Beamter und aktiver Alkoholiker. Er machte sexuelle Sachen mit mir. Seit ich denken kann, habe ich Minderwertigkeitskomplexe.

Manchmal frage ich mich – was ist eigentlich geschehen? Hat er es wirklich getan? Hatte er wirklich Geschlechtsverkehr mit mir – einem Kind? Plötzlich kann ich keine Kinder sehen, plötzlich bekomme ich Angst. Im Grunde ist alles doch gar nicht schlimm – ich *benehme* mich heute wie eine verantwortungsvolle Erwachsene. Nur in mir ist alles wie Pudding.

Bis ich etwa acht war – damals starb meine Großmutter Nana – verbrachte ich meine Wochenenden bei meinen Großeltern. Ich glaube, damals hat mein Großvater mich mißbraucht. Meine Großmutter wußte, daß sie Krebs hatte, schon bevor ich fünf war. Ich erinnere mich an eine schlimme Begebenheit aus dieser Zeit – Großvater wollte Sex. Meine Großmutter schloß sich in ihr Schlafzimmer ein und er versuchte, die Tür mit der Axt einzuschlagen. Meine Großmutter ließ ihn nicht in ihre Vagina – also nahm er meine, die ihrer geliebten kleinen Enkelin. Er brauchte mich – braucht mich nicht jeder?

Die Krankheit meiner Großmutter

Ich war zwischen fünf und zehn, als die Krebskrankheit meiner Großmutter sich verschlimmerte und gleichzeitig damit die

Trinkerei meines Opas. Er ging zu Prostituierten und hing oft in Bars herum. Nur beruflich ging es nicht bergab mit ihm. Im Winter ging er zur Bären- und Elchjagd. Ich erinnere mich an die ausgeweideten Tiere, die auf der Veranda hingen.

In dieser Zeit hatten meine Eltern häufig Prügeleien. Einmal schlugen sie sich im Wagen wegen der Autoschlüssel; und mein Bruder und ich saßen verängstigt und hilflos auf der Rückbank. Ich wollte meinen Bruder immer beschützen.

Meine Großmutter lag im Sterben und wir besuchten meine Großeltern. Vor kurzem kam mir die Erinnerung, daß meine Mutter sich mit meinem Großvater prügelte, weil er mich begrapschen wollte. Meine Mutter schlug ihn zu Boden. Sie befahl mir, ihm aus dem Weg zu gehen. Aber die Art, wie sie das sagte — ich fühlte mich so beschämt und in der Falle sitzend, als sei alles meine Schuld.

Ein weiterer sexueller Gewaltakt

Zu dieser Zeit wurde ich von einem Nachbarjungen zu Schokoladenkuchen — was sonst? — zu sich nach Hause eingeladen. Ich ging begeistert mit. Er vergewaltigte mich und ejakulierte in meinem Mund. Damals war ich sieben. Ich kam mir furchtbar schmutzig vor und schämte mich entsetzlich.

Ich rannte die Böschung hinauf nach Hause. Gesicht und Kleid mit Samen und Dreck verschmiert, rannte ich die Hintertreppe hinauf ins Haus und meine Mutter war rasend vor Wut. Sie packte mich an der Hand, zerrte mich nach oben ins Badezimmer, wusch mich und zog mir saubere Sachen an. Dann wartete ich — froh, daß es vorbei war (wie ein grauenhafter Alptraum), hatte aber auch Angst, was als nächstes geschehen würde. Ich wartete in einer dunklen Ecke in der Küche und versuchte, unsichtbar und nicht da zu sein.

Und dann kam mein Vater nach Hause und Mama redete mit ihm. Anschließend fragte er mich aus und kniff die Augen zusammen. Und plötzlich wurde er wütend. Er packte mich, und ich wußte, das war das Ende der Welt. Ich hatte solche Angst, weil alles schwarz und grau und unwirklich wurde. Dann hob er mich hoch und setzte mich hart auf den Klodeckel, das tat mir am Po weh und der Griff der Klospülung drückte sich in meinen Rücken. Er kauerte vor mir und seine Kravatte hing herunter. Und er weinte. Und dann faßte er mich an und schüttelte mich. Und ich glaube, ich habe auf den Klodeckel gepinkelt. Ich weinte und hatte solche Angst und schämte mich wahnsinnig; ich war so verletzt, so tief verletzt.

Ich durfte nie weinen und wurde nie in den Arm genommen. Er band mich im Hinterhof fest wie die ›läufige Hündin‹, die ich war und sagte mir, ich dürfe erst wieder ins Haus, wenn ich gestand, wie sehr ich mich schämte. Und meine Mutter kam mir nicht zu Hilfe – sie war nicht für mich da. An dem Tag habe ich beide verloren. Eigentlich gab es nicht viel zu verlieren – weil sie keine sehr liebevollen Eltern waren – wir Kinder (mein Bruder und ich) waren eine Last für sie und sie gaben sich keine Mühe, das zu ändern. Bald nach der Vergewaltigung starb Nana und ich verlor *alles*. Und ich ging ins Exil – ein Exil, das 45 Jahre lang dauerte!

Hinterher – Tod und Zerrüttung

Als meine geliebte Nana wenige Monate später starb, durfte ich nicht zur Beerdigung. Etwa ein Jahr später zogen wir um. Die nächsten Jahre waren schwer für mich. Ich erinnere mich, daß wir viel Zeit auf dem Segelboot meines Papas verbrachten. Ich erinnere mich an einige Stürme, in denen ich große Angst hatte, aber mein Papa war damals wie ein Gott für mich.

Dann zogen wir auf eine Farm und ich kam in eine neue Schule. Ich schämte mich die meiste Zeit furchtbar. Ich änderte sogar meinen Namen, weil ich meinen Namen aus der Kindheit so haßte. In der High-School kam ich mir dumm, schmutzig und naiv vor, obwohl ich eine der besten in der Klasse war.

Mein Großvater zog mit uns um und wohnte in einem eigenen kleinen Haus neben dem Haupthaus. Von Zeit zu Zeig ging er auf Sauftour und ließ sich vollaufen. Für mich war er ein widerlicher alter Mann, und ich lachte, wenn unsere Hunde ihn anbellten, wenn er betrunken war. Ich konnte keine Freundin-

nen nach Haus einladen. Damals fing auch mein Papa an zu
trinken.

College und Heirat

Ich kam auf ein gutes College. Ich war verblüfft, daß ich angenommen wurde. Im ersten Jahr wäre ich beinahe durchgeras-
selt; aber ich liebte die naturwissenschaftlichen Fächer.

Im nächsten Jahr kam ich in eine andere Schule, die in naturwissenschaftlichen Fächern besser war. Trotz allem machte ich
mein Abschlußexamen und erhielt einen vielversprechenden
Job in meinem Fachbereich.

Ich lernte meinen späteren Ehemann auf einer Exkursion unseres Fachsemesters kennen. Eine Woche nach dem Examen
feierten wir Hochzeit. Ich liebte ihn nicht wirklich, hielt ihn
aber gesellschaftlich zu mir passend – mit ihm begann eine
Reihe gestörter Beziehungen.

Wir bekamen zwei Kinder. Meine Tochter wurde 12 Monate
nach unserer Hochzeit geboren. Ich wollte mich trennen, doch
meine Eltern überredeten mich, die Ehe aufrechtzuerhalten.
Ich war unglücklich, bereitete mich aber auf meine nächste
Prüfung vor. Mein Sohn kam drei Jahre nach meiner Tochter
zur Welt.

Alles bricht zusammen

Die Ehe brachte Gefühle an den Tag, die problematisch für
mich waren. In Gegenwart meines Mannes kam ich mir minderwertig vor, ein Gefühl, das immer schlimmer wurde.
Gleichzeitig verstärkte sich ein gegensätzliches Gefühl – meine
Überheblichkeit. Ich fing an, mich vor ihm zu ekeln. Ich fühlte
mich gefangen und wollte ausbrechen, um mich als Mensch zu
entfalten.

Als mein Mann an seiner medizinischen Doktorarbeit arbeitete, beschloß ich, eigene Forschungen in meinem Fachgebiet
durchzuführen. Ich fand, es sei an der Zeit, meinen Mann zu

116

verlassen, und sagte ihm, für mich sei die Ehe vorbei. Ich ging weg, um meine Forschungen zu betreiben, und lebte solo. Nachdem ich etwa einen Monat fort war, lernte er eine andere Frau kennen und verliebte sich in sie.

Ich war 26 Jahre alt und hatte diesen Kerl nie geliebt, aber als ich davon hörte, stürzte ich in einen tiefen Abgrund. Ich verfiel in eine grauenhafte Depression, verlor jeden Bezug zur Realität, hatte Gedächtnisausfälle, drohte mit Selbstmord. Ich wußte, daß ich unter einer schweren seelischen Störung litt. Ich konnte die Gefühle der Zurückweisung nicht verkraften. Das Ende der Geschichte war, daß ich in einer psychiatrischen Klinik mit Elektroschocks behandelt wurde.

Danach war ich wütend, deprimiert, verwirrt. Die Schocktherapie war eine Bestrafung für mich. Ich wandte mich an meine Eltern um Hilfe, doch sie sagten mir, ich solle aufhören, mich selbst zu bemitleiden. Drei Jahre nachdem ich meinen Mann verlassen hatte und mich aus dem Abgrund der Depression befreit hatte, war ich endlich in der Lage, in eine andere Stadt zu ziehen und mir eine neue Stellung zu suchen. Es dauerte drei Jahre, weil ich einen zweiten, völlig sinnlosen Aufenthalt in einer psychiatrischen Klinik und eine äußerst ekelhafte Scheidung hinter mich bringen mußte.

Kampf gegen Depression

Im Alter zwischen dreißig und vierzig kämpfte ich jeden Tag gegen meine Depression. Ich versuchte es mit Freudscher Psychoanalyse und Gruppentherapie. Ich hatte beruflichen Erfolg. Ich hatte eine Affäre mit einem netten Kerl, den ich nicht liebte, und ich versuchte als alleinerziehende Mutter perfekt zu sein. Ich hatte Schuldgefühle, weil ich mich nicht verlieben konnte. Mein Sohn war Legastheniker und häufig in Therapie.

Ich lernte einen Kerl kennen, den ich zwei Jahre später heiratete – einen ungebildeten Ex-Marinesoldaten und Alkoholiker. Er versuchte, meine Tochter sexuell zu belästigen. Die Ehe dauerte zwei Monate. Irgendwie schien die Ehe der einzige Weg, um die Beziehung zu beenden. Meine Kinder überlebten

das irgendwie – ich glaube, ich konnte sie ziemlich gut beschützen. Aber die Depression war immer da – eine schwere
Belastung. Ich fühlte mich schmutzig, minderwertig, unsicher.

Veränderungen

Als ich vierzig war, gingen die Kinder von zu Hause fort – die
Tochter ins College, der Sohn in eine Spezialschule. Ich war
verlassen und gleichzeitig erleichtert. Ich nahm Collegestuden-
ten als Untermieter auf. Sie waren meine ›Kinder‹. Beruflich
ging es ab 40 steil bergauf – ich begann viel zu reisen, erhielt
internationale Anerkennung für meine Arbeit, meine Abhandlungen wurden veröffentlicht, ich arbeitete aktiv in der Gemeinde. Irgendwie habe ich das Gefühl, daß meine Körperche-
mie sich mit 40 veränderte. Die Depressionen verschwanden
und ich war richtig glücklich. Mein Selbstwertgefühl wuchs
und ich widmete mich meinen Studien.

Mit Mitte Vierzig lernte ich Brett kennen, einen jüngeren
Mann, in den ich mich Hals über Kopf verliebte. Er stellte sich
als labil, selbstsüchtig und schließlich als gewalttätig heraus.
Doch selbst heute noch nach dreijähriger Trennung quält mich
der Schmerz seiner Zurückweisung.

Etwa zu der Zeit, als ich ihn kennenlernte, begann ich das zu
erleben, was ich heute als berufliches Ausgebranntsein bezeichne. Ich hatte internationale Anerkennung in meinem Fachgebiet erreicht; ich war eine erfolgreiche Wissenschaftlerin. Je erfolgreicher ich war, desto beständiger wuchs mein Grauen bei
dem Gedanken, daß ich sterben würde, wenn ›man‹ herausfinden würde, wie dumm ich in Wirklichkeit war. Mein erfolgrei-
ches öffentliches Image paßte in keiner Weise zu dem, was ich
in meinem Inneren von mir hielt.

Ich hatte plötzlich Lust, wegzulaufen, allem zu entfliehen
und mit meinem 15-Meter-Boot *Spirit* die Welt zu umsegeln.
Ich wollte Brett bei mir haben. Ich brauchte fünf Jahre, um zu
kapieren, daß er sich nicht auf meine Fluchtpläne einließ. Wir
trennten uns. Dann überfiel die Depression mich erneut mit
Tonnenschwere, wie damals vor zwanzig Jahren.

Kurz vor der Trennung warf er mir vor, ich verhalte mich wie ein Opfer. Seiner Meinung liege der Grund darin, daß ich mich nie mit der Vergewaltigung durch den Nachbarjungen in meiner Kindheit auseinandergesetzt habe. Nur um Frieden zu bewahren, nahm ich Kontakt mit einer Beratungsstelle für vergewaltigte Frauen auf. Von dort wurde ich an eine sexuelle Mißbrauchsgruppe verwiesen. Nach dem Gespräch zur Aufnahme in die Gruppe sagte die Therapeutin: »Sie klingen wie ein Inzestopfer.«

Etwa zu dieser Zeit erkrankte meine Mutter an rheumatischer Arthritis, die sie stark behinderte, und ich nahm sie zu mir. Mein Sohn kam heim und meine Tochter zog mit ihrer Familie ebenfalls zu mir. Mein Leben wurde also ziemlich turbulent. Schließlich heiratete mein Sohn und zog aus, meine Mutter zog zu meinem Bruder, und meine Tochter und ihre Familie blieben in meinem Haus. Ich wohne im unteren Geschoß.

Meine Mutter erwies sich als echtes Miststück – sie manipulierte, spielte das Opfer. Mein Bruder konnte sie aus den gleichen Gründen wie ich nicht bei sich behalten – sie war zu allen bösartig und mißgünstig. Sie lebte ein Jahr mit einer Haushälterin in einer miesen Gegend der Stadt, dann holte ich sie wieder zu mir. Sie ist nun auf der Warteliste für ein gutes Pflegeheim. Sie tut mir unendlich leid.

Ein wachsendes Gefühl des Ichseins

Vor kurzem tauchten Erinnerungen auf, echte Erinnerungen an den sexuellen Mißbrauch durch meinen Großvater. Ich bin bis heute nicht über den ersten Vorfall hinweg, als meine Mutter meinen Großvater schlug, weil er mich begrapschen wollte. Ich spüre in mir ein tiefes Entsetzen, das ich früher nicht kannte, und davor ergreife ich die Flucht. Ich vergesse Therapietermine und bleibe nachts lange auf, um nicht schlafen und nicht träumen zu müssen.

Ich nehme an einer Selbsthilfegruppe Inzestüberlebender teil und habe manchmal Angst davor, weil ich glaube, schlecht zu sein. Trotzdem wächst in mir ein Gefühl von ›Ichsein‹, ein Ich, das anders ist − stärker, weniger euphorisch, gefestigter als früher. Es geht alles sehr langsam, aber gleichzeitig habe ich Angst, schneller voranzukommen. Ich habe Angst, welche Empfindung mich als nächstes überkommt. Diese plötzlich auftauchenden Erinnerungsfetzen sind ein wenig damit zu vergleichen, als kippe dir jemand einen Eimer Wasser über den Kopf, und du glaubst, ertrinken zu müssen oder einen Herzanfall zu bekommen.

Heute, in diesem Augenblick, bin ich ziemlich glücklich. Ich bin viel allein, weil ich mich allein wohler fühle. Ich verbringe die Wochenenden auf meinem Segelboot. Es macht mir angst, wenn Menschen mir sagen, sie lieben mich, aber ich versuche, nicht wegzulaufen. Ich fühle mich als Überlebende.

FUSSNOTEN ZUM 3. KAPITEL

1   Gelinas, Denise J.: ›The Persisting Negative Effects of Incest‹, *Psychiatry* 4 (November 1983) 313.

4. KAPITEL

Zwischen Inzest und Therapie:
Verdrängung und Dysfunktion laufen Amok

»Nach dem Inzest kommt die Verdrängung. Völlige Verdrängung des Geschehens ist selten und tritt nur bei Mißbrauch an einem sehr kleinen (Vorschul-)Kind auf... Häufig wird die Signifikanz des Geschehens verleugnet. Opfer berichten, sie wüßten, daß etwas in ihrem Leben nicht stimmt. Es sei ihnen auch klar, daß sexuelle Handlungen an ihnen begangen wurden, sie stellen aber keinen Bezug zwischen den beiden Phänomenen her... Üblich ist auch, daß Elemente im Zusammenhang mit dem Erlebnis unterdrückt werden, etwa Zeitdauer, emotionale Inhalte oder Ort des Geschehens[1]... Manche Opfer suchen nach Beweisen, daß der Inzest ihnen Schaden zugefügt hat, ohne fähig zu sein, die Verbindung selbst herzustellen. Andere haben keine Erinnerung daran, oder es ist ihnen nicht bewußt, daß ihr zerstörerisches Verhalten eine Folge davon ist... Inzest, Verdrängung und Familiendysfunktion ziehen Depression, Unsicherheit, Angst, Alkohol- und Suchtmittelmißbrauch, geringe Selbstachtung, ausbeuterische Beziehungen, Sexualstörungen, Selbstmordverhalten und Dissoziation nach sich.«

Das Schlimme an einem unbehandeltem Inzesttrauma ist, daß es nicht vorüber ist, wenn es vorüber ist. Der Mißbrauch hört auf, aber die Zerstörung frißt weiter. Und meist wissen wir es gar nicht. Im Zeitraum zwischen Inzestgeschehen und Therapie vergessen die meisten von uns entweder den Inzest (wie Noelle und Ellen) oder weisen ihn von sich und übernehmen damit die Verleugnungspraktiken ihres Umfeldes. Wir waren verletzte Kinder, die sich bemühten, ihr Leben als normale Kinder weiterzuführen, ohne dafür gerüstet zu sein.

Dies ist der Mittelteil unserer Geschichte, der Abschnitt, in dem wir blockiert waren. Durch die Familiendysfunktion erhielten wir keinerlei Bestätigung, keine Rückmeldung von außen auf den Inzest. Das veranlaßte uns, selbst dysfunktionale Verhaltensweisen zu entwickeln. Diese zweite Schicht der Dysfunktion raubte uns unsere Jugend, unsere Spontaneität und Energie. Statt zu wachsen und unser Ich zu entfalten, steckten wir in einem Morast aus dysfunktionalem Anpassungsverhalten fest. Irgendwann gingen die meisten von uns in Therapie, um sich aus ihrer Beengung zu befreien. Bis dahin aber waren wir in dysfunktionales Verhalten verstrickt, das wir nicht einmal als solches durchschauten. Wie sollten wir auch, da wir nichts anderes kannten?

Viele Inzestüberlebende, die dieses Buch lesen, befinden sich in dieser Mittelphase, stecken im Morast fest. Nach der Lektüre der ersten drei Kapitel sagen die Betroffenen vermutlich: »Diese Frauen haben echte Probleme – ich nicht. Vielleicht bezeichnet man das, was mir angetan wurde, als ›Inzest‹, aber ich habe keinen großen Schaden davongetragen. Es war keine wirklich große Sache.« Die folgenden Berichte schildern die Erfahrungen der Frauen, die solche Anschauungen gleichfalls vertraten. Wir konnten nicht erkennen, was uns angetan worden war. Wir waren so sehr daran gewöhnt, uns schlecht zu fühlen, daß es uns völlig normal erschien, bis eine Krise diesen Zustand unerträglich machte.

Das folgende Kapitel zeigt die ganze Bandbreite der Dysfunktion auf, die in dieser Phase teils subtil, teils drastisch zum Ausdruck kommt. Manche Elemente entstanden direkt aus dem Inzest. Manche resultieren aus der Familiendysfunktion. Wieder andere sind eine Mischung beider Faktoren. Allem ist eines gemeinsam: das Gefühl, während des Geschehens unser Ich zu verlieren. Als würden wir uns nicht wirklich gehören. Denken Sie daran, wir müssen nicht in diesen Mustern steckenbleiben. Wir können unser Selbst wieder in Besitz nehmen. Und der erste Schritt hierzu ist zu erkennen, auf welche Weise wir enteignet wurden. Dieser Abschnitt hilft uns dabei, da er die vielen Formen aufzeigt, in denen wir unser Selbst verloren haben.

Die Geschichten in diesem Abschnitt beginnen mit der Kindheit, wie sie nach dem Ende des Inzests erlebt wurde. In der Zeitspanne zwischen Inzest und Therapie entwuchsen die meisten von uns der Kindheit und traten ins Erwachsenenleben ein. Der Wandel vom Kind zum Erwachsenen ist selbst für Kinder aus gesunden Familien schwierig. Für Inzestkinder ist es die Zeitspanne, in der die Ichstörung sich zu äußern beginnt. Unsere Verhaltensweisen sind ziellos oder zerstörerisch oder von einem unerbittlichen Leistungsdrang geprägt. Die Gewalt, die unserem Ich in der Kindheit angetan wurde, manifestiert sich in einer ganzen Reihe von Verhaltensweisen, denen eines gemeinsam ist: unser gestörtes Selbstverständnis. In dieser Phase erleben wir die Störung unserer Eigenidentität als Verlust unseres Selbst. Es ist, als habe etwas außerhalb unserer Person ständig zu starke Kontrolle über unsere Identität und unseren Selbstwert. Jede Form von Beziehung ist schwierig.

Wie konnte das geschehen? Zum Teil lag es an unserer Familiendysfunktion. Wir alle kommen aus Familien, die in mancher Hinsicht Probleme mit uns hatten. Unsere Eltern hatten selbst keine gefestigten Identitäten und sahen sich bedroht, wenn aus uns Kindern Menschen mit eigenen Rechten wurden. Ihre Reaktionen reichten von völligem Rückzug bis zu extremer Kontrolle über uns Kinder.

Wir gewinnen unser Selbstbild durch ›Spiegelung‹, wenn wir uns in den Reaktionen unserer Eltern in unserer frühen Kindheit ›reflektiert‹ sehen[2]. Waren unsere Eltern entweder zu distanziert oder zu kontrollierend, erhielt unsere Eigenidentität zu wenig Klarheit und Konsistenz. Wir erhielten keine konstante, beständige Spiegelung unseres Selbst, an der wir uns hätten orientieren können. Wir waren uns nicht sicher.

Wenn unsere Eltern sich mit uns nicht wohl fühlen, so tun wir das auch nicht. Wenn wir nicht lernen, uns mit der eigenen Person wohlzufühlen, sind wir anderen Menschen entweder zu nah oder zu fremd, genau wie unsere Eltern es mit uns waren. Ähnlich wie sie haben auch wir keine genügend großen Freiräume, um uns im Heranwachsen zu entfalten. Unsere Grenzen werden nicht klar definiert. In unserer Unsicherheit neigen wir als Erwachsene stark dazu, uns über die Erwartungshaltungen anderer zu definieren, was uns wiederum überfordert und weitere Unsicherheiten erzeugt. Oder wir entfremden uns anderen, um Überforderung zu vermeiden. Wir bleiben schwach und haben das Gefühl, wertlos zu sein.

Inzet schadet unserem Selbstwert. Die Menschen, denen wir bei der Entfaltung unserer Eigenidentität Vertrauen schenkten, haben uns sexuelle Gewalt angetan. Dadurch wurde uns auf drastische Weise zu verstehen gegeben, daß wir keine eigenen Rechte haben. Inzest ist ein deutlicher Ausdruck der Unfähigkeit unserer Familien, unser Selbst-Verständnis hinreichend zu achten und zu pflegen. Wichtiger noch, wir erlebten viel zu früh, daß unser Körper von einem anderen Menschen benutzt wird. Kinder, die sexuell benutzt werden, haben das Gefühl, ihr Körper werde ihnen buchstäblich weggenommen. Wenn alles vorbei ist, empfinden sie den zurückgegebenen Körper als fremd, schmutzig und beschädigt. Inzest stört unsere Empfindung über unseren eigenen Körper empfindlich. Wir haben das Gefühl verloren, daß unser Körper ganz uns gehört. Unsere Grenzen und der Körperaspekt unserer Identität wurden schwer beschädigt. Wir sind durchdrungen von Scham über das schmutzige Ding, zu dem unser Körper geworden ist, und diese Scham setzt sich in unserem Selbstbild fest.

Verdrängung ist ein weiterer Aspekt der Familiendysfunktion, die unsere Eigenidentität beschädigt hat, wie ausführlich im 1. Kapitel erörtert. *Verdrängung* ist das Wort, mit dem wir beschreiben, wie unsere Gedanken und Gefühle mißachtet wurden. Verdrängung machte es uns unmöglich, den Inzest mit seinen Folgen in Verbindung zu setzen, wobei wir die Aussage: *»Mir ist etwas Schlechtes widerfahren«* umwandeln in: *»Ich bin schlecht.«* Ein Großteil unseres dysfunktionalen Verhaltens in dem Zeitraum zwischen Inzest und Therapie war eine Reaktion auf dieses »Ich bin schlecht«, das wir entweder ausagierten oder zu widerlegen suchten.

Verdrängung verstärkte unser Inzesttrauma, verwehrte eine Linderung unserer Schmerzen, unserer Wut und Trauer und zwang uns, diese ungelösten Gefühle in unser Erwachsenenleben mit hineinzunehmen. Verdrängung unterbrach die Verbindung zwischen unseren Gefühlen und dem Inzesttrauma, das sie verursachte. Diese unerledigten Gefühle wirkten sich zerstörerisch auf unser Leben aus, unverständlich für uns, da wir ihre Herkunft nicht deuten konnten.

Im folgenden werden wir sehen, wie unser beschädigter Selbstwert und das unerledigte Inzesttrauma als breitgefächerte Verhaltensmuster auftauchten, als wir von der Kindheit ins Erwachsenenleben überwechselten. Die Gesellschaft stellt den heranwachsenden Menschen in zunehmendem Maß vor Entscheidungen. Wir treten in die Welt der Erwachsenen ein und entdecken neue Gedanken, neue Werte, neue Lebensweisen. Kinder mit einem gesunden, sich entfaltenden Selbstwert probieren neues Verhalten, neue Werte, neue Gedanken, neue Menschen aus. Vorausgesetzt, sie wissen, wer sie sind, sind ihre Entscheidungen von einer gewissen Systematik geprägt. Selbst wenn sie in mancher Hinsicht über die Stränge schlagen, fällt es ihnen nicht schwer, etwas zu verwerfen, das sich als unpassend oder schmerzvoll erweist. Sie probieren etwas anderes aus und behalten das, womit sie sich wohlfühlen. Auf diese Weise legen sie sich eine breitgefächerte ›Garderobe‹ ihrer Identität zu, die sie ihr Leben lang begleitet, ihnen Freude und Zufriedenheit bringt und das Leben ihrer Kinder bereichert.

Bei Inzestkindern verläuft dieser Prozeß nicht reibungslos, da wir auf dieses »Ich bin schlecht« reagieren. Da uns das Fundament eines klaren, positiven Selbstwertes fehlt, wächst unsere Unsicherheit, wenn wir vor Entscheidungen stehen. Was sollen wir tun? Was dürfen wir haben? Wir fühlen uns unzulänglich und haben das dringende Bedürfnis, uns für *irgend etwas* zu entscheiden – einen beliebigen Standpunkt einzunehmen, irgend etwas, das uns Struktur und Definition gibt. Mit unseren Scham- und Schuldgefühlen fürchten viele von uns, etwas ›Gutes‹ auszuprobieren, während andere sich strikt an das ›Gute‹ halten, um ihr Schamgefühl zu widerlegen. Wir haben außerdem nicht den Mut, etwas zu verwerfen – selbst Dinge nicht, die schmerzen. Was ist, wenn wir keinen Ersatz finden? Dann hätten wir gar nichts. Wie Stadtstreicherinnen schleppen wir unsere gesamte Habe mit uns herum.

Manche sind weniger destruktiv als andere im Erwerb ihrer Identität und suchen sie bei gesellschaftlich anerkannten Quellen – schulische Leistungen, Beruf, Kinder. Es handelt sich dennoch um eine Manifestation desselben Problems — als Erwachsene bauen wir zu sehr auf äußere Quellen für unsere Identität und unseren Selbstwert. Wir haben uns nicht über unser kindliches Bedürfnis nach Bestätigung von außen hinaus entwickelt. Wie viele von uns gingen mit dem ersten schwachen Mann, der ihnen begegnete, blieben bei ihm, auch wenn sie unglücklich waren, und litten furchtbar, wenn er sie verließ? Wie viele von uns haben sich zu sehr mit ihrem Beruf identifiziert, waren unfähig, Risiken einzugehen oder sich zu behaupten, aus Angst vor Zurückweisung? Wie viele gaben zu viel von sich auf, um ihre Selbstdefinition und ihren Selbstwert über Liebhaber, Ehemänner, Kinder, religiöse Werte oder die Peergruppe zu finden? Oder wir stürzen uns auf Trends und neueste Hits moderner Pop-Psychologie und neueste Tips zur richtigen Ernährung und gesundem Leben.

Wenn wir unsere Identität und Bestätigung bei anderen suchen, bleiben wir stecken, sind blockiert, können keine Entscheidungen treffen. Unfähig, uns selbst zu behaupten, passen wir uns lediglich dem an, was auf uns zukommt, bis wir unter der Last zusammenbrechen. Oder wir wählen die einzige Alternative, die wir kennen — wir suchen Schutz in der Isolation, im Rückzug. Manchmal flüchten wir uns in Suchtmittelmißbrauch, wenn wir die Angst, ohne Identität zu sein, nicht aushalten — das kommt der totalen Vernichtung unseres Selbst gleich.

Unsere Entscheidungen werden in dieser Phase außerdem durch ungelöste Emotionen aus dem Inzesttrauma verzerrt. Da wir uns verlassen und verletzt fühlen, klammern wir uns an enge Beziehungen, suchen vergebens nach Zuwendung, die wir so sehr vermißten. Unsere Verwirrung in Bezug auf Sex und Liebe sexualisieren unsere Beziehungen häufig in einem verfrühten Stadium. Oder wir haben Angst vor menschlicher Nähe und Sex und verlagern unsere Sehnsucht nach Zuwendung in unsere Arbeit, legen unsere Emotionen in unsere Jobs oder unsere schulischen Leistungen. Im Kontext all dieser Beziehungen, ob intim oder nicht, spielen wir unsere ungelösten Gefühle von Scham, Wut, Verrat, Trauer und Schmerz aus und verwechseln leider allzuoft Vergangenheit und Gegenwart.

Das Verwechseln von Vergangenem mit Gegenwärtigem geschieht dann, wenn wir unsere Gefühle aus der Vergangenheit auf ein Ereignis in der Gegenwart übertragen. Wir reagieren beispielsweise übermäßig verletzt und wütend auf Geringfügigkeiten, auf Worte und Handlungen von Freunden, und brechen möglicherweise deshalb die Beziehung ab. Solche Vorfälle zeichnen sich durch zwei Merkmale aus. Erstens sind unsere Gefühle gemessen am Auslöser übersteigert und unangebracht. Und zweitens sind wir unfähig, sie zu verarbeiten. Sie tauchen immer wieder auf. Häufen sich derartige Vorfälle im Lauf der Zeit, zerstören sie unsere Beziehungen und zerrütten unser Leben. Bevor wir unsere Gefühle hierzu identifizieren, ihren Bezug mit dem Inzesttrauma wieder herstellen und angemessen damit umgehen, werden wir nicht aufhören, die Opferrolle in unseren Beziehungen zu spielen. Solange gehört unser Leben nicht uns, es gehört der Vergangenheit.

Sie werden diesen Rückfall in die Opferrolle in mehreren Berichten dieses Kapitels erkennen, beispielsweise wenn Noelle sich von ›netten‹ Kindern absondert, weil sie sich ›schmutzig und langweilig‹ vorkommt, oder in der Art, wie Megan immer etwas an einem Mann auszusetzen hat, wenn sie sich ihm zu nahe fühlt. Achten Sie darauf, daß weder Noelle noch Megan erkannten, daß sie sich auf die Vergangenheit und nicht auf die Gegenwart bezogen.

Auf diese und ähnliche Weise verlieren wir uns an die Vergangenheit und lassen uns die echten Chancen der Gegenwart entgehen.

Wenn Sie die Berichte in diesem Kapitel lesen, achten Sie auf diese Form der Inzestfolgen und auf den Verlust des Selbst. Versuchen Sie diese Phänomene in Ihrem eigenen Leben aufzuspüren. Denken Sie daran, wenn wir unser Selbst wieder für uns in Anspruch nehmen wollen, müssen wir alle Varianten der Entäußerung unseres Selbst erkennen. Wir können und müssen unser Selbst wieder in Besitz nehmen. Und wir haben immer eine Chance, hinauszugehen und die Welt wieder ›auszuprobieren‹.

Noelle

Was ist das für ein Gefühl, wenn man sich gar nicht an den Inzest erinnert? Wie manifestiert sich das Inzesttrauma später bei totaler Verdrängung? Noelles Erfahrung in den Jahren zwischen Inzest und Therapie ist besonders hilfreich für die Frauen, die mit einem ›unsichtbaren‹ Monster kämpfen. Dabei ist es gar nicht so ›unsichtbar‹, wenn wir seinen Weg der Zerstörung durch unser Leben verfolgen. Und wenn wir seinen Schaden sehen, können wir die notwendigen Schritte unternehmen, um ihm Einhalt zu gebieten.

Dieses Kapitel ist für Überlebende von besonderer Wichtigkeit, die keinerlei Erinnerung an den Inzest haben. Frauen, die sich nicht oder nur vage erinnern, fällt es schwer, die Realität zu akzeptieren, da die mentale Struktur ihrer Person und ihrer Erfahrung Inzest nicht in Betracht zieht. Da der Inzest in ihrem Bewußtsein keinen Platz fand, drohen die auftauchenden Erinnerungen ihren Realitätssinn zu zerstören. Als wolle man ein Puzzlestück gewaltsam an eine Stelle drücken, wo es nicht hineinpaßt; damit würde man letztlich das gesamte Puzzle zerstören. Der Verstand stellt sich dem schützend entgegen, indem er die Realität des Inzests verdrängt. Eine wirksame und weniger traumatische Form, die Verdrängung zu durchbrechen, besteht darin, vergangenes Verhalten zu prüfen und die durch den Inzest entstandene Dysfunktion zu identifizieren, das Bild allmählich anzugleichen, so daß der Inzest als etwas gesehen werden kann, das die ganze Zeit vorhanden war, statt als etwas Fremdes und Neues. Die Realität des Inzests zerstört das Bild nicht – sie fügt sich in das Gesamtbild ein. Das war ein wichtiger Vorgang für Noelle. Nachfolgend werden wir sehen, daß sie fähig war, eine Geschichte der Dysfunktion zu identifizieren, die auf den Mißbrauch hinwies.

Verdrängung erwies sich in Noelles Familie als extrem zerstörerisch. Dadurch wurde jede Reaktion auf den Mißbrauch durch den Vater (sexuell und anderweitig) so nachhaltig unterdrückt, daß Noelle ihre Gefühle über den Mißbrauch nur in ›verrückten‹ und destruktiven Formen ausdrücken konnte: De-

pression, Dissoziation, Selbstmordversuche, zerstörerisches Sexualverhalten, Halluzinationen und Alpträume.

Als Reaktion auf die nichtidentifizierten Gefühle über die an ihr verübte Gewalt agierte Noelle diese Gefühle aus, indem sie sich in der Kindheit von anderen absonderte, sich auf frühreife sexuelle Beziehungen einließ, einen Selbstmordversuch unternahm und als Erwachsene unangemessene sexuelle Beziehungen einging.

Ihr war keineswegs bewußt, daß ihr Verhalten von ihrer Vergangenheit gelenkt wurde oder daß ihr andere Möglichkeiten zur Verfügung gestanden hätten. Im College hatte Noelle beispielsweise wiederum das Bedürfnis, sich abzusondern, und schob das der Art zu, wie andere Studenten sie behandelten. Erst später, nach der Therapie, konnte sie rückblickend erkennen, daß sie auf alte Schamgefühle reagierte und nicht auf eine echte Zurückweisung ihrer Mitstudenten.

Ähnlich fand sie sich als Erwachsene in ausbeuterischen sexuellen Beziehungen wieder und erlebte Männer als gewalttätig. Durch die Therapie konnte sie erkennen, daß sie auf ihre vorprogrammierte sexuelle Opferrolle reagierte, daß es ›nette Männer‹ gab, sie aber nur als Opfer auf sie reagieren konnte. Das sind einige Beispiele wie wir unser Selbst an die Vergangenheit verlieren, bis wir uns der Vergangenheit stellen und erkennen, was uns angetan wurde. Bis dahin haben wir unser Selbst verloren. Es fehlt uns jede Möglichkeit der freien Entscheidung.

Noelle konnte nicht sie selbst sein – sie war zu sehr damit beschäftigt, mit Dingen umzugehen, die ihr einfach ›passierten‹.

Der Schaden an ihrer Identität wird deutlich in häufiger Dissoziation, Isolierung, Leistungszwang und unausgeglichenen Beziehungen. Noelles Schmerz ist ein Schmerz, empfunden im Rückblick auf ein Leben, das sie an ein unsichtbares Monster verloren hat, gegen das sie sich nicht zur Wehr setzen konnte.

Nachdem sie das erkannt hat, kann sie sich nun davon befreien. Aus dem Schmerz der Erkenntnis entsteht Entscheidungsfreiheit.

Nach dem Inzest – Angst und Mißbrauch

Entweder habe ich den Inzest abgeblockt oder vergessen. Ich hatte keinerlei Erinnerung daran, bis ich 36 Jahre alt war. Doch die Jahre zwischen Inzest und Therapie zeigen die Verwüstungen. Mein Vater, der aufhörte zu trinken, aber Alkoholiker blieb und sich nicht beherrschen konnte, mißbrauchte mich weiterhin. Der Mißbrauch war nicht sexuell, er verprügelte mich nicht, und trotzdem war es schrecklich. Ich kann es nicht beschreiben. Das Leben in meiner Familie ist deshalb so schwer zu beschreiben, weil die Art des von ihm praktizierten Mißbrauchs sich so sehr von dem unterscheidet, was man normalerweise unter dem Wort ›Mißbrauch‹ versteht. Es war eine Mischung aus Schreckensherrschaft, Psychoterror, Mißbrauch und Vernachlässigung. Statt mir zu helfen, den Inzest zu überstehen, verschlimmerte er die Folgen nur noch.

So lange ich zurückdenken kann, hielt ich es immer für das Beste, mich zu verstecken. Ich lebte wie eine kleine Maus bei meinen Eltern, immer bemüht, mich zu verstecken. Aber zum Essen mußte ich erscheinen. Das Abendessen war Pflicht. Da gab es keine Ausflüchte. Wir hatten rund um den Tisch zu sitzen. Und wenn wir nicht richtig dasaßen, wenn wir auf eine seiner Fragen nicht die richtige Antwort gaben, dann spuckte er uns seinen Haß und seinen Zorn in wüsten Beschimpfungen ins Gesicht.

Er behandelte uns wie Erwachsene, wie Strafgefangene. Als sei es seine Aufgabe, uns zu vernichten, und das tat er mit Genuß. Er zerpflückte alles, was wir sagten, in seiner bitterbösen Art. Er verdrehte jede Logik und warf uns brüllend und fluchend Beschuldigungen an den Kopf. Ich versuchte nicht hinzuhören, ich blockte alles ab. Ich konnte nichts essen. Es war eine Schreckensherrschaft, bis ich aufstehen durfte und mich verziehen und verstecken konnte.

In meinem Zimmer war ich nicht vor ihm sicher. Er folgte mir in mein Zimmer und ich kauerte auf meinem Bett, und er schrie mir seine Wut und Bösartigkeit weiterhin ins Gesicht. Seine Wut steigerte sich, wenn ich weinte. Denn damit brachte ich ja zum Ausdruck, er habe etwas falsch gemacht, und das war natürlich verboten. Wenn ich weinte, schlug er mich, weil ich weinte.

Solche Szenen steigerten sich, bis ich hysterisch schrie und ihn anflehte, mich in Ruhe zu lassen. Dann brüllte er: »Ich habe dir nichts getan! Sei still!« Erst dann ging er und machte die Tür hinter sich zu. Dann durfte ich mein Zimmer stunden-, oft tagelang nicht verlassen. Das passierte in schöner Regelmäßigkeit, bis ich ins College in eine andere Stadt ging.

Dissoziation – ein Überlebensmechanismus

Vielleicht hätte mir das nicht so weh getan, wenn es zu Hause auch mal glückliche Stunden gegeben hätte. Aber die gab es nicht. Mit meinem Vater gab es keinen Spaß, kein Lachen. Nur gnadenlosen Mißbrauch und Angst. Es gab keine guten Zeiten, um die schlechten auszugleichen. Keine Geburtstagsparties, keine Familienausflüge, kein Zusammensein und Miteinanderreden. Ich hätte genausogut in einem Konzentrationslager aufwachsen können.

Ich lernte sehr früh zu dissoziieren. Vermutlich habe ich dissoziiert, als er mich sexuell mißbrauchte. Und der tägliche Psychoterror, dem ich ausgesetzt war, förderte die Gewohnheit der Dissoziation, die heute eines meiner größten Probleme darstellt. Plötzlich hört mein Verstand auf zu arbeiten; ich versteinere oder bin total verwirrt. Ich kann weder klar denken noch sprechen, noch handeln. Ich entferne mich geistig vom Geschehen und kehre erst wieder zurück, wenn das Gespräch oder die Handlung vorüber ist. Das geschieht beim geringsten Anzeichen von Streß oder unausgeglichenem Machtverhältnis. Der Grund liegt im Mißbrauch meiner Kindheit, in der meine körperlichen und geistigen Grenzen immer wieder gewaltsam verletzt wurden.

Klug genug, um zu fliehen

Ich schreibe die Tatsache, daß ich überlebt habe, nur meiner außergewöhnlichen Intelligenz zu. Im Alter von 10 wurde mir die geistige Reife einer 17jährigen bestätigt. Mein IQ beträgt 155. Ich benutzte meinen Verstand zur Flucht. Ich war eine Leseratte. Mein Lieblingsbuch mit 5 oder 6 hatte das Motto: »Ein Mensch ist ein Mensch, egal, wie klein er auch ist.« Ich habe dieses Buch immer wieder gelesen. Später las ich es meiner kleinen Tochter vor und weinte dabei.

In der Grundschule verbrachte ich meine Wochenenden am liebsten in der Stadtbibliothek und las alles, was mir in die Finger kam, hockte auf dem Fußboden zwischen den Regalen in der Erwachsenenabteilung oder in der Kinderabteilung. Mit Tierbüchern fühlte ich mich am wohlsten. Heute weiß ich, daß das daran lag, weil ich als Kind so unglücklich war. Ich wäre lieber ein Tier gewesen.

»Noelle lächelte immer«

Im Rückblick erkenne ich, daß meine schrecklichen Minderwertigkeitsgefühle meiner Scham entsprangen. Auch wenn ich diese Gefühle damals nicht identifizieren konnte, kam ich mir abstoßend und widerwärtig vor und wand mich vor Scham, wenn Leute mich ansahen. Meine Eltern reden davon, daß alle Leute sagten, ich sei ein so fröhliches Kind gewesen, ich hätte immer gelächelt. Dieses Lächeln trug ich auch noch, als ich mit 30 zur Therapie ging – ein Lächeln der Verlegenheit, der Entschuldigung.

Ich war wahnsinnig gehemmt, besonders was meinen Körper betraf. Ich erinnere mich an ein Balletröckchen, das ich im Kindergarten trug. Ich schämte mich meiner Geschlechtsteile; ich hatte das Gefühl, jeder könne sie sehen. Im Alter von sieben oder acht schämte ich mich im Badeanzug und wickelte ein Handtuch um meine Taille. Ich hätte mich in meiner Kindheit am liebsten unsichtbar gemacht. Ich erinnere mich deutlich, daß ich mich schämte, weil ich mir abstoßend und ekelerregend vorkam. Ich wollte im Boden versinken, wenn jemand mich anschaute, also dissoziierte ich. Ich glaubte, ständig beobachtet zu werden. Auf dem Heimweg von der Schule fühlte ich mich von den Häusern beobachtet; die Fenster waren

Augen. Ich hatte Angst, stehen zu bleiben, weil ich glaubte, beobachtet und bestraft zu werden.

Das war meine Kindheit: Depression und der Wunsch zu fliehen. Meine Lehrer schrieben Bewertungskärtchen nach Hause: »Noelle träumt zuviel. Sie könnte weitaus bessere Leistungen erzielen, wenn sie nicht ständig in Tagträume versunken wäre.« Ja, ich war eine ›Tagträumerin‹, ich war irgendwo anders, weil ich mich abspalten mußte, sonst hätte ich mich und mein Leben nicht ertragen.

Vom Wildfang zur Femme fatale

Dann wurde ich zum Wildfang. Ich wollte kein Mädchen sein, ich wollte ein Junge sein. Vermutlich ahnte ich, daß Jungen mehr Macht besaßen, und ich wollte etwas von dieser Macht abhaben. Deshalb wollte ich ein Junge sein und trug nur Hosen und Bubensachen. Es fiel mir sehr schwer, ein Mädchen zu werden.

Später machte die ganze Familie eine zwei Wochen dauernde Schiffsreise. Auf dem Schiff gab es ein kleines Mädchen, das sehr kokett und feminin war. Ich beobachtete, wie sie die Jungs total um die Finger wickelte. Sie lasen ihr jeden Wunsch von den Augen ab. Sie saß in der Halle und sagte: »Kann mir einer von euch eine Packung Käsekräcker besorgen?« Und zehn kleine Jungen stürmten los und kauften ihr Käsekräcker. Prompt ging ich in meine Kabine, zog ein Kleid an, dazu etwas Schmuck von meiner Mutter, steckte meine Haare hoch, nahm eine Handtasche und war von dem Tag an ein Mädchen. Sämtliche Jeans blieben von da an im Koffer.

Unbewußt kapierte ich damals, daß Mädchen auf ihre Weise Macht ausüben können, und das wollte ich auch. An diesem Tag habe ich wohl erkannt, daß Sex eine gewisse Macht hat, und damit trat ich in das Reich der Erotik und Sexualität ein. Damals war ich 11 Jahre alt. Meine Jugend war, das gestehe ich ohne Umschweife, eine Kette unangemessener sexueller Beziehungen.

Vor meinem 12. Lebensjahr hatte ich keine Erinnerung an irgendwelche sexuellen Erfahrungen, und dennoch hatte ich sexuelles Bewußtsein. Einige Dinge sind mir in Erinnerung geblieben, die ich als Zeichen auf meinen sexuellen Mißbrauch deute.

Mit zehn wurde ich sehr krank. Ich kam in die Klinik, dort wurde ein EEG gemacht und mein Kopf durchleuchtet. Ich lag auf dem Tisch und der Röntgenassistent drehte meinen Kopf in die richtige Stellung, fuhr mir mit den Händen durchs Haar, um die Markierungen auf der Kopfhaut anzubringen und sagte: »Du hast schönes Haar.« Ich erinnere mich, daß ich vor Schreck erstarrte und glaubte, gleich tue der Mann mir etwas an, ohne zu wissen, was das sein könnte. Ich war mir seiner Männlichkeit deutlich bewußt. Im Rückblick erkenne ich darin heute sexuelle Angst.

Ich weiß noch, daß meine Mutter mir einen Büstenhalter kaufte, als ich etwa 11 war, den wollte ich nicht tragen. Abends lag ich im Bett und hörte, wie sie meinem Vater sagte, daß ich einmal ›sehr gut entwickelt‹ sein werde. Ich lag da voll Angst, Wut und Entsetzen, wie sie ihm so etwas sagen konnte. Ich hatte panische Angst, daß er mir etwas antun würde. Ich weinte, weil ich nicht so sein wollte. Aber irgendwie kam ich in die Pubertät und vollzog den Wandel zum Sexualverhalten übereilt und vorzeitig.

Wenn ich zurückdenke, erkenne ich, was für ein seltsames Kind ich war. Ich war zu frühreif. Ich paßte nicht zu den anderen Kindern. Ich war in mancher Hinsicht zu altklug, las Literatur und wissenschaftliche Bücher für Erwachsene, hatte Haushaltspflichten, übernahm die Verantwortung für die Beziehung meiner Eltern. In anderer Hinsicht war ich wiederum zurückgeblieben und ungeschickt – ich war eine Außenseiterin. Ich konnte mich nicht benehmen, konnte mich nicht locker bewegen. Eines konnte ich allerdings – heimliche sexuelle Beziehungen haben. Damit fühlte ich mich wohl. Als 12jährige begann ich ein Verhältnis mit einem Jungen, der einen ›schlechten Ruf‹ hatte und viel älter war als ich.

Durchs Leben tasten und stolpern – eine unmögliche Person

In der Pubertät, während meiner Teenagerjahre, war ich weiterhin einsam und isoliert und hielt mich für unfähig, mit dem Rest der Welt umzugehen. Ich hatte wirklich nicht viel Ahnung, was um mich herum vor sich ging, weder in der Schule noch sonstwo. Ich war sehr klug, aber niemand glaubte mir, weil ich mich mit aufmüpfigen Straßenkindern umgab. Sie waren die einzigen Kinder, bei denen ich mich wohl fühlte, weil ich wenigstens nicht so verdorben war wie sie, und weil ich mich bei ihnen sicher und stark fühlte. Mit den wohlerzogenen Kindern konnte ich nichts anfangen, in ihrer Gegenwart fühlte ich mich zu beschämt.

Damals konnte ich meine Gefühle natürlich nicht identifizieren, aber ich war erfüllt von dem, was ich heute als Schamgefühl erkenne. Nette, anständige Kinder konnte ich nicht nach Hause bringen. Niemand konnte zu uns kommen, das machte mein Vater unmöglich. Und ich wagte nicht, nette Kinder zu Hause zu besuchen, weil ich nicht wußte, wie ich mich unter normalen Menschen bewegen sollte. Ich fühlte mich unsagbar unsicher mit netten Leuten, ich wußte einfach nicht, was ich tun soll. Ich wußte nicht, was sie machten. Ich gab mich lieber mit verdorbenen Kindern ab, zu denen paßte ich einfach besser.

Ich war so, wie ich sein mußte

Ich freundete mich nur mit halb asozialen Jungen an, die wesentlich älter waren als ich. Ich hatte nicht viele Freunde. Zwischen 13 und 16 ging ich mit einem festen Freund. Als ich 13 war, war mein Freund 18. Er war schon im Gefängnis und ich versuchte, ihn zu ›retten‹; und das gelang mir auch. Ich arbeitete mit seinem Bewährungshelfer zusammen und schaffte es, daß er wieder zur Schule ging. Er bekam gute Noten und alles ging glatt, bis man ihn in Handschellen aus der Cafeteria der Schule abführte wegen eines Raubüberfalls, den er nicht begangen hatte.

Er mißbrauchte mich sexuell. Ich war ein kleines Mädchen und er benutzte mich sexuell. Sex machte mir keinen Spaß und befriedigte mich nicht. Ich ließ alles über mich ergehen mit einem Gefühl von Taubheit und Trauer. Aber ich glaubte, ich müsse es tun. Es schmerzt, wenn ich heute daran zurückdenke. Ich war ein so hübsches, kluges, wunderbares Kind. Ich liebe das Kind, das ich einmal war, und trotzdem habe ich zugelassen, daß es so furchtbar verletzt und mißhandelt wurde. Das tut mir heute unendlich leid. Mir tun die vielen Kinder leid, die so etwas ertragen müssen, die ihren Körper einfach wegwerfen, ihr Leben wegwerfen an Menschen, die sie schlecht behandeln, weil sie es nicht anders wissen. Und genau das machte ich auch. Ich wußte gar nicht, was eine Beziehung war, in der ich nicht ausgenutzt wurde.

Schule — das nächste Thema

Ich war wirklich oft krank, und wenn ich nicht zur Schule gehen konnte, weil ich krank war, stellten manche Lehrer mich bei der Klasse vor den anderen Kindern als mißratenes Kind hin. In der achten Klasse hielt eine Lehrerin meiner Klasse in meiner Abwesenheit einen Vortrag über mich und zählte alle meine Schandtaten auf und sagte, daß ich auf die schiefe Bahn geraten sei. Von anderen Kindern erfuhr ich, daß sie gesagt hatte, ich sei für mein Alter zu frühreif, viel zu erwachsen und verdorben. Sie war eine der Lehrerinnen, die mich ständig schikanierten. Sie sorgte dafür, daß mein Spind in meiner Abwesenheit geöffnet wurde. Sie vermutete, Alkohol bei mir zu finden, was ein grobes Vergehen war, trotzdem aber häufig vorkam. Man fand Briefe und anderes, was darauf hinwies, daß ich Alkohol trank und Sex hatte. Die Schule wollte mich unter Aufsicht des Jugendamtes stellen.

Ich fühlte mich gehetzt, verfolgt, wußte nicht, wohin ich mich wenden sollte. Das Leben zu Hause war die Hölle. In der Schule ließ man mich nicht in Ruhe. Ich wollte nur allein gelassen werden. Ich zog mich immer mehr zurück, hinter eine Nebelwand. Aber ich konnte nirgendwohin gehen, um allein zu sein.

Ich wußte nicht, was ich tat

Wenn ich zurückdenke, bin ich erstaunt, daß man mich zwar als ›Problemkind‹ sah, kein Mensch aber auf die Idee kam, mal nachzuforschen, ob etwas in meiner Familie nicht stimmte. Kein Lehrer, kein Schulpsychologe, niemand bot mir Hilfe an. Niemand fragte mich je danach, ob etwas bei mir zu Hause nicht in Ordnung war. Allem Anschein waren die Erwachsenen der Meinung, ein Kind, das sich so verhält, habe völlige Kontrolle und wisse genau, was es tut. Ich hätte natürlich nicht gewußt, was nicht in Ordnung war, selbst wenn man mich gefragt hätte.

Krisen – Schule, mißbrauchender Psychologe und Selbstmord

Als die Schuldirektion versuchte, mich unter Aufsicht des Jugendamtes zu stellen, brachte man damit zum Ausdruck, daß ich die Kontrolle verloren habe. Mein Vater sagte: »Ich erhebe dagegen Einspruch, weil es eine Schande für *mich* ist, wenn mein Kind vom Jugendamt beaufsichtigt wird.« Und er hatte Erfolg damit. Also bekam ich wieder keine Hilfe.

Später, im ersten Jahr in der High-School, war ich oft krank und verzweifelt und versäumte so viel in der Schule, daß man mich zu einem Psychologen schickte. Ich war 15, der Psychologe war etwa 25. Er war sehr jung und sehr nett. Er war wirklich toll. Er hörte mir zu, er wurde mein Freund. Ich mochte ihn wirklich gern. Nach ein paar Monaten bekam ich eines Tages im Sprechzimmer des Therapeuten einen Weinkrampf und er setzte sich neben mich, legte seinen Arm um mich, und ich glaube, er fing an, mich zu küssen. Daran habe ich nur eine verschwommene Erinnerung, weil ich so entsetzt war, daß ich wieder dissoziierte. Ich erinnere mich, daß ich Angst hatte, er wolle Sex von mir. Ich ging nie wieder zu ihm. Heute frage ich mich, ob es bloß harmlose Zuregung war oder ob ich recht hatte. Ich weiß es nicht. Damals hatte ich noch keinerlei Erinnerung an den Inzest.

Mit 15 versuchte ich mich umzubringen, schluckte eine Mischung aus Aspirin und anderen Pillen, die ich im Badezimmerschränkchen fand. Ich war so deprimiert und glaubte, nicht weiterleben zu können. Ich legte mich auf die Couch ins Wohnzimmer und schlief ein. Nach 16 Stunden kam ich wieder zu mir. Niemand hatte etwas bemerkt. Ich hatte Schwierigkeiten mit dem Gehör und mir war wochenlang schwindelig, aber ich lebte. Da niemand etwas davon bemerkte und keinerlei Notiz davon genommen hatte, schien Selbstmord ebenso bedeutungslos wie mein ganzes Leben.

Ein Schimmer von Bewußtsein

Mit 16 zogen wir ins Ausland und ich dachte: »Okay, ich werfe mein Leben nicht weg. Ich nehme mich zusammen und werde völlig selbständig. Ich werde ein erfolgreicher Mensch.«

Der Psychologe, bei dem ich nur kurze Zeit war, hatte einen winzigen Schimmer von Bewußtsein in mir entfacht. Er gab mir gerade so viel Einsicht, daß ich anfangen konnte, mein Leben zu verändern. Er machte eine Menge Tests mit mir und nachdem er die Ergebnisse studiert hatte, setzte er sich zu mir, hielt meine Hand und sagte: »Mit dir ist alles in Ordnung. Aber ich möchte unbedingt mit deinem Vater reden.« Er bat meinen Vater zu sich, doch der hatte für Psychologen nur Hohn und Spott übrig.

Diese Worte blieben mir im Gedächtnis. Ich spürte eine Welle der Erleichterung, als er sie aussprach. Darin fand ich die Bestätigung, daß mein Vater mich schlecht behandelte. Egal wie sehr er sich auch rechtfertigte und mich mit Kritik und Mißbrauch überschüttete, mit *ihm* war etwas nicht in Ordnung, nicht mit mir. Ich begann, ein bißchen an mich zu glauben und irgendwie fing ich an, für mich selbst einzutreten.

Neuanfang mit sechzehn − beinahe

Im Ausland ging ich in eine kleine Privatschule, die hohe Ansprüche an die Leistungen der Schüler stellte. Ich war sehr allein, maßlos gehemmt, ohne Freunde in einer sehr freundlichen Schule. Die anderen Kinder waren so nett, so anständig. Ich fühlte mich schmutzig und verdorben in ihrer Gegenwart.

Ich lernte ältere Männer kennen, mit denen ich ausging. Diesmal waren es gebildete Leute der Oberschicht des Landes, in dem ich lebte. Sie waren elegant, witzig und intelligent. Ich verhielt mich meist still, fungierte vorwiegend als Dekorationsobjekt. Als Ausländerin hatte ich gewissen Seltenheitswert und irgendwie hielten sie mein Schweigen und meine wissenden Blicke für Intelligenz. Ich gab mich elegant und reif, fühlte mich in Wahrheit aber alt und müde. Ich begann eine heimliche sexuelle Beziehung mit einem Mann, dem ich meine Gefühle nicht zeigte. In Wahrheit liebte ich ihn und hätte ihn auf der Stelle geheiratet. Ich wußte nicht, wie ich mit meinen Gefühlen umgehen soll, deshalb blockte ich sie in seiner Gegenwart völlig ab. Er hielt mich für sehr kühl, sehr beherrscht. Welch eine Farce!

Diese Beziehung bestimmte mein Leben bis zum Ende der High-School. Ich hielt mich vor anderen Schülerinnen fern. Sie veranstalteten Tanzereien und Ausflüge, während ich zu eleganten Cocktailparties ging und meine Wochenenden auf Landsitzen verbrachte.

Meine Eltern waren mir in dieser Zeit völlig egal. Im letzten High-School-Jahr passierte etwas: Am Heiligen Abend unternahm meine Mutter einen Selbstmordversuch. Ich kam von einer Party nach Hause und fand meinen Bruder allein im Wohnzimmer sitzend vor, während mein Vater sich oben um meine Mutter kümmerte. Mein Bruder sagte, sie habe eine Überdosis Tabletten geschluckt, Vater habe sie gefunden und den Arzt gerufen. Ich zeigte keine Reaktion, als sei etwas völlig Alltägliches geschehen. Dabei hatte ich immer großes Mitleid mit meiner Mutter.

College – Leistungsdruck und heimlicher Sex

In der Schule war ich zwanghaft leistungsorientiert. Ich wollte die Beste sein. Ich wurde Klassenprimus und erhielt Auszeichnungen. Ich brauchte diese Anerkennung, um meinen kaum existierenden Selbstwert ein wenig zu heben. Es wurde für mich von lebensnotwendiger Bedeutung, in der Schule und im College ein Star zu sein. Ich konnte außer meiner Intelligenz nichts Gutes an mir finden. Ich konnte mit den netten Mädchen auf keinem anderen Gebiet konkurrieren. Ich war überzeugt, sie würden mich ablehnen, wenn sie wüßten, wer ich bin.

Ich kam in Europa ins College. Auch hier lernte ich wie besessen, um besser zu sein als andere und erhielt Auszeichnungen. Ich liebte die Samstagabende, weil ich die Bibliothek ganz für mich allein hatte. Ich ging nicht zu Parties, hatte nur eine Freundin und ging nicht mit Männern aus. Wenn ich mal zu einer Party ging, verzog ich mich bald wieder, weil ich nicht wußte, wie ich mich benehmen und was ich sagen sollte. Ich schlenderte allein durch die Stadt, verbrachte viel Zeit in Museen und Galerien.

Wenn ich Beziehungen mit Jungen hatte, waren sie heimlich und sexuell. Ich kannte nichts anderes. Ich wußte nicht, wie ich mich mit netten Studenten benehmen oder was ich sagen sollte. Die Spannung, die ich in ihrer Gegenwart empfand, war unerträglich. Ich hatte eine heimliche sexuelle Beziehung mit einem Jungen, die sehr intensiv war. Doch diesem Jungen war ich gesellschaftlich nicht gut genug. Ich verbrachte die Nacht mit ihm und am nächsten Tag in der Vorlesung taten wir so, als seien wir einander fremd. Ich mußte das tun. Ich wußte nicht warum, obwohl es schmerzte. Ich mußte es einfach tun.

Ich machte mein Vordiplom, meine Haupt- und Staatsexamen mit Hilfe einiger Stipendien, weil mein Vater mir das Studium nicht finanzierte. Irgendwann war ich gezwungen, zurück in die Staaten zu gehen, bei meinen Eltern zu leben und dort weiterzustudieren.

Wieder zu Hause – Zusammenbruch

Ich haßte es, nach Amerika zurückgehen zu müssen, und wollte nicht zu Hause leben, aber ich sah keinen anderen Weg. Als ich zurückkam, fing ich als erstes eine sexuelle Beziehung mit einem Mann an, der überhaupt nicht zu mir paßte. Ich war sehr unglücklich, stritt ständig mit meinem Vater und haßte ihn. Im Verlauf des Studienjahres wurde ich immer deprimierter. Ich lernte den Mann kennen, den ich später heiratete, und klammerte mich an ihn. Wieder mußte ich die Beziehung vorzeitig sexualisieren.

Meine Depression wurde unerträglich. Mein Freund (mein erster Ehemann) war ein völlig hilfloser, kindlicher, ›echter‹ Junge, bei dem ich mich sicher fühlte; ich hätte seine Mutter sein können. Er war zu schüchtern, um allein in der Mensa eine Tasse Kaffee zu trinken. Für mich war er ein schöner, unschuldiger Knabe. Ich verhätschelte ihn. Ich liebte ihn sehr. Ich war seine Mutter, er war mein Kind. Doch meine eigene Hilflosigkeit, mein Gefühl, überfordert zu sein, wurde immer größer. Ich vernachlässigte meine Studien. Ich konnte meinen Vater nicht ertragen, meine Mutter wurde schwer krank. Ich haßte die Brutalität und Gewalt, die in Amerika herrschten. Ich erlitt einen Nervenzusammenbruch. Ich weinte ununterbrochen. Meine Leistungen fielen ab und ich geriet in Panik, fürchtete, meine Stipendiengelder zu verlieren. In dieser Zeit suchte ich einen Arzt wegen einer Harnwegsinfektion auf. Der Mann belästigte mich auf dem Untersuchungstisch sexuell. Ich dissoziierte und war zu keiner Reaktion fähig. Ich habe nie mit einem Menschen darüber gesprochen. Der Vorfall verschlimmerte meine Depression.

Schließlich war ich nicht mehr in der Lage, das Bett zu verlassen, war unfähig, mich anzuziehen, konnte nicht aufhören zu weinen. Daran erinnere ich mich wie durch einen Nebelschleier. Ich wollte mich umbringen.

Irgendwie fand mein Vater einen Psychiater, den er für richtig hielt. Ich halte es für bezeichnend, daß der Psychiater Ausländer war, der kaum ein Wort Englisch sprach. Ich ging im Büro dieses Mannes auf und ab und weinte unkontrolliert. Er sah mich eiskalt an und sprach kein Wort mit mir. Meinem Vater sagte er in gebrochenem Englisch, ich müsse in die Klinik.

Ich kam in die Psychiatrie, dort nahm man mir alles weg, Spiegel, Kamm, Schuhbänder, Gürtel und so weiter. Dann pumpten sie mich mit Drogen voll. Ich erinnere mich an wenig. Der Psychiater schaute einmal am Tag herein und fragte mit seinem schlechten Akzent: »Wie fühlen Sie sich?« Vollgepumpt mit Drogen fühlte ich natürlich gar nichts. Ich las ein ganzes Buch, ohne eine einzige Zeile im Gedächtnis zu behalten. Nach einer Woche wurde ich entlassen. In der Woche darauf verlobte ich mich. Zwei Monate später heirateten wir und ich verließ mein Elternhaus.

Erste Ehe – ich gegen die Welt

In meiner ersten Ehe hatte ich gegen die ganze Welt eine Wut, eine wahnsinnige Wut. Ich hatte Bedürfnisse in mir entdeckt, die in meinem Erwachsenenleben nie erfüllt werden konnten, aber das wußte ich nicht. Ich wußte lediglich, daß die Welt ein furchterregender und enttäuschender Ort war.

In den ersten Jahren tat ich alles, um mich und meinen Mann vor ihr abzuschirmen. Wir waren zwei gegen die Welt. Ich bemutterte ihn über die Maßen. Ich legte seine Kleider zurecht, weckte ihn, kochte für ihn, arrangierte unser Gesellschaftsleben, verwaltete unser Geld, gab ihm Ratschläge in seinem Beruf. Das war alles schön und gut, bis mir klar wurde, daß ich jemand brauchte, der sich um mich kümmerte, der Sorge dafür trug, daß ich der furchterregenden, ungemütlichen Welt nicht ausgeliefert war. Dann begann ich ihn zu hassen, weil er das nicht zuwege brachte. Er konnte sich ja nicht mal um sich selbst kümmern. Er konnte weder einen Job finden noch behalten, er konnte kein Essen auf den Tisch bringen. Er konnte nicht erwachsen werden und sich für meine Bemutterung erkenntlich zeigen. Und ganz gewiß war er nicht der Supermann, der meine enormen, überwältigenden Bedürfnisse erfüllen konnte.

Kinder – die ich zunächst ablehnte

Schließlich trennten wir uns, weil ich Kinder wollte und er nicht. Die Sache mit den Kindern entwickelte sich auf merkwürdige Weise. Zu Beginn unserer Ehe wollte ich keine. Ich wuchs auf ohne zu wissen, daß es Eltern gibt, die ihre Kinder gern haben. Ich wuchs auf und dachte, Kinder seien eine entsetzliche Plage, die man besser vermeidet. Ja, ich haßte Kinder; und mit 22 wollte ich mir die Eileiter durchtrennen lassen, um keine Kinder zu bekommen. Mein erster Ehemann, der sehr passiv war, äußerte dazu lediglich: »Tu, was du für richtig hältst.« Ich ging also zum Arzt, um mir die Eileiter durchtrennen zu lassen, doch der lehnte den Eingriff ab. Ich war empört. Das zeigt, wie sehr ich die in meiner Familie herrschende Ablehnung gegen Kinder verinnerlicht hatte.

Kinder – ein neues Bewußtsein

Mit etwa 24, nach meinem Examen, trennte ich mich von meinem Mann und begann Filme zu machen. Ein Filmprojekt über Kriminalität, das ich gemeinsam mit Freunden realisieren wollte. Ich erhielt staatliche Förderungsgelder. Bisher kannte ich nur das Leben an der Universität, doch jetzt wollte ich etwas Neues, suchte Freiheit und Abenteuer, wollte mich dem Leben öffnen. So wie bisher wollte ich nicht weitermachen. Ich würde wie mein Vater enden – streng, lebensfeindlich, jähzornig und herrschsüchtig. Ich mußte mich ändern oder sterben.

Ich stürzte mich also voll Begeisterung auf das neue Projekt. Einer der Filme hatte Kindesmißbrauch zum Thema. Um die Menschen zu lockern, lebte ich buchstäblich mit den Leuten, die ich filmte und interviewte. Ich verbrachte wochenlang mit einigen Familien aus der Organisation ›Anonyme Eltern‹. Ich ging außerdem zur Polizei, machte dort eine Menge Interviews und stöberte in den Akten über Kindesmißbrauch. Ich arbeitete mit Ärzten und Lehrern. Ich interviewte Raymond Helfer, der das erste maßgebliche Buch über Kindesmißbrauch geschrieben hat: *Das geschlagene Kind*. Ich befaßte mich eingehend mit dem Thema.

Plötzlich gingen mir Lichter auf. Ich erinnerte mich zwar immer noch nicht an den Inzest, aber ich wußte, daß ich mißbraucht worden war! Und mir wurde klar, daß es Menschen auf der Welt gibt, die Kinder lieben; daß es sogar völlig normal ist, wenn Eltern ihre Kinder gernhaben, und daß Leute, die ihre Kinder nicht lieben, nicht normal sind. Wenn ich im Liegestuhl am Swimmingpool meines Apartmenthauses lag, sah ich plötzlich, daß Väter im Schwimmbecken mit ihren Kindern spielen. Sie hatten Spaß daran, empfanden das nicht als Belästigung. Sie hatten richtig Spaß daran, mit ihren Kindern im Wasser zu plantschen. Das war eine große Erkenntnis für mich. Mein Vater hatte nie die geringste Freude an seinen Kindern gezeigt. Er war nur daran interessiert, uns aus dem Weg zu schaffen.

Ich verliebe mich in einen Vater

Damals lernte ich einen geschiedenen Mann kennen. Es war nichts Besonderes an ihm, aber ich war völlig in ihn vernarrt, weil er zwei Kinder hatte, die er liebte. Er hatte Spaß an ihnen, sie machten ihn glücklich und er sprach ständig von ihnen.

Ich hatte noch nie einen Mann kennengelernt, der so fürsorglich war, der Kinder liebte. Es war, als öffne sich ein Fenster in eine neue schöne Welt, in ein Dasein, von dessen Existenz ich bisher nichts wußte. Heute glaube ich, daß er Gefühle in mir weckte aus einer Zeit vor dem Inzest, als ich mich von meinem Vater geliebt fühlte.

Diese beiden Aspekte, meine Beschäftigung mit Kindesmißbrauch und die Erkenntnis, daß Väter ihre Kinder lieben können, brachten eine wirkliche Veränderung in mein Leben. Mein Blick öffnete sich für eine neue Lebensweise. Das machte die Ehe für mich unerträglich, weil ich ein Kind wollte und mein Mann mein Kind sein wollte. Nach zehn Jahren Ehe trennten wir uns.

Trennung einer freundschaftlichen Ehe

In diesen zehn Jahren hatte ich mich meinen Eltern ziemlich entfremdet. Mein Mann und ich reisten viel. Ich erfüllte mir Wünsche, von denen ich immer geträumt hatte. Ich gönnte mir meine verspätete Kindheit. Es war wundervoll. Ich hatte ein Segelboot, wurde Mitglied in einem Tennis- und Sportclub mit Schwimmbad und Sauna. Ich hatte einen Fitneßtrainer und machte Wanderungen und Bergtouren. Meine Familie hatte so etwas nie getan. Bei uns gab es keine Freizeitaktivitäten, es gab keine Familienferien, keine Aktivitäten zu Hause. Mein Leben bestand aus dem täglichen Kampf, meinem Vater aus dem Weg zu gehen und mich unsichtbar zu machen. Als ich endlich mein Elternhaus verlassen konnte, gönnte ich mir eine Kindheit und hatte eine schöne Zeit. Mein erster Mann und ich hatten Spaß, wir hatten wirklich viel Vergnügen miteinander. Die Ehe ging auseinander, weil ich erkannte, daß ich neue Bedürfnisse hatte, und nicht wußte, wie ich sie in der Ehe erfüllen konnte.

Ich lief vor Männern weg, die etwas zu geben hatten

Das Ende dieser Ehe und meine Erkenntnis, daß ich meine Bedürfnisse nicht in einer Beziehung erfüllen konnte, veranlaßten mich, in Therapie zu gehen. Ich war immer noch in schlechter Verfassung. Nach außen schien alles in Ordnung zu sein. Ich hatte Erfolg im Beruf, besaß ein Haus, ein Segelboot. Ich war Mitglied im Tennisclub. Ich hatte zwei Staatsexamen und vor mir lag eine vielversprechende Zukunft. Ich war ausgesprochen attraktiv. Ich hätte jeden Mann bekommen, den ich wollte. Aber ehrlich gestanden, war ich unfähig, eine Beziehung mit einem gesunden, normalen, gebenden Mann zu haben. Ich wußte nicht wie. Ich konnte nicht begreifen, warum es mir nicht möglich war, das zu bekommen, was ich mir wünschte.

Heute, nach vielen Jahren Therapie, erkenne ich, daß meine Unfähigkeit, Zuwendung oder Liebe von anderen zu akzeptieren, eine Folge des Mißbrauchs war, den ich als Kind erlitten hatte. Erstens lernte ich sehr früh, daß ich für die Zuwendung meiner Eltern einen Preis bezahlen mußte, und der bestand darin, mißbraucht zu werden. Ich lernte, daß ich mich durch meine Bedürfnisse verletzlich und hilflos machte. Zweitens lernte ich, daß Liebe Mißbrauch ist, daß meine Liebe anderen das Recht über meinen Geist und meinen Körper gab, daß sie

145

eine Form der Selbst-Vernichtung war. Ich lernte, geliebt werden heißt mißbraucht werden und keine eigenen Rechte haben. Liebe gab anderen den Freibrief, mir Gewalt anzutun. Da ich zeit meines Lebens nur diese Form der ›Liebe‹ kannte, hatte ich als erwachsene Frau eine verzerrte und falsche Vorstellung von Liebe und Bedürfniserfüllung.

Das typische Muster der Selbstzerstörung

Ich bekam Schwierigkeiten am Arbeitsplatz, weil ich immer eine heimliche sexuelle Affäre mit einem Mann in höher gestellter Position anfing. Das typische Muster war, daß ich zu Beginn sehr unsicher war und kein Vertrauen in meine Fähigkeiten besaß. Ich hielt mich für nicht gut genug und war sehr ehrgeizig. Da ich als Akademikerin in verantwortungsvollen Positionen arbeitete, konnte ich die vielen Überstunden rechtfertigen, die kein Privatleben zuließen. Doch meine Unsicherheit und das Gefühl, es nicht zu schaffen, erdrückten mich fast, bis ich ein sexuelles Verhältnis hatte. Dann plötzlich blühte mein Selbstvertrauen auf, meine Unsicherheit schwand und alles war in Ordnung – bis die anderen Mitarbeiter Wind davon bekamen. Sie verloren den Respekt vor mir, egal wie tüchtig und gut ich war, meine Leistungen wurden angezweifelt. Das geschah wiederholte Male. Mein Verhalten quälte mich, ich konnte es aber nicht lassen und hatte keine Ahnung, wieso es geschah.

Heute weiß ich, daß ich die Verführerin spielte, mich aufreizend kleidete und damit eine starke erotische Ausstrahlung auf Männer ausübte, ohne mir dessen bewußt zu sein. Ich blockte jedes Bewußtsein über meine Sexualität ab. Ich blockte auch jedes Bewußtsein der Reaktionen ab, die mir entgegengebracht wurden. Plötzlich ›stellte ich fest‹, daß Männer sexuell zudringlich wurden und dann ›passierte‹ es. Es passierte einfach, und wenn es passierte, fühlte ich mich wohl. Es war eine Erleichterung.

Meine Beziehungen waren alle quälend. Ich fühlte mich einerseits begehrt, andererseits zurückgewiesen und verletzt.

Ich wollte mich umbringen und litt wochenlang unter Depressionen, aber ich konnte nicht aufhören.

Zwangsverhalten am Arbeitsplatz

Wegen einer Liebschaft mit einem Partner in meiner Firma begab ich mich schließlich in Therapie. Bevor die Affäre begann, funktionierte ich nicht gut in meinem Job. Ich war unfähig, Initiativen zu ergreifen, ich konnte mich nicht durchsetzen. Ich fühlte mich verloren. Ich war schnell zu verwirren. In Besprechungen mit Geschäftspartnern begriff ich einfachste Zusammenhänge nicht, da ich mich im Gespräch mit einer Autoritätsperson nicht konzentrieren konnte. Ich verlor den Faden bei vertrauten Themen. Heute weiß ich, daß meine Verwirrung Zeichen meiner Dissoziation war, doch damals glaubte ich einfach, nicht gut zu sein. Ich schwitzte eimerweise, wenn ich eine Aufgabe mit einem Partner besprechen mußte. Ich kam mir vor wie ein Wesen von einem anderen Stern; ich war unfähig, Zusammenhänge zu durchschauen.

Wenn ein Geschäftspartner persönliches Interesse an mir zeigte, begann ich mich anders zu fühlen – hier gab es Ansätze zu Dingen, womit ich mich auskannte. Sobald diese sexuelle Verbindung hergestellt war, fühlte ich mich wohl. Das war die Basis, von der aus ich operieren konnte. Meine Fähigkeiten verbesserten sich – plötzlich konnte ich Entscheidungen treffen, Verantwortung tragen, Autorität beweisen, weil ich mich akzeptiert fühlte.

Dinge, die mir einfach ›passierten‹

Ich versuchte, mit Männern auszugehen, die ungebunden und aufmerksam waren. Das schaffte ich nicht, weil ich sie nicht ertrug. Ich wußte nicht wieso, aber ich fand immer einen Grund, sie zurückzuweisen.

Ein anderer Grund für mein Verhalten lag darin, daß ich ein starkes sexuelles Verlangen nach unerreichbaren Männern

hatte. Wenn ich aber tatsächlich mit ihnen im Bett lag, schaltete ich ab. Ich war nicht fähig, meine Gedanken bei der Sache zu
halten, meine Gedanken gingen auf Wanderschaft – ins Büro,
zum Einkaufen, zum Strand, irgendwohin – bis es vorbei war.
Bei den seltenen Gelegenheiten, an denen ich sexuell reagierte,
weinte ich nach dem Orgasmus unkontrolliert vor Kummer.
Ich fühlte mich stundenlang deprimiert. Ich dachte, so erginge
es jeder Frau, obgleich jeder Mann davon beunruhigt war.

Ich sah mich als Sexmagnet und erschuf mir eine Phantasie,
in der ich Spaß an Sex hatte. Ich erkannte das damals nicht,
aber meine sexuelle Opferhaltung war der zentrale Aspekt
meiner Identität. Ich sah mich – so präsentierte ich mich auch
meinem Therapeuten – als unschuldiges Kind mit unwider-
stehlicher sexueller Anziehungskraft, als Frau, die erregend auf
Männer wirkte und hilflos und verwirrt war, wenn ihr Aufmerksamkeit zuteil wurde. Mir war keineswegs bewußt, daß
ich das selbst inszenierte oder daß ich etwas daran ändern
könnte. Ich hielt mich für machtlos den Dingen ausgeliefert,
die mir ›passierten‹.

Beginn der Therapie

Als ich mit dreißig in Therapie ging, litt ich unter schweren
Ängsten und Depressionen. Ich fühlte mich wertlos und erwog
ernsthaft, alles hinzuwerfen und als Aussteigerin in der Wüste
von Utah zu leben. Es kam vor, daß ich plötzlich vom Schreibtisch aufstand, mich weinend in die Toilette einschloß. Oder ich
wachte mitten in der Nacht auf, gepeinigt von Ängsten. Ich
fühlte mich wertlos und änderte sogar meinen Namen in einem
unsinnigen Versuch, eine andere Person zu werden.

Zu dieser Zeit verschlimmerten sich andere Dinge. Ich hatte
jahrelang Halluzinationen von Spinnen, die verstärkt auftraten, als ich allein lebte. Die Spinnen hatten rote Vorderbeine
und ließen sich von der Decke und den Wänden auf mich
herab. Ständig wiederkehrende Alpträume machten mir
Sorgen, obwohl ich auch darunter seit Jahren litt. Ich wachte
nachts davon auf und konnte nicht mehr einschlafen.

Mein größtes Problem war aber, daß mir keine zwischenmenschliche Beziehung in meinem Leben passend erschien – nicht im Büro, nicht im Freundeskreis, nicht mit Männern. Keine Beziehung klappte. Ich bekam nie das, was ich wollte. Ich konnte keine Verbindung eingehen, die sich nicht als schädlich für mich herausstellte. Gottlob fand ich einen guten Therapeuten, sonst würde ich vielleicht heute nicht mehr leben.

Megan

In der Zeitspanne zwischen Inzest und Therapie machte Megan nach außen hin einen normalen Eindruck. Für Leserinnen, die den Eindruck hatten, nach dem Inzest sei alles ›in Ordnung‹ gewesen, ist Megans Bericht interessant, da er ihnen die subtilen Hinweise auf Inzest durch Verdrängungsmechanismen veranschaulicht. Megan hatte Angst vor Männern und Angst vor Sex. Das blieb aber verborgen, da sie enge Beziehungen einfach vermied.

Sie vermied ihre Gefühle auch in der Art, wie sie ihre Trauer um den Tod ihrer Eltern unterdrückte. Megans Bericht gibt uns ein Beispiel dafür, wie wir uns innerhalb unserer Beziehungen isolieren, wenn wir unsere Gefühle vermeiden und unterdrücken. Viele von uns haben zwar ein aktives Gesellschaftsleben und Freunde, die ihre Gedanken und Gefühle offen mitteilen. Dennoch vermeiden wir Intimität, indem wir unsere eigenen Emotionen zurückhalten und unterdrücken. Auch wenn wir andere gut und intim kennen, bleiben wir uns und ihnen fremd.

Depression und Selbstmordabsichten lassen sich aber nicht so leicht vermeiden. Sie zwangen Megan, sich in Therapie zu begeben, sich die Folgen von Inzest und Familiendysfunktion bewußt zu machen und sich damit auseinanderzusetzen.

Nach dem Inzest — Angst vor Nähe

Die beste Beschreibung, wie Inzest in mein Leben eindrang, ist folgende: Du gehst harmlos des Wegs und plötzlich stolperst du. Du weißt nicht, wer dir ein Bein gestellt hat und warum. Du weißt bloß, daß dir ein Bein gestellt wurde und du auf der Nase liegst. Ich blockte einen Großteil des Mißbrauchs meines Bruders und die Vergewaltigung völlig ab. Doch das alles kam auf andere Weise zum Vorschein: In schweren Depressionen, Selbstmordgedanken, Angst vor Sex und Angst vor Männern. Ich konnte mit niemand enge Beziehungen haben. Ich nahm mich anderer Menschen in emotionaler Hinsicht an, ohne bei mir selber Gefühle zuzulassen.

High-School — es ist leicht, Jungen aus dem Weg zu gehen

Da ich in einer katholischen Mädchenschule erzogen wurde, konnte ich es vermeiden, mir meine Angst vor Männern bewußt zu machen, da Männer in meinem Alltag nicht vorkamen.

Ich befreundete mich mit einer Gruppe Mädchen, die wie ich lieb und brav waren, ihr Abitur machten und später das College besuchen wollten, ohne sich dabei zu überanstrengen. Wir waren recht hübsch, es fehlte uns nie an Begleitern für die Veranstaltungen der Schule. Meine Mutter drängte mich nicht in eine feste Freundschaft mit einem jungen Mann — meine Eltern waren streng und sahen es nicht gern, daß wir vor dem College-Abschluß eine feste Liebesbeziehung hatten. Zuerst besuchte man das College, nach dem Abschlußexamen lernte man den passenden Mann kennen und heiratete.

Ich kam in der Reihenfolge an sechster Stelle und hatte genügend Vorbilder vor mir und war bereit, ihren Fußstapfen zu folgen.

Vater starb, aber das Leben ging weiter

Mein Leben verlief in einigermaßen geregelten Bahnen, als mein Vater sechs Wochen vor meiner Abschlußprüfung an der High-School an den Folgen eines Herzinfarktes starb. Obwohl er seit langem herzkrank war, war das ein großer Schock für alle und veränderte unser Leben völlig. Meine Mutter war nie berufstätig und hatte ihr Leben ihren Kindern und ihrem Ehemann gewidmet. Ohne ihn war sie verloren; ich machte mir Sorgen um sie.

College — weiterhin Vermeidung

Ich war begeistert von der Aufmerksamkeit, die ich im College erhielt und ging ständig aus. Ich hatte sexuell nicht viel zu befürchten. Die Jungen machten zwar alle Annäherungsversuche, wären aber verblüfft gewesen, von einem katholischen Mädchen ein Ja zu hören. Viele der Studenten kamen aus Knabenoberschulen und hatten ebenso wenig Ahnung von Mädchen, Sex und Beziehungen wie wir Mädchen.

Knapp davongekommen

Im ersten Studienjahr freundete ich mich mit einem Studenten meines Semesters an. Im zweiten College-Jahr ging er nach Europa, um dort einige Semester zu studieren. Wir hielten unsere Liebesgeschichte durch Briefe und Telefonate aufrecht, und ich war zufrieden damit. Ich hatte einen Freund und brauchte mich keiner Annäherungsversuche anderer Männer erwehren.

Ein Semester darauf kam er zurück, in einer Zeit, in der mein Leben buchstäblich zusammenbrach. Meine Mutter hatte Krebs und lag im Sterben und ich war außer mir.

Allem Anschein nach starben die Menschen, auf die ich mich verließ (was ja auch stimmte – erst mein Vater und 20 Monate später starb meine Mutter.

Die zwei wichtigsten Menschen in meinem Leben hatten mich verlassen, als ich 20 Jahre alt war).

Bobby und ich kannten uns lange genug, um einander emotional nahe zu sein, und das machte mir furchtbare Angst. Er hatte sein Europaprogramm abgekürzt und kam zurück, um bei mir zu sein.

Aber ich weigerte mich zu akzeptieren, daß jemand ein solches Opfer für mich brachte, und ich erzählte jedem, bis ich schließlich selbst davon überzeugt war, er sei zurückgekommen, weil er sich in Amerika ein besseres Abschlußexamen erhoffte. Einen Tag nach seiner Rückkehr machte ich mit ihm Schluß.

Ich redete mir ein, wenn ich nicht mit ihm Schluß mache, würde ich von ihm abhängig werden und das wäre schrecklich. Von einem Menschen oder einer Sache abhängig zu werden, wurde meine größte Angst.

Eine kontrollierte Beziehung

Nach dem College kehrte ich in meine Heimatstadt zurück und nahm wieder Kontakt zu Freunden aus der High-School auf. Wieder befand ich mich in einer Gruppe aus Männern und Frauen. Ein paar Männer, mit denen ich zusammenarbeitete, interessierten sich für mich — ich hatte damals ausreichend Selbstvertrauen, um zu wissen, daß ich nur ein wenig Interesse zeigen mußte, dann ging ein Mann mit mir aus. Unbewußt suchte ich mir den ungefährlichsten Typ aus, einen Mann, der wenige Monate später in die Hauptstadt ziehen und dort für den Gouverneur arbeiten wollte. Aus diesem Grund fühlte ich mich bei ihm am sichersten. Und mit dem Typ ging ich ins Bett. Die Beziehung brach sechs Monate später auseinander; zum Teil wegen der Entfernung, zum Teil wegen seines Zögerns, sich zu binden, und zum Teil lag es daran, weil ich alles oder nichts wollte. Wenn er sich nicht binden wollte, gut — dann war ich draußen.

Heute weiß ich, daß ich weg wollte — es war alles zu beängstigend. Deshalb setzte ich ihn unter Druck, er wich aus und siehe da, ich war ihn los. Ich konnte die Dinge immer manipulieren, so daß ich rauskam, ohne mich dem wirklichen Problem in einer Beziehung zu stellen.

Selbstmord

Drei Monate später zog ich nach Kalifornien und lebte in der Nähe meiner älteren Schwester. Sie ging in Therapie, was ihr eine große Hilfe war. Als ich ihr von meinen Depressionen erzählte, die seit dem Tod unseres Vaters zu meinem Leben gehörten, drängte sie mich, in Therapie zu gehen. Sie war der zweite von sechs Menschen, die mich in den letzten 15 Jahren davor bewahrten, Selbstmord zu begehen. Der erste war meine Freundin Rachel. Im Sommer nach dem Tod meiner Mutter beschloß ich, mich umzubringen. Zuvor rief ich Rachel an und bat sie, mit mir zu reden. Ich erzählte ihr nichts von meinem Vorhaben, sagte ihr bloß, ich bräuchte jemand, der mir zuhörte, und das machte sie. Sie rettete mir das Leben, ohne es zu wissen.

Verdrängung

Während dieser ganzen Zeit erinnerte ich mich kaum an den Inzest – ich blockte ihn sorgfältig ab. Er gehörte nicht in mein Leben, zumindest so weit ich wußte. Aber ich machte etwas Seltsames. Im September 1977 zog ich nach Kalifornien. Im folgenden Sommer zog Kevin, der Bruder meiner Freundin Rachel, nach dem Scheitern seiner Ehe ebenfalls nach Kalifornien.

Kevin und ich kannten uns seit unserer Kindheit, wir gingen zusammen aus, doch diesmal kam Sex ins Spiel. Kevin wollte mit mir schlafen. Ich sagte, ich könne das nicht tun, das wäre für mich wie Inzest, weil er doch Rachels Bruder sei. Ich benutzte tatsächlich das Wort Inzest. Kevin war entsetzt und die Beziehung ging natürlich auseinander. Wen wunderts! Damals waren wir 26.

Depression führt zur Therapie

Und ich dachte, die Notzucht meines Bruders, als ich zehn war, habe mir nicht geschadet. Ich war verrückt. Danach begann ich mit der Therapie wegen meiner Depressionen. Ich litt seit Jahren unter Depressionen. Im Todesjahr meiner Mutter machte ich eine ganz schlimme Zeit durch. Seitdem schlug die Depression alle drei Monate zu und dauerte etwa zwei Wochen. Dann rappelte ich mich wieder hoch und stolperte irgendwie weiter.

Kurz bevor ich mit der Therapie begann, hatte ich wieder eine Depression hinter mir, die diesmal drei oder vier Wochen anhielt, und ich fürchtete, sie würde nie wieder vergehen oder so lange dauern wie damals, als meine Mutter starb. Damals dauerte sie ein ganzes Jahr.

Umgang mit dem Tod

Ich begab mich in Therapie und sprach von meiner Depression, deren Beginn ich mit dem Tod meiner Mutter gleichsetzte. Mit diesem Aspekt befaßte sich mein Therapeut lange Zeit. Wir begannen mit meiner Beziehung zu meinen Eltern und wie ich mit ihrem Tod umging. Mein Vater war seit etwa zehn Jahren tot und ich hatte zehn Jahre nicht über ihn gesprochen, nicht einmal mit meinen sogenannten guten Freunden. Wenn jemand mir eine Frage über meinen Vater stellte, sagte ich bloß: »Er ist tot.«

Ich hatte mich nie wirklich mit seinem Tod befaßt, weil ich dazu gar keine Chance hatte. Bevor ich seinen Tod wirklich begriffen hatte, wurde meine Mutter krank. Acht Monate nach seinem Tod wurde ihr die Diagnose Brustkrebs gestellt, sie mußte sich einer Totaloperation unterziehen und ein Jahr später war auch sie tot. Ich hatte also gar keine Chance, mich mit seinem Tod zu befassen. Dann versuchte ich, mit dem Tod meiner Mutter fertigzuwerden und blockte die beiden Dinge einfach ab. Ich dachte, ich sei gut damit zurechtgekommen. Wenn mich jemand danach fragte, sagte ich, ich sei problemlos darüber hinweggekommen, weil ich weitermachte wie bisher.

In der Therapie erfuhr ich, daß ich damit keineswegs fertiggeworden war. Mit diesem Aspekt beschäftigten wir uns als erstes. Ich erwähnte einmal, daß mein Bruder mich ›unsittlich belästigte‹, aber wir gingen nicht näher darauf ein. Ich war nicht bereit dazu. Das kam als nächstes.

Inzest beherrschte nach wie vor mein Leben

In dieser Zeit hielt ich mich noch immer von Männern fern, war nach wie vor unfähig, mich auf andere Leute zu verlassen. Ich hatte eine freundschaftliche Beziehung zu einem Mann, der sich sexuell nicht für mich interessierte.

Ich hatte immer gedacht, er wolle von mir sexuell nichts wissen, weil mit mir etwas nicht in Ordnung war – ich war ihm nicht attraktiv genug. Dieses Gefühl begleitete mich seit dem

Mißbrauch – daß etwas mit mir nicht in Ordnung sei – was konnten Männer schon von mir wollen? Irgendwann fragte ich mich, ob es nicht doch einen anderen Grund für sein Desinteresse gab.

Also drängte ich ihn und schließlich gestand er mir, daß er schwul ist! Ich hatte mich in einen Homosexuellen verliebt!

Vermutlich war es seine Distanz und Ambivalenz, die ich die ganze Zeit gespürt hatte, die es mir ermöglicht hatten, mich bei ihm emotional und sexuell ›sicher‹ zu fühlen. Das zeigt, wie stark der Inzest nach wie vor mein Leben beherrschte. Mit einem wirklich erreichbaren Mann wäre ich wohl nicht so weit gegangen.

Die Zerstörung nahm einen schnellen Verlauf in Didis Leben, als sie den Tod ihrer Mutter und kurz darauf den sexuellen Mißbrauch durch ihren Vater erleiden mußte. Das Gefühl, das uns bei Didi befällt, ist Verlassenheit — ein verlassenes Kind, durch Mißbrauch überwältigt. Ihr angeschlagenes Ich und ihr verletzter Selbstwert kommen in ihren Trinkgewohnheiten, ihrem Drogenkonsum, ihren ständigen Partybesuchen, ihren verfrühten sexuellen Beziehungen, ihrer Depression und ihren Selbstmordgedanken zum Ausdruck.

Wie Noelle reagierte Didi auf ihre Gefühle aus ihrer einstigen Opferrolle heraus, die sie in die Gegenwart hineintrug, ohne sich dessen bewußt zu sein und ohne zu ahnen, daß es eine andere Wahl gab. Das ist eine Folge der Verdrängung, dem Hauptelement unserer ›Mittelphase‹. Wir stecken in unserem dysfunktionalen Verhalten fest, einem Verhalten, das eine Antwort auf unsere nicht identifizierten und ungelösten Gefühle aus der Vergangenheit sind. Ohne unser Wissen wird aus der Aussage: »Mir ist etwas Schlechtes angetan worden« die Überzeugung: »Ich bin schlecht.« Ein Großteil unseres dysfunktionalen, zerstörerischen Verhaltens ist eine Reaktion auf »Ich bin schlecht«. Didi glaubte beispielsweise, sie sei »nicht gut genug, um den Vorstellungen anderer Menschen zu entsprechen«. Daraus resultierten ganz selbstverständlich ihre Trinkgewohnheiten, ihr Drogenkonsum und ihre schlechten Leistungen. Sie ›forderte‹ die Welt heraus und spiegelte damit ihre Entscheidungen auf ihr negatives Selbstbild. Sie war wie Noelle und andere Überlebende ihrer Entscheidungsfreiheit und ihres wahren Selbst beraubt.

Besonders schmerzlich ist die Beobachtung ihrer Bemühungen, positive Verstärkung durch ihre schulischen Leistungen zu erreichen. Doch das wurde von ihrer Familie ignoriert. Ihre negative Identität war errichtet. Didis Heilungsprozeß setzte ein durch eine Ehekrise, die sie veranlaßte, in Therapie zu gehen. Hier wurde ihr geholfen, sich bewußt zu machen, was ihr angetan wurde.

Eine schreckliche Zeit in meinem Leben

Nach dem Inzest, vor der Therapie: Ein schrecklicher Abschnitt in meinem Leben, eine äußerst schmerzliche Zeit und eine Zeit, in der ich großen Selbstmißbrauch trieb. Ich war 22, als ich mich in Therapie begab. Der Schaden dauerte also zehn Jahre.

Ich nahm Drogen, trank eine Menge Alkohol, streunte herum, probierte aus, wie weit ich es treiben konnte, versuchte herauszufinden, ob jemand so viel Interesse an mir hatte, um mich aufzuhalten.

Ich versuchte, gut zu sein

Mit 12 oder 13 war ich eine kurze Zeit sehr gut in der Schule und brachte ausgezeichnete Noten nach Hause. Das muß wohl direkt nach oder gegen Ende des Mißbrauchs gewesen sein. Es war wirklich die einzige Zeit in meinem Leben, daß ich mich wirklich bemühte.

Ich glaubte damals, nur so könne ich als Mensch Anerkennung und Respekt bekommen. Ich lernte und war fleißig und schrieb gute Noten. Aber es bewirkte nichts, es änderte sich nichts zu Hause. Niemand schenkte mir deshalb ein gutes Wort oder mehr Anerkennung.

Es ist leicht, ›schlecht‹ zu sein

Mit 13, 14 als ich in die achte, neunte Klasse der High-School kam, geriet ich an eine Gruppe junger Leute, die sehr aufsässig waren.

Ich trank, hing auf Parties rum, streunte herum. Wir waren eigentlich normale junge Leute, aber wenn niemand dir sagt, wo es lang geht, wenn du keine Eltern hast, die dich lieben und dir zeigen, daß sie sich um dich kümmern, dann gerät die Sache außer Kontrolle. Ich machte, was ich wollte, und meine Eltern hatten nie etwas dagegen, stellten nie Fragen.

Eine Stiefmutter

Dann war da meine Stiefmutter, die möglicherweise unsicher war, ob sie mir ihre Liebe und Zuneigung zeigen sollte. Das ist heute sehr schmerzlich für mich. Sie kam in die Familie, nachdem der Mißbrauch zuende war. Sie paßte genau in die Verdrängung: Wenn etwas weh tut, achte einfach nicht darauf. Meine Beziehung zu ihr war bestenfalls gespannt zu nennen.

Das wäre auch ohne Inzest nicht anders gewesen. Sie zog in das Haus meiner Mutter, in dem sich noch alle persönlichen Dinge meiner Mutter befanden. Sie benutzte die Sachen meiner Mutter, das Geschirr meiner Mutter, ihre Küchengeräte, das Porzellan, das meine Eltern gesammelt hatten, das Silber, die Möbel meiner Mutter. Das allein war sehr schmerzhaft. Aber manche Menschen haben keine Ahnung von Grenzen, wo sie aufhören müssen. Wo man selbst als Person anfängt und wo sie anfangen. Sie zog ins Haus meiner Mutter und nahm alles, was meiner Mutter gehörte, völlig selbstverständlich in Besitz. Sie hatte keine Ahnung, daß dies ein Eindringen in meine Familie war. Sie hatte keine Ahnung, was meine Mutter für mich bedeutete. Das brachte uns alle sehr gegen sie auf.

Toll war es nie

Meine Familie war nie toll, und das war eine schmerzliche Erkenntnis. Ich dachte immer, alles sei schön gewesen, bis der Inzest anfing, doch das stimmte nicht. Wir waren immer extrem verschlossen und nie sprach ein Mensch darüber, daß meine Mutter eines Tages an Krebs sterben muß. Ich war noch sehr klein, drei oder vier, als meine Mutter monatelang im Krankenhaus lag und mein Bruder, meine Schwester und ich von unserem Vater allein in einem Hotelzimmer gelassen wurden, während er sie im Krankenhaus besuchte. Natürlich war es richtig, daß er meine Mutter besuchte, aber er besorgte niemand, der sich um uns kümmerte. Diese emotionale Vernachlässigung, wenn er vom Krankenhaus nach Hause kam und nicht einmal mit uns Kindern sprach, was los war, kommt mir erst jetzt richtig zu Bewußtsein. Eltern sind so. Sie versuchen, ihre Kinder abzuschirmen. Aber das macht alles nur schlimmer; weil man den Schmerz spüren muß, um davon geheilt zu werden. Man muß den Schmerz spüren. Vermutlich wollte er uns davor schützen, deshalb wurde auch nie im Familienkreis darüber geredet.

Es war mir völlig egal, was mit mir geschah

Nach dem Mißbrauch trank ich und nahm Drogen, schwänzte die Schule und hatte miserable Noten. Gleichzeitig hatte ich Selbstmordgedanken. Gedanken, wie ich mich am besten an meinen Eltern rächen könnte − wenn ich mich umbringe und einen wunderschönen Abschiedsbrief hinterlasse. Dann würde ihnen alles furchtbar leid tun und sie würden ihr ganzes Leben mit Schuldgefühlen und Schmerz leben müssen.

Damals begriff ich nicht, was meinen Schmerz eigentlich hervorrief. Ich hielt mich die meiste Zeit für ein normales junges Mädchen, das seine Eltern haßte. Aber das war viel mehr. Es war ein tiefer Haß gegen sie und ein tiefer Haß gegen mich. Das äußerte sich in selbstzerstörerischem Verhalten, im Trinken, Drogenkonsum und ständigen Parties. Es war mir völlig egal, was mit mir geschah.

Danny − mein Ehemann

Ich hatte Danny, und viele Leute haben keinen Danny. Er war 18, ich war 14 und natürlich wahnsinnig in ihn verliebt, weil er in vieler Hinsicht so war wie ich. Er betrank sich mit mir und später nahmen wir beide Drogen, als ich etwa 15 oder 16 war. Aber er war auch ein sehr guter Mensch, der an mich glaubte und mich wahnsinnig liebte. Heute haben wir Kinder und sind ganz andere Menschen. Wir sind erwachsen geworden, wir sind gemeinsam gewachsen, statt uns auseinanderzuleben. Und das ist sehr wichtig.

Mit Danny, der ja älter war als ich, rächte ich mich auch ir-

160

gendwie an meinem Vater. Er war Marinesoldat und mein
Vater wollte mir den Umgang mit ihm verbieten. Also traf ich
ihn heimlich, ließ meine Eltern aber wissen, daß ich weiterhin
mit ihm zusammen war. Ich scherte mich nicht darum, was sie
dachten. Ich traf mich mit ihm, wenn ich Lust hatte. Und sie
kümmerten sich nicht darum. Sie sagten zwar das Gegenteil
und machten mir Szenen, aber ich machte, was ich wollte, und
damit hatte sich die Sache. So ging es mit einer Menge Dinge.
Ich machte, wozu ich Lust hatte.

Liebesheirat

Es war eine schrecklich destruktive Zeit. Damals heiratete
meine Schwester. Ich muß etwa 19 gewesen sein, als sie ein
Kind bekam. Mein Vater und meine Stiefmutter liebten die
beiden, sie waren vernarrt in meine Schwester und ihre Kinder.
Ihre Kinder waren einfach wunderbar, und sie war die tollste,
die perfekte Mutter und alles. Ich dachte, wenn das so ist, dann
mach ich das auch. Ich heirate und bekomme Kinder, und dann
wird mein Dad mich genauso lieben wie meine Schwester. Ich
weiß nicht, wann mir die Einsicht kam, daß ich anstellen
konnte, was ich wollte, er würde mich nie so lieben wie meine
Schwester, Punktum. Er war einfach nicht dazu imstande,
wegen all dem, was zwischen uns vorgefallen ist. Heute sehe ich
das deutlich, aber damals konnte ich das natürlich nicht erkennen.

Ich hielt mich nie für gut genug

Der sexuelle Mißbrauch hat meinen Selbstwert zerstört; das,
was aus mir hätte werden können und was ich hätte erreichen
können. Mein Leben wurde einfach aus dem Fenster geworfen.
Ich habe das Gefühl, eine Menge der Möglichkeiten, die in mir
steckten, wurden einfach vergeudet. Ich hätte es wesentlich
weiter bringen können. Ich hätte aufs College gehen können,
aber ich hielt mich nicht für gut genug. Ich hielt mich im

Grunde genommen für wertlos, also versuchte ich gar nicht, etwas aus mir zu machen, weil ich glaubte, es nicht wert zu sein.

Ich hielt mich in vieler Hinsicht anders als andere Leute. Ich hielt mich für nicht gut genug, um die Normen anderer Leute zu erfüllen. Ich war nicht klug genug, ich war nicht hübsch genug, ich war in nichts gut genug. Das hielt mich davon ab, Beziehungen aufzubauen, die ich mit anderen Leuten, mit Freunden und Liebhabern hätte aufbauen können. Ich hätte mehr Menschen kennenlernen und mehr Dinge tun können, aber ich fühlte mich anders als alle anderen, und das trennte mich von anderen. Ich hielt mich eben für schlecht.

Meine Probleme waren immer meine Schuld. Ich gab mir die Schuld und war in meinen Augen ein gräßlicher Mensch. Es gab viele Momente, in denen ich glaubte, verrückt zu werden.

Ann-Marie

Häufig reagieren Inzestopfer auf den Schaden, der ihrer Identität und ihrer Selbstachtung zugefügt wurde, indem sie positive Wege finden, das wiederzufinden, was sie verloren haben. Ann-Marie war fähig, ihre Intelligenz und ihre Kraft auf ihr Studium und ihre Berufslaufbahn zu konzentrieren. Sie baute sich aus ihren vielen Aktivitäten und Leistungen ein positives Selbstbild auf. Wenn Sie ihren Bericht aufmerksam lesen, werden Sie darin Anzeichen von Verletzlichkeit, Schmerz und beschädigter Identität finden, vorwiegend in ihren Beziehungen. Alle Beziehungen, über die sie spricht, sind problematisch – irgendwie kommt es nicht zu einem befriedigenden Geben-und-Nehmen.

Ihre Geschichte hilft uns, hinter unserem Schutzpanzer des Erfolges den Schmerz und den Schaden zu sehen, die er verbirgt.

Ihr innerer Leistungsdruck in der Schule und im Beruf ist zum Teil Ausdruck ihrer zerbrechlichen Selbstachtung, da es, wie sie sagt, nie gut genug war, einfach nur Ann-Marie zu sein. Dieser Luxus war ihr nie gegönnt. Anne-Marie erreichte viel, wie Noelle und Ellen, doch nur unter diesem inneren Druck, der aus den Gefühlen ihrer Unzulänglichkeit kam und einem Bedürfnis, sich ein positives Bild von außen anzueignen, das im Inneren nicht vorhanden war.

Ann-Maries Bericht zeigt uns auch, wie stark und unbewußt Verdrängung wirkt und davon abhält, das Wesen unserer Probleme zu erkennen, selbst wenn wir uns bewußt darum bemühen. Für den Prozeß, die Verdrängung zu durchbrechen, brauchen wir die Unterstützung eines guten Therapeuten.

Ich habe nie wirklich um meinen Vater getrauert

Mein Vater starb etwa zwei Jahre, nachdem der Inzest aufhörte, oder besser gesagt, nachdem ich ihn stoppte. Ich habe keine wirklichen Erinnerungen an jene Jahre, außer vielleicht meinen

Ehrgeiz, die Beste meiner Klasse zu sein. Ich hatte immer das Gefühl, etwas Besonderes zu sein.

Dann starb mein Vater an einer Krankheit, die mit seinem Alkoholismus zu tun hatte. Beim Begräbnis vergoß ich keine Träne. Ich erinnere mich, daß ich Erleichterung verspürt hatte, als uns im Krankenhaus gesagt wurde, mein Vater sei gestorben – der Alptraum war vorüber. Sein Alkoholismus war in den letzten Jahren zu einem echten Problem geworden. Ich erinnere mich nur an ein Gefühl der Betäubung. Wenn ich an meine Zeit in der High-School, im College zurückdenke, war diese Betäubung die ganze Zeit da.

Wenn ich versuche, mich an diese Zeit zu erinnern, die zwischen dem Inzest und dem Beginn meiner Therapie, meiner echten Therapie, liegt, erkenne ich allmählich, daß ich gar nicht da war. Zumindest sehe ich, daß ich irgendwie abwesend war, ganz besonders im College und in meiner ersten Ehe.

Ich habe nie wirklich um meinen Vater getrauert. Etwa sechs Monate nach seinem Tod brannte es bei uns zu Hause. Wir konnten nur unsere persönlichen Sachen retten, alles andere wurde von Feuer, Rauch und Wasser vernichtet. Alle Erinnerungen waren weg. Da wir in diesem Haus gar nicht wirklich wohnten, war das ein völlig neuer Anfang – ein ganz neuer Anfang.

Schuld, Betäubung und Erleichterung

In der High-School mußten wir einen Situationsbericht schreiben, und ich wählte das Begräbnis meines Vaters. Ich beschrieb, wie betäubt ich mich die ganze Zeit fühlte, seit er tot war. Daß ich mir beim Begräbnis vorkam, als trage ich eine Maske. Ich glaube, ich war wirklich verwirrt. Ich wußte nicht, was ich fühlen sollte. Ich hatte große Schuldgefühle, weil ich Erleichterung verspürte, daß der Alptraum vorüber war. Gleichzeitig war ich traurig, daß er fort war, weil ich ihn liebte. Ich erinnere mich, diese Gefühle gehabt zu haben. Ich liebte meine ganze Familie. Ich habe oft den Eindruck, in der Alkoholikerfamilie bekommt jeder eine Rolle zugewiesen. Ich war

vermutlich die Heldin, ja, das war die Rolle, die ich spielte. Ich
haßte es, in dieser Position zu sein, glaubte aber, wenn ich die
Geheimnisse verrate, vor allem den Inzest, geht unsere ganze
Familie kaputt.

Ich hatte immer dieses Gefühl, verantwortlich zu sein, meine
Bedürfnisse immer beiseite schieben zu müssen, weil sie einen
zu hohen Preis forderten. Das hat sich bis heute nicht geändert.

Die Jahre nach der High-School waren, wie gesagt, eine
Grauzone. Ich ging ins College, schrieb gute Klausuren,
obwohl ich entsetzt war, als ich von glatten ›A‹-Noten in der
High-School im College in einigen Fächern auf ›B‹-Noten
abfiel.

Glänzender Schulablschluß

Meinen High-School-Abschluß schaffte ich als Zweitbeste von
122 Schülern. Zum ersten Platz fehlten mir nur wenige Hun-
dertstel. Darüber war ich aber nicht übermäßig traurig, weil ich
in der Leistungsstufe ein besonders schwieriges Fach gewählt
hatte. Die beste Absolventin war im übrigen eine gute Freundin
von mir. Sie kam aus einer Familie, die sehr viel wohlhabender
war als meine. Unsere Familien hatten kaum gesellschaftlichen
Kontakt, aber wir telefonierten häufig und waren in der Schule
viel zusammen.

Jedenfalls machte ich einen glänzenden Abschluß. Trotz
(oder vielleicht wegen) des Todes meines Vaters im vorherge-
gangenen Sommer (1970) und dem großen Brand in unserem
Haus kurz vor Weihnachten 1970 war es eine tolle Zeit. Der
Brand hatte mir Sympathie und Rückhalt von meinen Klassen-
kameradinnen gebracht, die ich nicht für möglich gehalten
hätte.

Ein vielbeschäftigtes Leben

Im Frühling meines letzten Schuljahres durfte ich mit einer
Schülergruppe zehn Tage nach Europa reisen. Meine Familie

– Mama und meine vier Großeltern – spendierten Geld, damit ich fliegen konnte. Ich hatte mich während meiner ganzen High-School-Zeit an vielen schulischen Aktivitäten beteiligt – Schulchor, Schülerbibliothek, Schülerzeitung – und im letzten Jahr kam ich ganz groß raus. Ich wurde Chefredakteurin der Schülerzeitung, Vorsitzende von zwei oder drei Clubs, war in ein paar anderen ebenfalls aktiv tätig. Ich hatte außerdem einen festen Teilzeitjob, den ich in den Sommerferien ganztags ausübte, verdiente gutes Geld, mit dem ich meine Studienbücher im College bezahlen konnte.

Ins College fortgeschickt

Kurz nach meinem 18. Geburtstag hatte meine Mutter ein Gespräch mit mir, das ich als sehr verwirrend und schmerzlich empfand. Der Tenor war, daß ich nun mit 18 erwachsen und für meine Entscheidungen selbst verantwortlich sei. Ich empfand das damals, als würde sie mich von zu Hause ›fortschikken‹. Andererseits traf meine Mutter die meisten Vorbereitungen für das College – sie kaufte mir neues Bettzeug und andere Sachen. Und sie brachte mich jeden Herbst mit dem Wagen hin und holte mich im Frühsommer ab.

Er brauchte mich

Meine Beziehungen im College waren fast ausnahmslos von einem Mann beherrscht, den ich im ersten Jahr kennenlernte und um den ich mich in einer langen, sehr bewegten Beziehung kümmerte. Er sagte immer, ohne mich hätte er es nie geschafft. Er war jünger – er hatte mehrere Semester übersprungen. Zu Beginn des Studiums war er erst 16. Er brauchte mich und ich gab ihm, was er brauchte. Das hieß vorwiegend, ihm beim Lernen zu helfen.

Unsere Beziehung war ganz anders als die, die ich bisher gekannt hatte. Wir schätzten das ›Denkvermögen‹ des anderen. Ich förderte ihn sehr – besonders emotional gesehen. Ich

166

nahm ihm seine Examensangst. Ich tippte seine Vorlesungsnotizen ab.

Nach etwa einem halben Jahr begannen wir, miteinander zu schlafen. Es war wirklich nur ein Miteinanderschlafen. Unser ›Sex‹ bestand im Grunde genommen aus gegenseitiger Masturbation; wir waren beide noch Jungfrauen. Er hatte tödliche Angst davor, mich zu schwängern, und auch ich hatte mir fest vorgenommen, dafür Sorge zu tragen, daß das nicht passierte.

Wenn ich darüber nachdenke, habe wohl ich die Initiative in Sachen Sex übernommen. Ich lenkte ihn ab, wenn er studieren wollte — ich verführte ihn regelrecht. Früher oder später gab er jedesmal nach. Ich war bis über beide Ohren in ihn verliebt und fand ihn sehr attraktiv.

Eine Liebe wie eine Achterbahnfahrt

Wir hatten immer wieder Höhen und Tiefen. Jeff und ich hatten große Auseinandersetzungen, nach denen ich jedesmal zurück in mein Zimmer ging und mir die Augen ausweinte. Im letzten Studienjahr hatten wir einen fürchterlichen Krach, in dem er mich unsagbar kränkte. Ich bestieg um zwei Uhr morgens den Bus und fuhr nach Hause und weinte während der ganzen Fahrt.

In den Sommerferien sahen wir uns kaum — hin und wieder erhielt ich einen Brief von ihm. Sobald ich zu Hause war, traf ich mich wieder mit dem Jungen, mit dem ich in den letzten Jahren der High-School zusammen war. Er war mein erster Freund. Der gute, alte Stanley. Bei Stan hatte ich die Oberhand. Ich wußte, daß er mich heiraten wollte, aber ich wußte auch, daß es schief gehen würde. Er liebte seine Heimatstadt und ich hatte keineswegs die Absicht, mein Leben in einer Kleinstadt zu verbringen. Kurz nach meinem 19. Geburtstag ›verlor‹ ich meine Unschuld an ihn — es war irgendwie unvermeidlich. Aber jeden Herbst kehrte ich ins College und zu Jeff zurück, und er und ich fingen wieder von vorn an und Stans Bild verblaßte.

Tschüß Jeff − hallo Dave

Im dritten Jahr begann ich halbtags im Computer-Center auf dem Campus zu arbeiten. Ich war neben der Chefin die einzige Frau, und ich erhielt eine Menge Aufmerksamkeit von den Mitarbeitern und den Benutzern (vorwiegend Männer). Nach dem Hin und Her mit Jeff blühte mein Ego richtig auf. Jeff wurde eifersüchtig, aber ich hatte unser ewiges Hin und Her allmählich satt. Jetzt war *er* häufig derjenige, der mich überredete, zu ihm zurückzukommen.

Wir wußten beide, daß Jeff im letzten Jahr nicht wiederkommen würde, weil er an einer medizinischen Fachschule weiterstudieren wollte. Wir blieben bis zum Semesterende zusammen.

Im Spätfrühling 1974 lernte ich Dave kennen. Nach ein paar Wochen begannen wir miteinander auszugehen. Er war drei oder vier Jahre älter als ich, hatte nie sein Abschlußexamen gemacht. Dave sah gut aus und es machte Spaß, mit ihm zusammenzusein. Bald stellte er mich seiner Familie vor. Ich glaube, damals habe ich mich mehr in seine Familie verliebt als in ihn. Diese große, warmherzige Familie nahm mich sofort mit offenen Armen auf. Bis zum heutigen Tag bedauere ich es weit mehr, die Familie mit der Scheidung verletzt zu haben als ihn. Am Erntedanktag verlobten wir uns und zwei Wochen nach meinem Examen heirateten wir. Zwei Wochen später trat ich meine Stelle in einem großen Unternehmen an.

College-Retrospektive − verloren in schlechten Beziehungen

Im College war ich eigentlich immer auf andere Leute fixiert, vorwiegend auf Männer. Ich habe nie daran gedacht, was *ich* wollte. Ich reagierte meist auf andere. Es ist schwierig, dieses Gefühl zu beschreiben − irgendwie war ich verloren, abwesend, betäubt.

Das letzte Jahr war ein schlimmes Jahr. Ich bewohnte ein Apartment mit fünf anderen Mädchen zusammen und war mit einer von ihnen eng befreundet. Sallys Freund machte sein Abschlußexamen und ließ sie sitzen. Ich glaube, sie versuchte aus einer Mischung von Eifersucht auf meine Beziehung und Neid auf meine anderen Aktivitäten, die anderen Mädchen gegen mich aufzuhetzen und mich aus der Wohnung zu drängen. Soweit kam es zwar nicht, aber ich war wahnsinnig verletzt. Damals ging eine Freundschaft in die Brüche, die mir sehr am Herzen lag.

Dazu kam ein echtes Problem mit einer Lehrerin an der High-School, an der ich Nachhilfeunterricht gab. Ich weiß bis heute nicht, was sie an mir störte. Aus einem mir unerfindlichen Grund glaubte sie von Anfang an, ich sei für den Lehrberuf ungeeignet. Sie machte mir große Schwierigkeiten und entmutigte mich total. Statt die Lehrlaufbahn weiter zu verfolgen, bewarb ich mich als Programmiererin in einem großen Computerunternehmen.

Flucht in die erste Ehe

Meine erste Ehe war eine Flucht in die Illusion einer wunderbaren Familie und ein Weglaufen vor den Schwierigkeiten im letzten Studienjahr. Meine Ehe verschlechterte sich in dem Maße, in dem mein inneres Wachstum voranschritt. In den ersten drei Jahren, die ich in der Firma arbeitete, veränderte ich mich sehr. Irgendwie wachte ich aus den Träumen meiner Collegezeit auf und erkundete, was ich eigentlich wollte. Ich interessierte mich für meine Karriere und liebte meine Unabhängigkeit. Mein Ehemann fühlte sich mit jedem meiner Schritte nach vorn bedrohter. Am Ende stritten wir darüber, ob ich eigene Ersparnisse und ein eigenes Bankkonto haben sollte.

Die Illusionen schwinden — Scheidung

Im Spätfrühling und Sommer 77 ging alles den Bach hinunter. Wir hatten einen furchtbaren Krach. Er wollte wissen, wann ich endlich vorhätte, eine ›echte‹ Ehefrau zu werden, und ich schrie zurück, daß mir mein Beruf mehr Befriedigung gebe als die Ehe. Er hätte mich gern zu Hause gesehen, schwanger und im Hauskleid. Er schob das Scheitern unserer Ehe auch dem Inzest zu (ich hatte ihm davon erzählt) und drohte, mit meiner Mutter darüber zu sprechen.

Unser Sexualleben war so gut wie nicht vorhanden, außer daß ich ihn gelegentlich masturbierte. Er behauptete glatt, er wisse nicht, wie er sich dabei anstellen soll!

Zwischen uns lagen Welten und er konnte die Veränderungen, die in mir vorgingen, nicht akzeptieren. Ich teile bis heute nicht seine Meinung, daß eine Frau, die ein eigenes Bankkonto besitzt, eine Revolutionärin ist!

Ich war froh, davongekommen zu sein

Nach unserer Scheidung habe ich ihn weder gesehen, noch etwas von ihm gehört. Gelegentlich fahre ich aus Neugier durch die Straße, in der wir wohnten. Irgendwann verschwand sein Name aus dem Telefonbuch. Manchmal frage ich mich, was er wohl macht. Ich war froh, daß ich das alles hinter mich brachte – besonders, als mir klar wurde, daß er mich auch noch finanziell ausgetrickst hatte. Wir besaßen ein Haus und Mobiliar. Ich erhielt nur das, was ich in die Ehe eingebracht hatte – ein paar Möbel meiner Großeltern – und meinen Wagen nebst den fälligen Ratenzahlungen.

Mein Rechtsanwalt war ein Mistkerl, besonders nachdem ich ihn von Daves Drohungen in Bezug auf den Inzest unterrichtet hatte. Der Mann scheute sich nicht, mir Annäherungsversuche zu machen. Einmal wollte er, daß ich mich auf seinen Schoß setze und ihm den Bart kraule! Ich ließ ihn natürlich abblitzen. Ich war wütend – wieder einmal wurde ich von einem Menschen verraten, der mich eigentlich beschützen müßte.

Ich fange an, Kontrolle zu haben

Nach diesem Scheitern begab ich mich in Beratung und versuchte vergeblich, den Inzest anzusprechen. Die Therapeuten und Berater wußten anscheinend nichts damit anzufangen und reagierten gar nicht darauf. Bevor ich meinen zweiten Ehemann kennenlernte, hatte ich zwei wichtige Beziehungen. Als ich Jack, meine zweiten Mann, kennenlernte, hatte ich schließlich einen Therapeuten gefunden, der erkannte, daß der Inzest einen gewissen Einfluß auf mein Leben nahm, und ich begann endlich, Fortschritte in der Therapie zu machen.

Nachdem ich Jack geheiratet hatte, kam ich in die Inzestgruppe und fand einen sehr fähigen Berater. Jetzt entwickle ich mich so schnell und die Veränderungen vollziehen sich so rasch, daß meine Ehe davon belastet ist. Aber es muß getan werden, die Therapie darf jetzt nicht stagnieren. Ich bin in der Lage, zurückzublicken und zu sehen, wie sehr mein Leben durch den Inzest verzerrt und verändert wurde. Für mich ist das der Anfang, Kontrolle über mein Leben zu gewinnen. Das ist ein sehr wichtiges Thema für mich geworden.

Brenda

Der Mechanismus, durch den die Verdrängung unseres Traumas zum Verlust unseres Selbst beiträgt, wird in Brendas Bericht deutlich sichtbar.

Sie übernahm die Verantwortung für den Inzest, den sie als Kind erlebte, was zu Selbstablehnung und Verlust Ihrer Selbstachtung führte. Statt zu empfinden: »Mir ist etwas Schlechtes angetan worden«, erlebte sie sich selbst als »Ich bin schlecht.« Eine Erkenntnis, die aus wiederholten Mißbrauchshandlungen hervorging.

Als sie anfing, sich als ›schlecht‹ zu empfinden, begann die zweite Stufe der Dysfunktion, die ihren Rückzug in eine Phantasiewelt bewirkte, aus der sie auftauchte, um sich entschlossen auf ihr Studium und ihren Beruf zu konzentrieren, um ihren Selbstwert durch ihre außerordentlichen Leistungen zu heben. In ihrem Privatleben erlebt sie die Isolation, die aus dem Gefühl entsteht, daß wir so wie wir sind, nicht gut genug sind. Die meisten Beziehungen in diesem Stadium sind ausbeuterisch, wie wir in diesem und in anderen Tatsachenberichten Überlebender sehen.

Wir haben nicht gelernt, unsere Bedürfnisse zu erkennen und zu erfüllen. Wir fanden es wesentlich sicherer, uns um andere zu kümmern, statt das Risiko einzugehen, uns selbst zu öffnen.

Ihre Geschichte veranschaulicht uns auch die zerstörerische Wirkung des Inzests auf unser Sexualverhalten und zeigt auf, wie sehr unsere beschädigte Identität unsere Mutterrolle erschwert.

Brendas klare Sichtweisen geben ihrer schmerzlichen Geschichte einen Hoffnungsschimmer. Sie ist nicht länger durch ihre Vergangenheit bestimmt.

Ihr ist klar geworden, daß sie Verantwortung für Mißbrauchshandlungen getragen hat, für die sie in Wahrheit gar nicht verantwortlich ist. Dieses Bewußtsein half ihr, die Fesseln der Verdrängung abzustreifen. Sie nimmt ihr Leben wieder selbst in Besitz.

Nachdem der Inzest aufhörte, übernahm ich die volle Verantwortung. Ich ging davon aus, daß etwas an mir war, das die Männer anziehend fanden. Das stimmte vielleicht, vielleicht war das meine einzige Form, Akzeptanz zu finden, im Glauben es sei Liebe, obgleich ich entsetzt war, daß mir das passiert war.

Aber wenn es geschah, war ich gar nicht da. Ich konnte in meine eigene Welt entfliehen. Wenn es vorüber war, kam ich wieder in die Gegenwart zurück.

Immer wenn jemand versuchte, nett zu mir zu sein, ob Berater oder Lehrer, ging ich haßerfüllt auf den Betreffenden los. Eigentlich erstaunlich, daß die Menschen es immer wieder mit mir versuchten.

Ich habe damals leider nicht begriffen, daß sie es aufrichtig meinten.

Ich hatte Aufrichtigkeit nie erlebt und nahm an, ich sei den Menschen meiner Umgebung egal. Sie wollten bloß irgend etwas von mir, und ich gab ihnen keine Chance.

Als Teenager nahm ich nie an Tanzabenden der Schule teil, ging nie mit Jungs aus. Ich interessierte mich für Sport oder beteiligte mich an Schulprojekten. Lesen war eine extrem wichtige Fluchtmöglichkeit für mich. Ich las und las und begab mich in eine völlig andere Welt.

Ich war jemand anderer, ich befand mich woanders, ich schlüpfte in die Haut anderer Menschen, Menschen, die ich für normal hielt.

Ich glaubte wirklich, daß jeder, der mich ansah, mich hassen müsse. Sie wußten, wer ich war, diese schreckliche Person, die sich von Männern mißbrauchen ließ, die Männer verführte. Wenn ich in den Spiegel schaute, sah mir meine Mutter entgegen. Ich haßte mich.

Ich haßte mich bis vor etwa drei Jahren. Wenn ich in den Spiegel schaute, sah ich diese widerliche, häßliche Person, die dumm war, die nichts richtig machen konnte, die nie von anderen Menschen akzeptiert sein würde. Ich mußte lügen, um akzeptiert zu werden.

Selbstverteidigung

Ich erinnere mich noch ziemlich deutlich an einen Mitschüler, der ständig Witze über mich machte, hauptsächlich sexuelle Anspielungen. Eines Tages im Schulbus setzte er sich einfach auf meinen Schoß und tat so, als würde er Liebe mit mir machen. Ich war entsetzt und gedemütigt und erinnere mich an das Gefühl, die Kontrolle zu verlieren, weil er sich ungestraft über mich lustig machen konnte. In mir stieg unheimliche Wut hoch und ich prügelte ihn, bis er blutete.

Ein anderer Vorfall ereignete sich im Englischunterricht, als ein Junge, der sich immer gern durch auffälliges Benehmen hervortat, mir im Vorbeigehen an den Busen grapschte. Ich warf mich auf ihn und schlug ihn zu Boden. Und der Junge war viel stärker als ich! Die Englischlehrerin war empört über mein Verhalten!

Schuldzuweisung annehmen

Auch hier übernahm ich wieder die Verantwortung für etwas, das mich gar nicht betraf. Wenn ich heute zurückblicke, war das reine Selbstverteidigung. Ich schützte mich. Es war eines der seltenen Male in meinem Leben, in denen ich nicht zuließ, daß jemand mich mißbrauchte und ungestraft davonkam. Damals verstand ich nicht, wieso die Lehrerin das nicht begriff und mich nicht beschützte – auch als sie darüber aufgeklärt wurde, was vorgefallen war. Vielleicht hielt sie das Verhalten des Jungen nicht für Mißbrauch. Jemand zu Boden zu schlagen ist natürlich nicht der richtige Weg, um Schwierigkeiten zu bereinigen, aber es war meine einzige Möglichkeit, mich zu wehren. Ich bin sicher, daß hier jahrelang aufgestaute Wut zum Vorschein kam.

Normalerweise war ich ein ziemlich zurückhaltendes Kind, das Mißbrauchsverhalten schluckte und in sich aufstaute. Doch in den genannten Fällen setzte ich mich dagegen zur Wehr und wurde später von meinen Pflegeeltern – damals das Psychologenehepaar – und dem Schuldirektor zur Rechen-

schaft gezogen. Ich war entsetzt, daß sie in die Schule zitiert
wurden und ich mich verteidigen mußte. Ich schämte mich und
fühlte mich gedemütigt, weil ich sie wieder einmal enttäuscht
hatte. Ich hatte mich wieder einmal daneben benommen. Sie
erwarteten von mir, ich müsse mich beherrschen können und
ihre Erwartungen erfüllen. Meine Mitschüler zu verprügeln
war nun nicht gerade das, was sie sich darunter vorstellten. Ich
schämte mich und wußte, das sie mich ablehnten, weil ich ihren
Erwartungen nicht entsprach.

Ich fühlte mich unzulänglich

Als Teenager beneidete ich die Mädchen meiner Klasse. Sie
waren hübscher als ich, sie waren klüger und besser als ich.
Immer fühlte ich mich unzulänglich, glaubte nicht mithalten zu
können. Erst seit kurzem fange ich an zu denken: Vielleicht bin
ich doch nicht so häßlich wie ich glaube, vielleicht bin ich doch
wie die Mehrheit der Leute, habe Fähigkeiten, die mir Anerkennung verschaffen, vielleicht bin ich nicht nur als Fußabtreter auf die Welt gekommen, der von jedem, dem danach
zumute ist, ausgenutzt und mißbraucht wird. Doch in meiner
Schulzeit hingen diese Gedanken über mir wie eine schwarze
Wolke, die ich nicht vertreiben konnte. Alles, was ich erlebte,
erlebte ich mit den Augen eines Menschen, der nicht wert ist,
am Leben zu sein, der kein Recht auf Güte oder Zuneigung
hat. Ich konnte mich nie anders sehen.

Pflegeeltern – Verdrängung

Ich erinnere mich an keine Weihnachtsfeste oder Geburtstags-
feste oder irgendwelche anderen Ferien. Ich erinnere mich
nicht, je Geschenke bekommen zu haben. Und später wollte
ich keine Geschenke, weil ich wußte, ich bekomme ohnehin
keine. Zu meinem 16. Geburtstag schenkten meine Pflegeeltern
mir einen Ring. Ich glaube, ich hatte wieder etwas ausgefressen, und das Geburtstagsgeschenk wurde mir zur Strafe verspä-

tet ausgehändigt. Das nahm mir die halbe Freude daran. Es ist traurig, daß zwei Psychologen sich so verhalten haben. Damals hielt ich sie für sehr klug und normal und glaubte, ich passe einfach nicht zu ihnen. Ich schaffte es einfach nicht, ich war einfach nicht gut genug.

So sehr ich mich auch bemühte, ich machte alles falsch, mein Hintergrund stimmte nicht, alles war falsch. Ich zog mich wieder in meine Phantasiewelt zurück. Heute weiß ich, daß sie vielleicht nicht die besten Psychologen der Welt waren. Damals waren Themen wie Inzest und Kindesmißbrauch noch nicht in das psychologische Bewußtsein eingedrungen wie heute. Sie konnten nicht damit umgehen und konnten mir daher nicht helfen, damit umzugehen. Sie erkannten nicht, daß meine Niedergeschlagenheit wahrscheinlich auf den Inzest und all den körperlichen Mißbrauch, den ich erlitten hatte, zurückzuführen war. Sie drückten mir einfach den Stempel auf, ich sei launenhaft, und man könne mit mir nur schwer zurechtkommen. Das ist sehr traurig, weil ich sie irgendwie für meine Retter hielt. Aber ich habe auch viel durch sie gelernt und habe ein gutes Leben bei ihnen gehabt.

Im Beruf – die Superfrau

In den Jahren zwischen dem Ende des Inzests und dem Beginn meiner Therapie war ich schrecklich selbstzerstörerisch. Ich hatte nicht die geringste Selbstachtung. Im Beruf war ich sehr tüchtig. Ich gehörte vermutlich zu den Mitarbeitern, die sich jeder Arbeitgeber erträumt. Ich arbeitete bis zur Erschöpfung, um perfekt zu sein, um gelobt zu werden. Aber egal, wie sehr ich mich einsetzte, es reichte nie, ich war nie gut genug. Wenn ich 10 Stunden am Tag arbeitete, hätten es 12 sein müssen; und wenn ich 12 Stunden arbeitete, wären 14 Stunden besser gewesen. Ich mußte die Arbeit von drei oder vier Kollegen leisten, um anerkannt zu werden.

Wenn jemand etwas Negatives über mich sagte, nahm ich die Worte auf, als seien sie in Stein gemeißelt. Wenn mich aber jemand lobte, tat ich es beiseite, als habe ich das Lob nicht verdient. Man wollte mir nur schöntun; wahrscheinlich wollte derjenige etwas von mir. Der Kreislauf setzte sich fort — arbeite mehr, sei tüchtiger; und je mehr Lob ich erhielt, desto fleißiger arbeitete ich, weil das Lob nicht echt war. Ich wollte aber, daß es eines Tages echt ist. Wenn jemand sagte: »Du bist eine schöne Frau«, oder: »Du bist hübsch«, fingen rote Warnsignale an zu blinken — was wollte dieser Mensch? Ich bin doch häßlich. Wie kommt der oder die dazu, so etwas zu sagen? Warum lügt mich diese Person an?

Wenn jemand sagte: »Du bist klug«, dachte ich: »Was will er von mir?« Doch Kritik, eine Schwäche, die jemand an mir wahrnahm, vernichtete mich total. Und ich arbeitete um so mehr, ohne zu realisieren, daß jeder Mensch Schwächen hat und Fehler macht. Ich konnte meine Fehler nicht akzeptieren.

Als Mutter gab ich alles

Diese Einstellung habe ich wohl an meine Kinder weitergegeben. »Du kannst in der Schule besser sein, du kannst bessere sportliche Leistungen erbringen, du kannst es zu etwas bringen.« Ich ließ sie nicht erwachsen werden, ich ließ sie nicht so sein, wie sie sein wollten. Ich fürchtete, die Menschen könnten meine Kinder so sehen, wie sie mich immer gesehen hatten. Ich fürchtete ständig, meine Kinder würden keine Anerkennung finden. Ich wollte, daß sie von ihren Freunden akzeptiert werden. Ich legte auf alles großen Wert, nur nicht auf die Bereiche, die wirklich wichtig waren — Liebe, Emotionen, Verhalten. Ich habe ihnen alles gegeben, was ich ihnen geben konnte, doch das waren leider nur materielle Dinge.

Wenn ich an meine Kinder denke, wird mir klar, daß mein ältester Sohn am meisten gelitten hat. Er ist das sensibelste meiner Kinder — er ist verschlossen, hat eine extrem geringe Selbstachtung. Schon in der Grundschule bin ich mit ihm in Therapie gegangen. Ich konnte ihm nicht helfen, also brachte ich ihn zu Ärzten, die ihm helfen sollten. Als Teenager verbrachte er eineinhalb Jahre in einer psychiatrischen Klinik.

Ich übertrug meine Vorstellungen von Perfektion auf meine

Kinder, stellte viel zu hohe Ansprüche, überforderte sie in der Kindheit und vermutlich auch als Erwachsene. Als alleinerziehende Mutter hatte ich es nicht leicht. Ich war berufstätig und hatte wenig Zeit für sie. Im Grunde hatte ich keine Ahnung, was es heißt, Mutter zu sein. Das bedauere ich. Ich wünsche immer noch, meinem ältesten Sohn helfen zu können. Er weiß nicht wirklich, wie er sich in die Gesellschaft einfinden soll, doch wenigstens reden wir heute über diese Dinge. Er versucht, mir Dinge zu sagen, und ich versuche zuzuhören. Ich habe ihm wieder eine Therapie vorgeschlagen, aber er ist noch nicht dazu bereit. Der jüngste ist anders; vermutlich hat er mehr Schutz von seinem Bruder erhalten, und vielleicht war ich weniger streng mit ihm als mit meinem erstgeborenen Sohn.

Traumatische Therapie

Ich war ständig in psychiatrischer Behandlung bei den verschiedensten Therapeuten und fühlte mich hinterher jedesmal hilfloser und kam mir schlechter vor als zuvor. Die meisten Ärzte, die ich aufsuchte, waren so entsetzt über die Horrorgeschichten aus meiner Kindheit, daß sie vergaßen, daß ich bei ihnen Hilfe suchte. Ich verließ jede Therapiesitzung mit aufgewühlten, bloßgelegten Gefühlen, ohne zu wissen, was ich damit anfangen soll, und das wirkte sich zunehmend nachteilig auf mich aus. Schließlich kehrte ich der Therapie den Rücken, verschloß alle Türen wieder und dachte, ich könne mit meinen Problemen alleine wesentlich besser umgehen.

Autoritätsfiguren zur Verfügung stehen

Ich habe meine eigenen Bedürfnisse nie anerkannt. Nie sollte jemand denken, ich könne mich nicht um mich und um 25 andere Menschen gleichzeitig kümmern. Ich fühle mich zu Leuten hingezogen, die mich brauchen. Mir aber selbst ein Bedürfnis eingestehen heißt, eine Schwäche eingestehen. Und selbst heute, nach der Therapie, nach dem Heilungsprozeß, fällt es mir sehr schwer, das Bedürfnis zum Ausdruck zu bringen. Ich hatte immer das Gefühl, keine Wahl zu haben, ich müsse immer Autoritätsfiguren zur Verfügung stehen.

Männliche Vorgesetzte schüchterten mich immer ein. Ich arbeitete in einer von Männern regierten Welt und hatte es unendlich schwer. Ich hatte wahnsinnige Angst, daß einer der Männer mich anfassen, mir Avancen machen und mich wieder in die Opferrolle drängen könnte. Und auch hier glaubte ich immer, mich nicht dagegen wehren zu dürfen, sonst würde ich meinen Job verlieren.

Ich verlor tatsächlich zwei Jobs wegen sexueller Belästigung. Wenigstens habe ich mich dagegen gewehrt. Ich entschied mich dafür, nein zu sagen, und mußte den furchtbar harten Gegenschlag einstecken, gefeuert zu werden. Wenn Sie zwei kleine Kinder ernähren und eine Kündigung bekommen, bringt Sie das beinahe um. Ich wäre am liebsten gestorben.

Und wieder dachte ich, immer bin ich das Opfer. Wieso ich? Was habe ich getan, daß die Männer so auf mich reagieren? Ich dachte nicht eine Sekunde daran, daß es deren Problem war. Ich dachte immer nur, wenn die Männer mich ansahen, sahen sie meine Mutter, die Prostituierte. Egal wie ich mich kleidete, wie zugeknöpft ich mich gab, ich sah immer die Prostituierte im Spiegel und gab mir die Schuld daran, wenn die Männer mir unsittliche Anträge machten und ich schließlich zwei Jobs verlor.

Sexuelle Manipulation

Sehr früh im Leben lernte ich, daß man sich Sex zunutze machen kann. Wenn die Leute mich benutzten, dachte ich im Unterbewußtsein: »Okay, wenn du meinen Körper benutzt, dann kann ich dich für meine Zwecke benutzen.« So verhielt ich mich auch in meinen Ehen, wenn ich Frieden und Ruhe haben wollte, wenn ich den Dingen den Anschein des Normalen geben wollte. Ich glaube, ich benutzte Sex, um zu manipulieren. Obwohl ich Sex haßte, wußte ich, daß ich Vorteile daraus ziehen konnte. Erst Jahre später stellte ich den Bezug zu meiner Mutter her, die genau so dachte. In der Ansicht, ich hätte die Probleme über Alkohol- und Kindesmißbrauch besiegt, die in ihrer Familie und der Familie ihrer Eltern herrschten, war mir zunächst nicht klar, daß ich ebenso sexuell manipulierte. Als mir die Zusammenhänge dämmerten, war ich sehr beunruhigt.

In meiner ersten Ehe war Sex außerdem noch eine Frage der Bequemlichkeit. War die Situation spannungsgeladen, gab ich nach, und danach ging alles wieder eine Weile glatt. Dann baute sich wieder Spannung auf und ich wiederholte das gleiche Verhalten, obwohl ich den Sexualakt haßte. Dann betrog mein erster Mann mich mit einer anderen Frau und steckte mich mit einer Geschlechtskrankheit an. Was mich am meisten daran verblüffte war die Tatsache, daß sich kein Mensch darum scherte. Mir wurde klar, daß Sex ein Instrument zur Manipulation und Kontrolle war, um Menschen zu mißbrauchen. Ich beschloß, das nicht länger mitzumachen.

Ich liebe meine Kinder, konnte es ihnen aber nie sagen

Später ließ ich nicht zu, daß jemand mir nahe kam, daß man mich näher kennenlernte oder mir etwas Böses antat. Und wenn ich mich oder meine Kinder bedroht fühlte, setzte ich mich mit allen Mitteln zur Wehr. Ich tat alles, um meine Kinder zu beschützen. Auch wenn ich vielleicht keine besonders gute Mutter war, wollte ich ihr Bestes und wünschte mir verzweifelt, ich könne sie wissen lassen, daß ich sie liebe.

Aber es fiel mir schwer, diese Worte auszusprechen. Es fällt mir bis heute schwer zu sagen: »Ich liebe dich.« Das Wort ›Liebe‹ bedeutet für mich, daß jemand den Freibrief hat, mich zu mißbrauchen. »Wenn ich sage, daß ich dich liebe, habe ich das Recht, alles mit dir zu tun, was ich will.« Das ist es, was mir in meiner Kindheit und Jugend zu verstehen gegeben wurde. Wenn ich diese Worte in einer Ehe oder einer Partnerbeziehung höre, löst das alte Gefühle bei mir aus: »O mein Gott, ich werde schon wieder mißbraucht.« Deshalb habe ich mir die Überzeugung angeeignet, Liebe existiere nicht. Ich möchte, daß jemand sich um mich als Mensch annimmt. Ich möchte, daß jemand mich versteht, aber ich habe kein Interesse daran, die Worte »Ich liebe dich« zu hören.

Was soll aus mir werden?

Als junge Frau wurde mir gesagt, meine Freundlichkeit könne falsch ausgelegt werden. Ich war bemüht, freundlich zu sein, um mir meine tiefen inneren Verletzungen nicht anmerken zu lassen. Ich wollte nicht, daß die Leute das wissen, und versuchte, freundlich zu sein. Ich wollte jemand sein, mit dem man gern zusammen ist. Als man mir sagte, die Leute verstehen das falsch und glauben, ich versuche, mit Männern zu flirten und sie zu verführen – war ich entsetzt. Ich hatte immer grauenvolle Angst vor Männern. Ich hatte es nicht auf Männer abgesehen. Ich wollte bloß, daß man mich gern hatte.

Als meine Freunde mir das sagten und als mein erster und mein zweiter Ehemann sagten: »Wieso flirtest du ständig? Wieso versuchst du ständig zu gefallen?« hatte ich keine Ahnung, daß ich mich so verhielt. Heute verstehe ich ihre Interpretation. Ich versuche freundlich zu sein; ich versuche offen zu sein. Es hat mich viel Mühe gekostet, so zu werden, weil man sich in Gefahr begibt, wenn man freundlich und offen ist. Und dann sagten mir beide Ehemänner und meine Freunde, daß mein Verhalten wieder einmal unakzeptierbar sei – das verwirrte mich total. Wieder fragte ich mich verwirrt: »Wer bin ich eigentlich? Was soll aus mir werden?«

Ich bewunderte andere Leute und übernahm Eigenschaften von anderen, um jemand anderer zu sein. Als ich vor vier Jahren die Therapie begann, wußte ich gar nicht mehr, wer ich eigentlich war; ich hatte mir so viele Persönlichkeiten angeeignet.

Ich ändere Negatives in Positives

Heute sehe ich die vielen verschiedenen Gemütsverfassungen, die verschiedenen Phasen, die ich durchwandert habe, und die

Ursachen, wieso ich dem ganzen Horror und Mißbrauch ausgesetzt war. In mancher Beziehung bin ich auch stolz auf mich, daß ich so viele Hindernisse überwunden habe, mit den wenigen Möglichkeiten, die mir zur Verfügung standen.

Je weiter ich in der Therapie komme, je mehr ich von mir fordere, desto leichter fällt es mir, mein Leben in der Rückschau zu analysieren. Ich bringe immer mehr Verständnis für mich auf. Meine Meinung über meine Person bessert sich zusehends. Ich ändere Negatives in Positives. Ich bin stolz darauf, den Mut zu haben, mich den Dingen zu stellen, die so schmerzlich sind. Ich bin stolz, Probleme zu meistern, Ängste zu überwinden, meine geringe Selbstachtung zu überwinden und einige meiner Fähigkeiten anzuerkennen. Ja, auf diese Fähigkeiten bin ich stolz. Ich laß mich nicht mehr so schnell unterkriegen.

Ich habe auch weniger Angst vor Männern. Ich bin weit davon entfernt, meine sexuellen Probleme überwunden zu haben. Ich will immer noch nichts mit Sex zu tun haben. Doch augenblicklich ist das wirklich kein vorrangiges Problem in meinem Leben. Ich möchte mich wohl fühlen, so wie ich bin, und ich möchte den richtigen Weg finden.

Ich habe mir gute Rückhaltsysteme aufgebaut. Ich habe meine Freunde sehr sorgfältig ausgewählt. Sie sind für mich da; ich kann mit ihnen reden. Einige kommen aus Alkoholikerfamilien, aber keiner kommt aus einer Inzestfamilie. Sie geben mir viel Rückhalt, viel Mitgefühl, eine Menge Zuwendung. Kein Mitleid, kein Bedauern. Manchmal macht sie das traurig, ja, das natürlich auch. Die Bereitschaft, einander zu helfen und füreinander da zu sein, das bedeutet mir viel. Sie sind wie eine Familie, so wie ich mir vorstelle, daß eine Familie für einen da ist.

Ellen

In Ellens Bericht wird in erster Linie ihre beschädigte Identität und ihre starke Verdrängung in dem Zeitraum zwischen Inzestgeschehen und Therapie deutlich. Ein Zeitraum, der sich über 40 Jahre hinzog.

Ellens Geschichte zeigt uns die Konsequenzen, wenn wir nicht imstande sind, die Bezüge zwischen unseren zerstörerischen Emotionen und Verhaltensweisen und dem sexuellen Trauma unserer Kindheit herzustellen. Das ist das Werk der Verdrängung, der wir auch in den anderen Fallgeschichten dieses Kapitels begegnet sind. So lange die Verbindung zwischen unseren Gefühlen und dem ursprünglichen Trauma unterbrochen ist, wird unser Leben durch Emotionen und Verhaltensweisen gestört, die wir nicht kontrollieren können, da wir nicht wirklich wissen, was sie sind oder woher sie kommen. Wir schreiben sie gewöhnlich anderen Sachverhalten zu, etwa Ehekrisen oder dem Druck im Beruf, wie Ellen das tat. Und wie Ellen fixieren wir uns weiterhin auf Eheprobleme oder träumen davon, alles liegen und stehen zu lassen und um die Welt zu segeln. Doch all unsere Bemühungen, all unsere Energie, die wir darauf verwenden, uns von zerstörerischen Gefühlen und Verhaltensweisen zu befreien und unser Selbst wiederzufinden, werden scheitern, solange wir sie nicht einordnen können. Das gelingt uns erst, wenn wir sie mit dem ursprünglichen Trauma wieder in Verbindung setzen und der Vergangenheit zuweisen. Ellen schaffte das nur mit professioneller Hilfe – genau wie wir anderen auch.

Zu Ellens großem Nachteil war vor dreißig Jahren wenig über Inzest und seine Langzeitfolgen bekannt. Ellens Geschichte gibt uns unter anderem einen historischen Abriß über die Entwicklung der psychiatrischen Berufe und zeigt uns, daß eine Behandlung selbst zum Trauma werden und uns größeren Schaden zufügen kann als gar keine Behandlung. Wir können alle froh sein, daß seither große Fortschritte gemacht wurden und heute allerorten gute Therapeuten zu finden sind.

Ellens Verlust ihres Selbst war ein schwerwiegendes Pro-

blem. Ihre erfolgreiche Karriere als international anerkannte Wissenschaftlerin war ihre Ersatz-Identität, doch auch hier war ihre Selbstachtung unstabil. Ihre Beziehungen weisen den bekannten Mangel an Ausgeglichenheit auf, jede ist eine Spiegelung ihrer geringen Selbstachtung. Andere deutliche Hinweise auf Inzest sind ihre Depressionen, ihre Gefühle der Wertlosigkeit und Bedürftigkeit, Schuld, Scham und ihre häufige Dissoziation. Ellens Geschichte gibt uns ein anschauliches Beispiel, auf welche Weise die Verdrängung in dieser ›Mittelphase‹ nach dem Inzest zu Dysfunktion führt.

Das Lied der Verdrängung

Meine Gefühle über die Vorkommnisse aus meiner Kindheit sind eine Mischung aus Trauer und Angst. Und dann ist mir, als sei ich nicht wirklich existent. Ich vermute, meine Verdrängung vollzog sich nach dem Denkmuster: »Meine Probleme sind nicht wirklich schlimm – andere Menschen haben wirklich eine Menge Probleme. Ich nicht.« In meinem Kopf spielt ein Tonband mit der Stimme meiner Mutter immer wieder denselben Satz ab: »Denk daran, mit dir ist alles in Ordnung.« Das ist das Lied der Verdrängung. Ich habe es mir zu lange angehört.

Ich weiß etwas über die Dinge, die mir angetan wurden und ich weiß ganz bestimmt, wie ich mich mein ganzes Leben lang gefühlt habe. Aber ich habe soeben erst begonnen, diese beiden Phänomene miteinander in Verbindung zu bringen. Ich spüre, daß ich mich irgendwann intensiv damit auseinandersetzen muß.

Ich kann mittlerweile bestimmte Dinge, die heute geschehen, als Inzestfolgen einordnen. Und es gibt Dinge, die mir im Laufe meines Lebens widerfahren sind, die ich erst heute mit dem Inzest in Verbindung bringe.

Minderwertigkeitsgefühle

Ich begab mich wegen meiner Minderwertigkeitsgefühle in Behandlung. Ich weiß noch, als ich vom Kindergarten nach Hause ging, dachte ich, alle Leute beobachten mich. Alle Leute beobachteten mich und wußten, daß ich ein schlechtes kleines Mädchen war. Damals war ich fünf! Wenn ich heute sehe, wie unbeschwert meine Enkelkinder aufwachsen, staune ich immer wieder.

Außerdem redete meine Mutter mir ein, Komplexe seien in unserer Familie üblich. Also akzeptierte ich meine Minderwertigkeit als Teil meiner Persönlichkeit.

Der erste Zusammenbruch

In meiner Lebensgeschichte gab es mehrere einschneidende Ereignisse – das erste und schlimmste war die Trennung von meinem Ehemann. Wir waren fünf Jahre verheiratet und hatten zwei Kinder. Ich war 27. Ich habe ihn nicht geliebt. Schon bei der Hochzeit wußte ich. daß ich ihn nicht liebe. Aber er war wohlhabend, und Geld war in meiner Familie immer ein großes Problem gewesen. Außerdem hatte er Humor und wirkte ziemlich harmlos. Aber die große Liebe war er nicht.

Es wäre alles okay gewesen, denke ich, wenn er sich für die Wissenschaft und die Dinge, die mir wichtig waren, interessiert hätte. Ich wünschte mir, wir würden als Team zusammenarbeiten. Wir haben beide Geologie studiert. Aber er war so entschlußlos. Ich mußte alle Entscheidungen treffen. Und nach einer Weile stellte ich fest, daß ich ständig Entscheidungen traf, vor denen er sich drückte. Ich mußte ihn sozusagen ständig hinter mir her ziehen. Und ich dachte: »Das ist doch lächerlich. Ich liebe diesen Mann eigentlich nicht und bin nicht wirklich gern mit ihm zusammen. Ich kann doch ebensogut meinen Kram alleine machen.«

Ich wollte meine höheren Fachexamen machen und sagte ihm ganz offen, daß es mit uns nicht wirklich klappte und wir uns trennen sollten. Er geriet in Panik und wurde ganz liebevoll und flehte: »Bloß das nicht. Ich liebe dich so sehr«, und so weiter und so fort. Aber ich blieb völlig kalt. An diesem Punkt entschloß ich mich, mich meinen wissenschaftlichen Arbeiten zu widmen. Er arbeitete an einer Felduntersuchung für seine

Promotion. Ich nahm mir einen Babysitter und begann meine eigenen Felduntersuchungen. Damals erkrankte ich an einer Virusinfektion und ging zu meinen Eltern, um mich auszukurieren. Beim Abschied sagte ich: »Vielleicht ist das der richtige Zeitpunkt, um uns zu trennen.«

Ein paar Wochen, nachdem ich weg war, lernte er ein anderes Mädchen kennen und verliebte sich wahnsinnig in sie. Und als ich erfuhr, daß er eine andere Frau gefunden hatte, bekam ich einen Nervenzusammenbruch.

Dissoziation

Ich spaltete mich nahezu vollständig von allem ab. Ich wußte, daß etwas nicht stimmte. Eigentlich dürfte ich nicht so heftig reagieren, da ich den Mann gar nicht wirklich liebte. Einerseits war ich erleichtert, daß er eine andere hatte, da ich jetzt mein eigenes Leben führen konnte. Aber irgend etwas in mir ging kaputt.

So konnte ich nicht weiterleben. Ich hatte aber auch nicht die Absicht, mich umzubringen, ich hing am Leben. Ich dachte: »Ich muß jemand finden, der mir sagen kann, was mit mir los ist.«

Ich ging zu ihm zurück, wollte weiter mit ihm leben, doch der Schmerz, ihm nahe zu sein, war zu groß. Eines Tages verließ ich das Haus und fuhr in die Stadt. Ich wollte ein Zimmer in einer Studenten-Wohngemeinschaft finden. Ich stand völlig neben mir.

Ein älteres Ehepaar nahm mich auf und ließ mich ein paar Nächte auf dem Sofa in ihrer Küche schlafen. Dann sagten sie: »Jetzt müssen Sie aber wirklich nach Hause gehen.«

Ich wußte nicht einmal, wo mein Zuhause war! Ich wanderte ziellos herum, bis mir eine Straße bekannt vorkam; irgendwie fand ich nach Hause. Ich öffnete die Haustür und verkündete, daß ich mich umbringen werde. Da rief mein Mann seinen Vater an. Das war typisch für ihn. »Ruf meinen Vater an, der weiß, was man in einem solchen Fall tut«, war seine ständige Rede.

Klinik und Schockbehandlungen – wieder ein Trauma

Sie brachten mich in ein Krankenhaus in der Stadt, in der seine Eltern lebten. Ich war froh darüber, weil ich dachte, jetzt hört mir endlich jemand zu. Ich brauchte Hilfe. Ich glaube, drei Tage kam ein Psychiater täglich eine Stunde zu mir. Und am dritten Tag sagte er: »Wir wissen genau, was Ihnen fehlt.« Als Wissenschaftlerin dachte ich: »Prima. Jetzt wird alles gut.« Und er sagte: »Es gibt da eine neue Technik, mit der wir Sie heilen können.«

Er sprach von Schockbehandlungen und ich hatte keine Ahnung, was das eigentlich war – ich war nur froh, weil ich glaubte, sie hätten die Antwort gefunden. Sie händigten meinem Mann ein Formular aus, das er unterzeichnete – seine Zustimmung zu meinen Schockbehandlungen. Ich bekam sieben davon. Nach der ersten wußte ich Bescheid. Damals hätte ich mich dagegen wehren müssen. Aber ich befand mich in den Händen psychiatrischer ›Fachärzte‹, die mich mit Drogen vollpumpten – dazu kam, daß meine Selbstschutzmechanismen außer Funktion gesetzt waren.

»Ich habe es nicht anders verdient«

Auf einer Ebene, einer wichtigen Ebene – wie ich heute weiß – dachte ich: »Ich verdiene es nicht anders. Ich werde bestraft. Und das habe ich verdient.«

Schockbehandlungen sind grauenvoll. Damals war ich drauf und dran, meinen Beruf zu wechseln und Psychiatrie zu studieren, nur um Forschungen anzustellen, was Schockbehandlungen in den Gehirnen der Patienten anrichten.

Irgendwann tauchte ich wieder aus diesem Nebel auf. Das war 1959. Hätte ich damals jemand gefunden, der gewußt hätte, was mit mir los war, hätte ich diesem Menschen Vertrauen geschenkt und hätte mich möglicherweise erfolgreich mit Inzest auseinandersetzen können. Aber es gab niemanden.

Statt dessen geriet ich in diesen merkwürdigen Geisteszustand, in dem ich glaubte, die Schockbehandlungen zu verdienen. Meine Minderwertigkeitsgefühle waren nach wie vor da. Ich hatte zwei kleine Kinder, und mein Mann liebte eine andere Frau. Ich hielt die beiden damals für Götter, diese Frau und meinen Mann. Und ich war ein Nichts.

Zweite Krise — erneutes Kliniktrauma

In dieser Zeit machte ich etwas ganz Schlimmes — ich habe mit meiner Tochter einmal darüber geredet. Meine Tochter sieht ihrem Vater sehr ähnlich — und ich übertrug damals meine Gefühle gegen ihn auf das Kind. Ich dachte: »Dieses Kind sieht mich an und denkt, meine Mutter ist abscheulich.« Ich zog mich von ihr zurück, ich stieß sie von mir und behandelte sie sehr schlecht.

Eines Tages saß sie auf dem Küchentisch und machte irgend etwas, nichts Schlimmes. Aber ich brüllte sie an, schlug sie und stieß sie vom Tisch hinunter. Sie fiel auf den Boden und ich sah auf sie hinunter und dachte: »Sie sieht aus wie ein Frosch.« Das Ungeheuer einer Mutter.

In diesem Augenblick wußte ich, daß ich die Kontrolle über meine Emotionen verloren hatte. Ich legte mich fünf Wochen in eine Nervenklinik. Ich dachte: »Hier bekomme ich die richtige Behandlung — und ich werde geheilt da rauskommen.« Und wieder wurde ich unter schwere Drogen gesetzt. Jeden Tag kam ein Psychiater zu mir — und der kam schließlich zur Schlußfolgerung, ich sei latent lesbisch!

Ich hatte die Behandlung in der von meinen Schwiegereltern empfohlenen Klinik über mich ergehen lassen, und ich hatte den zweiten Aufenthalt in der Nervenklinik über mich ergehen lassen und fühlte mich nach wie vor grauenhaft. Irgendwann sagte ich mir: »Ich muß überleben.« Und ich beschloß, die Zähne zusammenzubeißen und zu überleben.

Erneute Dissoziation

Damals gab es Leute — zu denen auch meine Mutter gehörte —, die sagten: »Du bist voller Selbstmitleid.« Nachdem ich aus der

Nervenklinik entlassen war, besuchte ich meine Eltern und eines Tages sagte meine Mutter: »Du tust dir selber leid.« Ich spürte, wie die Wut in mir hochstieg, und die Frustration. Irgendwie hatte sie recht und doch wußte ich, daß sie im Unrecht war. Mit mir war etwas nicht in Ordnung – ich tat mir nicht selber leid. Ich mußte darum kämpfen, um am Leben zu bleiben – um mir nicht das Leben zu nehmen!

Und dann mischte sich mein Vater auch noch ein. Ich erinnere mich, wie er sagte: »Und wann willst du eigentlich deine vielen Ferngespräche bezahlen?« Da explodierte etwas in meinem Kopf. Ich rannte aus dem Haus, über die Straße und in den Wald. Ich wollte solange laufen, bis ich die Orientierung verloren hatte. Da war noch so etwas – nach den Schockbehandlungen hatte ich oft den Wunsch, ein winziger Lichtschein zu sein und einfach zu verlöschen. Das schien mir die einzige Fluchtmöglichkeit – als winziger Lichtschein zu verlöschen. Ich rannte in den Orangenhain und hatte dieses Gefühl wieder. Ich dachte: »Hier finden sie mich nie. Ich bin einfach verschwunden.«

Ich mußte überleben und zwar alleine

Die Polizei suchte mich mit Hunden, bis mir schließlich klar wurde: »Das ist ja lächerlich.« Ich stand auf und trat aus meinem Versteck. Bei meinen Eltern würde ich keine Hilfe finden. Nervenkliniken und Psychiater konnten mir auch nicht helfen. Was ich für mein Überleben tun konnte, mußte ich alleine tun. Von da an versuchte ich, *nichts* mehr zu fühlen.

Ich zog in diese Stadt, und es dauerte etwa neun Jahre, bis ich ein bißchen Selbstvertrauen gewann. Es war ein stetiger Kampf, als würde ich einen Berggipfel erklimmen – Tag um Tag. Und ich hätte beinahe aufgegeben – wenn nicht die Kinder gewesen wären. Ohne meine Kinder hätte ich aufgegeben. Wie oft wollte ich sterben – an Krebs oder einem Herzinfarkt – »Bitte, lieber Gott, laß mich sterben. Aber was wird aus den Kindern? Nein, Ellen, du darfst nicht sterben – du mußt dich deiner Abscheulichkeit stellen, jeden Tag.«

Erneuter Therapieversuch

Beruflich war ich ziemlich erfolgreich. Aber die anderen Bereiche, meine persönlichen Belange habe ich nie in den Griff bekommen. Ich heiratete ein zweites Mal, einen Typ, der versuchte, meine Tochter sexuell zu belästigen. Er war Sergeant bei der Marine. Ich lernte ihn in der Nervenklinik hier kennen, in der ich ambulant behandelt wurde.

Damals beschloß ich, Therapie mit einem Freudianer zu versuchen, in der Annahme Freudianer wüßten über Traumata Bescheid. Meine Großmutter war gestorben, als ich klein war, und sie war die einzige in der Familie, die ich geliebt habe. Ich wußte, daß mein Großvater an mir ›herumgespielt‹ hatte, und ich wußte auch, daß so etwas Schäden verursachen kann. Ich wußte weiterhin, daß ich mit acht vergewaltigt worden war, und daß mein Vater Alkoholiker und gewalttätig war. Das wußte ich alles. Meine Überlegung war, Freudianer befassen sich mit traumatischen Erlebnissen und vielleicht hilft es mir, wenn ich mit einem Psychiater der Freudschen Schule arbeite. Also ging ich wieder in Therapie, diesmal zu einer Frau, und es half gar nichts. Ich erzählte der Frau alles, aber ich hatte den Eindruck, sie konnte mich nicht leiden. Ich hatte damals eine Affäre mit einem Mann, mit dem ich sexuell keinen Spaß hatte. Und sie sagte mir: »Sie reizen ihn nur. Sie haben Glück, daß er Sie nicht geschlagen hat.«

Zweite Ehe – eine Katastrophe

Ich wechselte den Therapeuten, fing eine Therapie in der Nervenklinik an, lernte den Marine-Soldaten kennen und ging zwei Jahre lang mit ihm. Er trank und war gewalttätig. Er sagte einmal: »Meiner geschiedenen Frau würde ich am liebsten eine Kanone in den Hintern stecken und abdrücken.« Sie war mit einem anderen Mann durchgebrannt. Er hatte fünf Kinder mit ihr. Ein Freund von ihm rief mich an und sagte: »Weißt du, daß er zwei Häuser, die seiner Frau gehörten, angezündet hat? Deshalb hat sie ihn verlassen; sie suchte Arbeit. Dann hat sie einen anderen Mann kennengelernt!« Ich glaubte ihm kein Wort.

Schließlich heiratete ich den Mann und hielt es nach sechs Wochen nicht mehr aus. Er lebte in meinem Haus von meinem Geld und es dauerte nicht lang und ich ertrug seine Nähe nicht mehr. Ich wußte, es konnte nicht gut gehen und ließ mich ziemlich rasch scheiden.

Nach der Scheidung erzählte mir meine Tochter, er habe versucht, sie sexuell zu belästigen. An einem Abend, als ich nicht da war.

Ich arbeitete damals aktiv in der Gemeinde und war wohl bei irgendeiner Sitzung. Er betrank sich und versuchte, zu ihr ins Bett zu steigen. Sie schlief zum Glück in einem Hochbett, stieß ihn mit dem Fuß von der Leiter und schrie ihn an: »Bleib mir bloß vom Leib!« Daran hielt er sich Gott sei Dank!

Schuldgefühle, kein Ausweg

Als sie mir das erzählte, spürte ich nichts. Ich war völlig leer. Ich verspürte kaum Ärger. Ich meinem Inneren waren lauter Widersprüche und alles, was ich fühlte, war grau. Heute verstehe ich, daß Mütter solche Dinge sehen und ihre Töchter nicht beschützen.

Ich war froh, ihn los zu sein. Natürlich fühlte ich mich schuldig. »Es liegt an meiner Verdorbenheit, daß ich mir diesen Mann ausgesucht habe.«

Mir sind im Lauf meines Lebens so viele schreckliche Dinge widerfahren, die zu einer Einstellung führten, in der ich mir sagte: »Du bist eben schlecht. Das mußt du einfach akzeptieren und damit leben.« Das ist etwas, das ich ständig mit mir herumtrage.

Das führte dazu, daß ich zum nächsten Psychiater ging, aber das brachte wieder nichts. Ich ging in eine Gruppe, das half auch nichts. Ich war voll Schuldgefühle, dann ließ ich es mit der Therapie völlig sein und ging ins Ausland, wo ich beruflich ziemlich viel erreichte. Ich begann, an meiner Doktorarbeit zu arbeiten.

Nach etwa zwei Jahren lernte ich Brett kennen. Er war acht Jahre jünger als ich und ich verliebte mich in ihn – erstaunlicherweise – zehn Monate, nachdem ich ihn kennengelernt hatte. Ich schwebte über allen Wolken. Meine drei Ehemänner waren alle Einzelkinder – auch er. Er war eigensüchtig, aber ich liebte ihn trotzdem.

Ich hätte alles für ihn getan, doch nach etwa einem Jahr fing ich an, ihn zu verabscheuen. Seine Turnschuhe – ich sah seine Turnschuhe im Flur stehen und ekelte mich davor. Sein Gang gefiel mir nicht, ich mochte nicht, wie er sich bewegte. Und trotzdem liebte ich ihn. Bei meinem ersten Mann war es genauso gewesen.

Ich liebte diesen Mann und empfand gleichzeitig einen starken Widerwillen gegen ihn.

Nachdem wir vier Jahre zusammen waren, sagte er einmal: »Ich glaube, du bist über diese Vergewaltigung nicht weggekommen.« Also wählte ich die Notrufnummer für vergewaltigte Frauen und wurde von dort an ein Frauenzentrum verwiesen. Ich ging in eine Inzestgruppe, fand aber, daß ich da nicht hingehöre. Ich redete mir ein, ich hätte keine Probleme, nicht wie die Frauen in der Gruppe, die ›echte‹ Probleme hatten.

Als ich etwa ein Jahr in dieser Gruppe war, heiratete mein Sohn. Brett und ich waren zur Hochzeit eingeladen, und ich wollte eine bindende Zusage von ihm. Nach der Hochzeitsfeier frühstückten wir zusammen, ich legte meine Hand auf seinen Arm und fragte: »Wie geht es mit uns weiter? Glaubst du, du kannst mir eine Zusage machen?« Er antwortete: »Ich weiß nicht.« Es klang so teilnahmslos, wie er das sagte – und ich dachte: »Was soll ich mit diesem Kerl?« Ich wurde wütend. Er stand wortlos auf und ich ging nach Hause.

Später am Abend kam er zurück. Ich stellte ihn zur Rede und er sagte: »Ich lasse mich nicht unter Druck setzen.« Und ich sagte: »Dann such dir eine andere.« Ich war ganz ruhig und eiskalt. Er ging, und einen Monat später hatte er eine andere Frau kennengelernt.

Davon erfuhr ich erst sechs Monate später. Ein gemeinsamer Freund sagte mir, er habe diese Frau kennengelernt, sei mit ihr nach Europa gereist und lebe jetzt mit ihr zusammen. Ich hörte es in meinem Kopf förmlich klicken. Ich fühlte mich etwas wackelig auf den Beinen, weil es endgültig aus war zwischen uns. Zuerst dachte ich an ihn als dieses große Kind, das ich nicht wirklich in meinem Leben brauchte − und plötzlich dachte ich an ihn als diesen gutaussehenden, wunderbaren Mann, und ich saß wieder im Dreck, wie immer. Ich verfiel in eine grauenvolle Depression. Das liegt zwei Jahre zurück und ich bin immer noch dabei, mich aus diesem Zustand hochzurappeln.

Nun bin ich an diesem Punkt angekommen, an dem ich versuche, den Inzest zu begreifen und mich damit auseinanderzusetzen. Und ich arbeite mich durch die Depression. Im Augenblick ist alles recht verwirrend. Komisch, darüber zu sprechen, ist mir eine große Erleichterung. Dieses Tonband in meinem Kopf: »Wenn du das und das nicht getan hättest« und: »Es ist alles nur deine Schuld« höre ich gar nicht mehr.

FUSSNOTEN ZUM 4. KAPITEL

1 Gelinas, Denise J.: ›The Persisting Negative Effects of Incest‹, *Psychiatry* 46 (November 1983): 316.
2 Ich empfehle *Oneness and Separateness* von Louise Kaplan als Lektüre. Das Buch gibt ausgezeichneten Aufschluß darüber, wie sich unser Selbstwert in den ersten drei Lebensjahren entwickelt. Die Verfasserin ›übersetzt‹ die maßgebliche Klinische Arbeit von Margaret Mahler in eine für den Durchschnittsleser verständliche Sprache.

5. KAPITEL

Parentifizierung: Oder der »Schau-wozu-Du-mich-Treibst«-Effekt

Gelinas schildert, in welchen Formen Inzest die Familiendynamiken durchdringt, die sich auf die nächste Generation übertragen. Die Langzeitfolgen des Inzestgeschehens richten gemeinsam mit Beziehungsstörungen den größten Schaden beim Opfer an... Das in die Elternrolle gedrängte Kind lernt, sich um alle anderen, nur nicht um sich selbst zu kümmern. Als Erwachsene wird die parentifizierte Tochter nicht wissen, wie sie ihre Bedürfnisse erfüllt, sie wird nicht einmal fähig sein, ihre Bedürfnisse zu erkennen... Daher läßt sie sich bereitwillig im Beruf ausbeuten und ist typischerweise unterbezahlt und überarbeitet... Der Mann, zu dem sie sich hingezogen fühlt, ist narzißtisch, unreif, gehemmt und abhängig... Da die Elterntochter nie Kind sein durfte, besitzt sie ein übersteigertes Verantwortungsbewußtsein für andere und ein unterentwickeltes Selbstwertgefühl... Es fehlt ihr eindeutig an Selbstachtung, da sie ohne Vorstellung ihrer eigenen Rechte aufgewachsen ist... Schuld ist ein wichtiger Faktor in ihrer psychologischen Struktur... Das Maß ihrer Schuldgefühle ist gepaart mit dem Maß ihrer Parentifizierung, durch die sie sich für alles verantwortlich fühlt... Verstärkt werden ihre Schuldgefühle durch die Tatsache, daß sie den Sexualtäter liebte, Gefallen an der vermehrten Zuwendung fand und möglicherweise sexuelle Erregung verspürte... Sie wird ernste Probleme in allen anderen Beziehungen haben, da sie nicht weiß, wie sie zwischen ›Pflichten und Rechten‹ abwägen soll. Freundschaften werden [für diese Frauen] schwierig sein, in sexueller Beziehungen werden sie ausgebeutet... da ihnen die Begleitumstände vertraut und angenehm erscheinen... Als Mütter fühlen sie sich ausgelaugt und überfordert. Sie können keine Grenzen setzen, Strukturen formen, ihre Kinder nicht vernünftig zu Disziplin anhalten oder ihnen Zuwendung geben, die über das biologisch Notwen-

dige hinausgeht. Sie ziehen sich von ihren Kindern zurück...
Als Folge sind ihre eigenen Kinder gleichfalls der Gefahr ausge-
setzt, emotionalen und körperlichen Mißbrauch zu erleiden...
Hier beginnt die Parentifizierung der eigenen Kinder... Das
führt direkt zur dritten nachhaltig negativen Folgeerscheinung
von Inzest: dem generationsüberschreitenden Inzestrisiko[1]*.«*

Im 4. Kapitel betrachteten wir uns die Phase unserer Blocka-
den, ein Zeitabschnitt, in dem viele von uns unsere Dysfunktion nicht erkannten, da sie Bestandteil unseres täglichen
Lebens war. Nach der Lektüre des letzten Kapitels werden viele
Betroffene, die anfangs glaubten: »Ich habe kein Problem mit
Inzest«, diese Überzeugung in Frage stellen. Sie werden sich
eingehender mit ihrem Leben und ihrer Dysfunktion beschäftigen.

Nunmehr wollen wir uns einem Phänomen zuwenden, das
noch schwieriger zu erkennen ist, wenn man darin verwickelt
ist. Wir untersuchen den Prozeß des Rollentausches mit unseren Eltern, den Gelinas als ›Parentifizierung‹ bezeichnet. Wir
sehen uns an, welche nachhaltige Wirkung dieser Rollentausch
auf unsere dysfunktionalen Verhaltensweisen hat – vorwiegend im Hinblick auf unsere Beziehungsprobleme.

Wenn ich an ›Parentifizierung‹ denke, höre ich aufgebrachte
Stimmen: »Siehst Du, wozu du mich getrieben hast!« Die
ersten Stimmen gehörten meinen Eltern, als ich klein war.
Später war ich es, die meine Tochter anschrie, als sie klein war.
Das ist Parentifizierung. Immer sind Sie verantwortlich für
alles, bis Sie selber Eltern geworden sind. Dann tritt die Um-
kehrung ein. Nunmehr überfordern Sie Ihre eigenen Kinder.
Sie fühlen sich ausgelaugt, weil sich um Sie und Ihre Bedürfnisse nie jemand gekümmert hat. Wenn Ihre Tochter erwachsen
und selbst Mutter geworden ist, überträgt sie diese Denkweisen
auf ihre Familie. Ihr Kind übernimmt die Denkweisen der
Mutter, und so weiter und so fort. Bis dieser Kreislauf durch-
brochen wird. Worum es im folgenden geht.

Wir untersuchen unsere kindlichen Beziehungen zu unseren
Eltern und Geschwistern und versuchen zu erkunden, wie wir
Parentifizierung erlebt haben. Die meisten von uns werden

feststellen, daß bereits unsere Mütter in ihrer Kindheit zu Elternkindern gemacht wurden. Darüber hinaus wenden wir uns unseren Erwachsenenbeziehungen zu Ehepartnern, Liebhabern, Mitarbeitern, Angestellten Kindern zu, also sämtlichen erwachsenen Interaktionen. Wir werden sehen, wie wir unser Rollentauschverhalten als Erwachsene in diese Beziehungen hineintragen.

Das Problem mit unseren Beziehungen besteht darin, daß sie uns verschlingen. Wir scheinen uns in ihnen zu verlieren. Sie beherrschen uns und das verärgert uns. So ist das aber nicht von Anfang an. Gewöhnlich beginnen wir damit, uns intensiv um einen anderen Menschen anzunehmen, und enden damit, die Bestimmung über unser Leben zu verlieren. Ohne es zu wissen, erleben wir die Langzeitfolgen zweier Kräfte in unserem Leben – Parentifizierung und Inzest, wobei eines das andere verstärkt, wie wir an den Fallgeschichten der Überlebenden in diesem Kapitel sehen werden.

Die Verdrängung unseres Inzesttraumas trug zum Prozeß der Parentifizierung bei, machte uns reif dafür. Die Verdrängung lehrte uns, eigene Gefühle und Wahrnehmungen zu mißachten. Wir lernten nicht, damit umzugehen oder sie zu bearbeiten, wir lernten, sie beiseite zu schieben. Die Verdrängung ging noch einen Schritt weiter. Wir verdrängten nicht nur unsere eigenen Wahrnehmungen, wir waren gezwungen, die Wahrnehmungen anderer als unsere eigenen zu vertreten. Meist erschienen uns diese fremden Gedanken und Gefühle nicht richtig und es fiel uns schwer, reibungslos zu funktionieren. Doch wir gewöhnten uns daran, wie wir im 4. Kapitel gesehen haben. Als Heranwachsende paßten wir uns ständig den Gedanken und Gefühlen anderer Menschen an, bis nicht mehr viel von uns übrigblieb.

Kinder, die durch Verdrängung geprägt sind, sind besonders anfällig für den Mißbrauch der Parentifizierung. Parentifizierung macht dasselbe wie die Verdrängung, mit dem Unterschied, daß sie sich auf das Gebiet der Fürsorge beschränkt. Verdrängung bringt uns bei, daß unsere eigenen Gedanken und Gefühle falsch und andere Menschen im Recht sind. Parentifizierung lehrt uns, daß unsere Bedürfnisse nicht zählen; nur die Bedürfnisse anderer zählen.

Wir lernen, unsere Befriedigung nicht in der Erfüllung unserer eigenen Bedürfnisse zu finden, sondern in der Erfüllung der Bedürfnisse anderer. Wir dürfen uns nur dann wohlfühlen, wenn die Menschen unserer Umgebung sich wohlfühlen. Auf diese Weise ordnen wir uns unter und sind im Hinblick auf unseren Selbstwert und unsere Identität abhängig von den Menschen unserer Umgebung. Wenn Mama und Papa glücklich sind, sind wir gut. Wenn sie es nicht sind, sind wir wertlos. Als Erwachsene freuen wir uns, wenn unser Chef, unser Liebhaber, unser Kind sich freut. Ist das nicht der Fall, sind wir bedrückt. Verdrängung und Parentifizierung arbeiten Hand in Hand und bringen uns ständig in Gefahr, wenn wir nach dem Verlust unseres wahren Selbst die Welt der Erwachsenenbeziehungen kennenlernen.

Als parentifizierte Kinder legten wir uns ein Beziehungsmodell zurecht, das auf zwei Rollen basiert – Betreuer und Empfänger. Als erwachsene Betreuer muten wir uns mehr Verantwortung und Kraft zu, als wir tragen können. In der zweiten Rolle des Empfängers sind wir hilfloser und bedürftiger als normale Erwachsene und kreiden anderen an, unsere Erwartungen nicht zu erfüllen. Wir sind nicht fähig, diese gegensätzlichen Rollen abzulegen. Wenn wir als Betreuer keine übertriebene Verantwortung für andere übernehmen, sehnen wir uns nach Zuwendung und verübeln es anderen, unsere unangemessenen Bedürfnisse nicht zu erfüllen. Wir sind nicht fähig, in unseren erwachsenen Beziehungen einen Ausgleich zwischen Geben und Nehmen zu schaffen, und begreifen nicht, warum wir nie das bekommen, was wir brauchen.

Da wir als Elternkind aufwuchsen, erscheint uns diese Rolle ganz natürlich. Und sie erscheint uns natürlich, weil das weibliche Rollenmodell in unserer Gesellschaft auf der Betreuerfunktion der Frauen beruht. Frauen werden als selbstlose, leidensfähige Fürsorgerinnen ihrer Ehemänner und Kinder dargestellt. Frauen erhalten für ihre selbstlose Opferrolle Anerkennung; Hilflosigkeit und Passivität gelten als wünschenswerte Attribute der Weiblichkeit. Andererseits wird von uns erwartet, uns stets um andere zu kümmern. Dadurch sind wir in jedem Bereich unseres Lebens in die Opferrolle gedrängt. Es ist kein Zufall, daß Marilyn Monroe, das größte weibliche Sexsymbol unseres Jahrhunderts, ein Inzestopfer war.

Neben der offenkundigen Schwierigkeit, unser selbstzerstörerisches Verhalten abzulegen, das ja als typisch weiblich gilt, besteht ein Grundsatzproblem darin, dieses so tief in unserer Identität verwurzelte Verhalten zu erkennen.

Die meisten Frauen durchschauten ihr Parentifizierungsverhalten erst, als eine Krise es ihnen unerträglich machte – wenn sie beispielsweise zum zweiten oder dritten Mal ein Baby in Männerhosen heiraten. Wer nicht von einer Krise getroffen wurde, erkennt möglicherweise sein Rollentauschverhalten in subtileren Folgen. Sie stellen vielleicht eine nagende Frustration oder einen ständigen Groll in allen Ihren Beziehungen fest. Manchmal geben Sie anderen die Schuld, weil Sie das Gefühl haben, nicht Sie selbst sein zu »dürfen« oder das verlangen zu können, was Sie brauchen. Oder Sie sagen voller Vorwurf: »Siehst du, wozu du mich treibst!«

Sie gehen davon aus, daß andere immer zuerst kommen und Sie glorifizieren sogar Ihre Großherzigkeit, bis zu dem Zeitpunkt, an dem Sie beginnen, den anderen zu hassen. Das sind nur einige Faktoren, über die Sie Ihre Entfremdung durch Parentifizierung erkennen. Achten Sie auf diese Gefühle in den Fallbeispielen dieses Kapitels und in Ihrem eigenen Leben.

Ich habe festgestellt, daß ich nach wie vor versuche, die Folgen der Parentifizierung abzutun, lange nachdem ich an den direkten Inzestfolgen gearbeitet hatte. Sie werden feststellen, daß auch andere Formen dysfunktionaler Familien unter Parentifizierung und Verdrängung leiden. Das gilt vor allem für Alkoholikerfamilien. Wir erkennen, daß wir in diesem Bereich viele Ähnlichkeiten mit erwachsenen Kindern von Alkoholikern haben, auch wenn es in unserer Familie keinen Alkoholiker gab. Viele von uns ziehen Fachliteratur für erwachsene Kinder von Alkoholikern zu Rate, um unser dysfunktionales Verhalten erkennen zu können.

Es gibt jedoch einen gravierenden Unterschied. Partentifizierung verstärkt die Inzestschäden, weil sie uns weismacht, wir seien verantwortlich für das, was uns angetan wurde. Wenn unser Mißbrauchstäter uns einredete, es sei unsere eigene Schuld, glaubten wir ihm und quälten uns mit Scham- und Schuldgefühlen. Der Inzest widerum verstärkt die Schäden, die die Parentifizierung anrichtet. Inzest ist eine beispiellose traumatische körperliche Gewalttat an unserem Ich. Er fügt der Selbstachtung und Identität des Opfers größere Schäden zu, als jede andere Form von Familiendysfunktion (Verdrängung und Parentifizierung). Inzest macht das Opfer besonders empfänglich für die Botschaft der Parentifizierung, die da lautet: Du hast keine Rechte. Wenn wir auch viele der Folgeerscheinungen von Familiendysfunktion mit erwachsenen Kindern von Alkoholikern gemeinsam haben, müssen wir uns darüber im klaren sein, daß unser sexuelles Trauma noch eine Reihe weiterer Elemente aufweist.

Wenn wir die Folgen von Inzest und Parentifizierung durchschauen, gelingt uns ein weiterer Schritt, um uns davon zu befreien. Wir beginnen, Entscheidungen zu treffen. Achten Sie bei der Lektüre der einzelnen Fallbeispiele auf die unterschiedlichen Erscheinungsformen der Parentifizierung. In jeder Geschichte finden Sie zwei Arten von Aussagen: Einmal die Beschreibung der Erfahrungen der Betroffenen; zum zweiten ihre Interpretation der Ereignisse. Sie werden feststellen, daß die Interpretation gelegentlich widersprüchlich oder fehlgeleitet erscheint. Das ist auf das begrenzte Verständnis der Betroffenen zum gegebenen Zeitpunkt zurückzuführen. Wenn Sie also lesen: »Meine Mutter brachte mir viel Liebe entgegen«, und an anderer Stelle: »Meine Mutter sagte mir, sie wolle nichts über Inzest hören«, haben Sie es einmal mit einer Wunschvorstellung und zum anderen mit der Realität zu tun.

Achten Sie auch auf Bereiche, in denen die Überlebende sich selbst nicht über die Bedeutung des von ihr beschriebenen Verhaltens im klaren ist. Man kann sich nicht immer auf die Erzählerin verlassen, um Rollentauschverhalten zu durchschauen, da sich alle Befragten nach wie vor im Therapieprozeß befinden und jede gewissermaßen immer noch parentifiziert ist. Es ist oft leichter, Dinge bei anderen festzustellen als bei uns selber. In manchen Fällen werden Sie die Folgen des Rollentauschs in der Einstellung der Befragten zur eigenen Person oder zu anderen klarer erkennen als in ihren Aussagen. Noelle sieht ihre Ehe beispielsweise vorwiegend in Begriffen einer Versorgungsregelung für die Kinder. Der Gedanke der Genugtuung und Belohnung durch die Liebe taucht selten in ihren Ausführungen auf. Das sagt mehr über die Folgen ihrer Parentifizierung aus als alle anderen Aussagen, die sie über sich macht. Ein weiteres Beispiel ist Brenda, die Mitgefühl und Tränen für ihren Bruder zum Ausdruck bringen kann, nicht aber für sich selbst.

Dieses Kapitel wird Ihnen helfen, sich die vielen Formen bewußt zu machen, in denen unser Verhalten durch den Mißbrauch in der Vergangenheit beherrscht wurde. Wir können die Ketten erst dann sprengen, wenn wir sie uns bewußt gemacht haben. Lassen Sie sich von der Vielzahl der Ketten nicht entmutigen — freuen Sie sich darüber, daß wir endlich eine Möglichkeit haben, sie loszuwerden.

Noelle

Noelle ist insofern ein typisches Inzestopfer, weil sie erst durch die Therapie begann, einige der subtilen Formen der Parentifizierung zu durchschauen. Sie erkannte mühelos die offenen Mißbrauchsformen, die sie erlebt hatte, doch es fiel ihr schwer, die generelle Vernachlässigung und mangelnde Fürsorge zu sehen. In ähnlicher Weise ist sie sich in ihrem erwachsenen Leben nicht völlig darüber im klaren, daß ihre Bedürfnisse in ihrer Ehe nicht erfüllt wurden. Sie werden feststellen, daß sie viele Mißbrauchsformen seitens ihres Ehemanns erkennt, aber das Thema Liebe selten anspricht. Sie sieht die Ehe in erster Linie als Versorgungsvertrag für die Kinder.

Sie sehen die Dynamiken von parentifiziertem Verhalten daran, wie Noelle in ihrem Bestreben ständig enttäuscht wurde, ihre Bedürfnisse zu erfüllen. Sie konnte keine wechselseitig befriedigenden Beziehungen eingehen, da sie in ihrer Kindheit und Jugend in ihrem Selbstwert davon abhängig war, die Bedürfnisse anderer, nicht aber ihre eigenen, zu erfüllen. Und da sie in ihrer Kindheit die negativen Reaktionen ihrer Eltern auf ihre berechtigten Bedürfnisse erlebte, nahm sie diese als schlecht und falsch wahr. Als Folge davon übernahm sie in ihren Beziehungen die Mutterrolle, fühlte sich dabei aber überfordert und unzufrieden. Jeder Versuch, ihre eigenen Bedürfnisse zu erfüllen, wurde in der Regel von ihrer eigenen Erwartungshaltung vereitelt, deshalb schlecht behandelt und bestraft zu werden. Sie stand unter Spannung, sie war völlig unsicher, wenn sich ihr Gelegenheit zur Bedürfniserfüllung bot, wenn sie beispielsweise ›vor netten Männern davonlief‹.

Noelle hatte keine klare Vorstellung davon, was sie berechtigterweise von einer Erwachsenenbeziehung in bezug auf Bedürfniserfüllung erwarten konnte, da sie wenig Erfahrung darin hat, ihre Bedürfnisse zu analysieren. Welche waren angebracht? Bei welchen Bedürfnissen konnte sie Erfüllung erwarten? Und welche davon waren unerfüllte Bedürfnisse aus der Kindheit, die in einer Erwachsenenbeziehung nicht mehr erfüllt werden können? Diese Fragen konnte sie nicht beantworten.

Daher erwartete sie entweder zuwenig oder zuviel und fühlte sich in allen Beziehungen unzufrieden. Als sie Mutter wurde, konnten die Folgen falsch eingeordneter Bedürfnisse ernste Formen annehmen, als sie in ihrem Erschöpfungszustand begann, ihre Bedürfnisse ungerechterweise auf ihre Tochter zu übertragen und sich darüber ärgerte, als sie nicht darauf reagierte.

Ich war für meinen Vater verantwortlich

Mein Vater verhielt sich so, als drehe sich alles nur um ihn. Jeder mußte ihm irgendwie zu Diensten sein. Als seien die Menschen seiner Umgebung nur für ihn da. Der Rollentausch, der mir als Kind aufgezwungen wurde, bestand nicht nur im Hinblick auf körperliche Aufgaben, Haushaltspflichten und so weiter, er war auch emotional. Ich lernte sehr früh, daß es meine Aufgabe war, mich um das Ego meines Vaters zu kümmern. Er durfte niemals verletzt oder verärgert werden. Ich durfte nichts tun, was sein Mißfallen erregen würde. Der Seelenzustand meines Vaters, seine Selbstachtung und sein Gemütszustand lagen in meiner Verantwortung. Diese Einstellung verstärkte mein Schamgefühl über den Inzest. In diesem Bezugsrahmen war ich der Meinung, ihn verführt zu haben.

Ich halte das für eine besonders groteske Form der Parentifizierung. Die Haushaltspflichten und all das andere waren zu verkraften. Aber der Gedanke, daß ich für die Gefühle meines Vaters verantwortlich war, während meine eigenen Gefühle und Bedürfnisse nicht zählten, das war eine Katastrophe.

Mit zehn wurde ich sehr krank. Meine Eltern fanden mich eines Tages auf dem Fußboden an der offenen Haustür liegen mit dem Kopf auf der Türschwelle im Freien. Ich konnte mich nicht bewegen. Mein Vater versuchte, mich auf die Beine zu stellen. Jedesmal, wenn er mich hinstellte, sackte ich wieder zusammen. Ich weinte und bat ihn, es nicht zu tun, weil es so furchtbar weh tat, wenn er versuchte, mich auf die Beine zu stellen. Ich wollte liegen bleiben und allein gelassen werden. Ich weinte und flehte ihn an, aufzuhören. Er wurde zornig und sagte: »Ich tu dir doch nicht weh; du hast bloß kein Vertrauen zu mir. Du willst nicht, daß ich dir helfe!« Das ist typisch für meinen Vater. Ich durfte den Schmerz nicht spüren, es durfte mir nicht weh tun, ich durfte keine Gefühle haben, die ihm irgendwie unangenehm sein könnten, oder die ein schlechtes Licht auf ihn werfen könnten. So mußte ich aufwachsen.

Ich sah, wie bedauernswert meine Mutter war

Ich war auch für meine Mutter verantwortlich. Ich war mir ihres bejammernswerten Zustands bewußt. Sie weinte ständig. Er tyrannisierte, mißhandelte und demütigte sie unentwegt. Er ging beispielsweise durchs Haus, zeigte mit dem Finger auf kleine Flecken an den Wänden und sagte: »Sieh dir das an! Sieh dir das an! Ist das nicht ekelhaft? Es ist dreckig. Bist du nicht imstande, dieses Haus sauber zu halten?« Und sie trabte hinter ihm her wie eine demütige Magd mit einer Flasche Putzmittel und einem Schwamm in der Hand und putzte die Flecken weg. Ich sah, wie er sie mißhandelte, und ich sah, wie erbärmlich und unfähig sie war, mir zu helfen. Und ich fing an, mich auch um sie zu kümmern.

Meine Mutter war sehr oft krank, manchmal ernsthaft krank. Sie war überfordert. Jahrelang mußte sie tagsüber zur Arbeit gehen und kam abends völlig erschöpft nach Hause. Doch mein Vater krümmte keinen Finger, um ihr zu helfen. Er brühte sich nicht mal eine Tasse Tee auf. Meine Mutter blieb nachts bis zwei oder drei auf, um die Haushaltsarbeiten zu erledigen. Einmal kam ich um zwei Uhr nachts nach Hause und sie stand im Keller und bügelte seine Unterwäsche. Sie weinte vor Erschöpfung.

Ich kümmerte mich also um meine Mutter. Ich fing damit als Elfjährige an: ich kochte, saugte die Wohnung, wusch die Wäsche. Ich machte alles, um ihr die Arbeit zu erleichtern. Das Wichtige daran sind nicht die Haushaltspflichten, die mir zufielen, wichtig ist, daß meine Eltern sich nicht um mich kümmerten, ich aber das Gefühl hatte, ich müsse mich um sie kümmern.

Was hätte ich sonst tun können?

So war das, als ich 14 oder 15 war, und ich mich mit kriminellen Jugendlichen herumtrieb, die gewalttätig waren und Waffen trugen. Ich kam um zwei oder drei Uhr nachts heim, nachdem ich mich von meinem Freund die ganze Nacht als Sexobjekt mißbrauchen ließ. Ich kroch förmlich nach Hause und am nächsten Tag saß mein Vater weinend am Küchentisch und sagte: »Wie kannst du mir das antun?« Es war ihm völlig egal, daß sein Kind kaputt gemacht wurde. Alles, was ihn interessierte, war: »Wie kannst du mir das antun?«

Es kam ihm nicht in den Sinn zu fragen: »Wie kannst du *dir* das antun?« Noch trauriger ist, daß auch ich nie daran dachte, mir diese Frage zu stellen.

Soweit ich das beurteilen kann, war meine Parentifizierung eine ganz natürliche Folge. Sie war eine Fortsetzung der Selbstsucht, des Narzißmus, der Unreife meines Vaters und der Hilflosigkeit meiner Mutter. Was hätte ich tun können? Wenn ich nicht getan hätte, was sie von mir forderten, was wäre dann geschehen? Ich hatte Angst vor einem undefinierbaren Grauen.

Ich opfere mich für Papi: ein tägliches Ritual

Vor kurzem ist mir klar geworden, daß meine Mutter mir immer wieder eingeschärft hat, aus Rücksicht auf meinen Vater ›zu verzichten‹. Sie hatte die Angewohnheit, nie genug Essen auf den Tisch zu bringen. Daran erinnere ich mich erst vor ein paar Jahren. Wenn wir uns zu Tisch setzten, gab es nie genug zu essen. Das konnte nicht ständig Zufall gewesen sein. Es kann schon mal vorkommen, daß das Kartoffelpüree oder die Soße oder die Erdbeeren nicht reichen. Aber wenn Tag um Tag, Jahr um Jahr, nie genug Essen auf dem Tisch steht, mußte meine Mutter damit einen Zweck verfolgen.

Mein Vater bediente sich immer zuerst. Er nahm sich so viel er wollte, ohne Rücksicht darauf, ob es für die anderen reichte. Da meine Mutter nie genug kochte, standen ein paar von uns jedesmal hungrig vom Tisch auf.

Damit nicht genug, wenn mein Vater seinen Teller leer gegessen hatte und mehr wollte, fragte er: »Wo sind die Kartoffeln?« Und meine Mutter entgegnete: »Es sind keine mehr da.« Dann zog er sich brummend den Teller des neben ihm sitzenden Kindes heran, nahm sich, was er wollte, und lachte. Wenn wir protestierten und sagten: »Nein Papa, das ist mein Essen«, geriet er in Wut und schnauzte uns an: »Schrei hier nicht rum! Du brauchst dir den Bauch nicht so vollzuschlagen!« und nahm uns alles weg.

Heute habe ich meine eigene Familie. Wenn ich Erdbeeren kaufe oder Kartoffeln koche, achte ich darauf, daß wir immer genug haben. Bei mir sitzt niemand bei Tisch und bekommt nicht genug zu essen. Ich kann mir nicht erklären, warum meine Mutter das tat. Der Gedanke schien ihr zu gefallen, daß sie und ihre Kinder zugunsten meines Vaters auf etwas verzichten mußten.

Meine eigenen Bedürfnisse mißachten

Der Rollentausch, den ich zu Hause erlebte, war eine Mischung aus meiner Verpflichtung, mich um die Bedürfnisse meiner Eltern zu kümmern und meine eigenen Bedürfnisse völlig außer acht zu lassen. Mit 17 litt ich unter starken Menstruationsbeschwerden. Ich hatte Endometriose, doch damals wußte niemand, was Endometriose ist. Wenn ich morgens ins Bad ging, hinterließ ich eine Blutspur auf dem Fußboden.

Diese Blutungen hielten lange Zeit an. Ich wurde schwer anämisch. Ich war so blutarm, daß ich morgens nicht aufstehen und zur Arbeit gehen konnte. Wenn ich um fünf Uhr nachmittags nach Hause kam, schleppte ich mich mühsam die Treppe hinauf und warf mich mit Kleidern aufs Bett und schlief bis zum nächsten Morgen. Ich konnte mich nicht bewegen, nicht essen, nichts. Morgens stand ich auf und ging wieder zur Arbeit. Ich war erschöpft und magerte ab. Das alles fiel meinen Eltern nicht auf, obwohl es direkt vor ihren Augen geschah.

Eines Tages wurden meine Hände und Beine taub. Ich konnte keinen Kugelschreiber mehr halten und mir wurde schwarz vor den Augen, als würde ich jeden Augenblick in Ohnmacht fallen. Ich hörte nicht mehr richtig. Einer der Ärzte, für die ich arbeitete, sagte: »Mit Ihnen ist etwas nicht in Ordnung.« Ich erzählte ihm, wie ich mich fühlte, und er und die anderen Ärzte sagten: »Wir bringen Sie ins Krankenhaus.»

Ich kam in die Notaufnahme; dort wurde mir Blut abgenommen und sie behielten mich in der Klinik. Mein Hämatrokrit-Wert lag irgendwo bei 14. Wenn der Wert unter 20 abfällt, besteht akute Lebensgefahr. Ich hätte jeden Augenblick ins Koma fallen und sterben können.

Meine Eltern besuchten mich und sagten: »Wieso hast du nie gesagt, daß du dich nicht wohlfühlst?« Das hatte ich, aber sie hatten nie zugehört. Ich mußte mich um mich selbst kümmern, dazu war ich nur nicht sonderlich gut gerüstet. Ich war sehr hellhörig für ihre Probleme, ich registrierte jedes kleinste Unbehagen, aber ich war nahezu blind und taub für das, was mich betraf. Heute bin ich mir ihrer Gleichgültigkeit mir gegenüber bewußt. Ich bin mir aber noch mehr meiner Unfähigkeit bewußt, auf mich selbst zu achten. Meine Eltern sahen sich eben selbst als Mittelpunkt des Universums.

Erwachsene Beziehungen − Freunde

Die Parentifizierung spiegelt sich in der Tatsache, daß ich in meinen Beziehungen nicht wußte, wie ich mir Aufmerksamkeit zukommen lassen sollte. Das trifft auf alles zu − auf Freunde, Arbeit, Männer, Geschäftsbeziehungen, sogar darauf, wie der Bankbeamte hinter dem Schalter mich behandelt.

Lange Zeit waren meine wenigen Freunde Menschen, um die ich mich annahm. Ich verstand mich nicht gut darauf, meine eigenen Bedürfnisse zu identifizieren, aber ich verstand mich ausgezeichnet darauf, mich um alle anderen zu kümmern. Ich hatte Freunde, die mich monatelang nicht anriefen oder mich besuchten. Aber sobald ein Problem in ihrem Leben auftauchte, kamen sie zu mir. Und ich war immer für sie da. Hatte ich aber selber Probleme oder war in einer schlechten Gemütsverfassung, war ich nicht in der Lage, darüber zu sprechen oder mir Trost zu holen. Ich hatte es gern, wenn die Menschen mit ihren Problemen zu mir kamen – dann fühlte ich mich gebraucht und konnte die weise Ratgeberin spielen.

Sexuelle Beziehungen – heimlich und unbefriedigend

Ich hatte heimliche sexuelle Beziehungen mit Männern, denen ich immer zur Verfügung stand, wenn sie mich brauchten, an die ich mich aber nie wenden konnte, wenn ich sie brauchte. Wenn ich verletzt oder krank oder einsam war, mußte ich ganz allein mit meinen Problemen fertig werden. Ich hatte kein Recht, einen Mann zu bitten, zu mir zu kommen. Ich durfte einen Mann nur dann sehen, wenn es ihm paßte, und mußte mich dann wieder zurückziehen. Die Bedürfnisse aller anderen wurden erfüllt, nur meine nicht. Ich spielte die Rolle der geduldigen, verzeihenden, verständnisvollen Mutter. Und ich sah mich auch noch als die Mächtige in der Beziehung; ich sah nie, welcher Mißbrauch mit mir getrieben wurde.

Wenn ich jemand kennenlernte, der wirklich etwas zu geben hatte, versuchte ich es eine Weile mit ihm, aber meine Unsicherheit wuchs von Tag zu Tag. Ich erinnere mich an einen Typ, der war toll, er war verrückt nach mir. Er war liebevoll und zärtlich und außerdem beruflich sehr erfolgreich. Er überschüttete mich mit Geschenken, führte mich zum Essen aus, ging mit mir ins Theater, in Konzerte. Er war wirklich verrückt nach mir. Ich fand ihn entsetzlich. Er war mir unerträglich.

Meine Unsicherheit in seiner Gegenwart war so gewaltig, daß ich kaum atmen konnte. Ich konnte es jedesmal kaum erwarten, ihn loszuwerden, um wieder ruhig zu werden. Das Wichtige daran ist, daß mir das nicht bewußt war. Ich wußte bloß, daß ich von ihm weg wollte. Ich wußte nicht, daß ich unfähig war, etwas von anderen Leuten anzunehmen. Ich suchte nach Fehlern bei einem Mann, um ihn irgendwie herabzusetzen. Oder ich lehnte ihn ab, zog mich zurück, dachte mir Ausreden aus, um nicht mit ihm ausgehen zu müssen – ich ließ ihn einfach links liegen.

Andere Beziehungen − keine klappte

Meine Parentifizierung spiegelt sich in meiner ersten Ehe
wider. Ich heiratete einen unreifen, abhängigen Mann, der
mich allerdings nicht wie mein Vater aggressiv mißhandelte.
Sein Mißbrauch fand in passivem Aggressionsverhalten statt.
Er hatte Schwierigkeiten im Beruf, hatte kein Selbstvertrauen
und war ziemlich lange arbeitslos. Ich kümmerte mich um ihn.
   Als diese Ehe in die Brüche ging, versuchte ich es mit anderen Beziehungen, von denen keine klappte. Die einzigen Beziehungen, die ich aufrecht erhalten konnte, schienen die zu sein,
in denen meine Bedürfnisse mißachtet wurden. Ich ging aber
nie wieder eine Beziehung ein, die mit meiner ersten Ehe zu vergleichen wäre. Männern, die so offensichtlich hilflos und abhängig waren wie mein erster Ehemann, ging ich aus dem Weg.
Trotzdem fühlten sich schwache Männer, die es allerdings verstanden, ihre Schwäche zunächst zu kaschieren, sich zu mir
hingezogen oder umgekehrt.

Zweite Ehe − eine schwierige Sache

Ich heiratete ein zweites Mal, diesmal einen Mann, der Angst
vor Intimität hatte. Ich glaubte, eine gute Wahl getroffen zu
haben, da ich endlich einen selbständigen Mann gefunden hatte
− doch er wurde mir gegenüber völlig unzugänglich. Er wies
mich zurück, redete nicht mit mir und war feindselig gegen
mich, weil er vor seinen eigenen Gefühlen Angst hatte. Und ich
mußte erkennen, daß er mich benutzte, daß er die Liebe und
Zuwendung, die ich ihm gab, nicht erwiderte. Bald hielt ich
auch diese Verbindung für gescheitert.
   Ich hatte im Grunde genommen einen Mann geheiratet, der
mich nicht zu brauchen schien. Er ließ mich seine Zurückweisung und Feindseligkeit spüren, weil er mich nicht brauchte.
Anfangs gefiel mir das sogar, denn ich dachte mir: »Das ist ein
Mann, der nie von mir abhängig sein wird und mich nie zu
seiner Mutter macht.« Mir war nicht klar, daß dies nur eine
andere Form des Ausnützens war. Erst in der Schwangerschaft

wurden mir meine echten Bedürfnisse bewußt. Ich wollte geliebt werden, ich wollte zärtlich behandelt und getröstet werden, doch dazu war er nicht fähig.

Zum Glück redeten wir dann doch darüber und er versprach, sich zu ändern. Er begab sich in Therapie und wir beide gaben uns große Mühe. Ich habe mich bemüht, ihm zu helfen, die Verbindung zu seinen Gefühlen aufzunehmen und ein liebevoller Mensch zu sein, und ich habe an mir selbst gearbeitet, um auf ihn eingehen zu können. Wir haben beide eine Menge erreicht, aber es war ein furchtbar langwieriger und beschwerlicher Prozeß. Er ist noch nicht vorüber; wir arbeiten noch immer daran.

Beruf – unterbezahlt und überarbeitet

Ein weiterer Bereich, in dem sich meine Parentifizierung spiegelt, ist mein Beruf. Auch hier war die Beziehung stets eine Einbahnstraße – ich habe alles gegeben, ohne etwas zu erwarten und zu bekommen, bis mein Groll überkochte und ich kündigte. Ich war immer unterbezahlt und überarbeitet, obwohl ich gute Leistungen erbrachte. Das Ergebnis war nie gut genug; ich war nie tüchtig genug. Jeder kleine Fehler war eine Katastrophe für mich und zerstörte meine Beziehungen zu meinen Geschäftspartnern.

Ich lag nächtelang wach, gepeinigt von Selbstvorwürfen wegen eines Fehlers, den ich gemacht hatte, überzeugt, mein Chef würde mich deshalb feuern. Ich geriet in Wut gegen ihn, weil er mir nicht einmal einen kleinen Fehler nachsah. Ich erkannte nicht, daß ich diejenige war, die sich keinen Fehler nachsah.

Ich hatte auch Schuldgefühle, viel Geld zu verdienen. Ich erhielt Schecks von Kunden und glaubte, sie zurückgeben zu müssen, weil mir meine Leistung in meinen Augen wertlos erschien, da ich nicht alle ihre Probleme hatte lösen können. Und da ich nie alle Probleme für jeden lösen konnte, glaubte ich stets, das Geld nicht wirklich zu verdienen.

Ich war nicht in der Lage, Hilfe in Anspruch zu nehmen, um

einen Auftrag zufriedenstellend zu erledigen, weil ich nicht dumm und unfähig erscheinen wollte. Folglich befand ich mich häufig in einer chaotischen Situation. Doch irgendwie hatte ich trotz aller Widerstände Erfolg. Ich bin aber erst seit kurzem fähig, stolz auf meine Leistungen zu sein.

Fußabtreter und Superfrau in einer Person

Allmählich begreife ich, daß alle meine Beziehungen, ob privat oder beruflich, durch eine Überzeugung zerstört wurden, die ich als kleines Kind gelernt habe: »In einer Beziehung habe ich keine Rechte.« Statt den passiven Fußabtreter zu spielen, übernahm ich die Rolle der beherrschten, starken, superkompetenten Frau, die alles allein schafft.

Meiner Anschauung nach verkörpert ein parentifizierter Mensch einen von zwei Typen. Entweder man sieht sich als Fußabtreter, als echte Niete, die ständig gekränkt und getreten wird. Oder man schafft sich die Illusion, ein Fels in der Brandung zu sein; man braucht nichts und kümmert sich um alle anderen. Letzteres war meine Devise. Im Grunde genommen sind beide Typen ein- und dasselbe. Alle anderen bekommen das, was sie wollen und man selber bekommt nie das, was man will, weil man entweder seine eigenen Bedürfnisse verdrängt oder sich in Beziehungen begibt, die sie nicht befriedigen können.

Generationenüberschreitende Folgen der Parentifizierung

Dieser Teil von Noelles Geschichte ist von besonderer Bedeutung. Er erläutert die generationenüberschreitenden Folgen der Parentifizierung. Aus einem parentifizierten Kind wird eine Mutter mit großen Unzulänglichkeiten, was äußerst negative Folgen auf ihre eigenen Kinder hat.

Parentifizierte Kinder werden nicht wirklich erwachsen, sie lernen bloß, so zu tun, als seien sie erwachsen. In ihrem Inneren sind sie benachteiligte Kinder mit unerfüllten Bedürfnissen und mangelnder elterlicher Zuwendung geblieben. Unter den Anforderungen des Erwachsenenlebens und der Mutterschaft erleben sie Erschöpfungszustände, wenn ihre gespielte Reife sich als unzulänglich erweist und ihre inneren Qualen und ihre Bedürftigkeit zum Vorschein kommen. Die normalen Anforderungen der Kinder geraten in Konflikt mit den akuten Bedürfnissen der Mutter, die kaum liebevolle Zuwendung erhalten hat; daher reagiert das parentifizierte Kind, das nun selbst Mutter geworden ist, mit Mißbrauchsverhalten gegen die eigenen Kinder.

Noelle spricht davon, wie ihr Erschöpfungszustand sie beinahe dazu gebracht hat, ihr eigenes Kind zu mißhandeln. Sie spricht auch darüber, daß ihre Parentifizierung und ihre Verdrängung zum sexuellen Mißbrauch ihres Kindes in einer Pflegefamilie beigetragen haben. Gottlob ist Noelle durch die Therapie in der Lage, ihrer Tochter zu helfen und dem destruktiven Vorgang der Parentifzierung ein Ende zu setzen.

Ich wiederhole das Mißbrauchsmuster in meiner Ehe

Die entscheidende Frage lautet nun nicht, warum mein Ehemann so abweisend war, sondern: Warum war ich dumm genug, mich darauf einzulassen? Meiner Ansicht nach liegt die Antwort darin, wie ich in meiner Herkunftsfamilie behandelt wurde. Ich mußte die Vernachlässigung und den Mißbrauch meiner Eltern ertragen und mich damit abfinden und durfte keine eigenen Bedürfnisse haben. Gleichzeitig mußte ich aber Verständnis für sie aufbringen. Ich wuchs auf mit dem Gedanken, eine solche Einstellung sei völlig normal. Ich kannte nichts anderes, deshalb hielt ich sie für richtig, egal wie sehr ich darunter litt.

Ich konnte mich nicht aus der Beziehung lösen. Kurz nach unserer Hochzeit zog er aus und ich beschloß, mich von ihm scheiden zu lassen. Bei seinem nächsten Besuch wurde ich schwanger und das war der Grund, warum ich bei ihm blieb. Ich frage mich immer wieder, wieso? In der Psychologie nennt man das ›erlernte Hilflosigkeit‹. Für mich war es nur ein unbewußtes Verhalten, das ich in meiner Familie gelernt hatte.

Meine zweite Ehe ist ein gutes Beispiel, wie die Gefahr des Inzests von einer Generation auf die nächste weitergetragen werden kann. Sie zeigt, wie ich die Familiendysfunktion in meine Ehe hineingetragen habe. Zum Glück war mein zweiter Mann kein Mißbrauchstäter. Als der Mißbrauch in anderen Bereichen sichtbar wurde, war ich so erschöpft und ausgelaugt, daß ich seine Gefahr nicht erkannte.

Zunehmende Erschöpfung

Im Beruf stand ich unter großem Druck. Ich hatte eine gehobene Position in einer großen Firma. Privat hatte ich das verzweifelte Bedürfnis, mich um meine Tochter zu kümmern, wollte ihr Geborgenheit geben. Ich haßte es, sie jeden Tag allein zu lassen, und machte mir große Sorgen um ihre Sicherheit. Wenn ich abends nach Hause kam, wollte ich sie nur im Arm halten.

Ich stillte mein Baby und blieb nachts lange wach, um ihr drei oder viermal die Brust zu geben. Nach dem Stillen nahm ich Milch ab, die der Babysitter ihr am nächsten Tag im Fläschchen geben konnte. Deshalb schlief ich nachts nie mehr als drei bis vier Stunden und nie länger als eineinhalb Stunden hintereinander. Ich fürchte, das machte ich aus Verzweiflung und der Überzeugung meiner Untauglichkeit.

In dieser Zeit verschwand mein Mann tagelang, zog sich in seine eigene Wohnung zurück. Er ließ sich keine Gelegenheit entgehen, mir seinen Haß zu zeigen. Ich war überfordert, lebte nur von einem Tag auf den anderen, hatte verzweifelte Ängste um mein Baby. Ich hatte Schreckensvisionen, daß ohne Vorwarnung irgendwelche Katastrophen über uns hereinbrechen würden – Feuersbrünste, Mordanschläge, Wirbelstürme, Autounfälle. Ich erwartete ständig eine Tragödie, vor der ich mein Kind nicht schützen konnte.

Die Wahrheit verleugnen, um die Illusion zu erhalten

In diesem Gemütszustand war ich außerstande, die echten Gefahren zu sehen. Ich hatte sie in meinem eigenen Leben verdrängt und nun verdrängte ich sie im Leben meines Kindes. Mein Ehemann fand eine Pflegefamilie aus seiner Kirchengemeinde. Das Ehepaar arbeitete aktiv in der Kirche und ich ließ mich in meiner Erschöpfung überreden: »Gut, wir bringen sie zu den Leuten.«

Diese Leute gefielen mir nicht. Ich hatte das unbestimmte Gefühl, mit denen stimmt etwas nicht. Aber ich schob diese Wahrnehmungen beiseite wegen meiner Selbstzweifel und meiner Verdrängungsmechanismen. Ich wollte meinem Ehemann vertrauen und die Ehe aufrecht erhalten. Ich war wie meine Mutter, die die Wahrheit verleugnete, um eine Illusion aufrechtzuerhalten. Also beugte ich mich dem Urteil meines Mannes und ließ mein Kind in der Obhut dieser Leute.

Doch jedesmal wenn ich sie dorthin brachte oder abholte, hatte ich entsetzliche Ängste, das Haus könne abbrennen oder ein Irrer dringt in das Haus ein und bringt alle um oder entführt mein Kind. Später sagte meine Therapeutin mir, mit diesen Horrorvisionen wollte ich mich warnen, daß etwas nicht in Ordnung sei. Wie meine Mutter konnte ich die echten Gefahren nicht erkennen. Das kam in Form von übersteigerten Ängsten zutage. Als Kind durfte ich Gefahren und Mißbrauchsverhalten in meiner Familie nicht erkennen. Es wurde mir eingetrichtert, sie zu verdrängen. Ich konnte also nur imaginäre Gefahren erfinden als Reaktion auf meine Wahrnehmung einer Gefahr.

Mich der echten Gefahr stellen

Im Alter von etwa 15 Monaten bis 18 Monaten begann meine Tochter alle möglichen seltsamen Dinge zu tun. Ich konnte mir keinen Reim darauf machen, bis endlich eines Tages eine andere Mutter mich anrief, die ihre Tochter ebenfalls bei diesen Tageseltern hatte und sagte: »Ich komme mit meiner Tochter gerade vom Kinderarzt und er befürchtet, sie sei sexuell mißbraucht worden.« Dann berichtete sie mir von dem, was ihre Tochter tat, und es war genau das gleiche, was meine Tochter machte.

Ich hätte beinahe den Verstand verloren. Ich hielt mich am Küchentisch fest. Ich war völlig betäubt; ich stand unter Schock. Ich ging in den Keller, holte eine Flasche Sherry herauf und fing an zu trinken. Ich war wie in Trance. Ich machte mir bittere Vorwürfe, meinem eigenen Urteil nicht geglaubt und das zugelassen zu haben.

Ich setzte mich mit dem Kinderschutzbund in Verbindung und man stellte Untersuchungen an. Weil unsere Kinder so klein waren, kam nichts dabei heraus. Die Kinder waren nicht in der Lage zu erklären, wer was, wo und wann mit ihnen gemacht hatte. Die Behörden sagten: »Vergessen Sie die Sache. Sie können diese Leute nicht vor Gericht bringen; Sie können überhaupt nichts tun. Wir können diesen Leuten nicht einmal verbieten, wieder Pflegekinder aufzunehmen, weil kein Beweismaterial gegen sie vorliegt.« Ich hatte keine Handhabe. Und mir wurde sogar geraten, die Leute nicht zur Rede zu stellen, weil solche Menschen manchmal sehr bösartig und gefährlich sein können.

Den Kreislauf der Opferhaltung erkennen

Dieser Vorfall vernichtete mich. Ich konnte darauf nicht sofort reagieren. Ich brauchte etwa ein Jahr, um die Ereignisse aufzunehmen und zu verstehen, daß die Verdrängung meiner eigenen Kindheitserfahrungen es mir schwer machte zu erkennen, was mit meiner Tochter geschah.

Zunächst übernahm ich die volle Verantwortung und haßte mich. Ich hätte mich am liebsten umgebracht, weil ich zugelassen hatte, daß ihr so etwas angetan wurde. Dann wandte ich mich gegen meinen Ehemann, der keine Verantwortung übernommen hatte. Schließlich konnte ich sehen, daß die gesamte Situation, meine Ehe, mein Ehemann und ich mit meinem Hintergrund von Inzest und Mißbrauch, daß wir alle dazu beigetragen hatten.

Ich begriff, so lange ich mich zum Opfer machen ließ, ohne es zu erkennen, würde auch meine Tochter die Opferrolle lernen. Ich wußte, daß ich mich dem Inzest stellen, meine eigene Verdrängung durchbrechen und alle Facetten meiner Opferrolle erkennen mußte, sonst würde ich all das auf sie übertragen. Ich mußte mein Leben ändern. Ich stellte meinem Ehemann ein Ulitmatum: »Es muß anders werden. Ich werde mich verändern und du mußt dich verändern, sonst ist es aus zwischen uns.«

Er hat dieser Kirchengemeinde den Rücken gekehrt, er war eine Weile in Therapie, er stellt sich seinen Problemen, und es hat sich viel geändert. Ich lerne, Mißbrauch zu erkennen, wenn er geschieht und darauf zu reagieren. Das geht leider sehr langsam.

Ich vergesse nie, wie ich anfing, die Muster meiner Herkunftsfamilie in meiner eigenen Ehe zu wiederholen. Ich vergesse nie, daß eine direkte Linie von mir zu meinem Kind verläuft, eine direkte Linie der Tragödie von mir auf meine Tochter.

Den Kreislauf durchbrechen

Doch das Muster wird sich in ihrem Leben nicht wiederholen. Zwischen meiner Mutter und mir bestehen große Unterschiede. Ich mußte nicht wie sie werden. Zwischen meiner Tochter und mir gibt es große Unterschiede. Sie muß nicht wie ich werden. Ich bleibe solange in Therapie, bis diese Sache im Lot ist. Ich lasse nicht zu, daß mein Kind kaputt gemacht wird, wie ich kaputt gemacht wurde.

Ich versuche immer noch herauszufinden, welchen Anteil meines Opferverhaltens ich von meiner Mutter aus der Beobachtung ihrer Opferhaltung gelernt habe und zu welchem Anteil ich mich selbst zum Opfer machen ließ. Das ›Muttermodell‹, an dem ich mich orientierte, als ich selber Mutter wurde, entstand aus der Bemutterung, die ich von meiner Mutter erhielt. Und ich fand eine sehr liebevolle, aber hoffnungslos verängstigte Mutter vor, als ich mich an diesem Modell orientierte. Ich weiß, daß ich als Kind lernte, mich nicht um mich selbst zu kümmern, daher war ich als Mutter von Anfang an überfordert. Das Ergebnis waren überwältigende Gefühle der Angst, Hilflosigkeit und Verzweiflung.

Ich sehe, daß meine Inzestschäden wesentlich breiter gefächert sind, und weit mehr betreffen als nur die sexuellen Verirrungen meines Vaters. Sie sind auf die ganze Komplexität der Beziehungen in meiner Familie zurückzuführen, wovon Inzest nur ein Teil war. Ich lernte, meine Bedürfnisse zu mißachten und zu leiden. Ich lernte als Kind Opfer zu sein, und ich lernte mich abzuspalten, um die Realität zu vermeiden. Ich lernte berechtigte Ängste und tatsächliches Mißbrauchsverhalten durch Imagination zu ersetzen, da in meiner Familie tatsächliche Ängste nicht erwähnt werden durften. Sie waren nicht erlaubt, weil sie sich auf meinen Vater bezogen. Meine Mutter und ich durften nur in der Phantasie Entsetzen erleben. Darauf konnte es keine wirksame Reaktion geben. Das hielt uns aber davon ab, auf tatsächlich erlebtes Entsetzen zu reagieren: auf sexuellen Mißbrauch, emotionalen Mißbrauch, Vernachlässigung, Alkoholismus. Das habe ich gelernt, und das habe ich in acht Jahren Therapie-Erfahrung zu bewältigen versucht.

Die parentifizierte Mutter: Erschöpfung führt zu Mißbrauch

Da ich meine Eltern bemuttern mußte, war mir ihre mütterliche Fürsorge versagt. Ich wurde nicht gut umsorgt und habe daher kein starkes Sicherheitsgefühl, das ich auf meine Kinder übertragen könnte. Etwas, das man nicht hat, kann man nicht weitergeben.

Ich weiß nicht, ob ich zuviel oder zuwenig gebe, weil ich in meiner Kindheit nicht lernte, meine legitimen Rechte in Anspruch zu nehmen. Es fällt mir schwer, zwischen Disziplin und Mißbrauch zu unterscheiden. Ich weiß nicht, wo ich die Grenze ziehen soll zwischen meinen Rechten und den Rechten meiner Kinder.

Zu starke Kontrolle oder keine Kontrolle

Mein tägliches Problem besteht darin, wie ich Grenzen setze, wie ich andere bitte, das zu tun, was ich von ihnen brauche, und ich frage mich: »Ist das richtig? Was darf ich erwarten? Was sind meine Rechte?« Eine Million Fragen jeden Tag: »Kann ich meiner Tochter sagen, ich möchte nicht, daß sie in meinen Schreibtischschubladen herumkramt? Kann ich ihr sagen, ich möchte heute keine Geschichte vorlesen, weil ich Halsschmerzen habe? Kann ich sie bitten, eine Weile nicht nur ihre Songs zu spielen, weil ich meine Musik hören möchte? Ist es richtig, sie zum Mittagsschlaf zu zwingen? Kann ich ihr sagen, daß sie gemeinsam mit der ganzen Familie zu abend ißt – und das ißt, was wir essen?« Diese Kleinigkeiten gaben Anlaß zu quälenden Spannungen.

Ich habe mich auch darin gebessert. Nach Jahren des Mutterseins habe ich gelernt, ›nein‹ zu sagen, ohne eine Krise heraufzubeschwören. Früher konnte ich erst ›nein‹ sagen oder eine Grenze setzen, wenn ich mich über meine Kinder ärgerte und mich von ihnen so sehr ausgenutzt fühlte, daß ich vor Wut platzte. Sie lernten, daß ›nein‹ in der Regel eine Ungerechtigkeit war, oder daß ›nein‹ bedeutete: »Ich hasse dich, weil du böse und schrecklich bist.« Wie dem auch sei, es zerstörte ihr Vertrauen in mich und es schadete ihrem Selbstwert. Meine Tochter hatte Probleme wegen mir, aber ich weiß, daß ich ihr helfen kann, sie zu bewältigen.

Die Gefahr von Kindesmißbrauch

Meine täglichen Unzulänglichkeiten als Mutter steigerten sich in ein ernsthaftes Mißbrauchsproblem, als an einem bestimmten Punkt in meinem Leben eine Reihe von Risikofaktoren gemeinsam auftraten. Ich machte eine sehr schlimme Phase in der Therapie durch, als ich mich meiner Trauer über den Inzest stellte, als ich um den emotionalen Verlust meines Vaters und um den Verlust meiner Mutter trauerte, die sich irgendwie emotional von mir entfernt hatte, etwa um die Zeit, als mein Vater mich mißbrauchte.

Ich war damals durch meine Schwangerschaft körperlich geschwächt. Mein Mann nahm einen auf ein Jahr befristeten Job in einer anderen Stadt an. Wir zogen in diese fremde Stadt, in der ich völlig isoliert war. Ich war abgeschnitten von meinen Freunden, meinen vertrauten Ritualen und Aktivitäten. Ich begann irgendwie auseinanderzufallen.

Damals muß ich wohl angefangen haben, die Angst und Hilflosigkeit zu erleben, die sich von meiner Mutter auf mich übertragen hatte, als ich mißbraucht wurde und sie krank war. Ich wurde immer schwächer und hilfloser und kam mit den kleinsten Dingen nicht mehr zurecht. Kleinigkeiten wuchsen zu riesigen, nicht zu bewältigenden Problemen.

Meine kleine Tochter wurde mir zur unerträglichen Last. Die normalen Bedürfnisse und Wünsche einer Zweijährigen überforderten mich total, und ich haßte sie dafür. Ich fühlte mich von meinem Kind ausgenutzt und belästigt. Wenn sie Saft wollte, bedeutete es für mich eine unmenschliche körperliche Anstrengung, aufzustehen und ihn zu holen. Wollte sie einen roten Becher statt den blauen, den ich vorsetzte, platzte mir der Kragen, weil die Anstrengung aufzustehen, um ihr Saft zu holen, schon enorm war, und dann wollte sie auch noch einen anderen Becher. Es war einfach zu viel für mich. Ich fing an zu weinen und sie anzuschreien.

Ich kam mir vor wie ein mißhandeltes Kind. Mein eigenes Kind war für mich kein Kind sondern eine Bedrohung, ein Dämon. Ich kämpfte einen verzweifelten Kampf ums Überleben. Sie war meine Feindin.

Nach einem schlechten Tag konnte sie nachts nicht schlafen, weil ihre Mami ein solches Monster war. Ich hatte auch meine Ängste auf sie übertragen. Sie kam weinend zu mir, weckte mich, bettelte um Zärtlichkeit, raubte mir den Schlaf. In meiner Erschöpfung verwandelte ich mich in eine tobende Furie. Das wurde immer schlimmer. Ich schlug sie, prügelte sie richtig. Ich haßte mich dafür, die Beherrschung zu verlieren und ihr weh zu tun. Ich wollte mich umbringen für das, was ich ihr antat.

In lichten Momenten begriff ich, daß mein Gekeife, meine Schläge und mein Herumgeschubse Mißbrauch waren und das Kind erschreckten. Ich verhielt mich wie mein Vater, und das war eine grauenvolle Erkenntnis. Ich war von Selbsthaß erfüllt. Ich fing an, Pillen zu sammeln; ich plante meinen Selbstmord.

(Meine Mutter hatte einen Selbstmordversuch gemacht, als ich ein junges Mädchen war.) Nur das ungeborene Baby im Bauch hielt mich zurück. Eines Nachts beschloß ich dann doch, das Baby sei besser dran, nicht geboren zu werden, als mich Furie zur Mutter zu haben. Ich war im Begriff, die Tabletten zu schlucken, als der Embryo sich bewegte. Seine Stöße brachten mich zur Vernunft. Ich händigte die Tabletten meinem Mann aus.

Hilfe durch Therapie

Ich geriet an einen schlechten Therapeuten. Ich hatte ihm berichtet, was geschehen war. Ich erzählte ihm von meiner Inzestvergangenheit und er schien nicht wahrzuhaben, wie verzweifelt ich war. Er riet mir sogar, meine Tochter zu schlagen und sie im dunklen Badezimmer einzuschließen, wenn sie mich nachts weckte. Das erschien mir falsch. Das war Gewalt.

Sie war ein Nervenbündel, ich war ein Nervenbündel. Ich mußte gesund werden und sie mußte gesund werden. Ich beschloß, sie bei mir schlafen zu lassen. Ich wollte sie im Arm halten, sie beruhigen und ihr das Gefühl geben, daß sie Trost bei mir fand. Ich mußte wenigstens ein paar meiner Fähigkeiten als Mutter retten. Jede Nacht schmiegte sie sich an mich, ich hielt sie im Arm und spürte, wie wohl uns beiden das tat. Ich fand einen anderen Therapeuten, der die Risikofaktoren des Mißbrauchs verstand, der begriff, was ich durchmachte. Allmählich normalisierte sich die Situation. Das Baby kam zur Welt, ich erholte mich körperlich und unser Leben verlief wieder normal.

Es dauerte neun Monate, bis meine Tochter wieder allein schlafen konnte. Es dauerte noch länger, bis ihre Selbstbejahung, ihr Vertrauen, ihre Selbstachtung wiederhergestellt waren. Aber ich sehe Fortschritte. Je sicherer und weniger ängstlich ich mich fühle, desto sicherer und weniger ängstlich fühlt auch sie sich. Ich habe Hoffnung, weil ich weiß, daß ich ihr mit meinen Fortschritten und meiner Genesung helfen kann, gesund zu werden.

Patentrezepte helfen nicht

Es gibt kein Rezept und keine bewährte Methode der Kindererziehung, die meine Unzulänglichkeiten als Mutter aus der Welt schaffen. Ich habe die besten Bücher über Kindererziehung gelesen. Ich weiß mehr über Entwicklungspsychologie als andere Mütter. Und dennoch hat mir das alles nichts genutzt.

Ich probiere die in einem Buch empfohlenen Schritte zum Verhaltenstraining aus und alles geht schief. Das Ergebnis steht nie in einem Buch! Im Buch steht: »Versuchen Sie es mit einer ruhigen Ecke.« Also setze ich meine Tochter in eine ruhige Ecke und sie kriegt einen Wutanfall und will weg. Im Buch steht: »Versuchen Sie es mit dem Schlafzimmer.« Ich sage »Geh in dein Zimmer.« Sie weigert sich. Im Buch steht: »Verschließen Sie wenn nötig die Tür« Also verschließe ich die Tür. Sie wird völlig hysterisch und bearbeitet die Tür mit Fußtritten. Darüber steht in dem Buch *nichts*. Was dann? Körperliche Züchtigung? Ich versohle ihr den Hintern. Das macht sie nur noch hysterischer. Das Kind reagiert mit gesteigertem Trotzverhalten auf jeden Versuch, den ich mache, um sie zur Vernunft zu bringen. Es bleibt mir nur noch die Wahl, entweder klein beizugeben oder sie mit schwerer körperlicher Gewalt zu züchtigen. Endergebnis: Mama gibt auf. Und danach bin ich wütend, voller Groll – weil es nicht soweit hätte kommen dürfen! Im Buch steht, daß die Methode Erfolg hat. Wieso hat bei meinem Kind nichts Erfolg? Was stimmt mit ihr nicht? Was stimmt mit mir nicht?

Mittlerweile weiß ich, daß die ganze Beziehung das Problem ist – ich bin es, alles an mir, und meine Tochter als ganze Person. Bücher und Ratgeber helfen nicht – sie erwecken lediglich Erwartungen und steigern bloß meine Wut und meinen Ärger. Es klingt alles so logisch, so einfach – was bin ich für eine dumme Kuh, daß es bei mir nicht klappt?

Die Wahrheit ist, daß die Beziehung als Gesamtheit das Problem ist. Sie muß geändert werden und das geschieht nur durch mein eigenes Wachstum und meine allmähliche Entwicklung. Es wird irgendwie klappen, wenn ich innerlich geheilt bin, wenn ich wirklich in meinem Inneren erwachsen geworden bin, wenn ich an einem sicheren Ort angelangt bin, den meine Tochter spüren kann. Wenn ich einen festen Platz in meinem Inneren habe, dann fühlt meine Tochter sich sicher und wird Erziehung nicht mehr als Strafe und Haß empfinden, Grenzen setzen nicht mehr als Alleingelassen sehen. Ich mache Fortschritte, so schnell ich kann, aber es dauert unendlich lang.

Bis es so weit ist, muß ich sie einfach lieb haben, offen für sie sein und auf sie eingehen, so gut ich es vermag. Ich muß ihr und mir meine Fehler ehrlich eingestehen. Ich sage ihr, daß ich sie lieb habe. Ich sage ihr, daß es mir leid tut, wenn ich mich schlecht benommen habe. Und ich bleibe in der Therapie und versuche, erwachsen zu werden. Jeden Tag sehe ich eine Besserung.

Megan

Wir alle ziehen Nutzen daraus, wenn wir die Kindheit unserer eigenen Eltern erforschen und die Ursprünge unseres Miß- brauchs aufspüren.

Megan ist dabei zu erkennen, daß die Parentifizierung ihrer Mutter zu den Familiendynamiken beigetragen hat, die u. a. zu ihrem eigenen sexuellen Mißbrauch durch ihren Bruder führ- ten. Es hilft ihr auch, viele ihrer eigenen Probleme im Umgang mit Nähe zu erkennen, indem sie die Ursprünge in ihrem Fami- lienhintergrund erkennt. Die Parentifizierung in Megans Fami- lie war mehr durch die emotionale Verschlossenheit ihrer Eltern gekennzeichnet als durch die Übernahme der Elternrollen durch die Kinder. Für Megan unterscheidet sich das Ergebnis aber kaum von dem, was wir auch bei anderen feststellten, die eine Betreuerrolle für ihre Eltern übernommen haben. Auch sie ist unfähig, ihre Bedürfnisse zu erkennen oder zu erfüllen, übernimmt aber gleichzeitig Verantwortung für die Bedürfnisse anderer. Im folgenden werden wir sehen, daß es dabei Abstu- fungen gibt.

Megan erlebt zwar nicht die selbstzerstörerischen, ausbeute- rischen Beziehungen, die andere parentifizierte Opfer erleben, dennoch erkennen wir in ihrem Verhalten ein gewisses Maß an Selbstzerstörung.

Ihre Schritte zur Genesung zeigen sich in der Art, wie sie be- ginnt, sich um ihre Bedürfnisse zu kümmern, etwa wie sie zum ersten Mal zuläßt, Freunde in einer Phase ihrer Arbeitslosigkeit heranzuziehen.

Oder auch in ihrer bewußten Entscheidung, sich nicht mit unzugänglichen Männern einzulassen. Sie zeigt uns, daß Ver- änderung möglich ist, sobald wir erkennen, was wir verändern müssen.

Für mich besteht die Thematik Parentifizierung aus zwei Teilen. Erstens, wie meine Eltern mich behandelt haben; zwei- tens, wie ich das in meinem Leben heute in meinen Beziehun- gen zu anderen sehe.

Ich kümmere mich um Mutter

Im Rückblick erkenne ich, wie ich lernte, mich um andere Menschen zu kümmern und gleichzeitig meine Bedürfnisse zu mißachten. Von Zeit zu Zeit waren wir Kinder die Erwachsenen und meine Mama war das Kind. Ich wurde ihre Trostspenderin, ich hörte ihr zu, wenn sie mir ihre Sorgen anvertraute. Mein Vater hatte einen Herzinfarkt, als ich zehn war, und sie war sehr besorgt um seine Gesundheit. Sie war immer um jemand in der Familie besorgt, um jemand in ihrem Freundeskreis, und ich hörte ihr einfach zu. Ich wurde ihr Publikum. Darin erschöpfte sich ihre Beziehung zu mir. Ich war immer das liebe Kind in der Familie, das immer brav das machte, was man ihm befahl und immer beflissen zur Stelle war, um anderen zu helfen. Deshalb kümmerte ich mich auch ziemlich oft um meine Mutter.

Es gab zwei positive Aspekte, in dieser Familie aufzuwachsen. Meine Eltern sorgten dafür, daß wir eine ausgezeichnete Schulbildung genossen. Der andere positive Aspekt war die tiefe Religiosität.

Mit Emotionen wußten meine Eltern nicht umzugehen, deshalb taten sie so, als existierten sie nicht. Wir lernten schon als ganz kleine Kinder, uns nicht an unsere Eltern zu wenden, wenn wir Hilfe oder Zärtlichkeit brauchten.

Eine Geschichte von Parentifizierung und Mißbrauch

Ich frage mich manchmal, ob es im Leben meiner Mutter irgendwann Mißbrauch gegeben hat. Weil ich an ihr die typischen Zeichen einer Frau feststelle, die unfähig war, ihre Interessen zu vertreten. Mein Vater beschützte sie in gewisser Weise. Das ist vielleicht einer der Gründe, warum es ihr so schwerfiel, ihre Wut gegen ihn zum Ausdruck zu bringen, weil sie fürchtete, seinen Schutz zu verlieren, wenn sie sich ihm widersetzte. Deshalb konnte sie ihre Wut nur bei uns Kindern ablassen. Und als mein Vater durch seinen Herzinfarkt behindert war, konnte sie ohne ihn nicht weiterleben. Das war die Zeit, als mein

Bruder begann, mich zu mißbrauchen, weil auch meine Mutter sich völlig von uns zurückgezogen hatte.

Ich sehe so viele klassische Mißbrauchssymptome im Verhalten meiner Mutter, daß ich mich frage, ob sie nicht etwas aus ihrer Vergangenheit auf mich übertragen hat. Meine Mutter stammt aus einer katholischen Familie und hatte einen sehr strengen Vater. Sie war die Zweitälteste von fünf Kindern. Meine Großmutter war häufig außer Haus, da sie eines ihrer Kinder im Krankenhaus pflegte. Meine Mutter mußte sich um den Haushalt kümmern. Ich denke oft daran, daß meine Großmutter oft weg war und meine Mutter als älteste Tochter all die Pflichten übernehmen mußte.

Sie nahm ihre einzige Schwester sehr in Schutz, die elf Jahre jünger war. Sie beschützte ihre Schwester weit mehr als sie ihre eigenen Kinder beschützte. Ich denke oft, daß sie ihre eigenen Kinder nicht vor einem Vater beschützen mußte, der sie möglicherweise sexuell mißbraucht hat — das ist nur so eine Empfindung — daß sie sich darüber keine Sorgen machen mußte, daß sie aber ihre kleine Schwester möglicherweise davor beschützen mußte.

Meine Mutter konnte ihre Kinder nicht beschützen

Meine ältere Schwester, die älteste von uns, ist absolut unfähig, Verantwortung für ihr Leben zu übernehmen. Vielleicht liegt es daran, daß sie das erste Kind war und meine Mutter nicht wußte, wie sie mit der Verantwortung umgehen mußte. Vielleicht verlangte sie zu viel von meiner Schwester, vielleicht übertrug sie ihr zu früh zu große Verantwortung. Und heute wird meine Schwester mit ihrem Leben nicht fertig.

Ich denke darüber nach, warum meine Mutter unfähig war, ihre Kinder zu beschützen. Vielleicht lag es daran, daß sie nie beschützt worden war. Ich glaube, sie wußte nicht, was Schutzhaltung heißt. Mein Vater zeigte keine Gefühle, er war nicht besonders zugänglich. Und meine Mutter hat sich von uns zurückgezogen. Sie waren beide ziemlich unzugänglich für uns. Wir haben nicht die Zuwendung erhalten, die wir gebraucht hätten. Ich glaube, der Inzest in unserer Familie hat viel damit zu tun.

Der Inzest, den mein Bruder mit mir getrieben hat, war nicht der einzige Fall von Mißbrauch in der Familie. Meine ältere Schwester erzählte mir, daß ein älterer Bruder sie einmal belästigt hat. Er hat es nur einmal versucht und sie hat ihm einen Fausthieb versetzt. Er war 12, sie war 14, glaube ich. Sie war älter als er, konnte sich besser verteidigen, deshalb hat er es wohl nie wieder versucht. Ein jüngerer Bruder entblößte sich einmal vor einer jüngeren Schwester, das war nach dem Tod meiner Mutter. Mein Vater war damals schon zwei Jahre tot. Der Bruder war 16 und die Schwester war 14; das kam auch nur einmal vor. Aber irgend etwas hat solches Verhalten doch ausgelöst. Ich vermute, so etwas entstand aus unseren Familiendynamiken.

Manchmal ist mir, als sehe ich einen ganzen Strang von seltsamen Familiendynamiken in der Familie meiner Mutter und ich frage mich, ob auch sie sexuell mißbraucht wurde. Meine Mutter war ein sehr schüchternes Wesen, schrecklich scheu. Das wurde mir erst als junges Mädchen klar. Und heute sehe ich viele andere Zeichen, die ihre Persönlichkeit erklären, die mir vielleicht helfen, ihr in gewisser Weise zu verzeihen, daß sie es versäumte, mich vor meinem Bruder zu schützen.

Als Erwachsene – unfähig mich zu öffnen

Der andere Aspekt der Parentifizierung in meinem Leben ist die Art, wie ich heute als Erwachsene mit Menschen umgehe. Seit ich in Therapie bin, besonders seit ich in der Gruppe bin, habe ich mich im Umgang mit Menschen verändert. Ich lasse Menschen näher an mich heran. Eine Freundin hat mir die Augen über die Bedeutung von Freundschaft geöffnet. Sie erzählte mir eines Abends, daß ich eine schlechte Freundin sei, weil jeder sich an meiner Schulter ausweinen könne und ich jedem zuhöre, mich aber selber nie einem anderen Menschen öffne. Sie sagte: »Begreifst du nicht, wie einseitig dadurch unsere Freundschaft ist und wie blöde ich mir dabei vorkomme? Ich komme mir vor wie ein emotionaler Schnorrer.« Da ich mich nie öffnete, äußerte ich nie irgendwelche Schwierigkeiten. Es war meine Art zu sagen: »Bleib mir vom Leib. Ich habe kein Vertrauen zu dir.«

Durch diese Freundin und später durch die Therapie lernte ich, Menschen näher an mich herankommen zu lassen. Es war ein Lernprozeß, mich anderen zu öffnen, statt immer die Krücke für andere zu sein. Ich bemühe mich immer, anderen zu helfen. So ist es auch in meiner Familie. Aber ich teile meine Gefühle nie mit.

Ich lerne, ein wenig zu geben und ein wenig zu nehmen

Es war immer meine Angst, daß ich zu viel von Menschen verlange, sie zu sehr beanspruche, deshalb gebe ich mehr als ich geben kann. Ich fürchtete, daß Menschen meine Gegenwart nur dulden, daß sie mich eigentlich nicht wirklich haben wollen, daß sie mich im Grunde ablehnen.

Durch die Ermutigung meiner Therapeutin, daß ich mich getrost an Freunde wenden könne, rechnete ich wirklich auf sie, emotional, finanziell und in jeder anderen Hinsicht. Und sie halfen mir tatsächlich. Sie halfen mir mehr als meine Familie. Als ich letztes Jahr meine Stellung verlor, ließen mein Bruder und meine Schwester mich im Grunde genommen im Stich. Die Familie war nie für mich da, wenn ich sie brauchte. Aber ich habe großes Glück mit meinen beiden Freundinnen.

Sexuelle Beziehungen – ich meide meine Bedürfnisse

Ein weiterer Bereich, in dem sich meine Unfähigkeit zu gegenseitigen Beziehungen zeigt, sind Männer. Das liegt zum Teil an meiner Angst vor Sex, deshalb suche ich immer wieder nichtsexuelle Freundschaften mit Männern. Auch das ist eine Folge des Inzests. Zum Teil liegt hier der Grund, warum ich mich nur mit Männern wohl fühle, von denen ich nichts zu ›befürchten‹ habe, weil sie nicht in der Lage sind, mir etwas zu geben. Bei ihnen brauche ich mich nicht der Verletzlichkeit preiszugeben, die Erfüllung meiner Bedürfnisse zu erwarten. Das kommt teilweise vom Inzest, liegt aber auch teilweise daran, daß ich meine Bedürfnisse in der Kindheit nie wahrgenommen habe.

Vor sechs Jahren verliebte ich mich in einen Mann, der sich als schwul herausstellte. Ich war stets der Auffassung, der Mann mache mir deshalb keine Annäherungsversuche, weil ich für ihn sexuell nicht attraktiv genug war. Diese Auffassung hatte mich mein ganzes Leben begleitet. Seit ich zehn war und mein Bruder mich mißbraucht hatte, hielt ich mich für sexuell unattraktiv. Ich glaubte, Männern nicht das geben zu können, was sie von eine Frau wollten. Erst in der Therapie begann ich mich schließlich zu fragen, ob es eventuell gar nicht an mir liege, ob der Grund nicht woanders zu suchen sei. Deshalb bedrängte ich ihn solange, bis er mir gestand, daß er schwul ist.

Ich begriff, daß ich mich in meiner Verliebtheit in eine unmögliche Situation gebracht hatte. Denn ich war wirklich wahnsinnig verliebt in ihn. Mir wurde gleichzeitig klar, wenn er der Mann war, für den ich bereit war, nötigenfalls Kompromisse einzugehen, den ich sogar geheiratet hätte, ich mir also einen Homosexuellen ausgesucht hatte, dann war ich immer noch nicht fähig zu einer echten Männerbeziehung. Ich fühlte mich sexuell zu ihm hingezogen, aber nur deshalb, weil er sich mir gegenüber so ambivalent verhielt.

Ich nehme Verbindung zu meinen Bedürfnissen auf

Letzten Winter in der Gruppe verkündete ich, daß ich in meinem Leben keine Männer brauche. Hinterher kam die Erinnerung an die Sache mit meinem Vater. Ich erinnerte mich an eine Zeit in meinem Leben, in der ich mich geborgen und geliebt fühlte, bevor er seinen Herzinfarkt hatte, bevor ich von meinem Bruder mißbraucht wurde, bevor meine Mutter aufhörte, Mutter zu sein. Eine Menge Gefühle stürmten auf mich ein. Ich durchwanderte einen langen, unmerklichen Prozeß, in dem ich um den Vater trauerte, den ich als Zehnjährige verlor, nicht um den Mann, der starb, als ich 15 war. Ich trauerte um einen ganz anderen Menschen, um einen Menschen, dessen Existenz ich vergessen hatte.

Das war eine schlimme Zeit, in der ich sehr verwirrt und wütend war. Ich interessierte mich für nichts; ich wollte mit niemand sprechen. Ich fühlte mich emotional sehr krank.

Als ich aus diesen Gefühlen auftauchte, war ich außerordentlich sexuell erregt, ich hätte mich dem nächstbesten Mann an den Hals geworfen. Ich war bereit für eine Beziehung, für eine echte Bindung. Daran arbeite ich immer noch. Ich komme mir vor wie ein junges Mädchen, lerne jetzt erst mit Männerbeziehungen umzugehen, denn zum ersten Mal spüre ich meine Gefühle. Ich bin kein Kind mehr, das so tut, als sei es erwachsen. Ich bin vielmehr eine Erwachsene, die ihre kindlichen Gefühle und Bedürfnisse zuläßt. Ich habe Verbindung zu einer Zeit in meinem Leben aufgenommen, die vor dem Herzinfarkt meines Vaters lag, einer Zeit, in der es mir gut ging, in der ich geliebt wurde.

Es ist besser, als es war

Ich kann nicht sagen, daß alles heute besser ist. Aber ich kann sagen, daß es wesentlich besser ist, als es war. Ich fühle mich immer noch zu ›ungefährlichen‹ Männern hingezogen, die für mich unerreichbar sind. Erst seit kurzem gehe ich nach dem Büro mit zwei Männern aus, mit denen ich arbeite. Einer von ihnen steht meiner Chefin sehr nah, mit der ich ebenfalls befreundet bin. Der andere Mann ist verheiratet.

Ich stellte Überlegungen an, ob ich eine Beziehung mit einem dieser Männer haben möchte. Carl, der Mann, den meine Chefin sehr gern hat, ist solo und nicht an sie gebunden. Ich weiß, daß er an mir interessiert ist. Ich sehe Anzeichen bei ihm, daß sein Interesse für mich über bloße Freundschaft hinausgeht, während seine Haltung meiner Chefin gegenüber nur freundschaftlich ist. Der verheiratete Mann gibt mir ebenfalls zu verstehen, daß er mich attraktiv findet.

Und jetzt kommt der Knüller. Ich kam zur Überzeugung, daß ich mit Carl, der wirklich verfügbar ist, keine Beziehung haben könne, weil ich meine Freundschaft mit meiner Chefin nicht aufs Spiel setzen könne und wandte mich mehr dem verheirateten Mann zu. Dann erst begriff ich — ich suchte wieder einmal nach einem Vorwand, um eine Beziehung einzugehen, in der ich keine Rechte, keine Bedürfnisse haben durfte. Das Gute daran ist, daß ich diesmal die Zusammenhänge erkannte, bevor es zu spät war.

Didi

*Die Krankheit der Mutter, Tod und Inzest, das sind die Tragö-
dien, die Didis Kindheit geprägt haben. Von dem Kind, das als
11jährige nach dem Tod ihrer Mutter sich selbst überlassen
war, wurde außerdem erwartet, sich um den Vater zu kümmern. Sie mußte seine sexuellen Bedürfnisse befriedigen,
ebenso wie sie ihn nach seinem Herzinfarkt körperlich pflegen
und umsorgen mußte. Eine distanzierte und teilnahmslose
Stiefmutter rundet das Bild ab. Als Didi erwachsen wird,
machen ihr die Folgen der Parentifizierung in allen Lebensbe-
reichen zu schaffen.*

*Didis allmähliche Erkenntnis, wie sie auch aus den Berichten
der anderen Frauen hervorgeht, daß sie nämlich eigene Rechte
hat und diese auch in Anspruch nehmen darf, ist ein Zeichen
ihres Fortschritts. Im Verlauf ihrer Erkenntnis und der Inan-
spruchnahme ihrer Bedürfnisse wird sie herausfinden, welche
davon in ihrem Erwachsenenleben erfüllt werden können und
welche davon unerfüllte Bedürfnisse aus der Kindheit sind, die
sie in der Vergangenheit ruhen lassen muß. Das ist ein langwieriger Prozeß, der uns letztlich den Anspruch an unserem Selbst
zurückgibt, da wir zum ersten Mal Dinge für uns tun und uns
dabei wohlfühlen dürfen. Mit der Fürsorge für uns selbst quali-
fizieren wir uns auch für alle anderen Beziehungen.*

Die Vergangenheit war nicht gerade perfekt

Ich war immer der Meinung, ich hätte eine wunderbare Kindheit gehabt, bis meine Mutter starb. Mittlerweile erinnere ich
mich aber an eine Menge Verdrängung, Haß, Schmerz und Alleinsein.

Jeder wußte, daß meine Mutter an Krebs sterben würde. Vermutlich wußte sogar ich es, ohne je zu begreifen, was das eigentlich bedeutete. Es wurde nie darüber gesprochen. Als sie
starb, verstand ich gar nicht richtig, was passiert war.

Meine Mutter wollte uns vermutlich schützen und redete deshalb nicht über ihre Krankheit. Damit hätte sie eingestanden, daß sie sterben muß. Aber ich verzeihe ihr nicht, daß sie sich von mir nicht so wie von meinen Geschwistern verabschiedet hat. Das schmerzt mich bis heute.

Ich erinnere mich, daß meine Mutter und meine Schwester nicht gut miteinander auskamen. Sie hatten ständig Streit — laute und lange Auseinandersetzungen. Mein Vater war oft mit meinem Bruder unterwegs auf Campingausflügen. Ich lag weinend im Bett und wünschte, mein Papa würde nach Hause kommen und den beiden sagen, sie sollen aufhören zu streiten. Ich glaube, daß meine Mutter vor meiner Geburt, als sie im Ausland lebte, zuviel trank. Ich glaube, das war der Anlaß für die Konflikte zwischen meiner Schwester und meiner Mutter.

Als Kind hatte ich nie eine Privatsphäre. Als ich etwa vier war, schlief ich in einer Nische an der Treppe im ersten Stock, die nach vorne ganz offen war. Später teilte ich ein Zimmer mit meiner Schwester. Dann zogen wir in ein Haus, wo ich ein richtiges Zimmer bekam, aber das lag neben dem Schlafzimmer meiner Eltern; ich mußte auch da immer leise sein und Rücksicht nehmen. Später erinnere ich mich an ein Zimmer, durch das meine Eltern gehen mußten, wenn sie in ihr Zimmer wollten.

Ich kümmerte mich um alle

Nach dem Tod meiner Mutter mußte ich das alles machen, was meine Mutter vorher gemacht hatte: ich wusch die Wäsche; wusch und kämmte meine langen Haare; ich kaufte mir selber was zum Anziehen; kümmerte mich um die Schule; ich machte mir Frühstück und Mittagessen und half beim Abendessen und im Haushalt; ich machte mein Zimmer sauber. Ich habe sogar meine eigenen Geburtstagskuchen gebacken. Und außerdem kümmerte ich mich natürlich um meinen Vater, sexuell und in anderer Hinsicht.

Als mein Vater wieder heiratete, dachte ich, meine Stiefmutter würde die Rolle meiner Mutter übernehmen, aber das war nicht der Fall. Sie kümmerte sich nicht um mich.

Als ich fünfzehn war, erlitt mein Vater einen Herzinfarkt. Ich war wahnsinnig besorgt. Er war etwa zwei Wochen im Krankenhaus. Als er wieder nach Hause kam, brauchte er Pflege. Ich weiß nicht, warum meine Stiefmutter sich nicht um ihn kümmerte. Es erscheint mir heute völlig absurd, daß ich nicht zur Schule ging, um meinen Vater zu versorgen, ihm sein Frühstück, sein Mittagessen zu bringen, abends für ihn zu kochen. Ich half ihm aus dem Bett und stützte ihn, wenn er ein paar Schritte durchs Zimmer ging, ich brachte ihm seine Medizin. Meine Eltern waren nicht reich, aber sie hätten sich gewiß eine Krankenschwester leisten können, um ihn zu pflegen. Ich fügte mich ganz natürlich in diese Rolle. Vermutlich waren alle ganz selbstverständlich der Meinung, es sei meine Pflicht.

Gefühle bagatellisieren, um Papa zu schonen

Das war wohl auch der Grund, warum ich immer so erwachsen wirkte. Ich mußte meinen Vater versorgen. Als ich meinem Vater zum ersten Mal sagte, daß ich mich an den Inzest erinnerte, bagatellisierte ich dabei meine eigenen Gefühle, um ihn zu schonen. Ich habe das häufig bei anderen Leuten getan, habe die Verantwortung für etwas übernommen, das mich gar nichts anging.

Als ich mit meinem Vater sprach, gab er zu, daß es passiert war. Er fand es irgendwie nicht so wichtig und sagte, soweit er sich erinnere, sei es nur einmal vorgekommen. Ich ließ mich aber nicht beirren und hielt ihm vor, daß es zwei Jahre dauerte. Das konnte er gar nicht glauben. Ich sagte ihm, daß es wichtig war, und daß es Inzest gewesen ist. Das konnte er auch nicht glauben. Aber ich habe ihm nicht wirklich gesagt, was er mir damit angetan hat, wie sehr er mich kaputt gemacht hat.

Ich richte mich stets nach anderen

Ich war in meinen erwachsenen Beziehungen immer die ›Mutter‹. Die Gefühle der anderen bedeuteten immer mehr als meine eigenen. Es gab und gibt viele Beziehungen, in denen ich anderen zuhörte, über ihre Probleme redete und meine Bedürfnisse nicht einmal erwähnte.

Das ist sehr schmerzlich, weil ich außerhalb der Gruppe keine Beziehung habe, in der auf meine Bedürfnisse Rücksicht genommen wird.

Das ist einer der Gründe, warum die Gruppe für mich so wichtig ist. Ich glaube nicht, daß ich viele Freunde habe, die mir nahestehen oder daß ich mit Erwachsenen auf erwachsener Basis umgehen kann.

Ich fühle mich ausgelaugt und verletzlich

Ich möchte näher darauf eingehen, wie schwer es ist, unter diesen Umständen Mutter zu sein und Kinder groß zu ziehen. Abgesehen von den emotionalen Schwierigkeiten, überforderte mich die Kindererziehung körperlich. Dazu kam die Auseinandersetzung mit dem Inzestproblem.

Ich blieb oft nächtelang wach, redete und weinte oder hatte alle möglichen Streitgespräche − ich weiß nicht, wie ich das überhaupt alles durchgehalten habe. Ich war ständig übermüdet und erschöpft. Von mir war kaum etwas übrig und die Kinder brauchten so viel.

Die Schwangerschaft war sehr anstrengend. Es kostete mich unendliche Überwindung, zum Supermarkt zu gehen. Ich stelle immer wieder fest, daß fremde Leute im Supermarkt unhöflich zu mir sind.

Ständig begegne ich Menschen, die mir sagen, wie ich meine Kinder zu erziehen habe oder daß ich irgend etwas falsch mache, z. B.: »Was, Sie geben Ihrem Baby einen Schnuller?« was auch immer. Ich war nie fähig, darauf eine Antwort zu geben.

Ich kochte innerlich vor Wut, aber ich war nicht imstande, etwas darauf zu entgegnen. Ich dachte immer, es liege an meinen guten Manieren, es liege an meiner guten Erziehung. Das ist es aber nicht. Ich war lediglich zu feige. Diese Leute griffen mich einfach an und ich ließ es mir gefallen.

Ich lerne, für mich einzutreten

Nach Beginn des Mißbrauchs kam eine lange Zeit in meinem
Leben, in der Leute mir ständig etwas sagten oder etwas mit
mir machten, das ich widerspruchslos hinnahm. Seit kurzem
erst bin ich an einem Punkt angelangt, an dem ich mir das einfach nicht mehr bieten lasse. Ich lasse mich nicht mehr so behandeln. Ich habe mir eine andere innere Einstellung zugelegt.
Irgendwie scheinen die Menschen einen in Frieden zu lassen,
wenn man sie weniger beachtet, wenn man ihnen mit Kälte begegnet. Plötzlich kapieren sie, daß sie etwas Unhöfliches gesagt
haben. Ich muß lernen, mich zu verteidigen.

Ann-Marie

Ann-Marie findet, sie müsse jedesmal einen hohen Preis bezahlen, wenn sie ihre eigenen Bedürfnisse in den Vordergrund stellt. »Warum kann ich nie meine eigenen Bedürfnisse erfüllen, ohne das Gefühl zu haben, es sei für andere unzumutbar?« fragt sie. Die Antwort auf diese Frage lautet: wegen des Inzests und der Parentifizierung. Wir wachsen heran mit dem Gefühl, anderen wehzutun, wenn wir von ihnen verlangen, sich auf unsere Bedürfnisse einzustellen. Wir glauben, wir ›dürften‹ das nicht tun. Es fällt uns schwer, uns von diesen selbstangelegten Fesseln zu befreien. Wir haben diese Botschaft als Kinder verinnerlicht und projizieren sie als Erwachsene auf unsere Beziehungen. Versuchen Sie bei der Lektüre von Ann-Maries Fallgeschichte herauszufinden, in welchem ihrer Lebensbereiche sie sich so verhält. Vermutlich werden Sie Parallelen zu Ihren eigenen Erfahrungen feststellen.

Wir ziehen oft Menschen an, denen es gefällt, wenn wir unsere Bedürfnisse nicht zum Ausdruck bringen, da sie nicht auf uns eingehen wollen. Besteht in solchen Beziehungen die Hoffnung auf Liebe? Haben wir als Kinder Liebe oder bloße Pflichterfüllung kennengelernt? Können wir Liebe erkennen und annehmen, wenn sie uns angeboten wird? Ist unsere Vorstellung von Liebe nur eine Illusion, die nicht realisierbar ist? Welche berechtigten Erwartungen dürfen wir in einer Erwachsenenbeziehung haben? Das sind Fragen, die wir uns stellen müssen. Und ich versichere Ihnen, Veränderung ist möglich.

Für mich mischt sich Parentifizierung mit dem Thema Kontrolle. Mein Vater war Alkoholiker, und meine Familie befand sich in einem emotional chaotischen Zustand. Ich setzte alles daran, um zu beschwichtigen, um Dinge glatt zu bügeln. Ich fühle mich *sehr* unbehaglich, wenn Menschen in meiner Umgebung verärgert sind, und bemühe mich nach wie vor, alles in Ordnung zu bringen, damit alle wieder zufrieden sind. Ich habe gelernt, das zu erkennen, und sehe nun mein Ziel darin, mich aus Situationen herauszuhalten, die mich wirklich nichts angehen, für die ich nicht verantwortlich bin, selbst wenn man von mir wünscht, Ordnung zu schaffen.

Mich um Mutter kümmern

Meine Mutter und ich tranken immer eine Tasse Tee zusammen, nachdem mein Vater auf der Couch im Wohnzimmer eingeschlafen war, wenn er gut gegessen oder zu viel getrunken hatte. Sie sprach mit mir über ihre Geldsorgen oder über ihre Probleme mit meinem Vater − Dinge dieser Art. Ich erinnere mich nicht, daß wir viel über mich gesprochen hätten. Ich weiß nur, daß sie auf meine Probleme nur Standardsätze parat hatte.

Ich hatte nie das Bedürfnis, mit meiner Mutter über den Inzest zu sprechen. Meine Mutter zog mich häufig über ihre Nöte ins Vertrauen und dabei wurde ich sehr schnell erwachsen. Ich weiß heute, daß meine Wahrnehmungen damals frühreif und erwachsen waren. Selbst wenn ich den Wunsch gehabt hätte, mit ihr über den Inzest zu sprechen, war mir wohl klar, daß dies unmöglich gewesen wäre: Sie hätte es nicht verkraftet. Ich nahm eine starke Schutzhaltung ihr gegenüber ein. Sie fühlte sich überlastet. Sie trug einen Großteil der finanziellen Verantwortung für die Familie, weil mein Vater so viel trank.

Ich erinnere mich nicht. Vielleicht wollte ich mit ihr darüber sprechen. Ich erinnere mich, daß mein Vater mir einredete, es müsse unser Geheimnis bleiben. Ich erinnere mich nicht an ein spezielles Gespräch. Ich erinnere mich nur, daß ich einmal, als ich 11 oder 12 war, vor ihm stand und sagte: »Papa, was würdest du tun, wenn ich darüber spreche?«

Mein Vater hatte blaue Augen. Und er starrte mich aus eiskalten, blauen Augen an und gab keine Antwort darauf. Es war ein tödlicher Blick, der mich bis ins Mark traf. Er wußte wohl, daß er darauf keine wirkliche Antwort geben konnte. Sein Blick gab mir aber zu verstehen, daß ich nicht darüber reden dürfe, weil ich verantwortlich dafür war und weil ich Angst hatte.

Vaters Alkoholismus heilen

Ich versuchte sogar, die Verantwortung für den Alkoholismus meines Vaters zu übernehmen. In der High-School erfuhr ich, welchen Schaden Alkohol in den Gehirnzellen anrichtet. Ich ging nach Hause mit dem festen Vorsatz, meinen Papa darüber aufzuklären. In meiner Naivität nahm ich wohl an, er wisse darüber nicht Bescheid. Ich muß wohl eine halbe Stunde ohne Pause geredet haben, um meinen Vater davon zu überzeugen, wie gefährlich sein Alkoholkonsum war. Meine Mutter saß nur da und schwieg. Ich hatte immer diese Schutzhaltung, ich beschützte alle, nur nicht mich selbst.

In vielen Alkoholikerfamilien müssen die Kinder Pflichten übernehmen, Routinearbeiten. Ich lernte kochen, weil ich für meinen Vater kochen mußte. Meine Mutter machte die Einkäufe. In meinem Fall ging es aber mehr um die emotionale Fürsorge.

Meine Mutter — eine Neubewertung

Die Beziehung zu meiner Mutter stellte sich als komplizierte Angelegenheit heraus, seit ich mich in der Therapie damit befasse.

Ich dachte immer, ich hätte einen guten, emotionalen Kontakt zu ihr. Aber seit einigen Jahren ist alles einseitig. Meine Mutter hat mich, seit ich erwachsen bin, öfter besucht. Das letzte Mal vor ein paar Jahren, als ihre Ehe mit meinem Stiefvater in einer großen Krise steckte. Meine Beziehung zu ihr war immer freundschaftlich. Ich sah sie als Freundin, eine gute Freundin, deren Ehe in Gefahr war.

Ich empfinde das heute als schmerzlich, weil ich mir einen Mythos aufgebaut habe, wie liebevoll und verständnisvoll meine Mutter war. Mittlerweile frage ich mich, inwieweit sie sich in all den Jahren überhaupt für mich interessiert hat. Sie liebt mich auf ihre Art. Aber es ist sehr schwer, ihre Art zu akzeptieren. Trotzdem weiß ich, daß sie sich große Mühe gegeben hat.

Seit kurzem gewinne ich die Einsicht, daß Liebe nicht unbedingt einschließt, für andere zu sorgen, für sie da zu sein. Meine Mutter hat mir im Lauf der Jahre ziemlich oft ihre Liebe erklärt. Aber ich sehe nur wenige Beweise, daß sie sich um mich *gekümmert* hat. Auch heute nicht. Es fällt mir sehr schwer, das zu akzeptieren – ich habe immer noch eine Phantasievorstellung von ihr.

Ein Aspekt der Parentifizierung besteht für mich in der Schutzhaltung. Meine Mutter nahm meinen Bruder sehr in Schutz. Sie belog meinen Vater, um ihn vor seinem total übersteigerten Zorn über ein begangenes Vergehen zu schützen. Ich wiederum nahm meine Mutter und meine ganze Familie in Schutz vor der Wahrheit des Inzestgeschehens. Was immer meine Bedürfnisse waren, hätte ich darüber gesprochen, wäre meine Familie daran zerbrochen. Davon bin ich heute noch überzeugt.

Mich immer um andere kümmern

Heute habe ich den Wunsch, meiner Mutter Fragen über den Inzest zu stellen. Ich würde wenigstens gerne wissen, ob sie darüber Bescheid wußte oder nicht, und wieso sie nichts dagegen unternommen hat. Ich würde das gerne von ihr hören. Ich kann mir alles mögliche ausdenken, deshalb habe ich immer noch keine Gewißheit. Ich habe einen Vortrag auf Tonband über Inzest, in dem das alles viel besser gesagt wird als ich es kann. Und in diesem Vortrag heißt es, daß wir ein Recht haben, darüber Bescheid zu wissen. Dieser Ansicht bin ich auch. Aber den Mut, diese Fragen zu stellen, bringe ich noch nicht auf. Jetzt noch nicht. Vielleicht auch noch nicht in einem Jahr. Das dauert noch eine Weile.

Meine Mutter beschäftigt sich mehr mit ihren Rechten, seit sie eine Al-Anon-Gruppe besucht, vorwiegend wegen meinem Stiefvater. Sie fängt an, selbständiger zu werden. Ihre Ehe ist nicht ungetrübt, aber sie lernt immer mehr, für ihre Rechte einzutreten. Vielleicht kommt der Zeitpunkt, an dem ich sage: »Okay, jetzt kann ich ihr ein paar Fragen stellen.«

Manchmal denke ich, es würde mich nicht wundern, wenn sie die ganze Zeit darüber Bescheid wußte, aber glaubt, ich hätte alles verdrängt und vergessen. Vielleicht will sie mir nicht wehtun, ohne zu begreifen, daß man solche Dinge nie vergessen kann. Sie geht zu Al-Anon und die Fachbücher für Angehörige von Alkoholikern sind voll mit Inzestgeschichten. Das Thema muß also bei ihren Gruppentreffen zur Sprache kommen. Ob sie sich diese Frage manchmal stellt? Trotzdem bin ich nicht in der Lage, daran zu denken, sie danach zu fragen, ohne mir gleichzeitig Sorgen zu machen, was ich ihr damit antun würde. Ich nehme immer Rücksicht auf sie.

Verwirrung in Bezug auf Bedürfnisse

Ich fürchte, meine eigenen Bedürfnisse waren für mich ein Rätsel. Ich hab mich gelegentlich sehr bedürftig gefühlt, ohne eigentlich zu wissen, was ich brauche. Meist habe ich mich an den jeweiligen Partner in meinem Leben gewandt und von ihm erwartet, er müsse mich glücklich machen.

Im College sublimierte ich mein Leben und meine Ziele und kümmerte mich um einen jungen Mann, in den ich mich bereits am ersten Wochenende auf dem Campus verliebte. Ich fühle mich noch immer gezwungen, in Betracht zu ziehen, was für andere richtig ist. Ich kann nie nur an mich denken und das tun, was ich möchte. Warum muß ich dauernd denken, alles was ich möchte und brauche, müsse sich verheerend auf andere auswirken?

Ehe — darf ich meine Bedürfnisse befriedigen?

In der Gruppe haben wir darüber gesprochen, welche Sorgen und Probleme Kinder aufwerfen. Mein Mann wünscht sich sehnlich Kinder. Ich glaube, er wäre ein ausgezeichneter Vater.

Und das wird ein Problem für mich, weil ich nicht glaube, jetzt schon mit Kindern umgehen zu können. Ich muß mich um mich selbst kümmern, ich muß an meinen Inzestproblemen arbeiten. Aber dann denke ich wieder, wenn ich das tue, verliere ich möglicherweise meinen Mann, weil er etwas möchte, wozu ich im Augenblick noch nicht bereit bin. Ich muß einen sehr hohen emotionalen Preis bezahlen, um mich mit all dem auseinanderzusetzen. Wieso kann ich mich nie meiner eigenen Bedürfnisse annehmen, ohne das Gefühl zu haben, anderen damit Schaden zuzufügen?

Eines der Probleme in meiner Ehe besteht darin, daß ich ein gewisses Maß an emotionaler Zuwendung brauche. Wir diskutierten darüber, lange vor unserer Ehe in nächtelangen zermürbenden Gesprächen, bis die Tränen flossen. Er machte eine Menge leerer Versprechungen, wie ich meine. Ich hatte die Wahl, ihm zu glauben oder es sein zu lassen. Und ich zog es vor, ihm zu glauben. Und jetzt bin ich verheiratet und sitze in der Falle, weil ich mir einen Mann ausgesucht habe, der nicht bereit ist, seinen Teil der Abmachung einzuhalten.

In dieser Stadt hat man allein auf sich gestellt in finanzieller Hinsicht ein schweres Leben. Ich verdiene zwar gut, müßte jedoch auf das Haus, in dem ich lebe, verzichten, wenn ich mich scheiden lasse. Mein Leben würde wieder in erheblichen Aufruhr geraten. Ich habe keine Lust, wieder von vorne anzufangen. Aber ich spüre keine wirkliche Liebe in mir. Ich weiß nicht mehr, was Liebe heißt.

Kann ich es Liebe nennen?

Verliebt war ich das letzte Mal in den Mann, mit dem ich viereinhalb Jahre zusammenlebte. Allmählich begreife ich, daß ich gar nicht weiß, was es heißt, verliebt zu sein. Ich weiß nicht, was das ist. Ich lese Bücher darüber, aber das hilft mir nicht. Ich versuche es mit kleinen Schritten. Einen Tag nach dem anderen. Zumindest leben wir noch zusammen. Wir haben Spaß miteinander, wir haben viele gemeinsame Interessen. Aber er ist kein Seelenfreund. Der Mann, mit dem ich viereinhalb Jahre zusammen war, der war ein Seelenfreund. Als ich ihn kennenlernte, arbeiteten wir beide in derselben Firma, und wir waren beide frisch verheiratet. Und das paßt genau ins Muster. Meine aufregendsten Beziehungen hatte ich immer mit verheirateten Männern. Ich verließ meinen ersten Mann und damit verlor die Beziehung zu dem verheirateten Mann ihren sexuellen Reiz.

Ich darf nicht sein, wie ich bin

Ein anderer wichtiger Punkt in meiner Kindheit war ein Gefühl, daß ich andere Leute so sein zu lassen habe, wie sie waren, ich aber nicht sein durfte, wie ich war. Ich erinnere mich noch genau an einen Vorfall, der das veranschaulicht. In der Grundschule war ich bei den Pfadfinderinnen. Es fand irgendeine Feier statt. Unsere Zugführerin war die Mutter einer meiner Schulfreundinnen. Wir hatten uns alle im Festsaal der Schule versammelt und nahmen an der Feier teil. Die anderen Mädchen nahmen ihre Mützen ab und warfen sie in die Luft. Das gefiel mir; also warf auch ich meine Mütze in die Luft. Da kam die Zugführerin zu mir und tadelte mich, ich solle aufhören, meine Mütze in die Luft zu werfen. Alle anderen Mädchen, auch ihre eigene Tochter machten es; aber sie kommt zu mir und tadelt mich deswegen. Das sah ich nicht ein. Ich warf meine Mütze wieder in die Luft, und sie schimpfte mich wieder aus. Und dieses Gefühl hat mich mein ganzes Leben begleitet. Ann-Marie muß ein braves Mädchen sein, sie darf sich nicht gehen lassen. Das war meine Grundhaltung und ist es bis heute geblieben.

An meinem Arbeitsplatz hatte ich mit meiner früheren Abteilungsleitern Probleme, die ebenso alt ist wie ich. Sie ist verheiratet, hat zwei Kinder und sie spricht schnell, wie ich auch. Sie ist sehr klug, voller Energie, manchmal aggressiv. Es gibt eine Menge Leute, die sie nicht besonders leiden können, weil sie so ehrgeizig ist und sich so sehr in den Vordergrund spielt. Ihr Vorgesetzter, mit dem sie befreundet ist, brachte sie in die Firma.

Die Leute sagen mir oft, wie ähnlich ich dieser Frau bin; und es paßt ihnen nicht. Sie darf eine große Schnauze haben, aber ich darf nicht sagen, was meiner Ansicht nach gesagt werden muß. Wenn ich mich durchsetzen will, damit ein Auftrag erledigt wird, ist es mir nicht gestattet. Ich muß mich passiv verhalten, sonst bekomme ich einen Anpfiff. Sie darf eine große Klappe haben und die Geschäftsführung hat nichts dagegen; sie bekommt keinen Rüffler für ihr Verhalten. Ich mache so etwas nie, aber die wenigen Dinge, die ich mache, werden mir als ›Aggression‹ ausgelegt. Ich hab das Gefühl, daß ich nichts tun darf.

Ich habe ein Recht, auf der Welt zu sein

Erst seit ganz kurzer Zeit habe ich begriffen, besonders im Berufsleben, daß ich nicht alles tun muß, was meine Firma von mir verlangt. Ich fange auch an zu begreifen, daß ich nicht verpflichtet gewesen wäre, alles zu tun, was meine Eltern von mir verlangten, um ein braves, ein pflichtbewußtes Kind zu sein. Ich wäre auch ein braves Kind gewesen, ohne immer alles für andere zu tun. Meine Eltern haben mich in dem Gedanken erzogen: »Du hast kein Recht, hier zu sein.«

Es hat Zeiten gegeben, als das wirklich schlimm war. Ich habe immer geglaubt, kein Recht zu haben, auf der Welt zu sein. Ich mußte meine Existenz rechtfertigen. Ich habe jetzt ein Problem, wegen der Dinge, die mein Ehemann seit neuestem für mich tut. Ich habe das Gefühl, ich müsse ewig dankbar sein. Vor lauter Dankbarkeit müßte ich ein Baby nach dem anderen bekommen, weil er endlich etwas für mich tut. Ich kann nicht akzeptieren, daß er es für mich tut, weil ich hier bin und ich es verdiene. Egal, was passiert, ich habe das Gefühl, wenn ich etwas Gutes bekomme, muß ich es zurückgeben. Als sei es meine Aufgabe, immer die Gebende zu sein.

Selbstachtung

Ich habe Schwierigkeiten mit meiner Selbstachtung. Heute hat meine Selbstachtung schon die Größe einer Vierteldollar-Münze. Als ich anfing, hatte sie die Größe einer Erbse. Und genau deswegen *nehmen* die Leute immer von mir. Ich gebe gern und ich bin nicht glücklich, wenn ich nicht geben kann. Ich habe mir zum Beispiel zwei Katzen angeschafft, als ich allein lebte und die Absicht hatte, das beizubehalten – eine gewisse Zeit jedenfalls. Wenn ich nach Hause kam, war niemand da, deshalb schaffte ich mir zwei Katzen an; und sie sind zauberhaft. Es gab mir ein so gutes Gefühl, weil sie mich brauchten.

Aber von Menschen fühle ich mich meist ausgenutzt. Im Fall meines Vaters wurde ich ganz offensichtlich benutzt. Ich habe mein ganzes Leben das Gefühl, daß die Leute mich eigentlich ausgenutzt haben, mein Pflichtgefühl und mein Verantwortungsgefühl.

»Was habe ich falsch gemacht?«

Jahrelang habe ich mir immer wieder die Frage gestellt: »Was habe ich falsch gemacht?« Wenn irgend etwas in einer privaten Beziehung oder auch in einer flüchtigen Begegnung am Arbeitsplatz schief ging.

Ich erinnere mich an die Anfänge meines Berufslebens. Ich ging morgens den Flur entlang, um mir eine Tasse Kaffee zu holen. Ein Mitarbeiter begegnete mir und sagte: »Hallo!«. Und ein paar Stunden später begegnete ich dieser Person wieder auf dem Flur und er oder sie sagte nicht: »Hallo!« Ich ging in mein Büro zurück und zerbrach mir doch tatsächlich den Kopf, was ich falsch gemacht haben könnte, weil diese Person diesmal nicht »Hallo!« gesagt hatte. Es dauerte Jahre, bis ich dahinter kam, daß der Betreffende möglicherweise gerade eine Aktennotiz oder einen Anruf bekommen hatte, die ihn beschäftigten, und daß es *nichts mit mir zu tun hatte*.

Das ist nur eine Kleinigkeit. Größere Dinge können zu Alpträumen werden. Seit neun Monaten arbeite ich für eine Frau. Und diese Beziehung bringt eine Menge meiner Probleme zum Vorschein. Sie ist eine sehr willensstarke Frau. Ich wurde ihr als Projektleiterin zugeteilt. Die Entscheidung traf nicht sie, sondern einer ihrer Vorgesetzten. Ursprünglich hat sie mich sehr in meiner Karriere unterstützt. Sie war diejenige, die mich in die

Firma brachte. Doch seit ein Vorgesetzter von ihr verlangte, sie soll mich für eines ihrer Projekte einsetzen, macht sie mir Schwierigkeiten. Sie wirft mir ständig Knüppel zwischen die Beine, sie setzt mich in Besprechungen herab – nicht persönlich, aber indirekt – in bezug auf meine Arbeit. Ich ging in die Therapie und fragte mich: »Was mache ich falsch?« Dann kam mir die Erleuchtung – die Frau hat ihre *eigenen Probleme*. Es hat nichts mit mir zu tun.

Es hat eine unendlich lange Zeit gedauert, bis ich herausgefunden habe, daß ich nicht immer für alles verantwortlich bin. Es war eine Qual.

Brenda

Das Wort ›Parentifizierung‹, also die Rollenumkehr ist für das Ausmaß an Mißbrauch, den Brenda erleiden mußte, zu gering. Es beschreibt aber ihre Reaktion darauf – wie sie die volle Verantwortung übernahm für alles, was ihr, ihrem Bruder und auch ihrer Mutter angetan wurde. Sie kämpft immer noch darum, sich von Schuldgefühlen zu befreien, einer Primärfolge der Eltern-Kind-Umkehrung, die uns einschärft, daß wir für alles verantwortlich sind.

Brendas Geschichte unterscheidet sich insofern von den anderen Fällen, da die Ursprünge ihres parentifizierten Verhaltens nicht nur ihre Mutter und ihre Pflegeeltern einschließen, sondern auch Einrichtungen der Jugendfürsorge und Schulen. Trotzdem finden wir Gemeinsamkeiten mit den anderen Überlebenden. Ihr Leistungsdrang, ihre Tendenz, einseitige Beziehungen einzugehen, ihre Schwierigkeiten, Selbstfürsorge zu üben und ihre Probleme, Intimität ohne Grenzkonflikte aufrechtzuerhalten, sind vertraute Muster.

Wie Noelle ist auch Brenda sich der generationenüberschreitenden Wirkung der Parentifizierung bewußt, die sie im zweiten Teil ihrer Geschichte zur Sprache bringt. Ein parentifiziertes Kind hat als Erwachsene Schwierigkeiten, angemessene Grenzen bei den eigenen Kindern zu setzen; es fällt ihr schwer, den Kindern einerseits Disziplin abzuverlangen, ihnen andererseits ihre Liebe zu zeigen. Erst wenn wir analysieren, wie wir unsere Kindheitserfahrungen in unserem Erziehungsverhalten wiederholen, können wir es ändern. Wie Brenda sagt: »Es ist nie zu spät.«

Ich war immer erwachsen

Ich war nie ein Kind. Ich beneidete alle anderen Mädchen in der Schule, weil sie mit den Jungen flirten konnten und so selbstsicher waren. Ich wäre liebend gern auch so gewesen; wollte ausprobieren, wie man sich dabei fühlt. Ich fühlte mich immer als Erwachsene, schon als Kind. Ich sah aus wie jedes andere kleine Kind, aber ich konnte denken wie eine Erwachsene, und dabei wollte ich bloß ein Kind sein, sehnte mich danach, ein Kind zu sein. Das war später einer der schwierigsten Punkte in der therapeutischen Auseinandersetzung für mich, daß ich keine Kindheit haben durfte, ich war immer eine Erwachsene.

Ich hatte als Kind und Jugendliche das deutliche Gefühl, keinerlei Rechte zu haben. Ich fragte mich oft, mit welchem Recht ich überhaupt existierte. Andere Leute konnten tun, was ihnen paßte. Das war vielleicht auch ein Grund, warum ich mich scheute, Beziehungen zu anderen Leuten oder Freundschaften zu haben, weil mich das der Gefahr ausgesetzt hätte, ausgenutzt zu werden.

Mir wurde gesagt, was ich zu tun und zu lassen habe. Für mich gab es keine Entscheidungsfreiheit − ich hatte nie irgendwelche Freiheiten, ich war immer eine Gefangene, mit der jeder machen konnte, was er wollte. Ich wurde nie gebeten, etwas zu tun, mir wurden stets Befehle erteilt. Noch heute werde ich wütend, wenn Leute mir Befehle erteilen. Ich reagiere mit Trotzhaltung darauf: Ich werde das nicht tun, nein, ich tue es nicht.

Ich war immer sehr viel mehr um die Gefühle anderer Menschen besorgt, habe nie an mich gedacht, habe mich nie geschützt, nie zur Wehr gesetzt. Ich glaubte nicht einmal, das Recht zu haben, mich zu schützen. Ich bin immer bereit, mich um andere zu kümmern, in beiden Ehen habe ich mich um schwache Ehemänner gekümmert. Ich umsorge meine Kinder. Ich umsorge meinen Chef. Ich umsorge meine Freunde. Meine Tür steht Bedürftigen und Ratsuchenden immer offen. Vermutlich steigert diese Haltung meinen Selbstwert. Ich fühle mich dadurch wertvoll, gebraucht, sinnvoll. Und außerdem ist es die einzige Einstellung, die ich je kannte. Ich kam auf die Welt, um für andere da zu sein.

Heute denke ich anders. Ich helfe immer noch gern, wenn ich die Möglichkeit habe, ich versuche aber zugleich, mich um mich selbst zu kümmern. Die Therapie gibt mir die Möglichkeit dazu.

Als Dreijährige Elternpflichten übernehmen

Ich übernahm als Dreijährige Mutterpflichten, als mein Bruder zur Welt kam. Ich kümmerte mich von Anfang an um ihn und um alle weiteren Kinder, die meine Mutter zur Welt brachte. Als Baby hatte mein kleiner Bruder Krämpfe und Zuckungen. Ich wußte nicht, was los war, und stand Todesängste aus, daß ich Schuld habe, wenn er stirbt. Irgendwie schaffte ich es, den Notarzt zu rufen. Als der Rettungswagen ihn wegbrachte, entsetzte mich der Gedanke, daß ich ihn wirklich getötet hatte. Ich übernahm auch die volle Verantwortung, wenn meine Mutter betrunken war.

Ich kümmerte mich um meine Mutter. Wenn sie zu betrunken war, um ihre Freier zu besuchen, begleitete ich sie und wartete auf sie. Sie begleiten und auf sie warten hatte auch seine guten Seiten, weil ich dann immer etwas zu essen bekam. Ich saß in einem Wohnzimmer oder vor einer Wohnungstür, wartete auf sie und bekam zu essen. Manchmal bekam ich sogar Geld.

Mein erstes sexuelles Erlebnis hatte ich, wie gesagt, mit drei Jahren, als meine Mutter mich an einen ihrer Freunde verschacherte; daran erinnere ich mich genau. Es war oraler Sex. Ich weiß noch, daß ich Kartoffelchips zu essen bekam und nicht wirklich wußte, was eigentlich los war; aber ich bekam zu essen und das war sehr wichtig. Meine Mutter war dabei − betrunken. Ich war ein so kleines Kind, wußte nicht, daß da etwas Schlimmes passierte. Ich wußte nur, wenn ich das machte, bekam ich etwas zu essen. So ist alles eine Frage von Ursache und Wirkung.

Meinen Bruder beschützen

In meiner ganzen Kindheit beschützte ich meinen Bruder. Ich paßte auf, daß niemand ihm weh tat, kämpfte für ihn, sorgte dafür, daß er bekam, was er sich wünschte − besser gesagt, das Nötigste, was er brauchte, nicht was er sich wünschte. Ich fuhr auch fort, mich um die seelischen und körperlichen Bedürfnisse meiner Mutter zu kümmern, so gut ich es vermochte. Ich besorgte ihr zu essen, zu trinken, brachte sie ins Bett, weckte sie und begleitete sie zu ihren Freiern.

Als ich bei meiner Mutter lebte, schlief ich in dem Bett, in dem sie ihre Kunden empfing, war also ständig sexuellen Dingen ausgesetzt. Wenn jemand drohte, meinen Bruder zu bestrafen, sorgte ich dafür, daß ich die Prügel bekam. Ich warf mich schützend über ihn, wenn wir unter dem Tisch kauerten, so daß der Lederriemen mich traf und nicht ihn. Ich versuchte auch, mich um die anderen Kleinen zu kümmern. Meine Mutter warf mit Messern und Bierflaschen nach uns. Ich nahm meinen Bruder und wir rannten auf die Straße hinaus; wir versteckten uns unter der Treppe oder in einem Hauseingang oder sonstwo. Wir zogen ständig um, wir blieben nirgends länger als eine Woche. Vermutlich zogen wir aus, wenn die Miete fällig war. Als Kind hatte ich immer das Gefühl, daß alles schief ging, weil ich kein guter Mensch war, weil ich mich nicht genug bemühte.

Ich ließ ihn im Stich

Nach dem Inzest lief ich fort, weil ich es nicht mehr länger aushielt. Ich hatte furchtbare Schuldgefühle, weil ein Jahr später auch mein Bruder weggeholt wurde. Er kam in Heime, wo er geschlagen wurde. Sie haben ihm die Nase gebrochen und später haben sie ihm die Arme gebrochen. Ich fühlte mich schuldig, weil ich nicht bei ihm war und ihn nicht beschützen konnte. Ich machte mir Vorwürfe, weil ich den sexuellen Mißbrauch nicht mehr ausgehalten habe. Wenn ich damit weitergemacht hätte, wäre ihm das alles nicht passiert, ich wäre bei ihm gewesen. Über diese Schuldgefühle bin ich bis heute nicht weggekommen. Hätte ich gewußt, was sie ihm antun würden, hätte ich ihn nicht im Stich gelassen. Ich hätte alles ertragen.

Ich habe noch heute Schuldgefühle

Wenn ich meinen Bruder heute sehe, mache ich mir immer noch Vorwürfe, ihn damals im Stich gelassen zu haben. Aber wenn ich mit ihm darüber spreche, gibt er mir keinerlei Schuld. Es macht ihn irgendwie traurig, daß ich diese Schuldgefühle noch habe. Ich bin noch nicht so weit, um loszulassen, um wirklich einzusehen, daß ich damals keinen Einfluß auf den Verlauf der Dinge nehmen konnte. Mental kann ich damit umgehen. Es ist eine rein gefühlsmäßige Sache, diese Selbstvorwürfe, zugelassen zu haben, daß ihm Schlimmes angetan wurde. Das ist einer der Beweggründe, warum ich meine Kinder vor körperlichem Schaden bewahren will – egal um welchen Preis, meinen Kindern darf niemand etwas antun.

Ich war sehr traurig, als mein Bruder mit Drogen und Alkohol anfing. Ich machte mir Vorwürfe, weil ich nicht bei ihm war, weil ich ihm keine Anleitung geben konnte. Ich stellte Kaution, damit er aus dem Gefängnis kam, ich schickte ihm Geld. Und irgendwann wurde ich wütend auf ihn, und wir hatten eine sehr harte Auseinandersetzung. Danach fing er an, sich zu ändern. Vielleicht fürchtete er, daß ich ihn völlig fallen lasse, weil ich so wütend auf ihn war. Aus welchem Grund auch immer, irgendwie schaffte er es, sein Leben zu ändern.

Versuch einer Schwester-Bruder-Beziehung

Obwohl ich meinen Bruder nach wie vor beschütze, bin ich bis heute nicht zu einer Schwester-Bruder-Beziehung fähig. Ich weiß, daß er mein Bruder ist, aber in vieler Beziehung bin ich seine Mutter geblieben. Ich hoffe, eines Tages mit Hilfe der Therapie eine echte Schwester-Bruder-Beziehung zu haben und zu wissen, welche Rolle mir darin zukommt. Zum Beispiel muß ich begreifen, daß ich das Recht habe, meinen Bruder um etwas zu bitten, um etwas, das er mir geben kann. Ich glaube, das würde ihm Freude machen. Ich glaube, er macht sich oft Sorgen um mich. Und ich lasse nicht zu, aus welchen Gründen auch immer, daß er mich beschützt. Ich spüre immer noch diese Verpflichtung, daß ich ihn beschützen muß, nicht umgekehrt.

Wenigstens denke ich heute darüber nach und versuche herauszufinden, wie wir zu einer ausgeglichenen Beziehung kommen können. Ich weiß, daß unsere Beziehung seit vielen Jahren sehr ungesund ist. Immer war ich es, die ihm etwas gegeben hat. Das mag ein Grund für seine geringe Selbstachtung sein. Ich habe nie zugelassen, daß er selbständig ist, er durfte sich nie selbst verteidigen, oder für sich sprechen. Deshalb habe ich auch Schuldgefühle.

Alles war meine Schuld

Ein weiteres starkes Gefühl, das ich aus meiner Kindheit übernommen habe, ist die ständige Ablehnung durch alle, mit denen ich Kontakt hatte. Meine Mutter, meine Pflegeeltern, meine Sozialarbeiterin, andere Kinder, Studenten, deren Eltern, kein Mensch, egal wie sehr ich mich bemühte, hat mich je akzeptiert. Niemand nahm mich als die Person, die ich bin. Jeder beurteilt mich danach, woher ich kam, oder nach den Aspekten, in denen ich Schwächen aufwies.

Als ich in Pflegeheimen und anderen Einrichtungen untergebracht war, suchten die zuständigen Sozialarbeiter die Wohnung (besser gesagt die Bruchbude) auf, in der meine Mutter mit ihrem jeweiligen Freund hauste. Und jedesmal versprach sie hoch und heilig, bald ein normales Leben zu führen: Sie wolle heiraten und ihre Kinder wieder zu sich nehmen und sich einen Job suchen. Keines dieser Versprechen hat sie je gehalten. Ich begriff bald, daß sie sich nur falsche Hoffnungen machte. Heute sehe ich darin die Hoffnungen einer ins Elend geratenen, verzweifelten Frau. Vermutlich wollte sie tatsächlich aus dem Elend heraus, ohne zu wissen, wie sie das anstellen sollte.

Doch damals gab sie mir die Schuld, wenn sie wieder mal ein Versprechen nicht einhielt. Alles war meine Schuld. Ich war eine furchtbare Last für sie; alles blieb an ihr hängen; wir waren schreckliche Kinder, die niemand bei sich haben wollte. Ich nahm diese Vorwürfe immer an und entschuldigte mich bei ihr, weil ich eine solche Last war, weil ich geboren war, weil ich ihr Leben kaputt gemacht habe. Und mit jeder Entschuldigung wurde mir klar, wie wenig Rechte auf Existenz ich hatte, daß ich wirklich eine Last für die Welt war und kein Recht hatte, am Leben zu sein. Das einzige, wirklich das einzige, das mich damals am Leben erhielt, war die Tatsache, daß ich meinen Bruder nicht allein lassen durfte.

Ich war für das Ego meiner Mutter verantwortlich

Es gab eine Zeit in meiner Jugend, es muß wohl zwischen 9 und 15 gewesen sein, als meine Mutter mich beschuldigte, die Männer hätten mehr Interesse an mir als an ihr. Was ich mir eigentlich einbilde, ihr die Männer wegzunehmen. Sie sei die Hübsche, sie sei eine begehrenswerte Frau. Ich sei ein Nichts, und was ich mir einbilde, mit ihren Männern zu flirten und ihnen nachzulaufen. Ständig beschuldigte sie mich solcher Dinge, Dinge mit sexuellem Unterton, Dinge, mit denen ich nichts zu tun hatte.

Auch deshalb entschuldigte ich mich tausendmal, versicherte ihr, daß sie hübsch ist, und ich weiß, wie häßlich ich bin. Ich konnte mir nicht vorstellen, warum die Männer etwas von mir wollten und nicht von ihr. Ja, natürlich war sie hübsch, sie war begehrenswert. Und wieder bestätigte ich mir, daß ich wirklich nichts zu bieten hatte. Um mich zu schützen, mußte ich ihr ständig versichern, daß ich häßlich war, daß ich keine Reize hatte, daß kein Mensch an mir interessiert ist. Und jedesmal wenn das geschah, sank meine Selbstachtung, die ohnehin kaum existent war. Meine Wertlosigkeit wurde um so größer.

Zurückweisung

Die Zurückweisung von Gleichaltrigen in der Schule und Kindern aus der Nachbarschaft war gleichfalls destruktiv. So sehr ich mich bemühte, akzeptiert zu werden, dazuzugehören, es klappte nie. Ich versuchte alles: ich log, versuchte, eine andere zu sein. Aber immer fiel es auf mich zurück. Ich verlor eine Freundin oder wurde ausgelacht oder die Eltern einer Schulfreundin fanden heraus, woher ich kam, und verboten ihrer Tochter den Umgang mit mir. Das alles machte meine Chancen kaputt, mir als Kind ein bißchen Selbstachtung anzueignen. Es war wirklich verheerend für mich.

In den unteren Klassen der High-School gab es einen Lehrer, der mich ständig schikanierte. Ich weiß noch welche Angst ich vor diesem Mann hatte. Immer machte er blöde Witze oder zweideutige Bemerkungen über mich. Und ich hatte unentwegt das Gefühl, daß alle in der Klasse wußten, wer ich war, und daß ich ein furchtbar häßliches Geschöpf bin, mit dem jeder machen konnte, was er wollte. Dieses Gefühl habe ich bis heute – bei meinen Kindern, meinen Freunden und bei Männern.

Meine Gefühle wurden nicht berücksichtigt

Andere Formen der Demütigung und Beschämung: Als ich bei der Familie lebte, wo mir der Inzest passiert ist, bekam ich meinen ersten Büstenhalter. Ich war noch klein. Alle demütigten mich mit Witzen, jeder wollte meinen Büstenhalter begutachten – ich schämte mich schrecklich. Ich wurde als junges Mädchen, das seinen ersten Büstenhalter bekommt, zur Zielscheibe des Spottes gemacht. Niemand achtete auf meine Gefühle, niemand nahm Notiz davon, was ich innerlich ausstand.

Das gleiche passierte, als ich meine Periode bekam. Ich war neun oder so. Es war so demütigend, daß alle über eine so persönliche Angelegenheit redeten. Auch hier kümmerte sich kein Mensch um meine Gefühle, alle amüsierten sich auf meine Kosten.

Im Turnunterricht fand ich es furchtbar beschämend, mich auszuziehen und duschen zu müssen. Nicht daß ich nicht hätte duschen wollen. Aber mich ausziehen und nackt unter der Dusche zu stehen, den Blicken der anderen preisgegeben zu sein und zu denken, daß die Leute durch meine Haut hindurch meine ganze Häßlichkeit sehen können. Das war eine Qual. Gefühle, die niemand wissen durfte. Es war extrem schwierig für mich, in einem Raum zu sein, ohne etwas zu meinem Schutz zu haben. Und Kleidung gibt so etwas wie Schutz.

Die Lehrerinnen begriffen das nicht. Und wenn ich versuchte, mit meinen Pflegeeltern darüber zu reden, sagten sie, das sei wohl das Albernste, was sie je gehört hätten. Warum ich mich so anstelle? Um die Schwierige zu spielen? Um mich Vorschriften zu widersetzen? Wenn es Vorschrift war, sich nach dem Turnen zu duschen, so duschte man und machte keine Szene. Auch hier bedeuteten meine Gefühle nichts. Ich hatte kein Recht, Gefühle zu haben. Du hast die Vorschriften zu befolgen und alles geht glatt. Du hast zu tun, was man dir sagt. Du hast keine eigenen Rechte.

Ich übernehme für alles die Verantwortung

Ich übernahm immer die Verantwortung für alles, machte mir Vorwürfe, ging immer von meiner Schuld aus. Mein erster Ehemann übertrug mir eine Geschlechtskrankheit. Als der Frauenarzt mir eröffnete, ich sei geschlechtskrank, fühlte ich mich gedemütigt, schmutzig und fragte mich, wieso das geschehen konnte. Zu Hause schämte ich mich und überlegte krampfhaft, wie ich meinem Mann beibringen konnte, daß ich geschlechtskrank sei, und versuchte verzweifelt herauszufinden, wie das passiert sein konnte. Ich hatte nie etwas mit einem anderen Mann gehabt, war meinem Mann immer treu. Es kam mir nie in den Sinn, daß er mir untreu sein konnte.

Schluchzend wandte ich mich an meine Pflegemutter, die Psychologin: »Was soll ich denn tun? Wie kann ich es ihm sagen? Er wird mich hassen.« Und sie antwortete: »Ist dir nie der Gedanke gekommen, daß er dich angesteckt haben kann?« Da ging mir ein Licht auf. Ich wäre nie draufgekommen. Wieder einmal übernahm ich die Verantwortung für etwas, das mich in keiner Weise betraf.

Ich stellte meinen Mann zur Rede und er beschuldigte mich, machte mir Vorwürfe und übernahm nicht die geringste Verantwortung für sein Verhalten, geschweige denn die Verantwortung dafür, mich angesteckt zu haben, mich der Demütigung beim Frauenarzt auszusetzen. Er lehnte es ab, sich untersuchen und behandeln zu lassen und setzte mich erneut der Beschämung aus. Das war — es war einfach gemein.

Was daran wichtig ist, ist die Tatsache, daß ich die Verantwortung fraglos, bedingungslos akzeptierte, ohne überhaupt daran zu denken, daß es seine Verantwortung gewesen wäre, die Schuld und die Scham und die Vorwürfe zu akzeptieren. Doch das ist alles auf meine Gewohnheit zurückzuführen, Schuld und Verantwortung zu übernehmen. Es war irgendwie völlig normal, daß mich die Schuld traf.

Wegen dieser Infektion, wegen des Inzests, wegen der Vergewaltigung und den sexuellen Belästigungen in früher Jugend mußte mir mit 26 Jahren die Gebärmutter entfernt werden. Zunächst versuchte man es mit einer Teiloperation, doch dann mußte die ganze Gebärmutter entfernt werden. Die Ärzte waren sehr besorgt, weil mein Uterus völlig zerrissen war, ich hatte richtige Löcher in der Gebärmutter. Sie konnten sich gar nicht vorstellen, wie ich es überlebt hatte, zwei Kinder zu gebären. Die Totaloperation war notwendig, weil ich eine dritte Schwangerschaft nicht überlebt hätte.

Auch hier wurde ich bestraft für Dinge, die mir angetan worden waren, Dinge, auf die ich keinen Einfluß hatte. Und wieder erlebte ich die Scham, die Schuldgefühle, wieder übernahm ich die Verantwortung, und wieder fragte ich mich: Wieso ich? Wann wird das je enden? Wann wird es aufhören, daß ich mißbraucht werde? Wann muß ich nicht mehr leiden für Dinge, die mir andere antun? Gottlob hatte ich zwei Kinder, denn nach diesem Eingriff konnte ich keine Kinder mehr bekommen.

Projektion des Schmerzes

Aufgrund all der Leiden und Schmerzen, die ich so viele Jahre durchgemacht habe, gehe ich stets davon aus, daß andere ebenso leiden wie ich. Meine beiden Therapeutinnen haben mich davor gewarnt. Ich muß drauf achten, meine persönlichen Erfahrungen nicht auf andere zu übertragen. Ich darf nicht unterstellen, daß andere ebenso leiden, wie ich gelitten habe. Diese Warnung bietet mir einen gewissen Schutz.

Vermutlich neigen alle mißbrauchten Menschen zu dieser Haltung. Sie haben so großes Leid erlebt, daß sie annehmen, jemand der normale Schmerzen hat, leide weit mehr, als er nach außen hin zeigt. Sie neigen dazu, dem Betreffenden weitaus mehr Hilfe zu geben, als er braucht oder wünscht oder als angemessen ist. Ich bemühe mich sehr, wirklich zu verstehen, wie groß der Schmerz der anderen ist oder wie ein Betroffener das auffaßt, was ich sage.

Ich bin sehr vorsichtig mit meinen Kindern. Ich hüte mich, etwas Negatives zu sagen, denn das habe ich als Kind ständig gehört. Und ich weiß, wie sehr ich darunter gelitten habe. Ich muß mir immer wieder vor Augen halten, daß die Dinge für meine Kinder anders sind. Wenn ich nein sage, wenn ich ihnen einen Wunsch nicht erfülle, wenn ich gezwungen bin, sie zu bestrafen, erfahren sie nicht das gleiche Maß an Leid, das ich als Kind erfahren habe. Das fällt mir äußerst schwer, weil ich mich instinktiv scheue, jemand Leid oder Schmerz zuzufügen.

Generationenüberschreitende Folgen der Parentifizierung

Brenda erlebt wie Noelle den Kreislauf von parentifiziertem Verhalten bei ihren eigenen Kindern. Da ihre Bedürfnisse in der Kindheit so gut wie nie erfüllt wurden, fiel es ihr schwer, die Bedürfnisse ihrer kleinen Kinder zu erkennen. Es fiel ihr besonders schwer, zu sanften und dennoch wirksamen Erziehungsmethoden zu greifen. Dieses Problem ist häufig vorzufinden bei Eltern, die in ihrer eigenen Kindheit keine verständnisvolle und liebevolle Erziehung erlebt haben.

Die Qual, Frustration und Hilflosigkeit, die Brenda als Mutter erlebte, ist allen Eltern vertraut, die ihrerseits ohne ausreichende Anleitung und Erziehung aufwuchsen. Ihre positive Einstellung, daß es nie zu spät ist, sich zu verändern, hilft ihr glücklicherweise sehr. Viele Eltern geben leider auf, sie sehen ihre Fehler nicht ein. Nachdem ihre Kinder erwachsen sind, gehen sie davon aus, daß es nun keinen Sinn mehr habe, daß es zu spät sei, etwas zu ändern. Es ist aber nie zu spät. Brenda sagte: »Ich gebe mir alle Mühe, eine gute Mutter zu sein, auch jetzt noch, da meine Kinder erwachsen sind, in der Hoffnung,

daß sie aus meinen Fehlern lernen. Sie lernen an meinem Genesungsprozeß und sie lernen, wie sie gesund sein können. Und
wenn sie einmal eigene Kinder haben, werden sie sich hoffentlich daran erinnern.«

Der Kreislauf kann unterbrochen werden. Es ist nie zu spät.

Als ich Mutter wurde, wußte ich nicht, wie ich meine Kinder
erziehen soll. Für mich war jede Form der Disziplinierung ein
Mißbrauch. Ich machte also entweder gar nichts oder wartete
so lange, bis die Situation sich zuspitzte und ich sie tatsächlich
schlecht behandelte – ich schrie, brüllte, gebrauchte harte, un-
angebrachte Worte. Aber die meiste Zeit verhielt ich mich
passiv. Ich hatte mir vorgenommen, meine Kinder auf keinen
Fall so zu verletzen, wie ich verletzt worden war.

Meine Kinder, kleine Terroristen

Man sagte mir, ich könne ihnen einen Wunsch verweigern, ich
müsse mich nur so ausdrücken, daß die Kinder begreifen, daß
ich sie trotzdem liebhabe. Doch für mich bedeutete ein Nein
immer: »Ich hasse dich. Du bist mir egal. Wenn du glaubst, du
bekommst etwas von mir, dann täuschst du dich.« Das wollte
ich auf keinen Fall vermitteln, deshalb sagte ich nie nein. Ich
machte Ausflüchte oder schlug ihnen zunächst eine Bitte ab,
um schließlich doch zu sagen: »Okay, du bekommst, was du
willst. Ich hätte nicht nein sagen dürfen.« Ich hatte wirklich
keine Ahnung, was richtige Erziehung ist.

Mein ältester Sohn ist bis heute der Meinung, jemand, der
ihm im Berufsleben etwas verweigert oder ihm eine Grenze
setzt, würde ihn hassen. Er hat eine verzerrte Vorstellung
davon, was Disziplin ist. Es gab kein Gleichgewicht zwischen
den Kindern und mir. Sie wurden richtige kleine Terroristen,
schon als kleine Kinder. Weil sie wußten, Mama sagt nie nein,
Mama versohlt ihnen nie den Hintern, machten sie mit mir,
was sie wollten.

Und das forderte einen hohen Preis von mir, weil ich mich
von meinen eigenen Kindern mißbraucht fühlte. Und es gab
eine Zeit, da haßte ich sie richtiggehend. Ich dachte: »Wie

kannst du mich ausnutzen, wenn ich mich um dich kümmere und immer gut zu dir bin? Wie kannst du mir das antun?« Und ich kam mir wieder vor wie damals als Kind — was habe ich bloß an mir, daß niemand mich gern hat, daß jeder versucht, mich auszunutzen? Heute weiß ich, der Grund lag daran, weil ich keine Grenzen setzte, keine Forderungen stellte und ihnen unwissentlich keinen Schutz bot. Ich war einfach ein Fußabtreter: Komm ruhig rein. Trample auf mir herum; mach mit mir, was du willst.

Jetzt, da die Kinder größer sind, kann ich vernünftig mit ihnen reden. Aber ich habe viel falsch gemacht, obwohl ich es gut gemeint habe. Ich gab ihnen zuviel Macht, zuviel Freiheit, damit konnten sie nicht umgehen und es machte ihnen Angst.

Gib alles und fühle dich ausgenutzt

Mein ältester Sohn verbrachte viel Zeit in Therapie, und der Therapeut sagte mir: »Setzen Sie Richtlinien und bleiben Sie dabei.« Ich setzte Richtlinien, konnte aber nicht sagen, ob sie vernünftig waren oder nicht. Ich fühlte mich schuldig, wenn den Kindern das nicht paßte oder sie unzufrieden waren. Also ließ ich es wieder sein, und wir waren wieder da, wo wir angefangen hatten. Mein Problem war, daß ich das, was ich als Kind erlitten hatte, auf sie projizierte, obwohl sie keine Ahnung davon hatten, was ich durchgemacht hatte. Ich übertrug all meinen erlittenen Schmerz auf die Kinder, den sie gar nicht erleiden mußten.

Ich begebe mich in Beziehungen, verspreche alles, setze keine Grenzen, kümmere mich um alles. Und nach einer Weile bin ich verärgert. Das ist das Muster in all meinen Beziehungen — gib alles und fühle dich ausgenutzt. So habe ich mich meinen beiden Ehemännern und meinen Kindern gegenüber verhalten.

Ich habe mein Bestes getan

Als meine Kinder klein waren und ständig Forderungen an mich stellten, habe ich sie manchmal gehaßt. Warum habe ich mich darauf eingelassen? Warum mußte ich Kinder haben? Ich kann keine Mutter sein. Ich weiß nicht wie ich mich als Mutter verhalten soll. Andererseits bin ich nun mal Mutter. Ich habe Verpflichtungen. Ich muß mich um sie kümmern. Und ohne wirklich zu wissen, was ich tun muß, habe ich mein Bestes getan. Aber ich habe Unsicherheiten in ihnen erzeugt, mein eigener ungesunder Zustand wurde zu ihrem.

Es gab Jahre, in denen ich alles beiseite geschoben und verdrängt habe und wir dem Schein nach ein normales harmonisches Leben führten. Aber ich bin sicher, daß meine Verstörtheit ständig sichtbar war.

Mein Sohn hat eine sehr geringe Selbstachtung. Er sondert sich ab, paßt sich nirgendwo richtig an. Aber Gott sei Dank hat er nichts mit Drogen und Alkohol zu tun. Er bestimmt sein eigenes Tempo, hat seinen eigenen Rhythmus. Aber ich denke, wäre ich gesünder gewesen, wäre auch er wesentlich gesünder.

Sein Vater war nie für ihn da, hat sich nie an seiner Erziehung beteiligt, sich nie mit ihm beschäftigt. Er hatte es also mit einer ganz anderen Problematik zu tun, mit der ständigen Zurückweisung durch seinen Vater. Selbst heute noch ist er begeistert, wenn sein Vater zufällig einen Krümel Aufmerksamkeit für ihn übrig hat. Auch wenn er sagt, er denke nicht wirklich an seinen Vater und er sei ihm völlig egal, weiß ich, daß er sich immer noch nach seiner Anerkennung sehnt. Aber ich habe endlich begriffen, daß ich in dieser Beziehung nichts ausrichten kann. Ich versuchte mit ihm darüber zu sprechen, für ihn da zu sein, wenn er über seinen Vater sprechen möchte, aber ich kann seinen Vater schließlich nicht ändern. Ich kann nur an mir arbeiten, an meiner Verdrängung. Jahrelang habe ich versucht, ihm Vater und Mutter zu sein, und habe wohl mit beidem keinen Erfolg gehabt.

Unzulänglichkeit

Ich erinnere mich an meine Hilflosigkeit, wenn die Kinder weinten. An meine Unzulänglichkeit – ich war keine gute Mutter, wußte nicht, wie ich ihre emotionalen Bedürfnisse erfüllen sollte. Erinnerungen an meine Unzulänglichkeiten als Kind stürmten auf mich ein, an mein Unvermögen, Einfluß zu nehmen. Und oft saß ich da und war tief deprimiert. Und manchmal schrie ich die Kinder an, beschimpfte sie oder wünschte, sie würden verschwinden, nur weil ich mir keinen Rat wußte. Hinterher hatte ich Schuldgefühle, weil ich meinen Kindern Vorwürfe machte für Dinge, in denen ich versagt hatte.

Das war eine Zeit, in der mein Leben sehr traurig und in Aufruhr war, in der ich mich als Mensch völlig unzulänglich fühlte. Die armen, hilflosen Kinder waren auf mich angewiesen, brauchten Anleitung, brauchten Liebe und ich war unfähig, ihnen angemessene Anleitung zu geben und ihnen meine Gefühle zum Ausdruck zu bringen. Ich hatte als junge Mutter die ganze Verantwortung für meine kleinen Kinder. Ihr Vater hatte kein Interesse an ihnen. Es gab niemand, der mir half, die Kinder großzuziehen, der mir etwas von der Last und der Arbeit abnahm, die damit verbunden war.

Und wieder hatte ich das Gefühl, ich müsse eine Superfrau sein und mit allem fertigwerden, egal was es war, oder wie müde ich war, oder wieviel Mühen, Energie, Geld es kostete. Und wieder verstärkte sich in mir das Gefühl, daß ich zu nichts tauge.

Endlich akzeptiere ich das Kind in mir

Erst seit kurzer Zeit kann ich über das kleine Mädchen nachdenken, das ich einmal war, nicht das Kind, das ich in meiner Phantasiewelt gerne gewesen wäre, sondern über das kleine Mädchen, das ich wirklich war. Jahrelang hatte ich sie gehaßt. Ich haßte alles, was sie verkörperte – ihre Schwäche, ihre Unfähigkeit, Einfluß zu nehmen, sich aus Situationen herauszuhalten, sich zu schützen, ihre Geschwister zu beschützen und es besser zu machen – nicht, daß ich es nicht versucht hätte. Aber ich versagte, meine Aufgaben als Kind zu erfüllen und meine Aufgaben als erwachsene Frau zu erfüllen.

Erst seit kurzem kann ich das alles anders sehen. Eine gute

Freundin hat eine Tochter, die jetzt zwei Jahre alt ist. Und ich beobachtete dieses Kind, und ich liebe es sehr. Die Kleine mag mich. Ich schaue ihr zu und denke daran, wieviel Verantwortung ich in ihrem Alter schon hatte und unter welch grauenhaften Umständen ich damals aufwuchs. Ich sehe dieses kleine Kind, das so hilflos ist – sie ist so abhängig von ihren Eltern und den Erwachsenen ihrer Umgebung, sie braucht so viel Liebe, und das alles ist ihr eine solche Selbstverständlichkeit. Und ich versuche mir vorzustellen, wie dieses kleine Mädchen auf Situationen reagieren würde, die ich erlebt habe. Welche Möglichkeiten, sich zu schützen hätte sie? Welchen Einfluß hätte sie? Durch dieses Kind fange ich an, die Dinge in der richtigen Perspektive zu sehen.

Sie heranwachsen zu sehen wird mir wohl helfen, das Kind, das ich einst war, in einem anderen Licht zu betrachten, von einer gesünderen Warte her. Ich lerne durch sie, das Kind in mir nicht länger zu verdammen, nicht ständig zurückzuweisen. Es gibt mir unendlich viel, die kleine Tochter meiner Freundin zu beobachten.

Es macht mich aber auch traurig, weil ich wünsche, ich hätte diese Erkenntnisse schon bei meinen Kindern gehabt. Aber ich habe mit meinen Kindern darüber gesprochen. Ich bemühe mich sehr, eine gute Mutter zu sein, auch jetzt noch, da sie fast erwachsen sind. Und ich habe die Hoffnung, daß sie aus meinen Fehlern lernen. Sie werden sehen, daß ich gesünder werde und sie können gesund werden. Und wenn sie eigene Kinder haben, werden sie sich hoffentlich daran erinnern.

Ellen

In Ellens Leben äußert sich die Parentifizierung in dem Mangel an Zuwendung in ihrer Kindheit und in der Form, wie sie in ihrem erwachsenen Leben zur Betreuerin wurde. Sie haßt ihre Betreuerrolle und fühlt sich in der Falle sitzen. Ihre Geschichte unterscheidet sich von den anderen, da sie als 54jährige die naturgegebene Rollenumkehrung erlebt, die wir alle erleben, wenn unsere Eltern vergreisen. Die Fürsorge für ihre behinderte Mutter in diesem Alter ist zwar normal, doch Ellens Einstellung dazu ist zum großen Teil nicht normal. Ellen fühlt sich in der Betreuung ihrer Mutter alleingelassen und mißbraucht, hat aber Schuldgefühle, wenn sie versucht, ihre Bedürfnisse in den Vordergrund zu stellen; und sie haßt die hilflose behinderte Frau. Ihre Gefühle gleichen den Gefühlen eines parentifizierten Kindes, wenn ihm die Elternrolle übertragen wird, wie dies von Noelle und Brenda geschildert wird. Der einzige Unterschied besteht darin, daß Ellen diese Gefühle ihrer behinderten Mutter entgegenbringt. Das zeigt uns, wie unsere Unfähigkeit, eigene Bedürfnisse wahrzunehmen, schließlich dazu führt, daß wir uns in jeder Beziehung mißbraucht und ausgebeutet vorkommen.

Ich wäre besser nicht geboren worden

Meine Eltern kümmerten sich nicht um mich. Dafür gibt es einige deutliche Beweise. Ansonsten war es mehr die tägliche Vernachlässigung, die ich heute noch spüre.

Nachdem der Nachbarjunge mich vergewaltigt hatte – er ejakulierte in meinen Mund –, bin ich nach Hause gelaufen. Ich rannte durch den Wald und versuchte, das klebrige Zeug, das ich ausgespuckt hatte, mit Erde von meinem Kleid zu wischen. Ich hatte Erde, Schleim und Dreck am Kinn. Und als meine Mutter mich sah, beschimpfte sie mich als schmutziges, böses Mädchen – verprügelte mich und versuchte mich zu waschen, aber ich wurde nie wieder sauber.

Als mein Vater nach Hause kam – die Angst, die Angst spüre ich noch heute – besonders, als er mich zwischen den Beinen untersuchte und mich beschimpfte, was für ein böses Kind ich sei. Wie konnte ich ihm bloß so etwas antun? Wie konnte ich so dumm sein? Und da wußte ich, daß er nicht mehr mein Vater war, ich hatte keinen Vater mehr. Und sie war nicht mehr meine Mutter. Es gab kein Zuhause mehr, es gab keinen Ort mehr, wo ich Zuflucht finden würde. Bald darauf starb meine Nana, meine Großmutter – ohne mir noch einmal zu sagen, daß sie mich lieb hatte, ohne mir zu sagen, daß es nicht meine Schuld war. Ich wäre besser nicht geboren worden.

Ich habe 44 Jahre nicht an meine Nana gedacht und vor kurzem erinnerte ich mich an sie – ihre Wärme, die Umarmungen, das Gefühl: »Ja, sie hat mich lieb.« Diese Empfindungen hatte ich nur bei ihr.

Ich glaubte, es sei meine Schuld

Meine Mutter schlug meinen Großvater zu Boden, weil er mich sexuell belästigte. Die Erinnerung an diesen Vorfall tauchte auch erst vor kurzem auf. Aber die Art, wie sie mir sagte – »Geh ihm aus dem Weg!« – gab mir zu verstehen: »Sie gibt mir die Schuld. Ich bin schmutzig.« Ich durfte nie weinen, ich wurde nie in den Arm genommen, ich wurde nie beschützt.

Und bei Nana fürchtete ich, daß auch sie mir ihre Liebe entziehen würde. Und das tat sie auch. Ihr Tod war der schlimmste Liebesentzug. Ich machte ihr Vorwürfe, daß sie mich verlassen hat. Oder war es meine Schuld?

Jetzt brauchen mich alle

Jetzt brauchen mich alle. Ich habe sie alle um mich geschart – meine Kinder, ihre Familien, meine behinderte Mutter, Freundinnen aus meiner Gruppe. Ich sitze in der Falle. Aber am Wochenende flüchte ich auf mein Boot.

Meine Freundin Leigh wurde von ihrem Vater schrecklich,

grauenvoll, unsagbar mißbraucht. Wenn ich sie in den Arm nehme, damit sie sich an meiner Schulter ausweinen kann, sage ich ihr, es wird alles gut werden. Ich fühle mich stark; ich gebe ihr Schutz. Dann habe ich das Gefühl, daß auch für mich vielleicht alles gut wird.

An Brett haßte ich seine Kleine-Jungen-Art, bevor wir uns trennten. Er war ein Kind. Er dachte nicht an eine gemeinsame Zukunft. Er nutzte mich aus. Er mochte mich, aber nicht wirklich – es fiel ihm schwer, mich zu lieben. Er nahm mich nie in die Arme, er war nie zärtlich zu mir. Jedesmal faßte er mir an den Hintern oder machte eine billige, anzügliche Bemerkung. Er erniedrigte mich. (Natürlich war er unsicher – warum hätte ich ihn mir sonst ausgesucht?) Und doch dachte ich, vielleicht besteht Hoffnung für die Beziehung. Aber wollte ich diese Hoffnung überhaupt? Ich bin mir nicht sicher. Ich sehe mir seine Fotos an und weiß, daß ich in sein gutes Aussehen verliebt war; sein Potential, nicht seine Realität. Seine Realität war die eines kleinen Jungen. Und die haßte ich an ihm. Aber sind wir nicht alle hin und wieder kleine Kinder? Warum haßte ich ihn so, wenn er den kleinen Jungen spielte?

Schuldgefühle wegen meiner Mutter

Und meine Mutter. Sie ist so alt und verhutzelt. Meine Mutter ist heute behindert. Sie lebte mit einer Haushälterin aus Trinidad zusammen. In einem Haus voller Ungeziefer. In einer schrecklichen Gegend – und ich fühlte mich schuldig, weil sie dort lebte. Ich behielt sie fast ein Jahr bei mir. Und eines Tages sagte sie über eine gute Freundin von mir, die auch inzestgeschädigt ist, die damals bei mir wohnte: »Diese Frau ist ekelhaft. Von der möchte ich mich nicht mal als Tote anfassen lassen!«

Damals versuchte ich meiner Mutter den Therapieprozeß nahezubringen. Ich brauchte ihre Bestätigung, eine Rückmeldung. Ich wollte, daß sie sich an den Namen des Jungen erinnert, der mich damals vergewaltigt hat. Und sie sagte: »An so etwas erinnere ich mich nicht. Ich möchte nichts davon hören.

Und du solltest darüber nicht reden.« Und dann machte sie diese haßerfüllte Bemerkung über meine beste Freundin. Sie haßt auch meine älteste Enkeltochter. Es ist geradezu unheimlich. Meiner Mutter müssen in ihrer Kindheit höchst seltsame Dinge widerfahren sein.

Daraufhin habe ich sie zu meinem Bruder gebracht und sie dort gelassen. Drei Monate später hat er sie weggeschickt, weil er ähnliche Erlebnisse mit ihr hatte. Sie kritisierte an allem herum. Sie konnte seine Frau nicht leiden, und so weiter und so weiter − bis er sie schließlich in dieses Haus mit einer Haushälterin setzte. Aber wo sie auch ist, sie überwirft sich mit allen Leuten, und keiner will sie bei sich haben. Ich sehe, was mit meiner Mutter alles passiert, und fürchte, daß es mit mir auch einmal soweit kommt.

Ich hatte oft das Gefühl, ich müsse sie zurückholen, sie zu mir nehmen und sie pflegen. Ich weiß, es ist verrückt. Ich habe sie schließlich doch zu mir geholt, bis ein Platz in einem Pflegeheim für sie frei wird.

Ich fühle mich noch immer mißbraucht und ausgenutzt

Mein Vater starb mit 63 Jahren. Er war Alkoholiker, und ich habe ihn nie zur Rede gestellt. Ich weiß nicht, was ich mit meiner Mutter machen soll. Ich denke, wenn sie andere so schrecklich kränkt, ist das eine Wiederholung ihrer früheren Probleme. Es ist, als sei ich ihr völlig egal. Das spüre ich deutlich. Deshalb will ich sie nicht in meiner Nähe haben. Das hat sie sich selbst zuzuschreiben.

Sie hat mich nicht beschützt, sie hat mir nicht geholfen, sie hat mich nicht gesund werden lassen − sie hat mich schlecht gemacht. Sie hat mir den Stempel der Mißbilligung aufgedrückt, den ich deutlich sichtbar trage, den ich sorgfältig hüte. »Ja, Mama, ich komme schon. Ich schüttle dir das Kissen auf. Klar, Mama. Ist dir kalt? Ich dreh gleich die Heizung höher. Hast du deine Medizin zum Mittagessen genommen? Nein? Ich bring sie dir.« Du kannst mir nichts mehr anhaben, Mama.

Ich muß ihr Haus verkaufen, sie in einem Pflegeheim unterbringen. Ich muß jetzt an andere Menschen denken — jetzt, da
ich erwachsen bin. Und ich höre die zittrige Stimme meiner
Mutter: »Wo warst du denn, Ellen? Gehst du aus, Ellen? Du
hintergehst mich, Ellen. Du schiebst mich ab und verkaufst
mein Haus. Ich hasse dich, Ellen.«

Sie ist weder imstande noch bereit, mir mit dem Vermächtnis
meines Großvaters zu helfen — dem sexuellen Mißbrauch, an
den ich mich vage erinnere. Und dennoch, sie hat ihn zu Boden
geschlagen, damit er die Finger von mir läßt.

»Alles aufgebauscht — weiter nichts«, sagt meine Mutter.
Ich bausche alles auf — das schmerzt, das tut sehr weh. Und
ich darf diesen Schmerz nicht einmal spüren. Selbst das muß
ich unterdrücken. O, wie ich sie manchmal hasse. Mein Haß ist
riesengroß.

Meine Mutter sagte: »Warum grübelst du über so etwas
nach? Bring's hinter dich, es ist längst vorbei.« Sie wird nie
verstehen — das tun die wenigsten. Aber mittlerweile ist es mir
ziemlich egal — ich brauche sie nicht mehr. Jetzt nicht mehr.
Jetzt muß ich arbeiten, an mir arbeiten.

»Ich fühle mich *so schuldig*«, sagte ich meiner Freundin.
»Ich tue nicht genug für sie.« Und sie entgegnete prompt:
»Hast du dich nicht sechs Monate total um deine Mutter gekümmert? Hast du nicht Abende, Wochenenden, buchstäblich
jede freie Minute für sie geopfert?«

Ich frage mich, warum ich dieser Frau, die mich haßt, so viel
von mir gegeben habe. Fürchte ich mich vor dem allerletzten
Verlassenwerden?

Ich sehe meine Mutter realistisch

Jemand hat einmal gesagt: »Das Geheimnis, das du suchst, besteht darin, daß es kein Geheimnis gibt.« Das Jetzt, das Hier ist
alles, was es gibt. Mach das Beste daraus — eine zweite Chance
bekommst du nicht. Ich muß von ihr loskommen. Und ich bin
von ihr losgekommen. Meine Mutter ist jemand geworden, für
die ich letztlich nicht verantwortlich bin, der ich nicht helfen,

die ich nicht beschützen muß. Sie ist eine gebeugte, grauhaarige, böse, alte Frau, die in meinem Wohnzimmer sitzt. Ich bin ich geworden – ich sage ihr nur, welche Regeln in meinem Haus herrschen. Regeln, die sie zu befolgen hat, so wie ich und jeder andere, der in meinem Haushalt lebt.

Ich lasse nicht länger zu, daß sie jemand beleidigt, einschließlich sich selbst. Sie muß versuchen, ihre Gefühle direkt zum Ausdruck zu bringen, ich erlaube ihr keine Sarkasmen, keine zweideutigen Anspielungen. Es liegt an ihr, die arthritischen Arme auszustrecken und mich zu umarmen, bevor sie stirbt.

Und ihr erster Kommentar auf meine Direktiven lautete: »Du tust mir leid. Sie haben dich einer Gehirnwäsche unterzogen in dieser Gruppe von Leuten, die sich selbst bemitleiden und sich Inzest-Selbsthilfegruppe bezeichnen.«

Möge sie eines Tages lernen, in Frieden zu ruhen.

FUSSNOTEN ZUM 5. KAPITEL

1 Alle Beschreibungen über die Rollenumkehrung, die sogenannte Parentifizierung, sind entweder frei wiedergegeben oder zitiert aus Gelinas, Denise J.: ›The Persisting Negative Effects of Incest‹ *Psychiatry* 46 (November 1983): 319–325, mit Ausnahme der Erörterungen zur Anfälligkeit der Opfer, sich im Beruf in einer unterbezahlten Position ausbeuten zu lassen; sie stammen von der Autorin. Rollenumkehrung ist ein bekanntes Phänomen und in anderen psychologischen Abhandlungen erörtert. Ich verwende Gelinas Artikel als Quelle, da sie die Parentifizierung speziell in bezug auf das Inzesttrauma analysiert, sowohl als beitragender Faktor wie auch als Folgeerscheinung.

6. KAPITEL

Folgen des Inzesttraumas:
»Bin ich verrückt oder sehen die anderen Gespenster?«

Chronisch traumatische Neurosen mit ›Sekundärbearbeitungen‹, die bei Nichtbehandlung entstehen, sind zunächst gekennzeichnet durch Verdrängung mit ›wiederholtem störendem Eindringen‹ bestimmter Elemente des Traumas. »Völlige Verdrängung... ist selten... Häufig wird die Signifikanz des Geschehens verleugnet... Üblich ist auch, daß Elemente im Zusammenhang mit dem Erlebnis unterdrückt werden, etwa Zeitdauer, emotionale Inhalte oder der Ort des Geschehens. *›Wiederholt störendes Eindringen‹ ist das Wiedererleben von Teilaspekten des verdrängten Traumas. Dieses Wiedererleben kann kognitiv sein, also in Alpträumen, Halluzinationen, wiederkehrenden Bildern oder in Zwangsvorstellungen auftreten. Es kann auf emotionaler Ebene stattfinden, etwa in unkontrolliertem Tränenfluß, Angst oder Panikanfällen, ohne jede bewußte Bezugnahme zwischen dem Anfall und dem Inzesttrauma. Das Wiedererleben kann in Verhaltensweisen auftreten wie zwanghaftem Sprechen über das Trauma, körperlichem Abreagieren oder in künstlerischer Umsetzung. Bei wiederholtem Eindringen warnt Gelinas:* »Kann die Erinnerung und Affektbeziehung der Betroffenen zum ursprünglichen Trauma so lebhaft, intensiv und unverändert sein, daß Erlebnis-Rückblenden auftauchen, die durch Umstände, die dem ursprünglichen Trauma ähneln oder aber im Therapieprozeß direkt ausgelöst werden...« *Ein weiteres Merkmal traumatischer Neurosen ist die Dissoziation... die häufig als Verwirrung, Orientierungslosigkeit, ›Erstarren‹ von Gedankengängen oder völlige Amnesie gekennzeichnet ist[1].*

Folgen des Inzesttraumas

Es ist schwierig zu erkennen, wann unsere Reaktionen ›normal‹ und wann sie durch das Inzesterlebnis verzerrt sind. Um von den Folgen geheilt zu werden, müssen wir die Gefühle identifizieren, die ihren Ursprung in der Vergangenheit haben, und sie bearbeiten, statt sie in unser Leben eindringen zu lassen. Wenn sie unerwartet und schädigend in unser Leben eindringen, nennen wir dieses Eindringen ›Wiedererleben‹.

Vielen von uns fällt es schwer, dieses Wiedererleben zu identifizieren, weil es so häufig geschieht, daß es ein Teil unseres Lebens geworden ist. Da wir nicht imstande sind, solches Wiedererleben mit dem Inzesttrauma in Zusammenhang zu bringen, halten wir uns gelegentlich für ›verrückt‹ oder denken: »Das liegt in der Familie.« ›Biochemische Störung‹ oder ›Frauenleiden‹ sind weitere Erklärungen, die wir zu hören bekommen.

Es ist oft eine große Erleichterung, wenn wir feststellen, daß unsere Wutausbrüche, ›irrationalen‹ Ängste, Weinkrämpfe oder Panikanfälle vorhersehbare Folgeerscheinungen des unterdrückten Inzesttraumas sind. Plötzlich beginnen wir Zusammenhänge zu verstehen. Es ist nicht länger alles so furchterregend. Wir sind gar nicht verrückt. Diese Wiedererlebnisse sind auch keine Neurosen. Aus diesem Grund ziehen es manche Ärzte vor, derartige Symptome als ›posttraumatische Belastungsstörungen‹ zu bezeichnen statt als ›chronisch traumatische Neurosen‹.

Wiedererlebnisse scheinen im Zusammenhang mit Verdrängung zu stehen, da ein Trauma, das keinen direkten Ausdruck findet, sich auf indirektem Wege Ausdruck sucht. Manche von uns halluzinieren von riesigen Spinnen. Bis vor kurzem wurden Halluzinationen im traditionellen Psychologieverständnis als Psychosen eingestuft. Heute gelten Halluzinationen bei nicht-psychotischen Menschen als Hinweis auf ein körperliches Trauma, unter anderem auch auf Inzest. Dennoch widersprechen traditionelle Theorien bis heute den jüngsten Erkenntnissen zu Halluzinationen einer nicht-psychotischen Person. Erfahrene Ärzte erkennen das Phänomen und sind sich im klaren darüber, daß sein Ursprung in einem physischen Trauma zu suchen ist wie etwa dem Inzest.

Für Frauen, die keine Erinnerung an das Inzestgeschehen haben, stellen selbst unangenehme Wiedererlebnisse wie Halluzinationen eine wertvolle Rückführung zum ursprünglichen Trauma dar. Noelles Fallgeschichte in diesem Kapitel und im Therapiekapitel (7) zeigt uns, in welcher Weise Wiedererlebnisse als wichtiges therapeutisches Mittel einzusetzen sind. Solche Wiedererlebnisse sind zwar für die Bearbeitung des Traumas *nicht unbedingt* vonnöten. Wenn sie aber auftauchen, können sie in der Therapie von Nutzen sein. Kein Therapeut würde allerdings absichtlich ein Wiedererleben auslösen, da das Wiedererleben eines Traumas zum eigenständigen Trauma werden kann.

Eine Form des Wiedererlebens, die ich hier nicht systematisch einbezogen habe, die ich allerdings für weit verbreitet halte, ist das ›somatische‹ oder körperliche Wiedererleben. Mir liegen keine statistischen Daten in diesem Zusammenhang vor, ich habe aber festgestellt, daß eine große Zahl Überlebender unter bestimmten wiederkehrenden, heftigen Schmerzen leiden. Kopfschmerzen, Menstruationsschmerzen, Brust-, Rücken-, Unterleibsschmerzen sind häufig anzutreffen. Entzündung der Gebärmutterschleimhaut, Hypoglykämie (Absinken des Blutzuckers) und Eßstörungen tauchen gleichfalls in relativer Häufigkeit auf. Ohne ein statistisch meßbares Auswahlverfahren, basierend auf Test- und Kontrollgruppen, sind allerdings keine gesicherten Aussagen darüber zu machen, ob diese Symptome bei Inzestüberlebenden signifikant häufiger auftreten als bei der allgemeinen Bevölkerung.

Der folgende Abschnitt hilft uns, einige Verhaltensweisen zu identifizieren, die speziell durch das Inzesttrauma hervorgerufen werden. Die Berichte sind besonders für Frauen wichtig, die keine Erinnerung an das Inzestgeschehen haben. Für sie können Wiedererlebnisse sehr nützlich sein, da diese, sobald sie zum ursprünglichen Trauma zurückverfolgt werden, das Trauma behandlungsfähig machen. Die Wunde kann erst geheilt werden, wenn sie lokalisiert ist. Wiedererlebnisse können Ihnen helfen, die Wunde zu lokalisieren.

Noelle

Noelles Geschichte in diesem Kapitel gibt uns einen ausführlichen Bericht über die Vielzahl der Möglichkeiten, wie unterdrücktes Inzesttrauma in das Leben des Opfers eindringt. Überlebende ohne Erinnerung an das Inzestgeschehen haben in mancher Hinsicht andere Erfahrungen gemacht als Frauen, die sich daran erinnern.

In erster Linie haben sie ein größeres Problem, die Verdrängung aufzubrechen und die Ursachen ihrer Dysfunktion zu erkennen.

Zum zweiten werden sie häufiger durch Wiedererlebnisse traumatisiert. Unfähig, einen Bezug zwischen dem Wiedererleben und dem ursprünglichen Inzesttrauma herzustellen, finden sie verschiedene, meist selbstzerstörerische Erklärungen für das Phänomen. Sie halten sich für ›verrückt‹ oder sehen darin nichts weiter als einen weiteren Beweis ihres bereits miserablen Selbstbildes.

Für Überlebende, die keine direkte Erinnerung an das Inzestgeschehen haben, werden Wiedererlebnisse zu Versatzstücken eines Puzzle. Sie müssen lernen, es sinnvoll zusammenzusetzen. Zunächst gilt es, die Verdrängung aufzubrechen und zu akzeptieren, daß der Inzest stattgefunden hat. Der zweite Schritt ist die Erinnerung. Das ist ein schmerzlicher, qualvoller Prozeß.

Noelle ist eine der in diesem Buch erfaßten Überlebenden, die ihn durchgemacht hat. Es ist zwar keine Notwendigkeit, das Trauma wiederzuerleben, um sich daran zu erinnern. Die Erinnerungen tauchen aber häufig als Wiedererleben des Traumas in Erinnerungsfetzen auf oder sind begleitet von Emotionen, die zum Zeitpunkt des ursprünglichen Traumas erlebt wurden. Noelle schildert die Vielfalt der Formen, die ein Wiedererlebnis haben kann. Ihre Erfahrung soll allen Frauen Anleitung geben, die darum kämpfen, scheinbar sinnlosen Phänomenen einen Sinn zu geben. Diese Frauen bemühen sich, sich an etwas zu erinnern, das zu vergessen sie viele Jahre gebraucht haben.

Ich fragte meinen Therapeuten, wie er darauf kommt, daß mein Vater mich sexuell mißbraucht haben könne, wenn ich nicht die geringste Erinnerung daran habe. Er sagte, es sei, als ginge man durch einen frisch verschneiten Wald und sehe Spuren eines Tieres. Man muß das Tier nicht sehen, um zu wissen, daß es da war. Er sagte: »Ich sehe Spuren, die sich durch Ihr ganzes Leben ziehen – das Monster war da.«

Da ich keine Erinnerung an das Inzestgeschehen hatte, manifestierte sich das Trauma in Ausbrüchen, die für mich zur damaligen Zeit keinen Sinn ergaben. Würden sich in meinem jetzigen Leben einige Elemente des Inzestgeschehens widerholen, würde ich sie als ›Wiedererlebnisse‹ bezeichnen. Da ich mich aber nicht an das Inzestgeschehen erinnerte, äußerten sich diese Wiedererlebnisse bei mir lediglich in verrückten und unerklärlichen Phänomenen wie Wutausbrüche, unkontrollierten Weinkrämpfen und unbestimmbaren Ängsten.

Als mein Therapeut den Inzest identifizierte, verschlimmerten sich die Wiedererlebnisse! Er muß etwas aufgewühlt haben. Doch da ich mich immer noch nicht erinnerte, verstärkte das nur meine Verdrängungsmechanismen. Während der ersten zwei Jahre, nachdem der Inzest in der Therapie identifiziert war, hatte ich die größten Probleme mit wiederkehrenden Alpträumen, Halluzinationen, Ängsten, Phobien und Erinnerungsfetzen (heftige Tränenausbrüche, Wut oder Panikanfälle). Mein Therapeut nutzte diese Schübe, um mir zur Bewußtmachung des Inzesttraumas zu verhelfen. Es dauerte Jahre – etwa sechs Jahre zeitweise unterbrochener Therapie –, bis ich mich an das Inzestgeschehen erinnerte.

Dissoziation und Entfremdung – Überlebensgewohnheiten

Ich dissoziierte in Situationen vollständig, in denen ich die geringste Bedrohung oder Streß oder meine Unzulänglichkeit wahrnahm. Es ist erstaunlich, wie vielfältig und unterschiedlich diese Situationen waren. Im Beruf war das besonders schlimm. In jeder Art streßgeladener Konfrontation oder in einer Konfliktsituation mit einem Menschen, den ich als Machtfigur wahrnahm, dissoziierte ich. Ich saß in einer Konferenz, und plötzlich war ich zu keiner Argumentation mehr fähig; ich verstummte. Ich nickte lächelnd, stimmte allem zu, wußte keine Antwort und geriet ins Schwitzen. Ich kam erst wieder an meinem Schreibtisch zu mir und begriff, daß ich völlig abwesend gewesen war. In solchen Situationen war ich zu nichts fähig. Das war besorgniserregend, weil ich eine verantwortungsvolle Position hatte.

Die Dissoziation im Beruf war besonders ausgeprägt, als ich vor zwölf Jahren den Beruf wechselte. Ich sah mich in meinem neuen Beruf plötzlich mit Männern konfrontiert, die große Autorität und Macht verkörperten. Oft befand ich mich in Situationen mit Kunden, in denen von mir Fachwissen verlangt wurde. Ich stand unter großer Spannung und plötzlich dissoziierte ich. Das äußerte sich in völliger Verwirrung. Ein Zustand, in dem ich nicht begriff, was jemand zu mir sagte. Es war grauenvoll.

Ich denke an eine Situation, in der einer der Firmenpartner ein Kundenproblem mit mir durchsprach. Er erklärte mir die Zusammenhänge immer wieder, und ich begriff einfach nicht, wovon er sprach. Er hätte auch in einer mir unverständlichen Fremdsprache reden können. Der Mann wurde richtig wütend auf mich und schrie mich an: »Sind Sie total verblödet? Das müssen Sie doch begreifen.« Ich wurde immer aufgeregter und verwirrter und kapierte überhaupt nichts mehr. Der Auftrag wurde mir entzogen. Es war eine furchtbare Niederlage für mich.

Etwa zwei Monate später kam eine Kollegin, die den Auftrag für mich übernommen hatte, mit dem Bericht zu mir. Es handelte sich um den Plan einer neuen Firmenstruktur. Ich sollte ihn lesen und beurteilen. Als ich ihren Bericht las – die Problemstellung, die Antworten auf das Problem, die Empfehlungen –, war alles ganz einfach. Ich begriff nicht, warum ich das alles nicht sofort verstanden hatte. Warum war ich so verwirrt? Das war meine Form des Dissoziation. In Situationen, in denen ein Mann als Autoritätsperson von mir erwartete, ich müsse etwas wissen, dissoziierte ich. Natürlich stand das im Zusammenhang mit dem Mißbrauch; das ist mir heute völlig klar. Damals war mir das keineswegs klar. Damals hatte ich noch keinen Zugang zu meiner Erinnerung.

Dissoziation passierte mir auch privat, nicht nur im Beruf. Meine Bekannten wußten nicht viel über mich. Sie wußten nichts über den Inzest, sie wußten nicht, wie ›schlecht‹ ich war, sie kannten mich nur oberflächlich. Für sie war ich eine Frau, die sich durch Leistungen einen gewissen Namen gemacht hatte. Es ist erstaunlich, daß ich damals dachte, ohne wirklich zu wissen, wieso: »Wenn die wüßten, wer ich wirklich bin.« Ich dissoziierte auf Parties. Wenn ich nach Hause kam, war mir, als sei ich nie dort gewesen. Eine ganz andere Frau war auf dieser Party gewesen, hatte Freundlichkeiten ausgetauscht, gelächelt, genickt und vor Angst geschwitzt. Das wirkliche Ich war ein kleines Mädchen, das sich in eine dunkle Ecke verkroch, den Kopf auf die Knie legte und wartete, bis alles vorüber war, damit es weinen und traurig sein konnte und sich nicht den Anschein geben mußte, fröhlich zu sein.

Bei Sex dissoziiere ich noch heute. Ich dissoziiere in jeder Form von unausgeglichenem Machtverhältnis, allerdings nicht so schlimm wie früher. Das liegt aber vermutlich nur daran, weil ich viel mehr zu Hause bin, seit ich meine Stellung aufgegeben habe und zu Hause als Beraterin arbeite. Da das Büro ein Ort war, in dem die Dissoziation am häufigsten stattfand, bin ich dem nicht mehr ausgesetzt, seit ich daheim arbeiten kann.

Es gibt viele Situationen, in denen ich dissoziiere, zum Beispiel bei meinen Schwiegereltern, meinen Eltern, meinen Nachbarn.

Ich entfremde mich oft der Wirklichkeit. Ich sehe mich als eine andere Person, eine Figur aus einem Film oder aus einem Zeitungsbericht. Ich sehe mich in meinem Tun als diese Figur, nicht als mich selbst. Ich höre einen Kommentar über sie: »Nun wiegt sie ihr Baby. Jetzt kocht sie Abendessen« und ähnliches. Die meisten meiner Ängste nehmen diese Form an. Ich sehe mich von einer grauenhaften Tragödie heimgesucht und höre, wie die Leute darüber reden, ihre Kommentare dazu abgeben. Ich suche nach Fluchtmöglichkeiten oder nach Schutz und spüre, wie armselig und sinnlos meine Bemühungen sind. Ich spüre die Trauer und das Entsetzen, aber ich sehe mich wie aus weiter Ferne. Ein Teil von mir spaltet sich ab und übernimmt die Funktion der Erzählerin. Das tue ich auch manchmal, wenn ich mich bemühe, positiv zu sein, und mich beschwichtigen möchte – ich ›rede‹ mir gut zu, als sei ich eine andere Person. Ich sehe mich als eine andere Person und höre eine Erzählerin, die positive Dinge über mich sagt, wie in einem Buch, einem Film oder in einem Zeitungsartikel.

Ich weiß, daß diese Dissoziationsgewohnheiten ein großes Problem sind, aber sie könnten schlimmer sein. Ich habe nie total dissoziiert, bin also keine gespaltene Persönlichkeit im klassischen Sinn. Aber ich verstehe sehr gut, daß es diese totale Dissoziation gibt. Ich glaube, ich war die ersten zwanzig Jahre meines Lebens dissoziiert, mindestens zwanzig Jahre. Trotzdem ist aus mir keine gespaltene Persönlichkeit geworden.

Dissoziatives Wiedererleben

Es gibt jedoch eine andere Form der Dissoziation. Ich entferne mich nicht aus einer gegebenen Situation, lasse mein Verhalten nicht von anderen Menschen oder *äußeren* Umständen bestimmen. Ich begebe mich vielmehr aus der Gegenwart und lasse eine *innere* Kraft aus der Vergangenheit mein Verhalten bestimmen. In beiden Fällen verliere ich die Kontrolle. Ich bin weggetreten.

Diese andere Form der Dissoziation tritt dann ein, wenn eine gegebene Situation irgendeine Ähnlichkeit mit dem Inzestgeschehen hat, obgleich ich zum gegebenen Zeitpunkt bewußt keinen Bezug herstelle. Wenn das geschieht, verliere ich den Kontakt zur Gegenwart und reagiere darauf, als sei die Situation etwas, das in der Vergangenheit geschah. Mein Verhalten ist dann sehr heftig und unangemessen. Später erscheint mit alles wie ein böser Traum und mein Verhalten verwirrt mich und ist mir sehr peinlich.

Das Problem bei dieser Form der Dissoziation (oder des

›emotionalen Wiedererlebens‹, da es ein Wiedererleben eines Vorfalls aus der Vergangenheit ist) bestand darin, daß ich keine Erklärung dafür hatte, bevor meine Erinnerung an den Inzest auftauchten. Meine einzige Erklärung bestand darin, daß ich eben manchmal ›verrückt spielte‹.

Die meisten Vorfälle dieser Art der Dissoziation ereigneten sich im Zusammenhang mit einer Beziehung zu einem Mann. Der Mann tat oder sagte Dinge, die eigentlich ganz normal waren, ich aber reagierte darauf sehr emotional und manchmal gewalttätig.

Ich hatte einmal eine Affäre mit einem jüngeren Mann, der emotional unzugänglich und distanziert war, wie alle Männer, die ich mir aussuchte. Ich hatte die übliche qualvolle Beziehung zu ihm. Eines Nachts war er zu müde, um Sex zu wollen. Das war, bevor ich mich an das Inzestgeschehen erinnerte und immer noch versuchte, Spaß an Sex zu haben.

Er hatte nur den Wunsch zu schlafen, war weder feindselig noch zurückweisend; er war einfach erschöpft. Doch etwas in mir reagierte mit einer vulkanartigen Eruption von Schmerz und Wut. Ich fühlte mich von ihm gehaßt und völlig zurückgewiesen. Mein Selbstwert, mein Ich waren durch seine Zurückweisung völlig vernichtet. Ich glaubte, er verabscheue mich, er fühle sich von meiner Sexualität abgestoßen; ich sei ein ekelhaftes, widerwärtiges Geschöpf für ihn.

Ich geriet völlig außer Kontrolle, griff ihn körperlich an und warf eine Lampe nach ihm. Zum Glück verfehlte ich ihn, sie flog gegen die Wand und zerschmetterte. Der Mann floh entsetzt. Das war das Ende dieser Beziehung. Am nächsten Morgen kam mir alles unwirklich vor, wie ein böser Traum. Ich schämte mich und war bestürzt über mein Verhalten.

Diese Anfälle hörten auf, als ich durch die Therapie begann, die Bezüge solcher Gefühlsausbrüche mit Vorkommnissen aus meiner Vergangenheit herzustellen und sie nicht mehr mit der Gegenwart verwechselte.

Eine wichtige Sache möchte ich noch zu diesen Vorfällen anmerken, und zwar die Art, wie ›gespalten‹ ich zum Zeitpunkt des Geschehens war. Ein Teil von mir beobachtete, wie ich die Kontrolle verlor und diese verrückten Dinge machte. Dieser

Teil wußte, daß sie falsch waren, daß ich sie nicht tun wollte, aber unfähig war, damit aufzuhören. Das machte alles nur noch besorgniserregender und frustrierender, da ich glaubte, fähig sein zu müssen, die Kontrolle zu bewahren. Und ich haßte mich dafür, den Ausbruch ›geschehen‹ zu lassen.

Je mehr Fortschritte ich in der Therapie mache und mich mit dem Mißbrauch auseinandersetze, desto besser kann ich Bezüge zwischen diesen fremdartigen Gefühlen und meinen Erlebnissen in der Vergangenheit herstellen. Sie sind nicht länger ›losgelöst‹, tauchen nicht plötzlich unerwartet auf und bringen mein Leben durcheinander. Nachdem ich sie eingeordnet habe, wo sie hingehören, nämlich in die Vergangenheit, überfallen sie mich nicht mehr unerwartet. Sie haben den ihnen angemessenen Platz.

Wiedererleben im Verhalten –

Künstlerische Umsetzung

An dem Punkt in meiner Therapie, an dem ich vom Gefühl her wußte, daß mein Therapeut recht hatte, daß der Inzest wirklich stattgefunden hat, verleugnete ich die Wahrheit immer noch vor mir selber. Ich begann zu zeichnen. Zeichnungen von Gespenstern: kleine Gespenster mit großen, blutenden Augen, ohne Mund, aber einer klaffenden Wunde in der Körpermitte. Wenn ich sie mir heute ansehe, erkenne ich ganz deutlich die sexuelle Vision. Damals war ich dazu nicht imstande. Ich zeichnete auch eine kniende Frau, völlig in sich zusammengesunken. Das war wohl auch eine Assoziation.

Sexualität

Ein Großteil meines Zwangs, heimliche sexuelle Beziehungen zu haben, hatte wohl mit Wiedererlebnissen zu tun. Ich wiederholte meine Beziehung zu meinem Vater, um ein anderes Ergebnis herbeizuführen. In der Wiederholung wollte ich diejenige sein, die Kontrolle ausübte. Und ich wollte, daß der Partner mich liebt und akzeptiert. In der Phantasie hatte ich alle Fäden in der Hand und der Mann liebte mich. Das passierte natürlich nie. Und wenn einer der Männer sich je wirklich so verhalten hätte, hätte ich ihn auf der Stelle fallengelassen! Diesen Zwang habe ich Gottlob verloren.

Emotionales Wiedererleben −

Ohnmachten

Der Eintritt in die Pubertät begann bei mir einiges aufzuwühlen. Damals geschahen Dinge, die ich heute als Wiedererleben bestimmter Aspekte des Inzests sehe. Wir haben darüber in der Therapie gesprochen. Ich habe eine deutliche Erinnerung, obgleich ich mir nichts dabei dachte, bis ich anfing, in der Therapie Zusammenhänge herzustellen. Wir schauten uns den Film *King Kong* im Fernsehen an, der mich nicht wirklich interessierte. Ich fand ihn sogar ziemlich albern. Ich muß damals elf oder zwölf gewesen sein. Meine Eltern waren da und mein Bruder. Da gibt es diese Sequenz, in der King Kong die Frau hochnimmt und mit den Armen herumfuchtelt; sie zappelt und schreit völlig hilflos. Plötzlich fing ich an, furchtbar zu zittern, meine Zähne klapperten richtig aufeinander und ich bekam keine Luft mehr − meine Hände verkrampften sich. Ich verlor fast das Bewußtsein. Ich war völlig aufgelöst und fing an zu weinen. Meine Eltern brachten mich ins Bett und meine Mutter blieb bei mir. Sie war wirklich besorgt. Niemand konnte sich einen Reim auf meinen Zustand machen. Heute glaube ich, es hatte mit dem Mißbrauch zu tun − das riesige Monster und die winzige Frau gaben seltsame Laute von sich, fuchtelten und zappelten herum.

Bei meiner ersten Kommunion hatte ich ebenfalls ein Wiedererleben. Ich kniete vor dem Altar, um die Hostie zu empfangen. Ich hatte die Hände gefaltet, der Priester kam auf mich zu und wollte mir etwas in den Mund stecken, die Hostie. Mir wurde schwindelig. Ich hatte ein komisches Gefühl in der Magengegend, mir wurde schwarz vor den Augen und ich hörte nichts mehr. Ich habe wohl ›Mami‹ oder so etwas ähnliches gesagt. Dann bin ich nach hinten gekippt und kopfüber die drei Stufen hinuntergepurzelt vor der ganzen Kirchengemeinde. Ich landete ohnmächtig auf den Steinplatten. Erst in der Therapie sah ich einen Zusammenhang mit meinem sexuellen Mißbrauch.

Das passierte wieder, als ich etwa zwanzig war. Ich ging nie in Horrorfilme oder Filme, in denen Gewalt vorkam, aber einmal habe ich mir einen solchen Film angesehen in der Annahme, es sei ein Naturfilm. Da gab es eine Szene, in der ein Mann von einem Bär überfallen wird. Als ich sah, wie der Mann von dem Bär zerfleischt wurde, verlor ich das Bewußtsein. Mein Ehemann mußte die Platzanweiserin holen und mit vereinten Kräften schleppten sie mich ins Foyer, wo ich wieder zu mir kam. Es war furchtbar peinlich. Ich hatte in die Hose gemacht. Damals war ich alt genug, um zu wissen, daß dahinter ein Grund stecken mußte. Ich dachte damals, es habe etwas mit meinem Vater zu tun – ich glaubte aber, es habe damit zu tun, weil er sich im Mittleren Osten aufhielt, wo es ständig Gewaltausschreitungen gab! Ich erzählte damals, ich könne keine Gewalt ertragen, weil ich Angst um meinen Vater habe.

Panik

Mein Therapeut identifizierte emotionale Wiedererlebnisse, in denen ich einen Teil des Mißbrauchs in meinem persönlichen Leben ausagierte. Ich erinnere mich an das erste Mal, als ein Freund oralen Sex mit mir haben wollte. Ich war 14 und wir hatten bereits seit längerem eine sexuelle Beziehung. Er wollte es bei mir machen. Ich wurde hilflos und dissoziierte total. Ich erstarrte vor Panik. Ich konnte nicht reden, nichts tun.

Ich erinnere mich, daß wir uns angezogen und irgendwohin fahren wollten, um etwas zu essen; und ganz plötzlich reagierte ich panisch. Ich sprang aus dem Auto und rannte los, ohne zu wissen, wohin. Ich wußte nicht, wo wir waren, ich rannte einfach blind los. Ich weiß nicht, was passierte. Es ist alles irgendwie vernebelt. Irgendwann fand er mich und ich weigerte mich, in das Auto zu ihm einzusteigen; ich schrie ihn hysterisch an.

Er bekam Angst. Er fürchtete, die Polizei würde ihn festnehmen, und zwang mich unter Gewaltanwendung, ins Auto zu steigen. Irgendwie brachte er mich nach Hause. Ich schloß mich tagelang in mein Zimmer ein. Ich war in einem schlimmen Zustand. Damals war ich etwa 14 und hatte bereits seit Jahren Sex. Ich konnte nicht verstehen, was plötzlich mit mir los war.

Weinen

Eines der signifikantesten Wiedererlebnisse passierte regelmäßig. Nach dem Sex war ich traurig und weinte. Das ging jahrelang so, seit meinen ersten sexuellen Aktivitäten, als ich zwölf war, bis heute. Nach dem Sex bin ich traurig. Ich werde von Traurigkeit überwältigt und fange an zu weinen. Ich weiß nie, warum. Ich hielt es für normal, daß man nach dem Sex traurig ist, daß man sich total verlassen vorkommt und weint.

Diesen Zustand hatte ich aber nur, wenn ich Spaß an Sex hatte. Wenn ich dissoziierte, fühlte ich nichts (was meist der Fall war), gar nichts. Ich hielt es immer für ein normales emotionales Ventil. Meine Sexualpartner waren jedesmal beunruhigt und überrascht. Und ich sagte dann so etwas wie: »Was regst du dich auf? Das ist doch ganz normal bei einer Frau.« Aber das stimmt gar nicht.

Als ich meinen Erinnerungstraum hatte, in dem ich mich zum ersten Mal an den Inzest erinnerte, war das erste überwältigende Gefühl Trauer. Das gleiche Gefühl, das ich all die Jahre nach dem Sex hatte. In meinem Erinnerungstraum war mir völlig klar, warum ich dieses Gefühl der Trauer hatte. Es war ein sehr schmerzhaftes Gefühl. Ich weiß, wenn ich dieses traurige Gefühl nach dem Sex nicht mehr habe und nicht mehr weine, bin ich auf dem Weg der Besserung.

Rückblenden

Ein anderes Wiedererleben hatte ich kurz nachdem ich mich an den Inzest erinnerte. Ich war mit meinem Mann und meiner Tochter auswärts essen. Mein Mann hatte einen Coupon für eine kostenlose Autowäsche einstecken und wir beschlossen:

»Wir tun unserer alten Kiste was Gutes und fahren durch die Waschanlage.« Ich war noch nie durch eine Waschanlage gefahren.

Mein Mann fuhr den Wagen auf die Schienen, schaltete den Motor ab und wir überließen uns unserem Schicksal. Plötzlich wurde es dunkel um uns. Die Fenster waren geschlossen und die Walzen fingen an zu rotieren. Blaue wattierte Rollen kamen von oben und von der Seite auf uns zu und drehten sich ganz schnell, schlugen klatschend gegen die Fenster, Wasser prasselte herunter, es war heiß im Wagen, und ich konnte nicht raus. Plötzlich drehte ich durch.

Später realisierte ich, daß diese blauen Watterollen aussahen wie der blaue Vorhang in unserem Badezimmer im Keller damals, wo ich mißbraucht wurde. In der Waschanlage konnte ich mich jedoch nicht an den blauen Vorhang erinnern. Ich fing nur an, unkontrolliert zu zittern. Ich schrie und schluchzte hysterisch und stammelte: »Niemand kann mir helfen. Niemand hilft mir. Kann mir denn niemand helfen? Niemand hilft mir.« Mein Mann hielt mich fest, dann fuhr er auf den Parkplatz. Ich war wie gelähmt.

An das, was dann geschah, habe ich nur eine schwache Erinnerung. Irgendwie brachte er mich nach Hause. Ich lag ziemlich lang im Bett in einer Art Schockzustand. Ich wußte nicht genau, wo ich war. Ich hatte völlig die Orientierung verloren; ich erbrach mich. Ich weiß auch, daß ich die Wagentür aufmachte, um mich auf der Heimfahrt zu übergeben. Es dauerte etwa zehn Stunden, bis ich wieder bei mir war. Damals habe ich wohl etwas von dem Trauma wiedererlebt. Die Erinnerung, daß in dem Badezimmer im Keller, in dem ich mißbraucht wurde, ein blauer Vorhang hing, kam erst später.

Körperliche Empfindungen

Diese Wiedererlebnisse haben einen Aspekt, der für mich sehr beunruhigend, verwirrend und sehr beschämend ist. Als ich meinen ersten Erinnerungstraum hatte, in dem ich mich zum ersten Mal an den Inzest erinnerte und wußte, daß er tatsächlich geschehen war, war ich nicht nur erstaunt über meine Gefühle der Zuneigung zu meinem Vater. Ein weiterer befremdlicher und beunruhigender Teil der Erinnerung bestand in einer Art sexuellen Erregung. Auch bei dem Wiedererleben in der Waschanlage waren all diese Gefühle mit einer starken sexuellen Erregung verbunden, neben der Übelkeit und den körperlichen Schmerzen. Ich schämte mich deswegen und hielt mich für wahnsinnig. Mir wurden diese schrecklichen Dinge angetan, aber ich reagierte körperlich auf das, was mir angetan wurde. Ich denke, das verstärkte meine Schamgefühle sehr. Als sei ich wegen meiner sexuellen Erregung dafür verantwortlich. Ich hätte diese Gefühle nicht haben dürfen. Durch sie akzeptierte ich den Mißbrauch. Ich weiß, das ist falsch, aber dieses Gefühl habe ich bis heute.

Phobien und Ängste

Ich hatte mein ganzes Leben Probleme mit Phobien und meinen vielfältigen Ängsten. Das ist nicht nur eine Angst vor diesem oder jenem. Mein erster Therapeut nannte es Agoraphobie, also Angst, das Haus zu verlassen. Ich hatte oft Angst, das Haus zu verlassen, als ich mit der Therapie begann. Nach der Geburt meines Babys wurde das schlimmer. Ich hatte ständig vor irgend etwas Angst.

Das sah folgendermaßen aus: Es gab Tage, an denen ich nicht ans Telefon gehen konnte, weil ich die Angst und Unsicherheit nicht ertragen konnte, wer oder was mich am anderen Ende der Leitung erwartete. Ich konnte die Post nicht öffnen, weil ich dachte: »Ich will nicht wissen, was drinsteht. Ich habe Angst, was die Leute von mir wollen.« Ich ging nicht aus, weil ich mit dem, was mich da draußen erwartete, nicht umgehen konnte. Ich schaffte es nicht, Auto zu fahren. Ich könnte in einen Unfall verwickelt werden. Ich hatte Angst, die Hochspannungsleitungen an der Landstraße könnten auf meinen Wagen fallen. Eine Brücke könnte einstürzen, jemand könnte auf mich schießen, es könnte da draußen ein Irrer herumlaufen, der um sich schießt und mich trifft.

Meine allgemeine Angst kam vermutlich daher, daß ich als kleines Kind so furchtbar mißhandelt wurde, bevor ich mir ein festes Fundament von Realität hatte aufbauen können. Ich hatte keine schützenden Grenzen, alles konnte mir zustoßen. Die meisten Kinder lernen im Heranwachsen, daß schlimme Dinge passieren können, sie lernen aber auch, daß die Welt im allgemeinen ein ziemlich sicherer, zuverlässiger Ort ist. Ich wuchs auf in der Überzeugung, die Welt sei ein völlig unzuverlässiger Ort, an dem ganz selten gute Dinge vorkommen können. Ein großer Unterschied.

Die Phobien verstärkten sich kurz vor der Geburt meiner Tochter, und nach ihrer Geburt explodierten sie förmlich. Einen Tag vor ihrer Geburt mußte im Keller irgend etwas repariert werden und die Handwerker kamen. Ich hatte eine lebhafte Vorstellung von einem Klempner, oder einem Mann in Uniform, der die Kellertreppe heraufkam mit einem gräßlichen Gesichtsausdruck, und ich wußte, er will mich umbringen. Ich mußte eine Nachbarin bitten, sich zu mir ins Wohnzimmer zu setzen, solange die Klempner im Keller arbeiteten, weil ich sicher war, sie würden mich umbringen.

Zu dieser Zeit hatte ich noch keine Erinnerung an den Inzest. Aber ich hatte Angst vor Kellerräumen. Entsetzliche Angst. Ich ging in den Keller, um irgend etwas zu tun. Und plötzlich packte mich die Angst. In panischem Entsetzen rannte ich die Treppe hinauf, ohne zu wissen, wovor ich Angst hatte. Das passierte in jedem Keller. Später, als ich mich an das Inzestgeschehen erinnerte und wußte, daß es im Keller passiert war, wunderte ich mich nicht mehr über diese Panikanfälle im Keller. Doch vorher wußte ich bloß, daß ich in Kellerräumen panische Angst hatte, und daß ich überhaupt diese verrückten Ängste hatte, wenn ich das Haus verließ.

An einem Punkt in der Therapie hatte ich eine merkwürdige Phobie. Wir sprachen bereits über Inzest, ich erinnerte mich aber noch nicht dran. Ich hatte eine heimliche sexuelle Beziehung – die einzige Form sexueller Beziehungen, die ich kannte – mit einem Mann in meiner Firma, der mit einer Chinesin zusammenlebte. Er sagte mir, er würde sie nie verlassen und wolle sie heiraten; ich war also keineswegs im unklaren über die Situation. In meinem Unterbewußtsein wurde diese Chinesin für mich zur Stellvertreterin meiner Mutter. Irgendwie war er mein

Vater und sie meine Mutter. Darauf kamen wir in der Therapie – später.

Ich hatte jedenfalls eine starke emotionale Bindung zu diesem Mann; direkt krankhaft. Am Tag der Beerdigung meines Vaters erfuhr ich, daß er sich mit der Chinesin verlobt hatte. Sie kam auf mich zu, hielt mir ihren Ring unter die Nase und sagte: »Sieh mal, wir haben uns entschlossen zu heiraten.«

Es war, als würde mir der Boden unter den Füßen weggezogen. Irgendwie erlebte ich die Gefühle des Verrats und der Zurückweisung wieder, die ich als Kind erlebt hatte. Irgendwie war ich jetzt ein schlechter Mensch. Ich taugte nichts und sie war seine wunderschöne kleine Königin.

Nach diesem Vorfall geriet ich jedesmal in Panik, wenn ich eine Chinesin sah, und rannte weg. Das erste Mal passierte das ein paar Tage nach dem Begräbnis. Ich kaufte ein Geschenk für eine Freundin, die ein Baby bekommen hatte. Ich stand an der Kasse und kramte nach meiner Kreditkarte. Ein paar Leute waren hinter mich getreten. Ich wandte den Kopf. Direkt hinter mir stand eine Chinesin mit langem schwarzem Haar.

Ich geriet in Panik und verlor jegliche Kontrolle. Ich ließ meine Kreditkarte fallen und rannte fluchtartig aus dem Kaufhaus. Meine Handtasche und meine Einkäufe ließ ich liegen. Draußen auf der Straße rannte ich blind weiter. Nach einer Weile kam ich zu mir und begriff, was ich getan hatte. Ich war schrecklich verlegen und brach in Tränen aus.

Ich wartete ein paar Minuten, dann ging ich bedrückt zurück in das Kaufhaus, in die Abteilung, wo ich meine Tasche gelassen hatte. Die Verkäuferin fragte mich: »Was ist denn plötzlich in Sie gefahren?« Ich entschuldigte mich: »Mir ist plötzlich schlecht geworden. Ich mußte ganz schnell zur Toilette.« Sie glaubte mir.

Das passierte wieder bei einer Freundin. Das war insofern komisch, weil sie Therapeutin ist. Wir verabschiedeten uns an meinem Wagen und plauderten noch ein wenig. Vorher hatte ich ihr von meiner Angst vor Chinesen erzählt. Plötzlich hielt vor dem Nachbarhaus ein Wagen, aus dem lauter Chinesen ausstiegen. Mich überkam ein Gefühl der Unwirklichkeit, und dann wußte ich nur noch, daß ich die Straße entlangrannte.

Nach ein paar Häuserblocks blieb ich stehen, setzte mich auf den Gehsteig und weinte und lachte gleichzeitig. Ich kam mir so albern vor. Ich wartete eine Weile, bis die Chinesen verschwunden waren, und ging dann zurück zum Wagen. Meine Freundin sah mich an und sagte: »Weißt du Noelle, das ist eine ernste Sache. Du brauchst Hilfe.« Es dauerte lang, bis meine Phobie vor Chinesen sich legte.

Depression, Selbstmord

Es gab in meinem Leben immer wieder Zeiten, in denen ich deprimiert und selbstmordgefährdet war. Den ersten Selbstmordversuch machte ich mit 15. Ich nahm alle Tabletten, die ich in die Finger kriegen konnte – Aspirin und Schlafmittel und alles mögliche. Dann legte ich mich auf die Couch und wollte sterben. Ich schlief ein. Ich schlief volle 16 Stunden, ohne mich zu rühren und meine Eltern nahmen davon keine Notiz. Das gibt ein wenig Aufschluß darüber, wie kaputt meine Familie war. Es war eine Kombination aus Mißbrauch und Vernachlässigung.

Als ich wieder zu mir kam, konnte ich nicht in die Schule gehen. Ich konnte nicht richtig hören – die Tabletten hatten meine Gehörnerven offenbar beschädigt. Mir war schwindelig. Ich habe meinen Eltern nie gesagt, daß ich sterben wollte. Sie fragten mich nicht danach; ich sagte ihnen nichts. Ich war enttäuscht, wieder aufgewacht zu sein, wollte aber keinen zweiten Versuch machen. Selbstmord schien so sinnlos wie alles andere.

Das war das einzige Mal, daß ich einen echten, geplanten Selbstmordversuch unternahm. Alles andere war wirklich idiotisch, wenn ich beispielsweise mit 190 auf der Autobahn raste. Das waren unüberlegte Handlungen, die sehr gefährlich und selbstzerstörerisch waren.

Kognitives Wiedererleben

Halluzinationen

Mit 18 fing ich an, von Spinnen zu halluzinieren. Im Wachzustand. Entweder abends, bevor ich ins Bett ging, oder am

286

Morgen, wenn ich gerade aufgewacht war: Ich sah große Spinnen an der Wand oder von der Decke hängen. Ich schlief nicht. Ich war wach und sah die Spinnen ganz deutlich. Sie waren so deutlich, daß ich schreiend nach ihnen schlug oder weglief. Es waren keine verschwommenen Phantasiegebilde. Ich sah deutlich echte Spinnen.

Im Lauf der Zeit sah ich sie immer öfter. Ich sah sie zu verschiedenen Tageszeiten. Wenn ich beispielsweise die Kellertür öffnete, sah ich eine Spinne so groß wie eine Ratte. Sie atmete oder pulsierte irgendwie. Ihr Körper machte pulsierende Bewegungen. Ich schlug die Tür zu, riß mich zusammen und öffnete die Tür wieder, um zu sehen, ob sie noch da war.

Mein erster Ehemann war so daran gewöhnt, daß ich abends Spinnen sah, daß er in aller Ruhe die Spinne tötete oder sie von der Wand schlug, wenn ich anfing, schreiend auf eine Stelle an der Wand zu zeigen. Das beruhigte mich. Im Lauf der Zeit veränderten sich die Spinnen. Als ich in der Therapie begann, mich mit dem Inzest zu befassen, noch bevor ich mich daran erinnerte, bekamen die Spinnen rote Beine, die aussahen wie Penisse. Die Assoziation zu Penissen hatte ich erst sehr viel später.

Die Spinnen waren eine immer wiederkehrende Halluzination, die mich ständig begleitete. Ich habe sie noch heute, allerdings ziemlich selten. Wenn es mir sehr schlecht geht, sehe ich manchmal eine Spinne. Wenn ich bei Dunkelheit in den Keller gehe, sehe ich eine Spinne, pulsierend im Dunkel. Aber es kommt nur noch selten vor.

Eine weitere, wirklich schreckliche Halluzination hatte ich zu Beginn der Therapie, als ich anfing, mich mit dem Inzest zu beschäftigen. Damals hatte ich ein wirklich schweres Leben. Doch die Halluzination hatte ich an einem schönen, harmonischen Abend. Ich aß mit einem befreundeten Ehepaar in einem guten italienischen Lokal. Ich hatte mein Lieblingsgericht bestellt. Ich trank Wasser, weil ich zu dieser Zeit kaum Alkohol trank.

Wir unterhielten uns und ich hob den Kopf, als am Nebentisch Leute aufstanden, um zu gehen. Da sah ich eine gut gekleidete Frau mit Hut. Sie war sehr elegant, aber ihr Gesicht war das Gesicht einer Echse. Es war kein menschliches Gesicht, es war wirklich schrecklich, dieses Echsengesicht. Ihre Haut war keine menschliche Haut, sondern ein seltsames rosiges Schuppengewebe, das einen Wulst über ihren Augen formte. Ihre Nase bestand aus zwei Löchern und ihr Mund war ein schmaler Strich wie bei einer Echse. Und das komische rosa Gewebe zog sich von den Mundwinkeln in faltig hängende Lappen ihren Hals hinunter. Es war ein Echsengesicht. Ich erschrak furchtbar.

Die Frau ging an unserem Tisch vorbei und verließ mit ihren Begleitern das Lokal. Das Ganze dauerte nur wenige Sekunden. Ich sah meine Freunde an, ob ihnen das Gesicht auch aufgefallen sei, sie schienen jedoch nichts bemerkt zu haben. Ich zeigte auf die Frau, stand auf und stammelte: »Ah, habt ihr das gesehen?« Sie wußten nicht, wovon ich redete. »Habt ihr diese Frau gesehen?» Und sie sagten: »Welche Frau?« Ich sagte: »Sie sah aus wie eine Echse.« Und die beiden lachten. Sie glaubten, ich mache einen Witz. Sie hatten keine Ahnung, was in mir vorging.

Um die Wahrheit zu sagen, ich glaubte lange Zeit nicht, daß das eine Halluzination gewesen war. Ich glaubte wirklich, ich hätte eine Echse gesehen oder ein menschliches Wesen mit einem dermaßen mißgestalteten Gesicht, das aussah wie eine Echse. Oder eine Frau mit einer Echsenmaske. Es dauerte lang, bis ich akzeptierte, daß ich wirklich eine Halluzination hatte. Das war die schwierigste Halluzination, mit der ich fertig werden mußte, weil sie so absurd war.

Alpträume

Der erste immer wiederkehrende Traum begann, als ich 19 oder 20 war. Es war ein Traum, in dem ich von einem Mann in einem dunklen, verschlossenen Raum verfolgt wurde. Das Ende war immer das gleiche. Ich rannte Stufen hinauf, um ihm zu entkommen, aber er packte mich jedesmal und tötete mich. Ich konnte diesem dunklen, gesichtslosen Mann nie entkommen.

Ich wußte nie, wer der Mann war. Manchmal glaubte ich ihn

zu kennen, doch dann dachte ich, nein, er kann es nicht sein.
Später, als ich Fortschritte in der Therapie machte, kam dieser
Traum wieder. Manchmal war der Mann mein Vater, doch
dann war er doch nicht mein Vater. Ich war sehr verwirrt.
»Könnte er mein Vater sein? Nein, niemals, Das ist unmög-
lich.«

Eines Tages, ich erinnere mich, es war im Frühling 1972. Ich
hatte diesen Traum wieder, und als der Mann mich die Treppen
hinauf verfolgte, kam mir der Gedanke, daß ich ihn töten
könnte und ich tötete ihn. Ich drehte mich um und gab ihm
einen Stoß. Er stürzte die Treppe hinunter und landete unten
auf dem Steinboden – tot. Ich rannte die Treppe hinunter und
beugte mich triumphierend über den Toten. Ich hatte ein un-
sagbares Gefühl von Erleichterung und Befreiung und Glück.
Ich wachte glücklich aus diesem Traum auf. Den ganzen Tag
fühlte ich mich beschwingt und glücklich. Ich fühlte mich frei,
und dieses Glücksgefühl hielt ziemlich lange an. Das war mein
erster Schritt zur Besserung, obwohl ich den Traum nicht zu
deuten vermochte. Aber an diesem Punkt faßte ich den Ent-
schluß: »Ich werde mein Leben in die Hand nehmen.« Und das
machte ich auch.

In der folgenden Nacht hatte ich einen wunderbaren Traum.
Es war ein schöner Traum in Farbe. Hübsche, bunte Vögel
schwirrten herum, zirpten und sangen fröhlich. Niedliche,
kleine Vögel, die auf Skiern landeten. Ich denke, das war ein
Glückstraum. Es war ein Traum von einem glücklichen Leben
– ich hatte etwas Lebensfreude wiedergewonnen, weil ich
meinen Verfolger vernichtete. Ich glaube, das war der Punkt,
an dem ich mich auf den Weg zur Besserung begab. Es sollte
ein fünfzehn Jahre dauernder Prozeß sein, aber ich habe
durchgehalten. Der Traum, daß ich von einem Mann verfolgt
werde, kam später wieder mit mehr Einzelheiten und in mehreren Variationen.

Ich hatte andere bedeutsame Träume, von denen ich zunächst nicht wußte, wie wichtig sie waren. Zwei Träume kamen
immer wieder. Einer handelte von Kontaktlinsen. Er stellte sich
immer dann ein, wenn ich mich in einer Streßsituation befand
oder wenn sich etwas in meinem Leben veränderte.

In diesem Traum trug ich Kontaktlinsen und wußte, daß ich ohne sie nichts sehen konnte und völlig hilflos war. Ich trug meine Linsen und plötzlich mußte ich eine herausnehmen, weil ich etwas im Auge hatte, das mir weh tat. Ich mußte sie in den Mund nehmen. Als ich die Linse in den Mund nahm, schwoll sie plötzlich an. Ich spürte, wie sie größer und größer wurde und schließlich zog ich dieses riesige Ding aus dem Mund und hielt eine Kontaktlinse in der Hand, die so groß war wie ein Unterteller. Ich war entsetzt. Und ich dachte, wie kann das Ding bloß so groß werden? Was mache ich jetzt damit? Ich krieg sie doch nie wieder in mein Auge. Ich hatte furchtbare Angst, weil ich ohne die Linse hilflos war. Ich konnte sie auch nicht wieder in den Mund nehmen. Wie soll ich sie in mein Auge kriegen? Wie bekomme ich das Ding wieder klein? Dieser Traum war sehr beängstigend. Ich wachte schweißgebadet auf und versuchte zu schreien.

Dieser Traum kam immer wieder. Und ich wußte nie, was er bedeuten sollte, bis meine ersten Erinnerungen auftauchten. Erst dann begriff ich, daß er davon handelte, was mein Vater mir angetan hatte. Er hatte mich zu oralem Sex gezwungen, und dieser Traum war ein Wiedererleben des Sexualaktes. Aber es dauerte viele Jahre, bis mir das klar wurde. (Während ich meinen Bericht durchlas, hatte ich bei den Worten: »Weil ich etwas im Auge hatte, das mir weh tat« eine Rückblende. Mein Vater versuchte, seinen Penis in mich zu stoßen und das tat mir weh. Ich hatte zwei Tage lang starke Unterleibsschmerzen. Das war eine neue Erinnerung für mich.)

Ein anderer sich wiederholender Traum, der wirklich wichtig war, war ein Badezimmertraum. Ich hatte häufig schreckliche Angstträume, in denen ich in einem Badezimmer auf der Toilette saß und mir deutlich bewußt war, daß meine Genitalien entblößt waren. Das Badezimmer hatte keine Tür, jeder konnte mich sehen, jeder konnte mich anfassen, und ich konnte mich nicht schützen. Das war schrecklich. Eine andere Version dieses Traumes war, daß ich dringend Pipi machen mußte und kein Klo mit einer Tür fand, die ich hätte schließen können. Ich mußte dringend aufs Klo und wollte ganz schnell in das Klo ohne Tür, Pipi machen und sofort wieder verschwinden. Aber ständig kam jemand. Es war meistens ein Mann, und ich empfand dieses Grauen, daß ich nackt war und meine Genitalien entblößt waren.

Er spiegelte eine Kindheitserinnerung – die Toilette im Keller, in der ich mißbraucht wurde, hatte keine Tür. Es war bloß ein Klo mit einem Vorhang. Dort hat mein Vater mich sexuell mißbraucht. Ich konnte ihn nicht aussperren. Ich war in diesem Klo ungeschützt. Darum ging es in diesem Traum. Das wußte ich allerdings erst zehn Jahre später.

Der Inzest wurde mir schließlich ebenfalls durch einen Traum bewußt. Ich hatte den Traum um fünf Uhr morgens und träumte, ein kleines Mädchen zu sein. Ich war in einer Toilette im Keller, und mein Vater kam durch einen Vorhang, als ganz junger Mann, und sagte: »Es ist nichts Schlimmes, keine Sorge. Es ist bloß ein Spiel.« Er war sehr nervös und angespannt und sein Gesichtsausdruck war ganz fremd. Ich wußte, er hatte etwas Schlimmes mit mir vor. Aber ich wollte ihm glauben, deshalb machte ich, was er von mir verlangte. Ich mußte mich in einer bestimmten Stellung auf die Klobrille setzen (die ganz groß wirkte, weil ich so klein war) und dann machte er sexuelle Sachen mit mir, oral-genital, und dabei hatte er immer die Kellertür oben an der Treppe im Blick. Ich hatte die ganze Zeit Angst, schreckliche Angst, aber ich redete mir ein, es ist nicht schlimm, es ist nur ein Spiel. Das war der Teil, der als konkrete Erinnerung im Traum auftauchte.

Dann gab es noch eine Menge verwirrender anderer Sachen, die keine wirklichen Erinnerungen waren. Ich versuchte, meinen Vater zu verstecken, weil Leute kamen, die ihn holen und töten wollten. Ich wußte, er war in großer Gefahr, und ich liebte ihn wahnsinnig. Ich versteckte ihn unter meinem Bett. Das Bett verwandelte sich in einen Holzsteg am Strand. Er wurde verfolgt und sie wollten ihn wegholen. Als nächstes lag ich auf dem Fußboden im Haus meines Großvaters. Neben mir lag ein Baby, und ich hatte furchtbare Schmerzen in meiner Vagina und im Unterleib. Ich sagte zu meiner Mutter: »Ich bekomme ein Baby, aber es ist nicht schlimm. Ich habe es ganz allein gemacht. Es hat keinen Vater.« Dann nahm meine Mutter den Telefonhörer in die Hand. Es gab auch einen Teil, in dem mein

Großvater meinen Vater suchte. Der ganze Traum war sehr anstrengend.

Als ich aufwachte, schrie und weinte ich hysterisch und konnte nicht aufhören zu weinen oder mich zusammenzunehmen. Dieser Zustand dauerte sechs Stunden. Die Unterleibsschmerzen dauerten den ganzen Tag. Das Gefühl der Unwirklichkeit dauerte mehrere Tage. Ich ging zu meinem Therapeuten, der fünf Jahre lang daran gearbeitet hatte, mich dahin zu bringen, den sexuellen Mißbrauch zu erkennen. Immer wieder versuchte er mir zu beweisen, daß meine Gegenwartserfahrungen Mißbrauchselemente enthielten. Ich ging zu ihm und sagte: »Sie können den Champagner öffnen! Sie hatten recht. Ich habe Ihnen nie geglaubt. Ich wollte, daß Sie unrecht hatten, aber ich kann es nicht länger leugnen. Es ist wirklich passiert.« Ich war sehr unglücklich. Ich verfiel in tiefe Trauer. Doch dann fing ich an, in der Therapie wirkliche Fortschritte zu machen. Mein Traum hatte die Verdrängung aufgebrochen.

Ich hatte andere Träume, die sich auf den Inzest bezogen. Ich träumte von Toiletten, in denen ein blauer Vorhang hing. Ich hatte auch einen Traum, in dem mein Vater mir Bilder in einem Buch zeigte und mich beschuldigte, sexuelle Sachen zu machen. Dabei war ich völlig verwirrt und hilflos, weil ich nicht verstehen konnte, warum mein Vater böse mit mir war und mich anschrie und mich so beschuldigte. Er wußte doch, daß er das mit mir gemacht hatte.

Und als ich die Bilder in dem Buch sah, dachte ich entsetzt: »O mein Gott, das ist alles in dem Buch niedergeschrieben. Jetzt weiß es jeder. Jetzt bin ich verloren.« Ich war so klein, daß ich glaubte, wir seien die einzigen Menschen auf der Welt, die so schlimme Sachen machten. Und wenn es Bilder davon in einem Buch gab, dann mußten wir beide das sein, und nun wußte jeder Bescheid, und ich war verloren. Das war ein wirklich bedeutsamer Traum, weil ich in diesem Traum wieder eine Dreijährige war. Ich hatte die Denkweisen, Gefühle und Sichtweisen einer Dreijährigen. Es kam alles auf mich zurück, das Gefühl von Verrat und Trauer, die Angst vor Entdeckung, vor Bestrafung. Es war alles da.

Ich hatte noch einen Traum, einen heilsamen Traum. In

diesem Traum war ich erst zwei Jahre alt. Ich rannte zu meinem Papa; er hob mich hoch, warf mich in die Luft, fing mich wieder auf und gab mir einen dicken Kuß. Und das Gefühl in diesem Traum war: »Ich liebe dich und du liebst mich und alles ist in Ordnung. Ich habe nichts Schlimmes getan. Ich bin ein braves, kleines Mädchen.« Das muß ein Traum gewesen sein über Gefühle, die vor dem Mißbrauch zu datieren sind. Ich nahm Verbindung auf zu einer glücklichen Zeit, bevor ich mißbraucht wurde, als alles noch in Ordnung war. Auch das war ein wichtiger Traum.

Diesen Traum hatte ich vor einem Abschnitt in meinem Leben, in dem alles schlimmer wurde. Eine Phase, in der ich Zugang zu unendlichem Schmerz und großer Trauer erhielt, die mir vorher verschlossen waren. Ich mußte erst spüren, was ich verloren hatte, um die Schmerzen und die Trauer meiner Verluste durcharbeiten zu können. Ich mußte weit im Zeitgeschehen zurückgehen. Der Traum stellte mein Zurückspulen in die Vergangenheit dar, um die verlorenen Gefühle von Liebe, Glück und Zufriedenheit wiederzufinden. Danach folgten schlimme Monate, in denen ich völlig am Boden zerstört war. In dieser tief unglücklichen Zeit hatte ich wieder einen wichtigen Traum.

In dem Traum war ich in einem Strandhaus. Es war ein sehr altes Haus. Ich stand in einem Zimmer und schaute aus einem Fenster. Der Fensterrahmen aus Holz war silbergrau, von Wind und Wetter ausgebleicht. Das Licht in diesem Traum war sehr hell und strahlend, vom Wasser reflektiertes Licht. Es wehte eine leichte Brise und alles war strahlend hell.

Ich war in diesem Haus und meine ganze Familie war da gewesen, aber jetzt waren sie alle fort. Ich war die letzte, die noch im Haus war. Ich fing an, eine Art Schlafsack auf einem Regal zusammenzurollen und einzupacken. Es standen ein paar Bücher in dem Regal, die ich auch einpackte. Ich nahm eines in die Hand, schlug es auf und sah, daß es ein Buch über das Leben meiner Eltern war.

Ich blätterte in dem Buch. Es war ein tragisches, trauriges Buch. Anfangs gab es glückliche Bilder von meinen Eltern als junges, strahlendes Paar. Je weiter ich blätterte, desto mehr Trauer und Leid, Verlust und Tragödien gab es, die schreckliche Tragödie unserer Familie. Ich wurde von Trauer und Verlassenheit überwältigt. Plötzlich stand meine Mutter neben mir. Sie sah mich verständnisvoll an. Und ihre Augen waren sehr traurig, als sie sagte: »Ach, du hast das Buch gefunden.« Ich antwortete: »Ja, ich hab das Buch gefunden.« Und sie sagte: »Das ist das traurigste Buch, das du je lesen wirst.« Und dann war sie verschwunden. Ich blätterte weiter in dem Buch und sah, daß das letzte Kapitel fehlte. Und dieses Kapitel mußte ich schreiben. Da wußte ich, daß das Buch noch trauriger war, als meine Mutter geglaubt hatte. Es war trauriger als irgend jemand wissen konnte, weil ich das letzte Kapitel schreiben mußte, das Kapitel über mein Leben. Meine Familie würde nie wissen, wie traurig es wirklich war.

Das war ein schwerer Traum. Er markierte den Beginn meiner Erkenntnis, wie grauenvoll die Zerstörung für mich und für meine Familie war. Welches Unglück durch Alkoholismus, Mißbrauch und Verleugnung über uns gekommen war. Ich hatte meine Eltern in früher Jugend verloren. Ich habe mein Elternhaus in gewisser Hinsicht als Dreijährige verlassen. Ich habe meine Mutter und meinen Vater und meine Kindheit verloren, ich habe alles verloren. Davon handelte dieser Traum. Ich mußte dieses alte Haus verlassen und ich mußte das letzte Kapitel schreiben. Wenn das Buch fertig war, war alles vorbei. Das war einer der letzten Träume, die große Bedeutung im Hinblick auf das Inzestgeschehen hatten.

Es gab noch einen Traum. Einen Ablösungstraum. In dem Traum stellte ich meinen Vater wegen des Mißbrauchs an mir zur Rede, und er sagte bloß: »Na und?! Ich lasse nicht zu, daß du daraus eine große Sache machst. Ich habe meine Schuld bezahlt und überhaupt, es ist ja nichts passiert.« Das war ein Ablösungstraum. Er zeigte, daß ich einen Punkt erreicht hatte, an dem nichts von dem, was er sagte, Bedeutung hatte. Nichts, was er sagte oder machte, hatte irgendeine Bedeutung.

Träume sind wichtig. Alpträume sind wichtig. Sie sind Bestandteil des Traumas, sie können aber auch als Heilmittel dienen. Ich weiß nicht, ob ich imstande gewesen wäre, meine Verleugnung zu durchbrechen, wenn ich den Inzest nicht im Traum in mein Gedächtnis zurückgerufen hätte.

Megan

Viele von uns haben Probleme mit Sex. Megan erinnerte sich nicht an die Vergewaltigung durch ihren Bruder, aber ihr Körper erinnerte sich. Sie vermied Sex sorgsam, doch als sie schließlich ihre erste sexuelle Erfahrung machte, löste ihre körperliche Reaktion eine Form des Wiedererlebens aus, die Ihnen möglicherweise vertraut vorkommt.

Wiedererleben

Körperlich

Bevor ich irgendeine Erinnerung an die Vergewaltigung durch meinen Bruder hatte, passierte eine komische Sache, die damit in Zusammenhang steht. Ich war jahrelang mit einem Mann befreundet, bevor wir uns sexuell näher kamen. Wir waren beide 26. Er war der einzige von drei Männern, mit dem ich in den 35 Jahren meines Lebens Sex hatte. Doch das war eine äußerst schwierige Angelegenheit. Ohne einen Grund nennen zu können, war es mir unerträglich, wenn er auf mir lag. Ich hielt das einfach nicht aus und bat ihn, es mit einer anderen Stellung zu probieren.

Wir versuchten es in jeder erdenklichen Position. Aber es klappte nicht. Es dauerte zwei Wochen, bis er es schaffte, mich zu penetrieren. Zwei Wochen, in denen wir es jede Nacht probierten. Als es ihm schließlich gelang, mußte er es gewaltsam tun. Ich hatte einen Punkt erreicht, an dem ich mir sagte: »Mir ist egal wie, laß es uns nur so schnell wie möglich hinter uns bringen.« Er sagte ständig: »Bist du sicher, daß du es willst? Bist du sicher, daß du Spaß daran hast?« Und ich entgegnete: »Die Leute tun es seit tausenden von Jahren. So schwierig kann es also nicht sein, sonst wäre ich nicht auf der Welt.« Ich sagte auch: »Es ist mir unbegreiflich, wie meine Eltern Kinder gezeugt haben. Ich kapiere nicht, warum man das überhaupt macht.« Es war einfach entsetzlich.

Das Ergebnis davon war, daß ich wund und zerschunden war. Ich blutete stark. Am nächsten Tag ging ich zum Gynäkologen und der meinte bloß: »Ich verstehe nicht, wieso Sie so zugerichtet sind.« Ich sagte ihm ganz ehrlich, daß ich meinen ersten Versuch mit Sex hinter mir hatte. Und er entgegnete bloß: »Ich verstehe das nicht. Physiologisch liegt kein Grund für eine solche Verletzung vor.« Später erklärte mir mein Therapeut, daß es zu Vaginalkrämpfen kommt, wenn man Sex als Trauma empfindet. Und so reagierte mein Körper. Er gab mir zu verstehen: »Tu mir das nicht an.« Als ich mich an die Vergewaltigung durch meinen Bruder erinnerte, erinnerte ich mich auch, wie hilflos und ohnmächtig ich ihm ausgeliefert war, als er auf mir lag. Genau das war der Grund, warum ich nicht ertragen konnte, daß ein Mann sich auf mich legte.

Alpträume

Ich hatte einen schrecklichen Alptraum, einen grauenhaften Alptraum, den ich bis heute nicht vergessen habe – sehr, sehr Freudianisch. Ich träumte ihn in der Nacht, in der mein Freund mich endlich penetrierte. Männer brachen in mein Haus ein. Sie trugen Pistolen und waren schwarz gekleidet und raubten meinen Schmuck. Mein Therapeut sagte immer wieder: »Sie sind ein klassischer Fall, ein klassischer Fall.«

Dissoziation

Ich erinnerte mich erst nach Jahren in der Therapie an die Vergewaltigung durch meinen Bruder. Die Erinnerung begann in der Gruppe. Zunächst war es nur ein Gedanke – mein Bruder hat mich vergewaltigt. Ich erinnerte mich nicht an Einzelheiten. Und der Gedanke hatte keine weiteren Inhalte. Dann, eines Abends nach der Gruppe, kam die Erinnerung. Ich erinnerte mich an den Ort und die Zeit. Die Erinnerung kam unvermutet, ganz plötzlich, wie ein Blitz. Ich blieb ganz ruhig. Ich hatte noch kein wirkliches Wiedererleben. Doch danach packte mich das Entsetzen, daß alle Einzelheiten in der Erinnerung auftauchen, daß das ganze Erlebnis auf mich zurückkommen könnte. Ich hatte furchtbare Angst davor, daß die ganze Erinnerung auf mich einstürmt, wenn ich beim nächsten Mal Sex habe. Ich brachte das in der Gruppe zur Sprache. Und alle rieten mir, sofort eine Teilnehmerin aus der Gruppe anzurufen, wenn die Erinnerung in Einzelheiten auftaucht und ich in eine Krise gerate.

Wochenlang hatte ich jede Nacht Angst, ich könnte mich erinnern, wenn ich ganz allein sei. Ich hatte die Telefonnummern der Frauen aus der Gruppe bereit gelegt. Aber es ging vorbei. Ich erinnerte mich an Einzelheiten der Vergewaltigung, ohne in Panik zu geraten. Ich habe die Angst mit dem Rückhalt der Gruppe durchgearbeitet. Allein das Wissen, daß es Menschen gab, die mir im Notfall beistehen wollten, gab mir die Kraft, allein damit fertig zu werden.

Didi

Das Wiedererleben kann eine direkte Wiederholung des Inzesttraumas sein. Wir nennen das eine ›Rückblende‹. Man fühlt sich plötzlich in eine andere Zeit und eine andere Erfahrung zurückversetzt und bleibt gleichzeitig in der Gegenwart. Dieses Gefühl, in Vergangenheit und Gegenwart gleichzeitig zu sein, ist äußerst verwirrend. Es macht uns außerdem Angst, von der Vergangenheit verletzt zu werden. Sich vor Augen zu führen, daß diese Erlebnisse aufhören, wenn wir uns direkt mit dem Inzesttrauma befassen, ist eine große Hilfe.

Wiedererleben

Körperlich

Ich begab mich wegen meiner Sexualstörungen in Therapie. Vor meiner Ehe hatte ich keine Probleme mit Sex. Nachdem wir geheiratet hatten, klappte nichts mehr. Es waren etwa zwei Jahre, in denen mir Sex unangenehm war. Ich machte es nur, um Danny einen Gefallen zu tun. Wir redeten erst darüber, nachdem die Situation sich unerträglich zugespitzt hatte. Damals wandte ich mich an das Frauenzentrum. Wir hatten lange Zeit keinen Sex gehabt, weil ich jedesmal zusammenzuckte, wenn er mich anfaßte.

Was mich davon abhielt, Sex mit Danny zu haben, waren keine Rückblenden im Kopf, sondern in meinem Körper. Ich war machtlos dagegen. Ich weiß nicht, wie ich das erklären soll, aber es war, als würde mein Körper sich an Berührungen erinnern, die ekelhaft waren. Mein Körper erinnerte sich daran und antwortete mit Abscheu. Vermutlich sagte mein Unterbewußtsein: »Nein, es ist widerlich. Ich lasse das nicht wieder zu.« Ich schreckte zurück. Ich haßte sexuelle Berührungen. Ich hatte nie Spaß am Liebesakt.

Ich ging zu Ärzten und sagte, Sex bereite mir Schmerzen. Ich wurde untersucht und man sagte mir: »Es ist nichts festzustellen. Es liegt kein physischer Grund vor, warum Sex Ihnen Schmerzen bereiten sollte.« Später erfuhr ich, daß der Körper mit Krämpfen reagiert, wenn der Verstand sich gegen Sex zur Wehr setzt. Und das war bei mir der Fall.

Das war für uns beide sehr schmerzlich, weil es vor unserer Hochzeit Zeiten gab, in denen Sex uns beiden viel Spaß machte. Keinerlei Probleme. Dann trat diese sexuelle Störung bei mir auf, die etwa zwei Jahre dauerte. Damals fürchtete ich, meinen Mann zu verlieren. Ich hatte ein kleines Kind, war mit einem zweiten schwanger und der Gedanke, meinen Mann zu verlieren, war mir unerträglich. Was sollte ich tun? Ich konnte immer auf ihn zählen, konnte mich auf ihn verlassen, er liebte mich wirklich, auch wenn ich das damals gar nicht genau hätte sagen können. Ich redete mit ihm darüber, und er war sehr verständnisvoll. Und dann ging ich in Therapie. Doch auch in den Anfängen der Therapie war körperliche Liebe eine sehr schwierige Sache für mich.

Rückblenden

Es gab eine ganz gräßliche Rückblende, die sehr schmerzlich und beunruhigend war. Danny und ich alberten gern sexuell herum. Wir machten unsere Spielchen und hatten Spaß daran. Ich flirtete mit ihm und er faßte meinen Busen an. Plötzlich stieß ich ihn von mir, stieß seine Hand weg, packte meine Kleider und rannte weg.

Ich hatte etwas gefühlt und gesehen, das mich wahnsinnig erschreckte. Ich hatte gesehen, wie mein Vater mich anfaßte und nach mir grapschte. Das brachte mich vollkommen aus der Fassung. Es war nicht mehr mein Ehemann, der mich anfaßte. Mein Vater faßte mich an und ich war ein Kind. Das Gefühl war ganz echt. Ich war wieder zehn Jahre alt. Der einzige Unterschied lag darin, daß mein Mann mich losließ, als ich sagte, er soll aufhören. Er hörte auf und ich rannte weg. Es war gräßlich. Ich war völlig verstört.

Kennen Sie das Gefühl, wenn man glaubt, seine Pflichten nicht mehr zu schaffen? Ich mußte Einkaufen, den Haushalt versorgen, Abendessen kochen. Und ich dachte bloß: »Mein

Gott, so kann ich nicht weitermachen.« Wenn mir das noch
einmal passiert, sterbe ich. So schlimm war es. Gott sei Dank
hat es sich nicht wiederholt. Es gab andere Erinnerungen, aber
das war bei Gott die schlimmste.

Ann-Marie

Wiedererlebnisse können sehr hintergründig sein. Bei meinen Recherchen für diese Kapitel stellte ich fest, daß viele Überlebende häufig über starke Schmerzen klagten, die jedoch kaum als emotionales oder kognitives (Alpträume, Halluzinationen) Wiedererleben einzuordnen sind. Mir liegen zwar keine statistischen Daten über ›somatische‹ oder körperliche Wiedererlebnisse vor, ich vermute jedoch, daß starke, chronische Schmerzen bei Inzestüberlebenden besonders häufig auftreten. Ann-Maries Kopfschmerzen schienen mir signifikant, zumal sie eine so kontrollierte Frau ist. Wiedererlebnisse treten bei jedem Menschen in anderer Form auf und können sich sehr wohl als körperliche Beschwerden äußern.

Emotionales Wiedererleben

Ängste

Es gibt zwei Aspekte: Erstens habe ich Angst, mein Stiefvater will etwas von mir. Meine Mutter und er wollten sich letzten Oktober beinahe trennen. Wegen des damaligen emotionalen Aufruhrs redete ich mit ihm über seinen Alkoholismus – ein offenes Geheimnis, über das eisern Stillschweigen bewahrt wird – und über seine Heilung. Er und meine Mutter haben große Kommunikationsschwierigkeiten, und ich führe oft lange Telefongespräche mit ihm. Ich fürchte, meine Mutter hat etwas dagegen, daß wir beide uns gut verstehen, wenn sie Krach mit ihm hat. Es kommt mir vor wie eine Wiederholung aus meiner Kindheit – damals spürte ich die Eifersucht meiner Mutter oft. Jeder wußte, daß ich Papas Liebling, sein Augenstern war.

Zweitens fürchte ich, daß mein Stiefvater meine Anteilnahme mit einem anderweitigen Interesse verwechselt – ich weiß nicht, wie ich ihm emotional nah sein kann, ohne auf der Hut vor Annäherungsversuchen sein zu müssen. Manchmal fängt die Alarmsirene an zu schrillen, wenn er mich in die Arme nimmt oder mir einen Kuß gibt. Manchmal frage ich mich, ob ich paranoid bin oder ob meine Ahnungen richtig sind. Ich habe gelernt, auf meine Ahnungen zu hören. Doch in diesem Falle würde das bedeuten, daß jemand Zuneigung vorgibt und mich benutzen will. Wer weiß? Ich sehe die beiden nicht sehr oft, deshalb überkommen mich solche Zweifel nicht allzu häufig.

Kognitives Wiedererleben

Alpträume

Ich hatte jahrelang, schon damals während des Inzestgeschehens, zwei Arten wiederkehrender Alpträume. Ich erinnere mich beispielsweise deutlich an einen Traum: Ich bin in meiner Heimatstadt. Ich gehe von meinem Elternhaus den kurzen Weg zur Ortsmitte. Ich bin etwa sieben oder acht Jahre alt und plötzlich bemerke ich, daß ich nur ein ärmelloses, kurzes Hemd anhabe, das mir kaum über den Po reicht. In dem Augenblick hält ein Nachbar, der zwei Häuser von uns entfernt wohnt, in seinem Wagen neben mir und bietet mir an, mich nach Hause zu fahren. (Ich erinnere mich deutlich an diesen Wagen – ein weißer Chevy Impala, Baujahr 1960, mit knallroten Kunstledersitzen.) Er achtet überhaupt nicht auf mein kurzes Hemdchen, als ich in den Wagen steige und mich wegen meiner Nacktheit schäme. Dann bringt er mich heim. Ich hatte oft ähnliche Träume, in denen ich ein kleines Kind bin, kaum etwas anhabe und mich in der Öffentlichkeit befinde, absolut ohne erotische Absichten. Seit einem Jahr habe ich solche Träume nicht mehr.

Ich hatte einen zweiten Alptraum, von dem ich oft gepeinigt aufwachte. Ich werde von einem Bösewicht verfolgt, dem ich zu entkommen suche. Plötzlich bin ich in einem Gebäude und steige Treppen hinunter, gehe durch Türen und dringe immer weiter in das Haus ein. Meist wache ich auf, wenn mir klar wird, daß ich nicht mehr weiß, wohin ich laufen soll. Diesen Traum habe ich auch heute noch manchmal.

Dissoziation

Das einzige, was ich über Dissoziation sagen kann, ist, daß ich
mich abgespalten habe, wenn mein Vater mich mißbrauchte.
Ich weiß nicht, ob er mich tatsächlich vergewaltigt hat. Zwar
versuchte er, Geschlechtsverkehr mit mir zu haben, und ich
schob ihn von meiner Vagina weg. Ich glaube nicht, daß ich je
etwas dabei empfunden habe, wenn er es mit mir machte. Ich
erinnere mich an keinerlei Gefühle. Da war einfach nichts. Ich
erinnere mich nur, manchmal hinterher das Gefühl gehabt zu
haben, daß ich etwas Besonderes bin, daß ich für etwas vorgesehen bin.

Es ist mir nicht bewußt, ob ich heute dissoziiere. Sollte das
der Fall sein, so weiß ich es nicht.

Im Verhalten

Ich sehe bestimmte Vorkommnisse, in denen mein Verhalten
durch den Inzest beeinflußt wurde. Meine besten sexuellen Beziehungen hatte ich vor meiner Ehe mit verheirateten Männern.
In beiden Fällen lebten die Männer von ihren Ehefrauen getrennt und beide wurden schließlich geschieden. Ich hatte nie
ein aufregendes, erfülltes Sexualerlebnis mit einem Mann, der
zu mir ›paßte‹, mit dem ich zusammensein ›durfte‹ – also mit
normalen, ungebundenen Männern. Dazu gehört auch mein
Ehemann, obgleich unser Sexualleben noch das beste in dieser
Kategorie ist. Vor kurzem klagte ich in der Gruppe mein Leid:
Ich fürchte, mein Vater hat mir mein normales Sexualempfin-
den kaputt gemacht und mein Selbstwertgefühl zerstört. Dazu
kommt natürlich, daß die verheirateten Männer wesentlich
mehr Erfahrung in der Liebe hatten als die anderen.

Körperliches Wiedererleben

Kopfschmerzen

Meine Kopfschmerzen fingen in der High-School an, in der
Unterstufe. Ich hatte so starke Kopfschmerzen, daß meine

Mutter glaubte, die Schule überfordere mich. Ich war eine ehrgeizige Schülerin und hatte in allen Hauptfächern gute Noten. In der Gruppe diskutierten wir einmal darüber, daß wir alle in irgendeiner Form starke Schmerzen ertragen mußten. Heute glaube ich, daß auch hier ein Zusammenhang mit dem Inzest besteht.

Meine Kopfschmerzen waren fast schon Migräne-Anfälle. Ich bin damit nie zum Arzt gegangen, aber sie waren so stark, daß sie mich manchmal mitten in der Nacht aus dem Tiefschlaf weckten. Ich hätte mir am liebsten den Kopf abgerissen und ihn eine Weile neben mich gestellt, um den stechenden Schmerz nicht mehr spüren zu müssen. Bis vor wenigen Jahren überfielen mich diese Kopfschmerzen nur, wenn ich nicht arbeitete. Seit ein paar Jahren treten sie auch bei der Arbeit auf.

Brenda

Besorgniserregende Wiedererlebnisse sind auch solche, die uns das Gefühl geben, die Kontrolle zu verlieren. Dissoziationen mit eingeschränkter Funktionsfähigkeit machen uns verletzlich. Situationen, in denen wir die Kontrolle über unseren Körper verlieren, sind demütigend. Es ist eine Hilfe zu wissen, daß diese Vorfälle etwas mit Kopfschmerzen, Alpträumen und anderen Formen der Wiedererlebnisse des Inzesttraumas gemeinhaben: Auch sie gehen vorüber.

Wiedererleben

Dissoziation

Als ich meinen zweiten Mann heiratete, erlebte ich eine tiefe Depression, in der ich selbstmordgefährdet war. Eines Abends geriet ich in einen halbbewußten Zustand, in dem ich nicht wirklich wußte, wo ich war oder was ich machte. Mein Mann sagte mir später, ich habe ihn damit zu Tode erschreckt. Ich wiederholte die ganze Zeit die Worte: »Ich will gut sein«, immer wieder. Ich redete mit meiner Mutter und sagte ihr, wie leid es mir tue, daß ich ein so schlimmes Mädchen sei, daß ich mich bemühe, gut zu sein, und daß sie mich bitte liebhaben soll, lauter solche Sachen. Der Zustand muß etwa eine Stunde gedauert haben. Wie gesagt, ich befand mich in einer schlimmen Depression.

Ich erinnere mich an einen Vorfall, als ich klein war, ich muß damals zehn oder elf gewesen sein. Ich fuhr am Sonntag nach der Kirche mit dem Bus nach Hause und auf der anderen Seite des Mittelganges saß ein Mann, der masturbierte. Ich erstarrte vor Entsetzen. Außer mir und diesem Mann war niemand im Bus. Ich war so sehr entsetzt, daß ich nicht aufstehen und an einen anderen Platz gehen oder dem Busfahrer Bescheid sagen konnte. Ich war völlig gelähmt. Zu Hause habe ich den Vorfall meiner Pflegemutter erzählt, doch die wollte mir nicht glauben. Ich hatte den deutlichen Eindruck, sie glaubte, ich hätte mir die Geschichte ausgedacht.

Körperliches Wiedererleben

Kopfschmerzen

Ich litt viele Jahre unter extremen Migräne-Anfällen, die so stark waren, daß ich kaum etwas sehen konnte. Wenn sich jemand im Zimmer bewegte, schoß mir der Schmerz durch den Kopf. Ich ging zu vielen Ärzten, Neurologen. Es wurden Computertomogramme angefertigt. Ich glaubte, mit Sicherheit an einem Gehirntumor sterben zu müssen. Doch alle Untersuchungen verliefen negativ, ohne Befund. Die Ärzte konnten keine Erklärung für meine grauenhaften Kopfschmerzen finden und schrieben sie einem allgemeinen Streßzustand zu. Heute sehe ich darin die Unterdrückung meiner Emotionen, die ich nicht herauslassen wollte, die sich aber ein Ventil suchten.

Bettnässen

Vor kurzem machte ich eine ziemlich schlimme Depression durch und hatte Selbstmordabsichten. Ich glaubte, kein Mensch hat mich gern, niemand kümmert sich um mich. Ich machte nachts ins Bett. Das passierte zweimal. Ich schämte mich unsagbar. Ich kaufte sofort einen Duschvorhang aus Plastik, den ich als Schutz über die Matratze legte, um sie nicht zu ruinieren. Es war unendlich beschämend, daß mir so etwas passierte, daß ich die Kontrolle über meine Körperfunktionen verlor.

Wie gesagt, es passierte nur zweimal. Aber es dauerte etwa drei Monate, bis ich es überwunden hatte. Ich schlafe noch heute mit dem Duschvorhang unter dem Bettlaken, aus Angst, es könne mir wieder passieren. Mein Therapeut erklärte mir später, wenn man seine Emotionen nicht herausläßt, muß der Streß sich ein anderes Ventil suchen. Vermutlich habe ich die

Kopfschmerzen mit dem Bettnässen vertauscht. Vielleicht hat das aufgehört, weil ich bei weitem nicht mehr diese Streßzustände habe wie früher.

Mein Therapeut hat in der Gruppe wiederholt davon gesprochen, daß Menschen, die weinen, einen Teil ihrer Spannung abbauen. Tränen schwemmen Gift aus dem Körper. Da ich jemand bin, die sich keine Tränen gestattet, wurde das Bettnässen meine Form, Streß, Spannungen und Emotionen herauszulassen, die nicht herauskommen durften. Vielleicht ist das der einzige Weg, wie mein Körper sich reinigt. Für mich sind Tränen immer noch eine Form von Schwäche, und ich unterdrücke meine Tränen. Weinen ist für mich eine Form der Erniedrigung, ein Zeichen, daß ich keine Kontrolle habe. Ich hoffe, daß ich eines Tages fähig sein werde, über alle die Dinge zu weinen, über die ich weinen muß.

Emotionales Wiedererleben

Ängste

Als junge Frau hatte ich lähmende Angst vor dem Alleinsein. Das ist darauf zurückzuführen, weil ich als kleines Kind so viel allein gelassen wurde. Meine Mutter war entweder mit einem Freier unterwegs, und wir Kinder waren uns selbst überlassen, oder sie lag sturzbetrunken im Bett, und wir waren uns ebenfalls selbst überlassen. Sie kümmerte sich nie um unsere Bedürfnisse. Und als Erwachsene fühlte ich mich immer unbeschützt, wenn ich allein war. Ich hatte Angst, allein im Haus zu bleiben, auch wenn die Kinder schliefen. Ich habe viele, viele Nächte schlafend auf der Treppe zugebracht oder die Nächte durchgewacht. Vermutlich habe ich mir damals angewöhnt, mit wenig Schlaf auszukommen. Ich brauche auch heute nicht mehr als vier bis fünf Stunden Schlaf.

Die Angst vor dem Alleinsein habe ich fast überwunden. Ich bin zwar immer noch nicht gern allein, aber ich leide nicht mehr unter Ängsten und Entsetzen, allein im Haus und wieder Opfer zu sein. Wenn jemand einbricht? Wenn jemand mitten in der Nacht an die Tür klopft? Was tue ich bloß. Ich hatte solche Angst. Am nächsten Tag konnte ich oft nicht arbeiten, weil ich die ganze Nacht wach war. Ich war ungeduldig mit den Kindern, wenn sie morgens aufwachten. Ich war wie gerädert und mußte mich um sie kümmern. Und ich wollte nichts weiter als schlafen, weil ich die ganze Nacht vor Angst kein Auge zugetan hatte. Ich erinnere mich ganz deutlich – ich schlief im Sitzen an der Tür, damit ich hörte, wenn ein Einbrecher kommt. Ständig habe ich alle Türen verriegelt, weil ich solche entsetzliche Angst hatte, wieder Opfer zu sein.

Ich erinnere mich auch deutlich an eine andere Angst. Wenn ich mit einem Mann ausging, war ich starr vor Angst, der Kerl könne über mich herfallen, besonders im Auto. Wenn ich mit einem Mann im Auto saß, fühlte ich mich immer als Opfer, wußte nicht, was als nächstes passiert, wußte nicht, ob ich mit heiler Haut davonkomme. Ich war immer auf dem Sprung. Verabredungen wurden beinahe zum Alptraum. Ich hatte ständig Angst, egal, wie oft ich mit einem Mann ausging, der sich völlig normal verhielt. Beim nächsten Mal überkam mich die gleiche Angst wieder. Ich hatte nie Vertrauen. Ich wohnte jahrelang mit einer Freundin zusammen. Wenn sie mal nicht da war oder in Urlaub fuhr, und ich allein im Haus bleiben mußte, hatte ich fürchterliche Angst. Natürlich habe ich nie mit jemand darüber gesprochen, aus Angst, ausgelacht oder für nicht normal, für verrückt gehalten zu werden.

Erst als ich ein paar Frauen, mit denen ich jahrelang befreundet war, einige meiner Ängste gestand, stellte ich fest, daß viele von uns Angst vor dem Alleinsein oder vor Einbrechern haben oder davor, vergewaltigt zu werden. Das half mir sehr, Ängste abzubauen – das Wissen, daß selbst Frauen, die nicht mißbraucht wurden, darunter leiden. Auch diese Erkenntnis verhalf mir zu einem normalen Leben.

Kognitives Wiedererleben

Halluzinationen

Ich erinnere mich an Halluzinationen von Spinnen. Ich sah sie im Auto. Interessant dabei ist, daß der Inzest zwischen meinem

Pflegevater und mir im Auto stattfand Ich fuhr eine Straße entlang und baute um Haaresbreite einen Unfall, weil plötzlich eine riesige Spinne auf der Windschutzscheibe hockte und versuchte, durchs Fenster zu kriechen. Oder ich sah seitlich aus dem Augenwinkel kleine Spinnen am Fenster hochkriechen. Diese Halluzinationen hatte ich meist mitten im Stadtverkehr. Manchmal stürzten auch Gebäude zu beiden Seiten der Straße ein, es war fast wie ein Erdbeben. Ich war völlig erstarrt, ich hatte Schweißausbrüche, mein Herz klopfte rasend schnell, als würde es mir gleich aus der Brust springen, und ich hatte starke Kopfschmerzen. Dann fingen die Halluzinationen mit den einstürzenden Häusern an. Wenn ich im Büro ankam, war ich bereits total erledigt.

Alpträume

Nachdem der Inzest vorbei war, hatte ich einen immer wiederkehrenden Traum. Ich träumte ihn nicht jede Nacht, aber er kam immer wieder – bis ich etwa dreißig war. Ich wurde von einem Mann verfolgt, der sich entblößte. Ich rannte durch einen Nebel. Niemand half mir, die Leute gingen achtlos an mir vorüber, keiner nahm Notiz von mir oder stand mir bei. Und der Mann war immer hinter mir her. Ich wachte voller Grauen auf und hatte Angst, wieder einzuschlafen, weil er mich in der Fortsetzung des Traumes erwischen könnte. Der Mann hatte kein Gesicht, er trug einen Hut. Aber er war deutlich sichtbar entblößt, und ich konnte nicht begreifen, wieso die anderen Leute das nicht auch sahen.

Ich habe kein Zutrauen in mein Wissen, meine Fähigkeiten, meine eigenen Erfahrungen. Ich weiß nicht, was ich weiß. Ich gehe immer davon aus, andere wissen mehr als ich. Mich selbst zu schätzen, ist mir am schwersten gefallen. Ich habe immer am besten funktioniert, wenn ich zu etwas gezwungen wurde oder wenn mir jemand einen Auftrag erteilte. Dann funktionierte ich sozusagen automatisch, weil ich keine andere Wahl hatte. Ich mußte es einfach tun. Das kommt von meiner Erziehung, da ich in Pflegeheimen aufwuchs, wo man einfach gehorchen mußte. Das habe ich als Erwachsene beibehalten. Erst seit kurzem habe ich angefangen, mir zu sagen: »Moment mal. Ich bin doch nicht dumm!« Und ich höre auf das, was in mir vorgeht.

Ich habe festgestellt, daß ich in Verwirrung gerate, wenn ich nicht das mache, was ich selber für richtig halte. Mein Therapeut riet mir, darauf zu achten. Wenn ich in Verwirrung gerate, tue ich etwas, was ich als falsch empfinde. Die Verwirrung gibt mir zu verstehen, daß ich etwas falsch mache, selbst wenn ich das zunächst noch nicht erklären kann.

Ellen

Ellen beginnt erst, die Inzestfolgen in ihrem Leben zu erkennen. Durch ihre extreme Verdrängung fällt ihr das sehr schwer. Sie hat einige der deutlichsten Anzeichen ihres Traumas identifiziert, beispielsweise ihren Gedächtnisausfall. Sie weiß außerdem, daß ihre Dissoziation im Beruf anfing. Es fällt ihr schwer, emotionales Wiedererleben zu erkennen. Auch ihre im 4. Kapitel geschilderten Dissoziationsvorfälle (die zu ihren wiederholten Einweisungen in psychiatrische Kliniken führten) sind eine Form von Wiedererleben. Es ist empfehlenswert, ihren Bericht im 4. Kapitel aus dieser Sicht erneut zu lesen und zu bedenken, daß Wiedererlebnisse dieser Art vor dreißig Jahren als Psychosen bezeichnet wurden. Wir können uns glücklich schätzen, daß wir heute mit erheblich besserem Verständnis der Fachwelt für unsere Störungen rechnen können.

Wiedererleben

Dissoziation

Ich habe keinerlei Erinnerung an die ersten neun Jahre meines Lebens. Darüber macht meine Familie seit jeher Witze. Meine Großmutter war offenbar eine sehr liebevolle und wichtige Frau für mich. Sie starb, als ich acht war, kurz nachdem ich vergewaltigt wurde, und ich erinnere mich nicht an sie. Meine Mutter sagt immer: »Ich finde es wirklich grotesk, daß du dich nicht an deine Großmutter erinnerst.« Ich habe daran gearbeitet, aber irgend etwas in mir sagte ständig: »Das ist ein Hobby, es ist nebensächlich. Es ist nicht wirklich wichtig, dieses Erinnern.«

Nachdem ich vergewaltigt wurde, sagte mein Vater: »Wie konntest du mir das antun?« Und ich glaube, daß ich damals dachte, meinen Vater verloren zu haben, weil ich ihn verletzt habe. Meine Mutter lieferte mich ihm aus, also glaubte ich, auch sie verloren zu haben. Kurze Zeit später starb meine

Großmutter und ich glaubte, sie sei gestorben, weil ich ihr das angetan hatte. In meinem kindlichen Denken kam ich zur Schlußfolgerung, es wäre besser, wenn es mich gar nicht gäbe. Deshalb unterdrückte und verdrängte ich alles.

Mein Vater war ein Mensch, der uns Kindern unentwegt zu verstehen gab, daß wir zu nichts taugen. Er sagte beispielsweise: »Mach das! Aber ich weiß jetzt schon, daß du es falsch machst.« Er verstärkte diese frühkindlichen Erfahrungen immer wieder. Wenn mir heute jemand, den ich liebe oder dem ich zu vertrauen beginne, sagt, er hat mich gern, geht mir jegliches Gefühl für ihn verloren. Es löst sich einfach auf, und ich möchte nur weglaufen.

Als Erwachsene begann ich gleichfalls zu dissoziieren. Ich hatte großen Erfolg im Beruf, ich veröffentlichte Abhandlungen, die international anerkannt wurden. Die Fachwelt zeigte großes Interesse an meinen Arbeiten. Und dann geschahen Dinge, die mir angst machten. Deshalb besuche ich keine Konferenzen mehr und arbeite allein. Plötzlich in einer Besprechung war mein Kopf völlig leer. Oder ich begegnete jemand, den ich kannte, und hatte keine Ahnung, wer der Betreffende war, woher ich ihn kannte. Ich wußte nicht, wo ich ihn unterbringen sollte. Jemand kam auf mich zu, um über seine Arbeit zu sprechen, und ich versuchte krampfhaft herauszufinden, wer er war, bis sich herausstellte, daß ich erst vor einem Monat eine lange Unterredung mit ihm hatte.

Emotionales Wiedererleben

Ich habe den Mißbrauch meines Großvaters völlig verdrängt. Kürzlich ist mir eingefallen, daß meine Mutter sich mit ihm prügelte, weil er seine Finger nicht von mir ließ. Das ist mein einziger Anhaltspunkt. Es hat knappe Rückblenden gegeben – die Erektion meines Großvaters, seinen ekelhaften Tabaksaft auf dem Bett – nicht viel. Aber genug, um mir angst zu machen. Will ich mich überhaupt erinnern?

Trotzdem tauchen immer wieder Bilder auf und seit kurzem habe ich Alpträume. Ich hatte einige merkwürdige Reaktionen.

Die erste, wirklich erschreckende hatte ich, nachdem ich etwa sechs Monate in der Inzestgruppe war. Ich versuchte den Abscheu, den ich gegen den Mann empfand, mit dem ich befreundet war, auf meinen Großvater zu übertragen. Das war geradezu eine körperliche Anstrengung.

Brett (der Mann, mit dem ich zusammen war) und ich verbrachten ein Wochenende auf dem Boot. Er wollte, daß ich mich auf seinen Schoß setze. Etwas in mir sagte plötzlich: »Ich will nicht. Ich sage einfach ›nein‹.« Seine Art, mit Sex umzugehen, gab mir das Gefühl, Sex sei etwas Schmutziges. Ich hatte nicht das Gefühl, er hatte mich als Frau gern. Ich kam mir vor wie eine Gummipuppe oder so was.

Ich stieß ihn von mir und sagte: »Nein.« Gleichzeitig fing ich an hysterisch zu weinen. Das ist mir noch nie zuvor passiert. Es brach einfach aus mir heraus. Jedesmal, wenn ich in meinem Kopf ›nein‹ sagte, flossen die Tränen noch stärker. Ich weinte fast eine Stunde unkontrollierbar. Er blieb bei mir. Er ging nicht weg, er sagte mir auch nicht, ich sei verrückt. Er konnte mir nicht viel helfen, und als es vorbei war, fühlte ich mich völlig leer. Falls meine Mutter recht hat und ich mir dieses Zeug nur ausdenke, dann mache ich meine Sache wirklich gründlich. Ich hatte keinerlei Kontrolle über meinen Tränenfluß.

FUSSNOTEN ZUM 6. KAPITEL

1   Die Erläuterung von chronisch traumatischen Neurosen ist Gelinas, Denise J.: ›The Persisting Negative Effects of Incest‹, *Psychiatry* 46 (November 1983): 315 – 319 entnommen.
2   Darlene Davis, Leiterin von Parkside Lodge in Salt Lake City, Utah, stellte viele dieser körperlichen Symptome bei sexuell mißbrauchten Patienten fest. Andere Ärzte machten ähnliche Beobachtungen.

7. KAPITEL

Therapie: Eine Menge kleiner Atomexplosionen

»Wenn Opfer sich in Behandlung begeben, geschieht das zumeist wegen ehelicher oder beruflicher Schwierigkeiten... Sie berichten von Sexualstörungen, suchen Rat im Umgang mit ungehorsamen Kindern, sprechen über Depressionen und Selbstmordabsichten... Alkohol und anderweitigem Suchtmittelmißbrauch... beruflichen Schwierigkeiten... Unsicherheiten, Ängsten und geringer Selbstachtung... Solche Symptome sind lediglich sichtbare Zeichen negativer Langzeitfolgen des Inzestgeschehens und treten häufig über ›Entwicklungsauslöser‹ auf, die eine neue Entwicklungsstufe eines Lebensbereiches sind, der durch den Inzest Schaden genommen hat... Im therapeutischen Prozeß... sind Gespräche über Inzest gewöhnlich mit starken Emotionen verbunden, da verdrängte Erinnerungen freigesetzt werden[1].« »Die Intensität der Affekte während dieses Vorganges kann für Patient und Therapeut besorgniserregend und verwirrend sein und leicht als psychotische Kompensationsstörung fehlgedeutet werden[2].«... »Die häufig schmerzlichen Einzelheiten des Mißbrauchs und seiner Nachwirkungen geben sowohl Aufschluß über die Fähigkeiten des Therapeuten im Umgang mit dieser Problematik als auch über den therapeutischen Ansatz, der zur Heilung unentbehrlich ist. Viele Therapeuten scheuen verständlicherweise davor zurück, dieses beunruhigende und schmerzliche Material zu analysieren, und ziehen es vor, derartige Sachverhalte gar nicht erst zu behandeln[3].«... Eine Psychotherapie, die sich [jedoch] mit dem ursprünglichen Trauma befaßt, ist sehr erfolgversprechend[4].

Therapie

Therapie ist häufig eine verwirrende und frustrierende Erfahrung. Die Fallgeschichten in diesem Kapitel geben Ihnen Einblick in die Realität des Therapieprozesses und wollen Sie darauf vorbereiten, was Sie erwartet. Die Hälfte der in diesem Buch genannten Inzestüberlebenden fanden nicht auf Anhieb einen kompetenten Therapeuten. Das muß Ihnen nicht passieren, wenn Sie die im folgenden gegebenen Hinweise beachten. Es lohnt sich.

Wie finden Sie einen guten Therapeuten? Hierbei sollten Sie auf zwei Formen von Kriterien achten. Eine Form ist objektiv; die andere subjektiv. Beide sind gleich wichtig. Sie suchen schließlich einen Menschen, der Ihnen auf einer sehr beschwerlichen Reise Rückhalt und Anleitung geben soll. Wählen Sie Ihren Reisebegleiter mit Sorgfalt aus.

Objektive Kriterien

1. *Ausbildung:* Suchen Sie einen Experten mit einer soliden Fachausbildung. Darunter fallen Psychiater, Klinische Psychologen, Diplom-Psychologen, Psychoanalytiker, Psychotherapeuten. Haben Sie keine Hemmungen, einen Therapeuten nach seiner Ausbildung und genauen Berufsbezeichnung zu fragen. Ein qualifizierter Therapeut wird Ihre Bedenken verstehen.
2. *Offizielle Berufsbezeichnung:* Psychologe, insbesondere Diplom-Psychologe (Dipl.-Psych.) darf sich nur nennen, wer ein (in der Regel mindestens 4jähriges) Hochschulstudium absolviert und mit der Diplomprüfung abgeschlossen hat.

   Während sich früher jeder als ›Psychologe‹ bezeichnen konnte, darf diese Bezeichnung laut Rechtsprechung nur noch führen, wer ein ordnungsgemäßes Studium mit Universitätsexamen in Psychologie absolviert hat. ›Psychologen‹, die ihre Fachkenntnisse auf andere Weise, etwa durch

Fernkurse oder Selbststudium gewonnen haben, führen diese Bezeichnung zu Unrecht.

Die Erlaubnis, Psychotherapie auszuüben, haben laut Gesetz nur Ärzte, Psychologen (mit Erlaubnis zur Ausübung der Heilkunde) und Heilpraktiker. Während Ärzte und Psychologen jedoch zusätzlich zu ihrer Approbation bzw. zu ihrem Diplom noch eine entsprechende Weiterbildung nachweisen müssen, genügt beim Heilpraktiker die offizielle Erlaubnis nach dem Heilpraktikergesetz.

Die Bezeichnung ›Psychotherapeut‹ ist bis heute nicht geschützt und sagt daher nichts über die Qualifikation des Betreffenden aus.

Ein Psychologe (Diplom-Psychologe) ist auch nicht automatisch ein Psychotherapeut. In der Regel schließt sich die psychotherapeutische Grund- bzw. Zusatzausbildung erst an das Studium an. Bei einigen Therapierichtungen ist ein abgeschlossenes Studium sogar die Voraussetzung für die Zulassung zur Ausbildung.

Neben institutsinternen Qualifikationen, die zum Teil ein sehr hohes Niveau erreichen, bestehen auch übergeordnete Qualifikationen, wie z. B. der Titel ›Klinischer Psychologe‹ des Berufsverbands Deutscher Psychologen (BDP). Dieses Zertifikat bekommt nur, wer die entsprechenden Qualifikationsnachweise (z. B. Berufserfahrung in der Gesundheitsversorgung unter Supervision und zusätzliche Weiterbildung) nachweisen kann.

3. *Krankenkassen:* Die Krankenkassen erstatten die Kosten für eine Therapie nur unter bestimmten Bedingungen. Nach der Reichsversicherungsordnung (RVO) von 1911 gibt es keine Kassenzulassung für Dipl.-Psychologen. Die Kostenabrechnung läuft nur im Delegationsverfahren. Das bedeutet, daß ein Arzt, der stets gesamtverantwortlich für die Behandlung eines Patienten ist, die psychotherapeutische Behandlung an einen Dipl.-Psychologen delegiert. Die Abrechnung mit der Kasse erfolgt über den Arzt. Neben diesem Delegationsverfahren haben die Kassen auch die Möglichkeit, ihren Versicherten auf Antrag die für eine Psychotherapie entstandenen Kosten nachträglich zurückzuerstatten. Die Techniker-

Krankenkasse wendet dieses Verfahren bei Klinischen Psychologen an.

Grundsätzlich werden von den Kassen nur drei therapeutische Verfahren anerkannt: Psychoanalyse, tiefenpsychologisch fundierte und verhaltenstherapeutische Verfahren. Im Einzelfall sollte man sich jedoch an die entsprechende Krankenkasse wenden[5].

4. *Berufserfahrung:* Bei aller wissenschaftlicher Qualifikation muß auch auf Berufserfahrung Wert gelegt werden. Dennoch bedeutet Berufserfahrung noch lange nicht, daß Ihr Betreuer mit Inzest Erfahrung hat. Viele qualifizierte Psychologen wissen bedauerlicherweise sehr wenig über die Langzeitfolgen des Inzests bei erwachsenen Überlebenden und sind nicht mit den im Therapieprozeß auftauchenden Symptomen vertraut. Achten Sie bei Ihrer Suche nach dem geeigneten Fachmann darauf, daß er (oder sie) Erfahrung in der Behandlung von Inzestopfern nachweisen kann. Wenn Sie niemand mit solcher Erfahrung finden, sprechen Sie bei Ihrem ersten Besuch über Inzest und achten Sie darauf, ob der Therapeut bereit ist, Ihnen zuzuhören und auf diesem Gebiet mit Ihnen zu arbeiten. Bei dem Gefühl, der Therapeut reagiert mit Ablehnung oder Feindseligkeit auf dieses Thema oder versucht, es als unwichtig abzutun, brechen Sie den Kontakt ab. Wenn Sie einen Therapeuten finden, der bereit ist, auf Ihre Bedürfnisse einzugehen, geben Sie ihm oder ihr dieses Buch zu lesen. Es wird Ihrem Therapeuten eine Hilfe sein, *Ihre* Heilung in die Wege zu leiten.

Subjektive Kriterien

1. *Sich wohlfühlen:* Sie müssen sich mit Ihrem Therapeuten wohl fühlen. Viele Frauen, die ihr ganzes Leben angehalten wurden, ihre Gefühle zu verleugnen, wissen manchmal gar nicht, wann sie sich wohl fühlen. Manche erkennen erst nach einigen Sitzungen, daß sie sich mit ihrem Therapeuten nicht wohl fühlen. Wenn Sie das feststellen, wechseln Sie den Therapeuten. Gehen Sie mit Überlegung vor – verwechseln Sie

Ihre unangenehmen Gefühle über den Inzest nicht mit ihren unangenehmen Gefühlen über den Therapeuten. Diese Unterscheidung zu treffen ist nicht leicht. Hilfreich kann Ihnen dabei sein, darauf zu achten, welche Gefühle Sie ihm entgegenbringen, wenn Sie nicht über Inzest mit ihm sprechen. Wenn Ihr Unbehagen sich nur bei inzestbezogenen Themen einstellt, mag es sich bei Ihrem Gefühl eher um ein Unbehagen gegen den Inzest handeln!

Einige Faktoren, die Sie bei der Auswahl eines Therapeuten in Betracht ziehen sollten, sind Alter, Geschlecht und ethnischer Hintergrund. Wenn Sie jemand wählen, der Ihnen ganz allgemein zusagt, stehen Ihre Chancen auf eine erfolgreiche Therapie besser. Das Geschlecht Ihres Therapeuten kann von entscheidender Wichtigkeit sein. Viele weibliche Überlebende kommen bis zu einem gewissen Punkt mit einem männlichen Therapeuten gut zurecht, müssen dann aber zu einer Frau überwechseln, wenn sie ihre mit dem Inzest verbundenen Gefühle angehen. Viele Überlebende können überhaupt nicht mit Männern arbeiten und viele männliche Therapeuten können nicht mit weiblichen Inzestüberlebenden arbeiten. Die sexuelle Thematik ist zu heikel. Im umgekehrten Fall fühlen Überlebende, die von Frauen mißbraucht wurden, sich mit einer Therapeutin nicht wohl und erzielen mit einem Mann bessere Fortschritte. Im Grunde ist Ihr eigenes Wohlbehagen der einzige Maßstab — hören Sie auf Ihre innere Stimme!

2. *Zuwendung:* Die herkömmliche Methode der Psychoanalyse, in der ein Therapeut sich in der Therapiebeziehung völlig neutral verhält, ist in unserem Fall nicht angebracht. Wir brauchen eine interagierende Form der Therapie, in der wir therapeutische Rückmeldungen und Zuwendung erhalten. Wenn Sie glauben, das nicht zu bekommen, wechseln Sie den Therapeuten. Wenn Sie etwa folgende Sätze von Ihrem Therapeuten zu hören bekommen: »Was ist denn eigentlich passiert? Sind Sie sicher?« oder: »Sie müssen aufhören, sich ständig damit zu beschäftigen«; oder wenn Sie das Gefühl haben, Ihre Inzestprobleme werden in irgendeiner Form bagatellisiert, so sind das rote Warnlichter, die Ihnen

signalisieren, es ist Zeit zu gehen. Was Sie von einem Therapeuten hören sollten, sind Sätze wie: »Es war nicht Ihre Schuld.« »Sie wurden verletzt und wir müssen nun Ihre Wunden heilen.« »Sie werden lernen, was es heißt, Zuneigung zu erfahren; Sie haben es verdient.« Viele Überlebende haben festgestellt, daß weibliche Therapeuten hierfür besser geeignet sind, da in unserer Kultur Zuwendung mit der weiblichen Rolle in Verbindung steht – ohne daß alle Frauen eine entsprechende Garantie hierfür bieten.

3. *Respekt vor Grenzen:* Ein Therapeut muß Ihre persönlichen Grenzen achten. Die Zuwendung darf die Anstandsnormen nicht überschreiten. Was noch wichtiger ist, Ihr Therapeut muß begreifen, daß Ihre Grenzen wiederholte Male verletzt wurden. Er muß besonders sensibel auf Ihr Bedürfnis, sie zu respektieren, eingehen. Ihr Therapeut darf Sie nicht berühren, ohne Sie vorher zu fragen, ob Ihnen das angenehm ist. Ihr Therapeut muß Ihr seelisches Gleichgewicht respektieren und darf Ihre Psyche nicht wie ein Sturmtrupp attackieren. Ein Therapeut, der absichtsvoll ein Wiedererleben auslöst, handelt nicht in Ihrem Interesse. Wir sind für Rollenspiel und Begegnungstechniken in der Gruppe nicht geeignet, die normalerweise bei Patienten angewendet werden, die keine traumatische körperliche Gewalt erlebt haben. Solche Übungen können Wiedererlebnisse oder Rückblenden auslösen, die häufig fälschlicherweise als psychotische Dekompensation bezeichnet werden. Wählen Sie einen Therapeuten, der Ihr Bedürfnis nach sicheren Grenzen respektiert und der Sie nicht durch aggressive Therapietechniken noch schlimmer traumatisiert.

Respekt vor Grenzen ist besonders in Gruppensituationen wichtig. Wir mußten während unseres ganzen bisherigen Lebens Grenzverletzungen hinnehmen und wir brauchen Kontrollen, die uns davor in einer Gruppe schützen. Bestehen Sie darauf, daß Gruppenmitglieder sich verpflichten, wenigstens sechs Monate bei der Gruppe zu bleiben. Damit kann sich jedes Mitglied darauf verlassen, daß die Gruppe so lange Bestand hat. Auf diese Weise lernen Mitglieder, therapeutische Beziehungen aufzubauen und ihnen zu vertrauen. Bestehen Sie darauf, daß ohne Zustimmung der Gruppe keine neuen Mitglieder aufgenommen werden. Wir mußten uns unser ganzes Leben an andere Menschen anpassen, ob wir wollten oder nicht. In unserer Therapiegruppe müssen wir nein sagen können. Die Gruppe braucht außerdem einen sensiblen Leiter, einen Therapeuten, (männlich oder weiblich), der die Gruppe davor bewahrt auszuufern. Er muß den einzelnen helfen, selber Grenzen zu setzen. Eine Gruppe ist nur dann von therapeutischem Nutzen, wenn wir in ihr die nötige Sicherheit und Geborgenheit finden, um uns entwickeln zu können.

Ein weiterer wichtiger Punkt ist Ihre Bereitschaft zur Mitarbeit. Sie werden keinerlei Fortschritte erzielen, wenn Sie diese Bereitschaft nicht aufbringen. Die meisten Überlebenden begeben sich wegen einer Krise in Behandlung, einer Krise, die sie nicht bewußt in Zusammenhang mit dem Inzest bringen – Sexualstörung, Eheprobleme, Selbstmordabsichten oder Depressionen. Bei Überlebenden ohne Erinnerung an das Inzestgeschehen treten oft nach der Geburt eines Kindes Wiedererlebnisse, Erinnerungsfetzen und Rückblenden auf. Sie beginnen eine Therapie wegen eines Phänomens, das sie als ihre ›Verrücktheit‹ bezeichnen. Selten geben wir Inzest als Grund für die Therapie an, da unsere Verdrängung verhindert, Inzest als Ursache unserer Probleme zu sehen. Mit einem guten Therapeuten wird die wahre Ursache jedoch bald aufgespürt.

Jeder Mensch reagiert anders, doch wenn die Therapie erfolgreich sein soll, muß die Bereitschaft vorhanden sein, sich mit dem Inzest auseinanderzusetzen. Wenn Sie auf Anraten einer anderen Person einen Therapeuten aufsuchen, wie in Ellens Fall, so sind Ihre Chancen nicht sehr aussichtsreich. Wird der Inzest aufgespürt, bedarf es einer starken Motivation, um an der Therapie festzuhalten, denn das, was auf die Patientin zukommt, ist nicht leicht.

In der Theorie klingt alles einfach. Der Zweck der Therapie besteht darin, das Inzesttrauma und seine langfristigen Komplikationen unter Kontrolle und Anleitung zu konfrontieren. Im Verlauf der Therapie lernen wir neue, gesunde Bewältigungstechniken. Wir müssen die dysfunktionalen Bewältigungsmechanismen verlernen, die wir uns aneigneten, als uns jede direkte Reaktion auf das Inzestgeschehen verboten war. Der erste Schritt ist, direkt auf den Inzest zu reagieren. Und das bedeutet im allgemeinen, einige verwirrende Gefühle zu durchleben – Schmerz, Trauer, Wut, Angst.

Was als sachliche Beschreibung so einfach klingt, wird zur lebenslangen Aufgabe, wenn sie subjektiv erfahren wird. Wir wuchsen auf, ohne zu lernen, wie wir mit diesen starken Gefühlen umzugehen haben. In unserer Familie war Verdrängung oberstes Gebot. In der Therapie werden unsere Gefühle bestätigt, wir durchbrechen die Verdrängung und lernen unsere Gefühle zu erfahren, ohne uns von ihnen überwältigen zu lassen. Wir lernen auf unsere Gefühle in heilsamer, fördernder Weise einzugehen. So lernt Noelle beispielsweise, sich in ihrem Alltagsleben auf die guten Dinge zu konzentrieren, um ihren Schmerz aus der Vergangenheit zu lindern. Megan lernt, ihre Gefühle anderen mitzuteilen. Und Brenda lernt, Zuwendung von anderen zu akzeptieren.

Die Heftigkeit der Gefühle ist bei jedem Menschen verschieden und hängt nicht zuletzt von dem Tempo ab, mit dem sie aufgespürt werden. Manche Menschen gehen sehr kontrolliert und langsam vor oder verschaffen sich indirekt Zugang zu ihren Gefühlen im Hinblick auf das Inzestgeschehen durch Bücher, Filme oder im Dialog mit anderen Menschen. Andere haben Rückblenden, die ihnen förmlich ›einen Schlag‹ versetzen und Angst auslösen können. In jedem Fall ist die Erfahrung schmerzlich und schwierig. Eines sollten Sie stets im Auge behalten: Gehen Sie immer in Ihrem eigenen Tempo vor. Sie werden respektieren, daß Ihr Verstand Sie nur das verarbeiten läßt, wozu Sie wirklich bereit sind. Jede psychologische Technik, Ihre natürlichen Schutzwälle mit Gewalt niederzureißen, richtet Schaden an und muß vermieden werden. Dazu gehören Rollenspiele und Begegnungsübungen in der Gruppe.

Überlebende, die keine Erinnerung an das Inzestgeschehen haben, müssen intensiver daran arbeiten, die Verdrängung aufzubrechen. Sie werden feststellen, daß Wiedererlebnisse eine primäre Informationsquelle über den Inzest darstellen. Sie werden außerdem feststellen, daß ihr Leben in Aufruhr gerät, wenn Erinnerungen aufzutauchen beginnen, wie das oft während des Therapieprozesses geschieht. Das Auftauchen von Erinnerungen kann in Form von sehr deutlichen Rückblenden geschehen. Sie werden weniger furchterregend sein, wenn Sie wissen, worum es sich handelt.

Das Auftauchen von Erinnerungen ist dennoch für Überlebende, die den Inzest vergessen haben, traumatisch, bedeutet es doch, daß sie ihr Bild von der Realität völlig revidieren müssen. In ihrem bisherigen Leben war Inzest in ihrer bewußten Erfahrung nicht vorhanden. Und plötzlich werden ihnen Informationen zugänglich, die das Bild, das sie sich von sich und der Welt gemacht haben, zerstören. Wie Noelle sagt: »Wenn das [der Inzest] wirklich stattfand, dann kann nichts anderes wirklich sein.« Noelle spricht von dem ›unwirklichen‹ oder ›surrealen‹ Gefühl, das tagelang nach dem Auftauchen der Erinnerung anhält. Sie schildert die widersprüchliche Wirkung, ihr Bild von der Realität anzupassen, in dem Inzest einfach nicht vorkam. Für Noelle und andere, die sich nicht erinnern können, besteht ein Teil des Therapieprozesses darin, sich und ihr Leben sehr sorgfältig zu prüfen, um der Spur der Dysfunktion nachzugehen, die der Inzest hinterlassen hat, wie wir das im 4., 5. und 6. Kapitel getan haben. Wenn wir erkennen, daß er die ganze Zeit unerkannt präsent war, können wir das ›unwirkliche‹ Gefühl abschwächen, die ›Verrücktheit‹, von der Noelle spricht, wenn ein neues Stück Erinnerung auftaucht. Wir können es akzeptieren und beginnen, uns damit auseinanderzusetzen.

Noelles Fallgeschichte ist vor allem für Überlebende wertvoll, die sich erinnern, oder versuchen, sich an ein unterdrücktes Inzesttrauma zu erinnern. Es ist auch ratsam, Noelles Fallgeschichte im 6. Kapitel noch einmal zu lesen, in dem sie über die Rolle ihrer Träume und anderer Formen des Wiedererlebens in ihrem Erinnerungsprozeß spricht.

Überlebende, die sich an den Inzest erinnern, durchleben außerdem eine Phase der Gefühlsverwirrung und Konfusion. Das geschieht, wenn wir die Zerrbilder unseres Selbst und unserer persönlichen Welt durchbrechen, die uns durch Verdrängung aufgezwungen wurden. Der Durchbruch setzt ein, wenn wir die lange Zeit verleugneten Gefühle und Gedanken erkennen und akzeptieren. Wenn die alten Kartenhäuser der Verleugnung einstürzen, fehlt uns zunächst ein gültiger Ersatz auf der Grundlage eigener Gefühle und Wahrnehmungen. Das ist eine bedenkliche Zeit für uns. Wir sind unsicher, verwirrt, verhalten uns launenhaft, wechseln unsere Ansichten rasch und fühlen uns ganz allgemein unbehaglich mit uns selbst und mit anderen. Wir haben das Gefühl, alles wird schlechter statt besser. Viele von uns wollen in diesem Stadium aufgeben und aus dem Heilungsprozeß aussteigen. Wir wollen den ursprünglichen Zustand wieder herstellen. Da wußten wir wenigstens, was wir zu erwarten haben. In diesem Stadium ist es sehr wichtig, einen Therapeuten zu haben, dem Sie vertrauen, der Ihnen den Rückhalt gibt, den Sie so dringend brauchen, während Sie Ihr ›neues‹ Selbst aufbauen. Es ist eine schmerzliche und schwierige Phase, doch mit qualifizierter professioneller Hilfe schaffen wir es.

Therapie ist kein geradlinig verlaufender Prozeß. Das frustriert uns gelegentlich, zumal dann, wenn wir keinen Fortschritt sehen. Und wir fühlen uns noch schlechter, wenn wir beginnen, den alten Schmerz hervorzuholen, den wir jahrelang vergraben haben. Schmerz ist der Zustand, der unseren Therapieprozeß begleitet. Durch ihn fühlen wir uns zuzeiten behindert und gelähmt. Wir empfinden es außerdem als Erwachsene erniedrigend, auf eine emotionale Grundform reduziert zu sein, die wir mit Kindern in Verbindung bringen. Doch genau das ist es, was wir tun müssen. Wir kehren zu dem Zustand zurück, dem wir als Kinder ausgesetzt waren, und reagieren darauf zum ersten Mal richtig mit Selbstbejahung, Selbstliebe, Selbstbehauptung und Selbstachtung. Wir lernen, uns selbst fürsorglich zu behandeln und Zuwendung zu akzeptieren.

In der Therapie erhalten unsere Gefühle die Bestätigung, die uns bisher versagt blieb. Und wir begreifen allmählich, daß wir sie überleben und an ihnen wachsen. Wir glauben zu zerbrechen, bis wir uns selbst zum ersten Mal richtig zusammensetzen.

Mein Therapeut sagte, er habe oft das Gefühl, wir graben

eine notdürftig verscharrte, halb verweste Leiche aus, um sie in Ehren zu bestatten. So unangenehm fühlt sich das an. Jede Überlebende sprach von diesem Phänomen: Man muß sich zuerst schlechter fühlen, bevor man sich besser fühlt. Der Inzest wird Ihr Leben eine gewisse Zeitdauer beherrschen. Das werden Sie ständig und deutlich zu spüren bekommen. Sie müssen den Schmerz spüren, damit Sie richtig darauf reagieren und schließlich darüber hinauswachsen können. Manchmal werden Sie das Gefühl haben, der Schmerz hört nie auf, aber er hört auf. Wenn Sie Vertrauen in Ihren Therapeuten haben, werden Sie den Prozeß ein wenig leichter durcharbeiten, nicht aber schneller. Und in einer Therapiegruppe sind Sie von Menschen umgeben, die für Sie da sind, wenn Sie sie brauchen; Menschen, die Ihnen wie niemand sonst helfen können! Doch nur Sie allein können den Weg gehen und Sie müssen ihn allein gehen.

Noelle

Noelles Therapie unterschied sich von der anderer Frauen, weil sie keine Erinnerung an den Inzest hatte. Ihr Therapeut wußte zwar bald darüber Bescheid, doch es dauerte Jahre, bis sie sich durch Träume und Wiedererlebnisse in die Vergangenheit zurückgearbeitet hatte, um die Existenz des Inzests endlich zu akzeptieren. Ihr Beitrag zu diesem Kapitel ist von besonderem Wert für andere Überlebende, die mit einem Inzesttrauma kämpfen, an das sie sich nicht erinnern und dessen Existenz sie nicht wahrhaben wollen. Noelle berichtete über die vielfältigen Schwierigkeiten und Entmutigungen, die sie in ihrem langwierigen Heilungsprozeß überwinden mußte. Der ermutigende Aspekt ihrer Geschichte ist, daß man sich nicht an alles erinnern muß, um geheilt zu werden. Ein paar Fragmente genügen. Schon die Erkenntnis durch Wiedererlebnisse, daß das Inzesttrauma in Ihrem Leben stattgefunden hat, kann genügen, um die Emotionen zu bearbeiten und in gesunder Weise auf sie zu reagieren. Noelle hat festgestellt, daß sie aus der Vergangenheit ›zurückkehren‹ und sich auf die positiven Dinge in ihrem täglichen Leben konzentrieren kann.

Noelle spricht unter anderem von Selbstenthüllungen und Veränderungen in ihren Beziehungen. Viele von uns durchleben eine Phase, in der wir geradezu zwanghaft und unentwegt über das Inzestgeschehen reden. Wir sind von dem Thema völlig beherrscht; es bildet den Hauptbestandteil unseres Lebens. In dieser Phase neigen wir zu unangemessener Selbstentblößung. Manche reden mit jedem Menschen darüber. Leider sehen viele Menschen uns primär als Inzestopfer. Das macht es uns schwer, wenn der Inzest nach Beendigung unserer Therapie in unserem Leben keine Rolle mehr spielt. Wir müssen uns schützen und die Menschen, denen wir diese Aspekte unserer Lebenserfahrung anvertrauen, mit Sorgfalt auswählen.

Beginn der Therapie – einen Therapeuten finden

Nach meiner ersten Ehe ging ich in Therapie, weil ich eine solche Beziehung nie wiederholen wollte. Ich brauchte Hilfe, um mit meinen Männerbeziehungen besser umgehen zu lernen. Ich wußte, daß mit mir etwas ganz erheblich nicht stimmte, wußte aber nicht, was ich dagegen tun sollte. Also begab ich mich auf die Suche nach einem Therapeuten. Ich geriet an einen Psychiater und der war einfach schrecklich. Er war alt und feindselig und stellte Fragen, die ich ganz eindeutig als herabsetzend empfand. Nach etwa 20 Minuten stand für mich fest, daß es mit dem nie klappen würde.

Ich ging zum nächsten Therapeuten, wieder ein Mann, der sich äußerst gefühlsbetont gab. Ständig umarmte und streichelte er mich. Diese neue kalifornische Art ging mir auf die Nerven. Diese ›neue Psychologie‹ macht mich mißtrauisch. Die arbeiten mit allen möglichen seltsamen Methoden – Urschrei, nimm Verbindung zu deiner großen Zehe auf, die Bio-Masche. Leute, die mich anfassen wollten, machten mich nervös, und das aus verständlichen Gründen.

Danach ging ich in eine Klinik für Familientherapie und dort fand ich einen Psychologen, der mir wirklich gut gefiel. Er hielt angenehmen Abstand zu mir. Ich bin sehr froh, daß ich diesen Mann gefunden habe, weil er auf Distanz achtete. Er muß es gewußt oder gespürt haben. Es war Intuition oder Schulung, jedenfalls begriff er, daß ich mit jemand, der mich bedrängte, nicht zurechtkam. Er hielt genügend Abstand und ich fühlte mich bei ihm wohl.

Eine Show abziehen

Ich hatte einmal in der Woche Sitzung bei ihm und erzählte ihm alles über mich, vorwiegend über mein Phantasie-Ich. Er hörte zu und nickte mit dem Kopf. Nach einer Weile hörte ich auf, eine Show abzuziehen. Ich hatte mich zur Schau gestellt, all meine Abenteuer und mein unmögliches Verhalten hochgespielt. Ich war sehr unterhaltsam und amüsant. Ich vermied damit jedes echte Gefühl. Ich glaube, es dauerte sechs Monate, bis ich den ganzen Wust los war, den ich mir über mich selbst zurechtgebastelt hatte, und anfangen konnte, mich mit der Realität zu befassen. Als wir uns den wirklichen Problemen näherten, wurde alles ganz anders. Ich begann, die Widersprüche und Gegensätze meiner Erzählungen zu durchschauen. Ich hörte mich ständig mit »Ja – nein – ich weiß nicht« auf seine Fragen antworten.

Jeder andere Therapeut hätte es dabei belassen, sich mit meinen Problemen im Beruf und in der Ehe zu befassen. Der normale Alltagsmißbrauch, den ich zu Hause erlebte, reichte aus, um jeden Therapeuten ausreichend zu beschäftigen. Ich hatte wirklich großes Glück. Ich fand einen Mann, der die verschleierte Präsenz eines viel tiefer liegenden Problems erkannte.

Zufällig auf das Thema Inzest stoßen

Sechs Monate nach Beginn der Therapie bekam ich einen furchtbaren Schreck. Mein Therapeut sagte eines Tages in der Sitzung: »Ich würde gerne mehr über Ihre Probleme mit Männern, besonders über Ihre sexuellen Probleme sprechen.« Und ich sagte: »Ich habe keine Probleme mit Sex.« Zu dieser Zeit war ich wirklich sexy, meine ganze Identität drehte sich um meinen Sexappeal, die Männer liefen mir in Scharen nach. Und er antwortete: »Doch, die haben Sie. Sie haben Angst davor.« Irgendwie in meinem Bauch wußte ich, daß er recht hatte. Ich spürte diese komische Spannung in mir und begann zu weinen. Dann sagte er: »Ich vermute, Sie wurden als Kind sexuell mißbraucht. Ich vermute auch, daß Sie wissen, wer es war.« Mir war, als würde eine Bombe in meinem Inneren platzen.

Meine Gedanken flogen wirr durcheinander. Ich wurde von Trauer und Angst überflutet. Ich fing an zu weinen und die Muskeln in meinem ganzen Körper verspannten sich; mein Magen verkrampfte sich zu einem Knoten; ich schrumpfte zu einer kleinen Kugel zusammen. Ich wiederholte immer wieder: »Das ist nicht wahr, das ist nicht wahr. Sagen Sie das nicht.

Das darf nicht wahr sein.« Er sagte: »Warum regen Sie sich so darüber auf, wenn es nicht wahr ist?« Das Seltsame daran war, daß das Ganze sich auf zwei Ebenen abspielte. Auf einer Ebene sagte ich: »Das ist nicht wahr, das darfst du nicht glauben.« Und auf einer anderen Ebene sagte ich: »Es ist wahr; und du weißt, daß es wahr ist.«

Auf der Heimfahrt weinte und schrie ich im Auto. Zu Hause stellte ich mich mit allen Kleidern unter die Dusche und schrie immer noch. Dann zog ich mich aus, legte mich ins Bett und schrie in mein Kopfkissen. Meine Gefühle bestanden aus Schmerz, Trauer, Angst und Erleichterung. Ich hielt mich für wahnsinnig. Wie konnte das nach mehr als dreißig Jahren Wirklichkeit sein. Ich dachte: »Wenn das wirklich stattfand, dann kann nichts anderes wirklich sein und ich weiß nicht, was wirklich ist.«

Sich vor der Wahrheit verstecken

Meine Gedanken wirbelten durcheinander, ich konnte sie nicht festhalten. Vor jeder Sitzung hatte ich Angst, er könne mich auffordern, über Sex oder über meinen Vater zu reden. Mein ganzer Körper spannte sich an, meine Muskeln verkrampften sich zu Knoten. Ich bekam kaum Luft. Es fiel mir immer schwerer, weiterzumachen. Ich fand immer öfter Gründe, die Sitzung abzusagen und schließlich rief ich ihn an und sagte: »Ich kann nicht mehr zur Therapie kommen. Ich habe Probleme im Büro und muß einfach aufhören.« Ich brach die Therapie ab. Ich unterbrach ziemlich lange, sechs oder neun Monate.

Und als ich wieder anfing, sagte ich: »Ich komme wieder zur Therapie, aber ich möchte nicht über Inzest oder Sex sprechen. Ich weigere mich, darüber zu sprechen.« Und er sagte: »Okay, niemand zwingt Sie, darüber zu sprechen.« Ein weiteres Jahr trat ich sozusagen auf der Stelle. Der Mißbrauch wiederholte sich nach wie vor in meinen Beziehungen. Es war reine Zeitverschwendung. Ich hatte ständig Probleme im Büro wegen meiner idiotischen, heimlichen sexuellen Affären. Eine Stellung verlor ich aus diesem Grund. In der nächsten Stellung machte ich prompt weiter mit diesen heimlichen Liebesaffairen mit Vorgesetzten. Ich konnte es nicht lassen.

Wir wollen so tun als ob

Schließlich sagte ich eines Tages in der Therapie: »Wissen Sie, ich rede ständig um Sex herum, und ich rede ständig um Inzest herum.« Und er sagte: »Ich weiß, daß Sie das tun.« Ich sagte: »Vielleicht sollten wir darüber reden. Wenn es passiert ist, ich meine, nur angenommen... Ich glaube nicht, daß es passiert ist, aber *wenn* es passiert wäre...«

Wir fingen also an, hypothetisch darüber zu sprechen, welche Faktoren in meinem Leben darauf hinwiesen, daß es passiert sein könnte. Ich konnte nicht in jeder Sitzung darüber sprechen, nur wenn ich mich extrem sicher fühlte. In dieser Phase versuchten mein Therapeut und ich, Bezüge herzustellen zu dem, was ich heute als ›Wiedererlebnisse‹ des ursprünglichen Inzesttraumas bezeichne. Wenn mir Dinge passierten, die mir ›verrückt‹ oder ›unheimlich‹ erschienen, untersuchten wir, ob sie Hinweise auf das Inzestgeschehen geben könnten. Wir arbeiteten viel mit meinen Träumen, weil ich ziemlich viele Wiederholungsträume hatte, die alle den Inzest darstellten.

Ich machte kaum Fortschritte, weil ich mich dagegen wehrte. Es war aber eine Vorbereitung darauf, wie ich mich fühlen würde, wenn die Erinnerung zurückkam. Ich glaubte zwar nicht, daß der Inzest geschehen war, wenn wir über einen Traum unter Bezugnahme auf das Inzestgeschehen sprachen, hatte aber heftige, schmerzhafte Gefühlsausbrüche. Oft fing ich zu Beginn einer Sitzung an zu weinen, und Stunden danach weinte ich immer noch. Oder ich unterdrückte während der Sitzung meine Tränen und weinte auf der Heimfahrt und den ganzen restlichen Tag.

Ich begann, meine Emotionen im Beisein meines Therapeuten immer mehr zu unterdrücken. Ich wollte sie ihm nicht zeigen. Er sollte nicht denken, meine emotionsgeladene Reaktion sei ein ›Beweis‹, daß er im ›Recht‹ war. Ich war fest entschlossen, er müsse im ›Unrecht‹ sein.

Arbeit mit Wiedererlebnissen

Zu den Hinweisen auf den Inzest gehörten auch meine Halluzinationen über Spinnen, meine unerklärten Ohnmachtsanfälle und Panikattacken, meine Ängste und meine sexuellen Beziehungen. Ich wußte, das alles wies auf irgendein sexuelles Trauma hin. Ich konnte aber nicht akzeptieren, daß es sich dabei um Inzest handelte.

Den größten Fortschritt erzielten wir mit der Traumanalyse. Ich hatte wiederkehrende Träume von einem Mann, der etwas Schreckliches mit mir in einem Keller machte. Manchmal war ich erwachsen, manchmal ein kleines Mädchen. Ich war völlig verwirrt und fragte mich: »Das kann nicht mein Papa sein – es muß ein anderer Mann sein, aber er sah aus wie mein Papa.« Ich wachte schreiend und schweißgebadet auf.

Die Bedeutung meiner Träume ist mir zwar heute klar, da ich den Inzest erkannt habe. Damals fiel es mir jedoch sehr viel schwerer, Bezüge herzustellen, weil ich nicht zuließ, die Bedeutung meiner Träume zu erkennen. Ich verbrachte Jahre in der Therapie, ohne eine signifikante Änderung in meinem Verhalten vorzunehmen, weil ich den Inzest nicht wahrhaben wollte und daher nicht erkennen konnte, wie sehr er mein Leben bestimmte und überschattete.

Verdrängung – wie sie sich anfühlt

Ich möchte über Verdrängung sprechen, da ich Sie nicht verstand und ich glaube, daß es anderen Menschen ebenfalls schwerfällt, sie zu verstehen. Verdrängung ist kein bewußter Denkvorgang. Ich habe mir nicht bewußt vorgenommen: »Ich weigere mich, das zu glauben.« Ich hatte mir vielmehr eine Menge sorgfältig konstruierter Gründe zurechtgelegt, um nicht glauben zu müssen, daß der Inzest stattgefunden hat.

Für mich war das ein besonders schwieriges Problem, da ich alle Details des Inzestgeschehens vergessen hatte. Das ist auch etwas, worüber ich meiner Ansicht nach sprechen muß – wie das ist, alles vergessen zu haben.

Monatelang bemühten wir uns erfolglos, dem Inzest im Therapieprozeß näherzukommen, da ich meine Position: »Es ist nicht wahr – nur mein Therapeut ist der Meinung, es sei wahr«, nicht verlassen konnte. Nach jeder Sitzung verkroch ich mich zu Hause und weinte stundenlang. Und ich wiederholte immer wieder: »Es kann nicht wahr sein, es darf nicht wahr sein.« Während ich Schmerz und Trauer auf emotionaler Ebene bereits spürte, wies ich die Wahrheit auf intellektueller Ebene immer noch von mir. Als Erklärung für meinen emotionalen Aufruhr legte ich mir zurecht, ich müsse mir früher einmal ausgemalt haben, von meinem Vater sexuell belästigt worden zu sein, als Projektion meines kindlichen sexuellen Verlangens nach ihm – die alte Freudsche Interpretation. Das war meine Art zu rationalisieren, während ich auf emotionaler Ebene die Realität bereits erlebte.

Da gab es noch eine Ebene, eine Ahnung, die wie eine Art reales Hintergrundgeräusch in mein Bewußtsein drang. Doch auf intellektueller Ebene wehrte sich mein Bewußtsein dagegen: »Du kannst dich an nichts erinnern.« Diese drei Bewußtseinsebenen, die emotionale, die intellektuelle und die intuitive Ebene arbeiteten alle zur gleichen Zeit und bekämpften einander.

Das Fehlen jeder Erinnerung spielt eine wichtige Rolle. Wenn der Teil von mir, der wußte, daß es passiert war, die Oberhand gewann, wurde er vom rationalen Teil zum Schweigen gebracht: »Es kann nicht passiert sein – du erinnerst dich doch an nichts!« Und dann schämte ich mich, kam mir verrückt vor, überhaupt in Erwägung gezogen zu haben, daß es passiert sein könnte.

Dazu kam, daß ich überzeugt war, die Erkenntnis nicht zu überleben, wenn es passiert wäre. Wie konnte ich weiterleben, wenn ich wüßte, daß mein Vater mir das angetan hatte, als ich noch so klein war?

Wie konnte er mir das antun?

Meine Gefühle der Unwirklichkeit waren nicht zuletzt deshalb so schlimm, weil ich mir in meiner jahrelangen Verdrängung zwangsläufig ein Bild meines Vaters zurechtgelegt hatte, das Inzest absolut ausschloß. Ich hatte mir verboten, seine Grausamkeit und seinen Mißbrauch wahrzunehmen, daher hatte ich mir ein Bild meines Vaters gemalt, das ihn als Mann mit großen Idealen und hoher Gesinnung zeigte. Er war für mich unendlich sauber und ehrbar. Jahrelang hörte ich seine Moralpredigten über die Gemeinheit, die Korruption und Ungerechtigkeit in der Welt. So wurde er für mich ganz selbstverständlich der anständigste Mensch auf der ganzen Welt. Bei uns zu Hause gab es keine billigen Groschenromane oder Männermagazine. Seine Reinheit bezog sich auch auf Sex. Er war ein Mann mit einem vorbildlichen Privat- und Berufsleben. Wie konnte er mir das angetan haben? Es dauerte lange, lange Zeit, bis ich mir eingestehen konnte, daß er dazu imstande war.

Ich mußte meinen Phantasievater zerstören und den wirklichen Mann sehen. Der ›Riß‹ in seiner Fassade, an dem ich arbeitete, war sein Mißbrauchsverhalten meiner Mutter und mir gegenüber. Ich begann zu erkennen, daß seine egozentrische, infantile Ichbezogenheit Hinweise auf wesentlich tiefere und destruktive Entwicklungsschäden gaben. Allmählich konnte ich akzeptieren, daß er dazu fähig war. Heute habe ich den Eindruck, daß bei seiner Persönlichkeitsstruktur Inzestverhalten beinahe unvermeidlich war. Ich sage *beinahe*. Ich glaube nicht an vorbestimmtes Schicksal.

Doch bevor ich den Fassadenvater durchschaute, konnte ich den Inzest nicht in mein Bild einfügen. Das Geschehen paßte nicht nur nicht in das Bild, das ich mir von ihm gemacht hatte. Ich hatte auch ein Bild von mir, in dem für Inzest kein Platz war, und es dauerte noch einige Jahre der Rückschau und der Analyse meines Verhaltens, bis ich die Wahrheit auf intellektueller Ebene akzeptieren konnte.

Fünf Formen der Erinnerung

Der Vorgang des Erinnerns ist auch eine Sache, über die ich sprechen möchte. Ich habe Leute fragen gehört: »Wie weiß ich, daß ein Gedanke eine Erinnerung ist?« Jeder kennt den

Unterschied zwischen echt und unecht. Ich kann nur sagen, man weiß es sofort. Für mich war der Vorgang des Erinnerns aber mehr als nur ein Rückruf ins Gedächtnis – es war ein komplizierter Prozeß.

Meine Erinnerung vollzog sich in fünf Formen. Zunächst auf emotionaler Ebene. Lange Zeit konnte ich nicht akzeptieren, daß meine Emotionen über den Inzest eine Form der Erinnerung waren. Mein heftiger Gefühlsausbruch, als mein Therapeut den Inzest zum ersten Mal erwähnte, war eine Form der Erinnerung. Ich spürte alle Gefühle, die mit dem Geschehen verbunden waren.

Ein zweiter Weg führte durch meinen Körper. Die erste Begegnung mit dem Inzestgeschehen in der Therapie rief körperliche Schmerzen hervor. Mein Magen und meine Rückenmuskulatur verspannten sich, meine Hände und Beine begannen zu prickeln und taub zu werden, ich hatte Atembeschwerden und bekam Unterleibsschmerzen. Später, als ich Träume und andere Erinnerungen hatte, waren sie begleitet von Schmerzen im Beckenbereich, im Kreuz und in meiner Vagina, gleichzeitig wurde mir übel. Außerdem fühlte ich mich sexuell erregt und das beschämte mich.

Erinnerungen manifestierten sich als Gedanken, Bilder und Träume. Die Gedanken sind eine plötzliche Formulierung, eine Art Begreifen, ohne visuelle Vorstellung. »Ja – das hat er getan«, etwa in der Art. Bilder sind visuelle Blitze – ich sehe ganz plötzlich, was ich damals gesehen habe. Träume zeigen mir Szenen, in denen ich selbst dargestellt bin, als würde ich mir einen Film ansehen. Nur daß der Film Wirklichkeit ist. Manchmal geschehen die Dinge gleichzeitig. In meinem ersten Traum sah ich, wie mein Vater mich auf die Klobrille setzte, und ich erlebte jede winzige Einzelheit dieses Ablaufes. Dann plötzlich gab es eine unerwartete Veränderung, die ich als Gefühl erlebte, nach hinten gestoßen zu werden. Ich ›sah‹ zwar nicht, was geschah, aber ich wußte, daß er oralen Sex mit mir machte.

Die letzte Erinnerung geschah, während ich meinen Bericht über Traumerlebnisse für dieses Buch redigierte. Ich hatte immer geglaubt, alle sexuellen Handlungen seien oral gewesen, und als ich die Abschrift meines Tonbandberichtes über meinen Traum von der Kontaktlinse las, war ich zunächst der Meinung, auch er handle von oralem Sex. Als ich an die Stelle kam, an der ich sagte, daß ich meine Linse herausnehmen mußte, weil »ich etwas im Auge hatte, das mir weh tat«, gefiel mir das nicht. Ohne lange zu überlegen strich ich den Satz kurzerhand aus. Die Aussage berührte mich unangenehm. Ich wollte sie nicht so stehen lassen.

Als ich mir den Bericht ein paar Wochen später wieder vornahm, las ich den Satz erneut und dachte: »Nein, er gehört dorthin. Er stimmt.« Und ich machte die Streichung rückgängig. Dabei hatte ich eine blitzartige Rückblendung: Ich sah an mir herunter zwischen meine Beine, während ich auf dem Klo saß und sah, wie ein Penis in mir steckte. Sofort hatte ich starke Unterleibsschmerzen, Schmerzen im Rücken und meiner Vagina. Die Schmerzen dauerten drei Tage und ich war außerdem stark sexuell erregt, was ebenfalls ziemlich lange anhielt. Die anschließende Depression dauerte mehrere Wochen.

In die Vergangenheit zurückgehen – ein Prozeß

Obwohl gerade diese Erinnerung mich wie ein plötzliches Bild überfiel, während ich diesen Traum niederschrieb, war der Vorgang, wie ich an diese Erinnerung herankam, weitaus komplizierter. Es dauerte ziemlich lange, bis ich das schaffte.

Ich glaube, ich begann die Tür zu dieser Erinnerung Wochen vorher in der Therapie zu öffnen Ich wußte bereits seit einigen Jahren, daß der Inzest in einem Keller stattgefunden hatte. Ich wußte auch, daß meine Spinnenhalluzinationen mit dem Inzest zu tun hatten. Wegen der penisähnlichen Spinnenbeine hatte ich sie immer für Darstellungen männlicher Genitalien gehalten, die ich sah, während ich mißbraucht wurde. Dann sprach mein Therapeut in einer Sitzung den Verdacht aus, ich sei möglicherweise im Keller mißbraucht worden und Spinnen halten sich gern in Kellerräumen auf; vielleicht habe ich wirklich Spinnen gesehen, während ich sexuell mißbraucht wurde. Damals klang das für mich ganz plausibel, es war keine plötzliche Erkenntnis.

Zwei Tage später hatte ich plötzlich zwei Erinnerungen an den Keller, in dem ich mißbraucht wurde. Ich stand oben auf der Kellertreppe und mußte dringend aufs Klo, hatte aber entsetzliche Angst, allein in den Keller gehen zu müssen. Ich war in einem quälenden Zwiespalt, entweder ich machte in die Hose, oder ich mußte mein Grauen überwinden und mich die Treppe hinunterwagen. Da hörte ich meine Mutter sehr ungeduldig sagen: »Dann bringt Papa dich eben runter.« Mich packte eine entsetzliche, überwältigende Panik. Dieser quälende Konflikt – ich fürchtete mich, alleine in den Keller zu gehen und hatte gleichzeitig panische Angst, von meinem Vater begleitet zu werden. Und: wie konnte sie mir das antun?

Dann hatte ich noch eine Erinnerung, daß mein Bruder mit mir die Treppe runterging und mich unten stehen ließ. Ich rannte zwischen Klo und Treppe hin und her, mußte dringend Pipi machen und schrie in hellem Entsetzen, weil er mich alleine ließ und die Treppe wieder hochging.

Die Assoziation von Spinnen mit Keller führte mich wieder in den Keller. Als nächstes hatte ich eine Erinnerung, wie meine Mutter mich aufs Klo setzte und ich schreiend heruntersprang, weil ich ganz sicher war, von einer Schlange gebissen zu werden. Diese Erinnerung führte mich von dem Keller zu den Ereignissen, die mir dort zugestoßen sind. Die ›Schlange‹ ist eine Erektion.

Etwa zwei Wochen später hatte ich die Erinnerung an den versuchten Geschlechtsverkehr auf dem Klo im Keller, ausgelöst durch die Assoziation in meinem Traum von der Kontaktlinse, daß »ich etwas im Auge hatte, das mir weh tat«.

Als wir darüber sprachen, meinte mein Therapeut, möglicherweise habe mein Vater mir gesagt, ich solle die Augen schließen. Aber als es wehtat, schaute ich nach unten und sah, daß der Penis in mir steckte. Und genau dieses Bild habe ich gesehen – ich schaute an mir herunter und sah, was er machte.

Diese letzte Erinnerung war schlimm, aber weniger schlimm als frühere Erinnerungen. Die vielen Erinnerungen, die mich an diesen Punkt führten, standen für ein allmähliches Loslassen meiner Emotionen. Am heftigsten weinte ich bei der Erinnerung, daß meine Mutter mich mit meinem Vater in den Keller schickte. Ich denke auch, daß ich für diese letzte Enthüllung bereit war. Die Tatsache, daß er sexuellen Verkehr mit mir versuchte, ist nur ein letztes Detail. Ich hatte mich dem Großteil der Gefühle, sexuell mißbraucht worden zu sein, bereits durch die Erinnerungen an oral-genitale Kontakte gestellt. Ich bezweifle, daß es noch mehr unentdeckte Erinnerungen gibt.

Reaktion auf eine Erinnerung – Verleugnung

Obwohl ich jahrelang daran gearbeitet habe, löste diese letzte Erinnerung Verleugnung, Scham und das Gefühl, verrückt zu sein, aus. Nachdem Tränen, Schmerz und Trauer nachgelassen hatten, überkam mich wieder das Gefühl, es könne nicht wahr sein. Es war ein aktiver Versuch von Widerstand. Ich begann mir Gründe auszudenken, warum alles ein großer Irrtum sein müsse. Ich stellte eine sorgfältige Theorie auf, daß eine Operation, der ich mich vor zehn Jahren unterziehen mußte, der Grund dafür war, mir einzubilden, mein Vater habe mich sexuell mißbraucht. Ich überlegte, wie ich meinem Therapeut in der nächsten Sitzung sagen würde: »Es war alles ein Irrtum – ich habe mir den Quatsch nur eingebildet!« Und ich stellte mir vor, wie erleichtert ich mich fühlen würde, wenn ich meine Erklärung abgebe.

Gleichzeitig wußte ich, daß ich rationalisierte und erneut Ausflüchte suchte. Ich wußte, daß der Inzest tatsächlich geschehen war, aber ich wünschte, er wäre nicht geschehen.

Ich hatte auch das Gefühl, wenn diese jüngste Erinnerung nicht stimmte, müsse ich verrückt, wirklich verrückt sein, mir das ausgedacht zu haben. Und wenn sie stimmte, wie konnte alles andere stimmen? Die scheinbare Normalität meines Lebens konnte nicht real sein, wenn etwas so Grauenhaftes wirklich geschehen war. Es war das gleiche Gefühl von Unwirklichkeit, das ich bereits vor acht Jahren hatte, als das Thema Inzest zum ersten Mal zur Sprache kam. Diesmal machte ich eine ganze Reihe von Reaktionen durch, bis ich endlich nach Wochen diese neue Erinnerung akzeptierte. Das war ein Schritt nach vorn – denn so etwas hatte bislang Monate gedauert.

Ein Grundproblem war für mich die Frage des Wahrheitsgehalts. Wenn diese Erinnerungen nicht stimmten, mußte ich eine schlechte, kranke, entsetzliche Person sein, solche Gedanken, solche Erwägungen zu haben. Ich hatte Angst vor diesen Erinnerungen. Und wenn sie auftauchten, hatte ich Angst, ihnen zu glauben. Doch als sie kamen, war ich durch ihre Realität gezwungen, sie zu akzeptieren. Ihre Realität war maßgebend. Wenn nicht, dann war ich tatsächlich wahnsinnig!

Umgang mit Erinnerungen – mich zusammennehmen

Ich hatte meinen letzten Erinnerungstraum gegen fünf Uhr morgens. Überwältigt von den Emotionen und der Heftigkeit des Traumes, wachte ich auf. Ich war völlig orientierungslos, total zermürbt. Ich lag im Bett und mein Mann hielt mich im Arm, während ich eine heftige Gefühlsaufwallung durchlebte, in der ich nicht aufhören konnte zu weinen. Es war furchtbar für mich, da wir an diesem Wochenende zusammen mit zwei Ehepaaren eine Hütte in den Bergen gemietet hatten. Aus irgendeinem Grund konnten wir nicht absagen. Außerdem wollte ich fahren. Ich wollte, daß alles ganz normal aussah.

Den ganzen Vormittag traf ich weinend Vorbereitungen, um zur Hütte zu fahren. Ich packte unser Zeug und die Spielsachen meiner Tochter ein. Die ganze Zeit weinte ich; ich konnte einfach nicht aufhören. Schließlich setzten wir uns ins Auto und fuhren los. Die ganze Fahrt, die etwa zweieinhalb Stunden dauerte, weinte ich.

Ich bekam es mit der Angst zu tun. Ich dachte: »Wenn wir in der Hütte ankommen, bin ich in einem entsetzlichen Zustand. Jeder wird wissen, was los ist.« Ich setzte die Sonnenbrille auf und dachte mir eine plausible Erklärung für meinen Zustand aus.

Wir kamen an und packten den Wagen aus. Alle fragten besorgt: »Was ist denn mit dir los?« Ich sah wirklich schlimm aus. Meine Nase war geschwollen, meine Augen waren rot und meine Stimme war belegt. Ich sagte: »Ich muß irgendeine Allergie eingefangen haben. In diesem Zustand bin ich heute morgen aufgewacht.« Dabei blieb ich. Ich saß da und die

Tränen liefen mir übers Gesicht, meine Nase tropfte und meine Sonnenbrille war beschlagen. Doch unsere Freunde nahmen mir die Geschichte mit dem Allergieanfall ab; so konnte ich mich verstecken. Wenn es schlimmer wurde, ging ich ins Schlafzimmer, legte mich aufs Bett und weinte ins Kopfkissen oder ich machte einen Spaziergang in den Wald. Ich überließ meine Tochter meinem Mann und ging spazieren. So habe ich das Wochenende überstanden.

Ich lerne zu überleben

Das war eine dieser Situationen, in der man sich so komisch vorkommt, weil man einerseits mit Menschen zusammen ist, denen man vormachen will, es sei alles in Ordnung, und man andererseits innerlich völlig zusammenbricht. Aber ich habe es überstanden. Ich bin froh, daß wir in diese Hütte fuhren, weil ich dadurch gezwungen war, mich zusammenzunehmen. Das zwang mich, in der Gegenwart zu bleiben. Meine Gefühle konnten mich nicht überwältigen. Ich konnte die Dinge relativ unter Kontrolle halten. Ich halte es für sehr wichtig zu lernen, daß man Kontrolle ausüben kann, weil diese Emotionen lange Zeit aus einem herausbrechen.

Eine kleine Atomexplosion nach der anderen

Sobald ich Zugang zu den Emotionen hatte, die mit dem Inzest verbunden waren, wurde alles sehr schmerzvoll. Es sind Wiederholungsvorgänge. Ich durchlebte gewisse Emotionen und fühlte mich eine Weile wirklich schlimm. Dann begann ich mich besser zu fühlen, ich bekam mein Leben wieder in den Griff. Ich mußte nicht mehr unentwegt weinen, ich konnte mich im Büro zusammennehmen, es kehrte wieder Normalität ein. Und dann kam etwas anderes hoch, dem ich mich stellen mußte, und die Emotionen waren wieder da. Es ist ein mühsamer Prozeß, ein winziger Schritt nach dem anderen; eine Bombe nach der anderen. Eine kleine Atomexplosion nach der anderen findet in deinem Leben statt und jedesmal mußt du es durchstehen, mußt die Gefühle durch dich hindurch gehen lassen. Du mußt dich anpassen und mit ihnen umgehen und dann allmählich verschwinden sie und du fühlst dich allmählich wieder normal. Und – ›rumms‹ geht die nächste Bombe los.

Meine Kinder absorbieren meine Emotionen

Ich bemühe mich sehr, im Beisein meiner Kinder normal zu wirken, doch irgendwie nehmen sie meinen unglücklichen Gemütszustand wahr, wenn ich mit einer Erinnerung kämpfen muß. Ich weiß nicht, woher sie es wissen. Es muß am Tonfall meiner Stimme liegen, meiner Körpersprache, meinem Gesichtsausdruck. Was es auch ist, das mich verrät, irgendwie wissen sie, wann mein inneres Ich unglücklich ist.

Sie weisen sofort dramatische Symptome auf. Die Dreijährige hat Schlafstörungen, macht ins Bett, hat Angst, ohne mich im Zimmer zu bleiben, folgt mir wie ein Schatten durchs ganze Haus und kommt mitten in der Nacht zu mir ins Bett, weil sie einen Kuß haben und gestreichelt werden will.

Sie fürchtet sich, wenn es stürmt, hat keinen Appetit. Das Baby wacht nachts jede Stunde auf, weint oft, ißt wenig, verliert das Interesse am Spielen und will die ganze Zeit herumgetragen werden. Das kann wochenlang dauern, bis ich mich besser fühle.

Zu sehen, wie die Kinder meine Ängste und Unsicherheiten übernehmen, ist der schmerzlichste Teil der Geschichte. Ich würde alles darum geben, um ihnen das zu ersparen. Ich bemühe mich, daß es mir so schnell wie möglich wieder besser geht, aber es ist nicht schnell genug.

Ich hasse es, ihnen das anzutun, und es ist schwer, nicht zu verzweifeln und mein Ziel nicht aus den Augen zu verlieren: mein Trauma zu bewältigen. Ich muß weitermachen. Obwohl ich sehe, wie sie unter den Folgeerscheinungen des Therapieprozesses leiden, weiß ich andererseits, daß es schlimmer wäre, sie unter den Folgeerscheinungen des Inzests leiden zu sehen.

Die größten Probleme entstanden am Arbeitsplatz. Nach einer wirklich harten Therapiesitzung weinte ich am nächsten Tag im Büro wegen jeder Kleinigkeit. Ich schloß mich in die Toilette ein und weinte. Oder ich saß an meinem Schreibtisch und plötzlich fing ich an, unkontrolliert zu weinen. Die Leute sahen mich an und sagten: »O Gott, sie fängt schon wieder an.« Man darf sagen: »Meine Mutter ist gestorben.« Man darf auch sagen: »Ich fühle mich heute krank, meine Arthritis.« Aber man darf keinesfalls sagen: »Meine Inzestprobleme machen mir wieder einmal zu schaffen. Bitte verzeiht mir.« Das darf man auf gar keinen Fall sagen.

Stellenwert

Dieser kontinuierliche Prozeß, mich zusammenzunehmen und mich zu zwingen, in der Gegenwart zu bleiben, war von therapeutischem Nutzen und hat mir sehr geholfen. Allmählich spielt der Inzest eine untergeordnete Rolle in meinem Leben. Ich sehe mich nicht ausschließlich als Inzestopfer. Ich habe eine Menge geschafft. Ich mußte mich beispielsweise mit meiner Tochter befassen; ich mußte mich mit meinem Job, meinem Haus, meinem Ehemann, meinen anderen Beziehungen befassen. Und tatsächlich nimmt der Inzest, obwohl er all diese Aspekte durchdringt, nur noch einen geringen Stellenwert in meinem Leben ein. Ich habe viel, viel mehr zu bieten.

Mein Vater gehört nicht mehr in mein Leben

In einem Punkt habe ich großes Glück gehabt. Meine Eltern leben in einer weit entfernten Stadt, und ich muß meinen Vater nicht sehen. Andere Überlebende, die das alles durchmachen müssen und die ihrem Schänder ewig begegnen, haben eine ganz andere Geschichte zu erzählen. Das Thema Konfrontation stellt sich mir nicht, weil mein Vater heute einfach nicht mehr in mein Leben gehört. Das wäre vielleicht anders, wenn ich ihn regelmäßig sehen müßte. Ich glaube nicht, daß es Zufall ist, daß er nicht mehr in meiner Nähe ist. Ich weiß, wenn ich ihn zur Rede stellen würde, würde ich meine Mutter nie wieder sehen. Er würde mich total ablehnen und meine Mutter hätte keine andere Wahl, als sich ihm zu unterwerfen. Ich weiß, wie die Dinge eskalieren und ich sehe keinen Grund, die Dinge sich so zuspitzen zu lassen. Ich kann ohne meine Eltern gesund werden, ich bin auf dem besten Weg dazu.

Meine Mutter – Angst und Wut

Im Arbeitsprozeß durch den Inzest mußte ich einige neue Gefühle über meine Mutter durcharbeiten. Bevor ich mich an den Inzest erinnerte, aber schon eine Menge Wiedererlebnisse und Alpträume hatte, begann meine Mutter eine Rolle in meinem Trauma zu spielen. Ich hatte Träume, in denen ich vor meinem Vater wegrannte, versuchte ihm durch ein Fenster zu entkommen. Doch draußen wartete meine Mutter und zielte lächelnd mit einem Gewehr auf mich. Ich wußte, wenn ich versuchen würde, ihm zu entkommen, würde sie mich zwingen zurückzukehren. In diesen Träumen fühlte ich Entsetzen Trauer, Verlassenheit, Verrat. Ich erinnere mich, daß ich geschrien habe, als ich diesen Traum zum ersten Mal hatte: »*Sie weiß es! Sie weiß es! Und sie hält zu ihm!*« Ich war untröstlich. Kürzlich fiel mir ein, daß meine Mutter mich, als ich Pipi machen mußte, mit meinem Vater in den Keller geschickt hatte. Dabei hatte ich die gleichen Gefühle. Ich glaube, das war der Auslöser für den Traum, in dem sie mich mit dem Gewehr bedrohte.

Ich kämpfte lange Zeit mit den Gefühlen über meine Mutter. Ich hatte sie immer als hilflose, aber liebevolle Mutter gesehen. Ich war wütend auf sie – »Wie konnte sie das zulassen?« Aber ich trauerte auch um ihren Verlust – ich hatte sie verloren. Mein Fortschritt im Lauf der Jahre bestand darin, sie als Gefangene ihrer eigenen begrenzten Möglichkeiten zu sehen; sie hat ihr Bestes getan. Sie liebte mich. Mehr konnte sie nicht tun.

Sex – gehört der Vergangenheit an

Wie andere Frauen aus meiner Inzest-Selbsthilfegruppe machte
ich eine Entwicklung von sexuellem Zwangsverhalten zu sexueller Störung durch. Bevor ich mich direkt mit dem Inzest befaßte, war ich an Sex interessiert und redete mir ein, eine sehr
gute sexuelle Beziehung zu meinem Ehemann zu haben. Vor
meiner Ehe erlebte ich Sex meist im Kontext ausbeuterischer
oder mißbräuchlicher Beziehungen. Ich spreche hier nicht von
körperlichem Mißbrauch. Ich habe mich nie mit gewalttätigen
Männern eingelassen. Meine Sexualstörung fand in Form
heimlicher sexueller Beziehungen mit Männern in Machtpositionen am Arbeitsplatz statt. Sie hatten kein anderweitiges Interesse an mir, waren immer an andere Frauen gebunden.
Meine fixe Idee bestand darin, diese quälende Beziehung hin-
zunehmen, da ich mich danach sehnte, der jeweilige Mann
würde eines Tages ganz mir gehören, was nie geschah. Ich war
immer sehr leidenschaftlich und wechselte ständig zwischen
Hochgefühlen und Minderwertigkeitsgefühlen hin und her.
Das hörte auf, als ich heiratete.

Ich empfinde Sex als Mißbrauch

Als ich den Inzest aufgespürt hatte und begann, mir darüber
klar zu werden, daß ich mißbraucht worden war, wurde mir
auch der Zusammenhang zwischen Sex und Mißbrauch klar.
Das ist bis heute ein Problem für mich; ich empfinde Sex jeder
Art als Mißbrauch. Es ist mir nicht möglich, diese Assoziation
auszuschalten. Ich arbeite daran, aber ich glaube, das dauert
noch lange.

Ich fühle mich sexuell abgestorben. Dieser Abschnitt meines
Lebens gehört der Vergangenheit an. Ich kann mir gar nicht
vorstellen, mich wieder sexuell zu betätigen und Spaß daran zu
haben. Sex ist für mich lediglich etwas, das ich von Zeit zu Zeit
über mich ergehen lassen muß. Ich dissoziiere stark bei Sex. Ich
kann nichts dafür, es geschieht unfreiwillig. Wenn ich Sex mit
meinem Mann habe, kann ich tun, was ich will, meine Gedan-

ken schweifen ab. Ich bin ganz woanders; ich verreise, ich richte das Haus neu ein. Ich denke an dieses und jenes, an die Arbeit, an die Kinder. Ich bin irgendwo weit weg, bis es vorbei ist.

Wenn ich daran denke, daß es Zeiten gab, in denen ich wirklich starkes sexuelles Verlangen hatte, wenn ich an mein Sexualverhalten denke, wie besessen ich von körperlichem Verlangen sein konnte, frage ich mich, wie ich je so empfunden haben konnte. Es kommt mir dumm und absurd vor. Ich empfinde Sex entwürdigend und lächerlich und habe beim besten Willen keinerlei sexuelle Gefühle.

Selbst mein Aussehen hat sich verändert

Andererseits denke ich, daß ich sexuelle Gefühle haben sollte, daß Sex irgendwie zu meinem Leben gehören müßte. Ich versuche, Sex wieder zum Bestandteil meines Lebens zu machen, aber das dauert lange. Ich empfinde mich nicht als sexuelle Person. Meiner Meinung nach habe ich keinerlei Sexualität — null. Selbst mein Aussehen hat sich verändert. Früher sah ich begehrenswert und attraktiv aus, und die Blicke der Männer folgten mir. Heute wirke ich nicht begehrenswert, ich wirke nicht sexuell attraktiv. Ich glaube, die Männer bemerken mich gar nicht; und ich fühle mich dabei wohl. Abgesehen von leichten Gewissensbissen, einen ganzen Lebensbereich zu den Akten gelegt zu haben, ist es mir völlig egal.

Ich brauche Hilfe, um mich zu verändern

Alle anderen Frauen, mit denen ich in der Gruppe gesprochen habe, haben das gleiche Problem. Wir brauchen Hilfe von unseren Ehemännern, um daran zu arbeiten. Ich brauche einen Ehemann, der sensibel und verständnisvoll ist, und den habe ich zum Glück. Er muß aber auch versuchen, sexuelle Gefühle in mir zu wecken und zu pflegen, ohne aufdringlich oder bedrohlich zu sein. Er muß sehr zärtlich und liebevoll und aufmerksam sein und mir helfen, Sex auf andere Weise zu erleben. Das kann er nicht. Ich denke, wir sollten zur Beratung gehen und daran arbeiten, aber mir ist es im Grunde genommen egal. Ich bin nicht bereit, die Initiative zu ergreifen, und er drängt mich nicht. In nächster Zukunft werden wir wohl nichts unternehmen.

Selbstenthüllung – mit Vorbehalt

Ein anderer Punkt, auf den ich häufig stoße, ist die Frage: Mit wem kann ich darüber sprechen? Man kommt sich oft wie eine Betrügerin vor, weil niemand über den Inzest Bescheid weiß. Es gilt allerdings, vernünftig und mit Überlegung an die Sache heranzugehen. Man muß bedenken, daß es sich um sehr intime Dinge handelt, da die Erfahrung sehr traumatisch und heikel ist. Es ist schon schwer genug für mich, damit umzugehen, die damit aufgewachsen ist, damit gelebt hat. Außenstehende, die damit nie konfrontiert waren, wissen einfach nicht, wie sie reagieren sollen, und verhalten sich falsch. Es zerstört die Beziehung, wenn Sie solche Leute ins Vertrauen ziehen, weil die nicht wissen, was sie hinterher von Ihnen halten sollen. Sie werden plötzlich zum INZESTOPFER gestempelt und alle Ihre anderen Eigenschaften sind vergessen. Das kommt immer wieder hoch, überlagert Ihr gesamtes Persönlichkeitsbild, weil die Menschen anders über Sie denken. Ich bin aber als Mensch wesentlich mehr als nur ein Inzestopfer. In einem sehr kurzen Abschnitt meines Lebens war ich Opfer, die restliche Zeit habe ich eine Menge geleistet. Über diese Bereiche wissen die meisten meiner Freunde Bescheid. Ich sehe nichts Verwerfliches darin, ihnen den Rest zu verschweigen.

Meiner Auffassung nach ist es wirklich nicht notwendig, allen Leuten davon zu erzählen. Im Gegenteil, andere ins Vertrauen zu ziehen hat häufig negative Folgen. Möglicherweise überfordern wir andere, wenn wir von ihnen erwarten, mit diesen Sachverhalten richtig umzugehen. Ich bin in der Hinsicht altmodisch und plädiere für die Wahrung der Privatsphäre. Sie verdient Respekt; jeder Mensch hat ein Recht darauf.

Ich halte es für anmaßend, jeden x-beliebigen mit meinen Problemen zu belasten, Menschen, die darauf gar nicht richtig reagieren können. Wie kann ich verlangen, daß andere Menschen richtig reagieren, wenn es *mir* schon schwerfällt, damit vernünftig umzugehen.

Es ist natürlich schwer, mit seinen Gefühlen allein und isoliert zu sein. Ich habe einige Menschen, mit denen ich sprechen kann – meinen Ehemann, ein oder zwei wirklich gute Freundinnen – ausschließlich Frauen; Männer können damit schlechter umgehen. Dann gibt es meine Therapiegruppe Inzestüberlebender, die ich gern habe. Mit diesen Frauen kann ich über diese Erfahrungen sprechen, wie mit niemand sonst. Wir können sogar Witze darüber machen!

Nachdem ich den Inzest in der Therapie aufgedeckt hatte, erlebte ich, wie viele andere auch, eine Phase, in der ich zwanghaft mit jedem darüber reden mußte. Ich konnte nicht aufhören. Ich mußte ständig daran denken, Tag und Nacht. Immer wieder kam ich im Gespräch auf das Thema. Ich lief herum und sagte jedem: »Mein Gott, ich glaube, das ist mir angetan worden«, weil mir alles so unwirklich vorkam. Es war beinahe so, als müsse ich mit aller Welt darüber reden, um den Sachverhalt in mein Leben zu integrieren.

Bald hatte ich diese zwanghafte Phase hinter mir und erwog danach sehr sorgfältig, mit wem ich darüber sprach. Trotzdem habe ich eine schlechte Erfahrung gemacht, weil ich einem Gesprächspartner davon erzählte, einem Mann, mit dem ich etwa sieben Jahre ziemlich eng zusammengearbeitet habe.

Wir verstanden uns ausgesprochen gut und ich glaubte, wir seien einander nahe, weil er mir von sich erzählte und mir das Gefühl gab, wir seien befreundet. Bei einem Mittagessen kamen wir irgendwie auf das Thema Inzest zu sprechen. Er sagte: »Ich verstehe einfach nicht, wie Menschen so etwas tun können. Das geht über mein Begriffsvermögen.« Daraufhin erzählte ich ihm von meinem Vater; von seinem Mißbrauch, von unserer Familiendysfunktion, und wie sehr mein Leben darunter gelitten hatte. Während ich erzählte, saß er die ganze Zeit da, ohne mir richtig ins Gesicht zu schauen.

Und als ich fertig war mit meinen Erklärungen sagte er:

»Bist du sicher, daß du dir das alles nicht ausgedacht hast?«
Das war wie ein Schlag ins Gesicht. Ich bin in meinem ganzen
Leben noch nie von einem Freund so verletzt worden. Wer
würde sich so etwas ausdenken? Warum? Das Leben ist doch
schlimm genug, ohne so grauenhafte Dinge zu erfinden. Was
müßte ich für ein Mensch sein, mir so etwas auszudenken?

Später erkannte ich, daß es nicht mein Problem, sondern
sein Problem war. Ich litt lange darunter, weil ich einen Freund
verloren hatte. Aber es war nicht meine Schuld, es war seine.
Für mich ist die Reaktion dieses Mannes ein gutes Beispiel
dafür, was uns bei einer Selbstenthüllung erwartet. Achten Sie
auf sich. Sie haben es verdient.

Veränderungen in Beziehungen

Der Therapieprozeß war schwer und stellte hohe Anforderungen an mich. Ich mußte eine ganze Menge Dinge neu bewerten,
beispielsweise meine Ehe. Als ich den Inzest in der Therapie
konfrontierte, schließlich akzeptierte, daß er stattgefunden
hatte, war mir, als leuchte ein Licht in meinem Kopf auf. Und
plötzlich waren mir Dinge, die ich vorher nie wirklich begriffen
hatte, ganz klar. Danach wären aber auch Dinge, die mir zuvor
akzeptierbar erschienen, nie wieder akzeptierbar gewesen.
Endlich war ich in der Lage, meine Gefühle mit Mißbrauch in
Zusammenhang zu bringen. Ich konnte Mißbrauch erkennen,
wenn er geschah. Meine Gefühle sagten mir, wann ich mißbraucht wurde.

Meine wichtigste Erkenntnis war, daß ich keine weitere Miß-
brauchsbeziehung akzeptieren würde, und das schloß meine
Ehe mit ein. Es war, als leuchte ein Licht auf und erhellte die
Landschaft in meiner Gefühlswelt. Ich sah, daß meine Ehe eine
Mißbrauchsbeziehung war, und es schien mir verrückt, sie wei-
terzuführen.

Ich stellte meinen Ehemann zur Rede: »Hör mal, ich verdiene mehr als genug, um mich und die Kinder zu ernähren. Ich
brauche dich nicht. Wenn du dich nicht änderst, hast du keinen
Platz in meinem Leben.« Es war wunderbar. Plötzlich konnte

ich das sagen, weil ich deutlich sah, daß Mißbrauch mit mir getrieben wurde, und daß ich es nicht nötig hatte, mich darauf einzulassen.

Meine Auseinandersetzung mit dem Inzest gab mir die Chance, mein Leben in die Hand zu nehmen. Das schaffte ich erst, als ich den Inzest konfrontierte. Vorher konnte ich nicht sehen, welchen Schaden er bei mir anrichtete. Ich konnte nicht sehen, daß er alle meine Beziehungen zu Mißbrauchsbeziehungen machte.

Die Erkenntnis veränderte auch meine Einstellung zum Beruf.

Bislang gehörte ich zu den Menschen, die alles in den Beruf einbrachten, ohne zu erwarten, viel zurückzubekommen. Plötzlich war mir klar, daß ich meine Rechnungen über den doppelten Betrag ausstellen und daß ich mir meine Kunden nach Belieben aussuchen konnte.

Ich sah mit einem Mal, welch hervorragende Qualitäten und Fähigkeiten ich hatte.

Ich begriff, wer ich wirklich war. Ich war nicht länger das kleine mißbrauchte Kind. Ich war eine erwachsene Frau. Ich sah das mißbrauchte Kind ganz deutlich und verwechselte es nicht mehr so oft mit mir.

Bevor ich das kleine Mädchen deutlich sehen konnte, bevor ich es akzeptierte und anerkannte, verwechselte ich es häufig mit meinem erwachsenen Ich.

Für mich ist die Therapie eine Menge kleiner Atomexplosionen, die nacheinander hochgehen und unser ganzes Leben verändern. Ich möchte keinen falschen Eindruck erwecken, was das Ausmaß der Veränderung angeht. Es verändert sich nichts dramatisch oder über Nacht. Die Veränderungen gehen langsam vor sich, finden allmählich statt.

Eine Sache veränderte sich allerdings dramatisch bei mir: Ich erkannte Mißbrauch sofort, wenn er mir angetan wurde. Ich konnte zwar noch immer nicht darauf reagieren, aber wenigstens konnte ich ihn erkennen. Vorher war ich nicht imstande, Mißbrauch zu durchschauen, wenn ich ihn erlebte. Er kam mir ganz natürlich vor. Doch plötzlich war das gar nicht mehr natürlich.

Die Dinge sind der Lösung nahe Die Probleme mit Sex und Liebe müssen in der Therapie noch bearbeitet werden. Die Zusammenarbeit mit meinem Therapeuten war sehr erfolgreich, bis meine Erinnerung an den Inzest einsetzte. Dann wurde ich mir plötzlich seiner Männlichkeit sehr bewußt. Ich schämte mich, mit ihm über Sex, meine Gefühle über meinen Vater und über das, was passiert war, zu sprechen. Ich glaubte, er finde mich abstoßend. Heute erkennne ich meine Projektion. Doch damals war ich dazu nicht imstande. Nach etwa einem Jahr mußte ich zu einer Frau überwechseln. Ich hatte außerdem das Bedürfnis, mich mit der Rolle meiner Mutter auseinanderzusetzen, und auch hierfür brauchte ich die Unterstützung einer Frau.

Ich danke Gott, daß ich einen Therapeuten hatte, der viele Jahre für mich da war, als ich in der Verdrängung festsaß; der eine verschleierte Präsenz erkannte, wenn er sie sah. Gar nicht auszudenken, wie es mit mir weitergegangen wäre, wenn ich ihn nicht gehabt hätte. Ich wäre immer noch in Therapie, ohne einen Schritt vorwärts gekommen zu sein.

Megan

Wie so viele Frauen begab auch Megan sich aus anderweitigen Gründen in Therapie. Sie hatte das Glück, eine Therapeutin zu finden, die auf ihre beiläufige Bemerkung, ihr Bruder habe sie als Kind ›belästigt‹, richtig reagierte. Megans Therapieprozeß weist das typische Muster auf – zunächst die Phase der Aufarbeitung von Randerscheinungen, zweitens die Phase des Sich-schlechter-fühlens, während der der Inzest angesprochen wird, drittens die Phase des Sich-besser-fühlens und schließlich das Aufdecken weiterer inzestbezogener Probleme, die gelöst werden müssen. Nach acht Jahren hat Megan das ganze Spektrum durchgemacht. Ihr Fortschritt in der Therapie manifestiert sich in zwei Dingen. Erstens spricht sie von wirklich schmerzvollen Erfahrungen in der Vergangenheit. Zweitens hat sie die Fähigkeit erworben, mit Problemen umzugehen. Ohne jedesmal eine Antwort darauf zu wissen, hat sie das positive Gefühl, eine Lösung zu finden. Therapie löst nicht alle unsere Probleme, aber sie hilft uns, Lösungen zu finden.

Beginn der Therapie wegen Depressionen

Ich begab mich in Behandlung, weil meine Depressionen immer häufiger auftauchten. Ich fand, jede Therapie sei besser als die Schmerzen der Depression. Es gab noch einen Grund – den Familienspott, alle Frauen in unserer Familie seien verrückt. Es wird völlig selbstverständlich angenommen, daß wir alle verrückt sind. Jeder redet davon, daß Großmama verrückt war. Meine Mutter lebte in den letzten zehn Jahren von Tranquilizern; sie nahm Valium. Ich erinnere mich, daß mein Vater sie öfter übers Wochenende fortbrachte. Später war mir klar, daß er sie wegbrachte, weil sie am Rande eines Nervenzusammenbruchs war. Die einzige Schwester meiner Mutter hatte mit 38 ihren ersten Nervenzusammenbruch. In dem Jahr, als ich mit der Therapie anfing, kam sie mit 50 zum zweiten Mal in die Klinik. Meine Schwester hatte mit 27 einen Zusammenbruch und wurde in die Nervenklinik eingeliefert. Meine andere Schwester litt an Depressionen. Ich litt an Depressionen und hatte entsetzliche Angst, mir stehe das gleiche Schicksal bevor, wie allen Frauen in meiner Familie.

Meine Mutter war ihr ganzes Leben voll Zorn. Sie schrie und schimpfte mit uns. Heute sehe ich den Grund in ihrer Ehe, in der sie nie glücklich war. Meine Eltern hatten nie Streit, niemals – wenigstens nicht vor uns Kindern. Als Kind dachte ich immer, Eltern streiten nicht. Sie hatte keinen Streit mit ihm, lud aber ihren ganzen Zorn bei uns ab.

Ich erwähnte, daß mein Bruder mich belästigte

Ich beschäftigte mich also mit meiner Familie und unseren Beziehungen. Und innerhalb weniger Wochen erzählte ich meiner Therapeutin von meiner Angst vor Männern. Irgendwann in diesen ersten Monaten erwähnte ich auch, daß mein Bruder Kevin mich als Zehnjährige belästigt hatte, beteuerte aber, daß ich daran keinen Schaden genommen hatte.

Ich hatte ihr erzählt, es sei nichts Besonders gewesen. Und

genau zu dem Zeitpunkt sagte sie mir, daß hier der Grund für meine Angst vor Männern zu suchen sei. Sie sagte aber auch, möglicherweise sei meine Verdrängung so stark, daß die Zeit noch nicht reif ist, um näher darauf einzugehen, sie wolle mich nicht drängen. Ich schenkte ihr keinen Glauben, deshalb begannen wir, uns zunächst mit meinen Beziehungen zu meinen Eltern und meiner Familie zu befassen. Als wir uns durch diese Familiendynamiken gearbeitet hatten, blieben die Beziehungen zu meinen Geschwistern.

»Weil er mir das angetan hat!«

Um meinen 28. Geburtstag herum fingen die Dinge an, an den Tag zu kommen. Ich besuchte Kevin und seine Frau, um ihren und meinen Geburtstag gemeinsam zu feiern. Am Abend hielt Kevin mir einen Vortrag, was ich tun müsse, um Männer kennenzulernen, wo ich sie kennenlerne, und überhaupt, wie ich mein Leben zu führen habe. So geht Kevin mit allen Menschen um. Er weiß über nichts richtig Bescheid, gibt sich aber in allem als Experte aus. Diesmal spielte er meinen Lebensberater und sagte mir, was ich anstellen müsse, um zu heiraten, jetzt da er verheiratet war.

Zwei Tage später in der Therapiesitzung ließ ich mich darüber aus, wie wütend ich auf ihn sei und was er sich eigentlich einbilde. Meine Therapeutin sagte, sie verstehe nicht, warum ich so aufgebracht sei, nur weil Kevin mir Ratschläge über Männer erteile. Und ich schrie sie an: »Warum? Weil er mir das angetan hat!« Doch selbst da brachte ich nicht über die Lippen, was er mir angetan hatte. Immer noch suchte ich nach Ausflüchten und Beschönigungen.

Von diesem Moment an begann ich, mich an Kleinigkeiten zu erinnern. Und was auf mich zukam, war unglaubliches Entsetzen. Als die Erinnerungen einsetzten, war die Angst immer präsent. Ich bekam Zustände, in denen mein ganzer Körper schmerzte, meine Arme und Beine wehtaten; und immer war diese Angst da, undefinierbar und überwältigend. Die Therapeutin erleichterte mir die Arbeit, weil sie die Termine mit mir auf den späten Nachmittag legte. Eine Sitzung mußte also nicht abrupt abgebrochen werden, manchmal dauerte sie zwei Stunden, meist 90 Minuten. Ich kam zwei bis drei Mal in der Woche. Meine ganze Energie floß in die Therapie. Ich ging ins Büro und zur Therapie, mehr Energie hatte ich nicht. Ich las alles über das Thema, was ich in die Finger bekommen konnte. Ich weinte und konnte weder essen noch schlafen. Ich stand Todesängste aus, haßte die Erinnerungen und fürchtete, ich würde nie wieder meine innere Ruhe finden.

Erinnerung — das reine Entsetzen

Alles konnte eine Erinnerung auslösen. Ich versuchte, das meiner Therapeutin zu erklären — ich holte mir einen Becher Kaffee im Büro und fing plötzlich an, unkontrolliert zu zittern und zu weinen und mußte mich eine halbe Stunde im Klo einschließen. Die ganze Zeit mußte ich nur daran denken, daß der Plastiklöffel im Kaffeebecher mich an einen Penis erinnerte. Ich hatte keine Ahnung, warum ich diese Assoziation hatte, aber sie war da.

Das passierte mir immer wieder, und jedesmal hatte ich diese körperliche Reaktion. Ich fing an zu zittern und zu weinen und mußte mich setzen, um die Kontrolle wieder zu erlangen. Ich sagte meiner Therapeutin immer wieder, ich will mich nicht erinnern, ich möchte diese Erinnerungen loswerden, ich will sie nicht haben. Und sie entgegnete immer wieder, das sei der einzige Weg, um sie loszuwerden.

Sie erklärte mir auch, warum mein Körper so reagierte. Durch die Erinnerung gab mein Körper alles von sich, was mir angetan wurde. Sie riet mir zur Hypnose-Therapie, die ich bis dahin für totalen Hokuspokus gehalten hatte. Damit wollte ich nichts zu tun haben. Doch meine Zustände wurden immer schlimmer. Ich hatte Angst, meinen Job zu verlieren, weil ich immer wieder plötzlich für lange Zeit verschwand. Ich war überzeugt, man würde mich dafür in irgendeiner Weise bestrafen. Ich funktionierte nicht mehr. Ich konnte nichts essen, was für mich ganz ungewöhnlich ist, weil ich immer und überall essen kann. Ich konnte drei Wochen lang nichts essen, nichts schmeckte mir. Ich konnte nicht mehr schlafen. Schließlich sagte ich meiner Therapeutin, ich wolle es mit dem Hokuspokus versuchen.

Wenn ich mich schon erinnern mußte, dann wollte ich mich in einer kontrollierten Atmosphäre erinnern, nicht im Büro oder sonstwo und dann die Kontrolle verlieren. Wir versuchten es also mit Hypnose. Es klappte ausnehmend gut bei mir, und als die Erinnerungen freigesetzt wurden, überfiel mich blankes Entsetzen.

Hypnose – Erinnerungen gezielt freisetzen

Ich ging an einem Samstag zwei oder drei Stunden zu ihr und ließ mich in Hypnose versetzen. Wir wollten herausfinden, wie lange der Mißbrauch gedauert hatte. Sie nannte eine Zahlreihe, jede stand für den Zeitraum eines Monats. Ich sollte nur den Arm heben, wenn sie die Anzahl der Monate nannte, die der Inzest dauerte.

Ich hatte ihr schon vorher gesagt, daß er vermutlich ein Jahr gedauert habe, von meinem zehnten bis zu meinem elften Lebensjahr. Als sie die Zahl 13 nannte, schoß mein Arm ganz von selbst in die Höhe.

Ich weiß nicht wieso, aber ich wußte, das war der Zeitraum. Er deckte sich mit allem anderen, woran ich mich bruchstückhaft erinnerte.

Meine Therapeutin war davon überzeugt, daß Geschlechtsverkehr stattgefunden hat; ich konnte mich aber nicht daran erinnern. In einer Hypnosesitzung versuchte sie, diese Erinnerung freizusetzen. Ich lag ausgestreckt auf der Couch und mein ganzer Körper erstarrte, meine Arme und Beine, ich war zu keiner Bewegung fähig. Ich konnte nichts tun. Mein Körper war vom Kopf bis zu den Zehen völlig verkrampft. Sie brach die Hypnose ab und sagte, sie sei nicht sicher, ob es passiert ist. »Wenn es aber passiert ist, blockieren Sie so stark ab, daß ich Sie nicht weiter drängen möchte. Sie werden sich daran erinnern, wenn die Zeit dafür reif ist.«

Konfrontation – dem Sexualtäter
die Verantwortung zuweisen

Ich las sehr viel über Inzest. Eine Sache beschäftigte mich dabei besonders. Wenn Frauen ihre Schänder zur Rede stellten, übernahmen die Kerle nie die Verantwortung dafür. Die Frauen mußten die Konfrontation allein bewältigen. Sie waren einerseits wütend, weil der Täter die Verantwortung nicht akzeptieren wollte, wußten andererseits aber, daß sie die Konfrontation für ihr eigenes Wachstum herbeiführen mußten. Sie mußten ihm die Verantwortung zuweisen.

Das merkte ich mir und überlegte, wie Kevin wohl darauf reagieren wird. Ich sprach mit meiner Therapeutin darüber. Sie schlug vor, Kevin sollte an einer Sitzung bei ihr teilnehmen. Vermutlich erinnerte er sich an Dinge, die mir helfen könnten, da einige meiner Erinnerungen sehr verschwommen waren.

Ich rief Kevin an und fragte ihn, ob er bereit sei, an einer Sitzung teilzunehmen. Kevins Reaktion darauf: »Ich versteh gar nicht, was du willst. Wenn jemand einen Psychiater braucht, dann ist es meine Frau.« Er war sofort feindselig statt hilfsbereit.

»Es gab gar keinen Sex«

Er leugnete nicht was geschehen war, er leugnete nur das Ausmaß. Das Gespräch fing ganz ruhig an, doch als ich von Inzest sprach, fing es an, ekelhaft zu werden, weil ich das Kind beim Namen nannte. Die Bezeichnung ›sexuelle Übergriffe‹ störte ihn nicht einmal, es war der Stempel ›Inzest‹, bei dem ihm der Hut hochging und er sehr unangenehm wurde. Als erstes sagte er: »Ich hab dir nicht weh getan. Wieso machst du ein solches Theater? Ich habe dich nicht verletzt.« Und ich sagte: »Oh doch, Kevin, du hast mich verletzt. Vielleicht nicht das, was du darunter verstehst, aber du hast meinem Körper Gewalt angetan.« Kevin darauf: »Ich habe dir keine Gewalt angetan. Es gab gar keinen Sex.«

Und das war der einzige Grund, warum ich so lange brauchte, mich an die Vergewaltigung zu erinnern. Er stritt sie einfach ab. Er sagte: »Du bist nicht verletzt worden, es gab keinen Geschlechtsverkehr, also war überhaupt nichts.« Als ich von Inzest sprach, wurde er hysterisch. Er sagte, das war kein Inzest. Ich entgegnete: »Kevin, Inzest ist die Bezeichnung für eine sexuelle Beziehung zwischen zwei Leuten, die miteinander blutsverwandt sind. Wir sind blutsverwandt; wir sind Bruder und Schwester. Es war Inzest.«

Er war keine Hilfe im Therapieprozeß

Als ich den Inzest beim Namen nannte, nannte er mich eine Lügnerin. Und mein ganzes Problem liege gar nicht darin, ob es passiert sei oder nicht. Mein ganzes Problem bestehe darin, daß ich fünfzig Pfund Übergewicht habe, und wenn ich abnehmen würde, wäre alles mit mir in Ordnung. Um die Dinge richtig zu stellen: Ich wog zum Zeitpunkts dieses Gesprächs vierzig Pfund weniger als heute. Ich hatte damals vielleicht zehn Pfund Übergewicht. Dann sagte er, meine Therapeutin würde mir nur Flausen in den Kopf setzen. Später sagte er, mein ganzes Problem liege darin, daß ich immer noch von Mama und Papa abhängig sei und mich nicht damit abfinden könne, daß sie gestorben seien. Er schimpfte und wetterte, bis ich hysterisch wurde. Ich begriff zum ersten Mal in meinem Leben, wie jemand einem anderen Gewalt antun kann. Ich schwöre, wenn ich damals eine Pistole gehabt hätte, ich hätte ihn abgeknallt.

Er sagte noch, wenn ich Wert auf sein Kommen lege, soll meine Therapeutin ihn anrufen. Meine Therapeutin versprach, ihn anzurufen. Als wir uns nach ihrem Telefonat mit ihm zur nächsten Sitzung trafen, sagte sie: »Ich sollte das eigentlich aus beruflichen Gründen nicht sagen, aber Ihr Bruder ist verrückt.« Sie sagte, es sei das absurdeste Gespräch gewesen, das sie in ihrem ganzen Leben mit einem Menschen geführt hatte. Sie sagte auch, für unseren Therapieprozeß sei er von keinerlei Nutzen. Daher machte ich keinen weiteren Versuch, Kevin in den Therapieprozeß einzubeziehen.

Er hat die Wahrheit nie akzeptiert

Kevin erzählte es seiner Frau, seine Frau erzählte es meiner jüngeren Schwester, die in Kalifornien lebte und mich anrief und wissen wollte, warum ich so gemein zu Kevin sei. Kevin rief auch meine ältere Schwester an und sagte, ich müsse die Therapeutin wechseln. Meine ältere Schwester sagte: »Nein, ich finde sie ist bei ihr in guten Händen.« Ich versuchte, mit meiner ältesten Schwester über Kevin zu sprechen. Doch sie gab mir zu verstehen: »Ich habe zu Kevin eine gute Beziehung. Deine Probleme mit Kevin interessieren mich nicht. Ich möchte nicht hineingezogen werden. Das ist eine Sache zwischen dir und Kevin.« Ich wurde also im Grunde genommen von zwei Mitgliedern meiner Familie abgewiesen. Danach habe ich mit niemandem in meiner Familie darüber gesprochen. Und Kevin nannte mich eine Lügnerin. Er hat die Wahrheit nie akzeptiert.

Allein damit fertig werden – mit der Strömung schwimmen

Es gab Zeiten, da wollte ich mit meiner Familie darüber reden. Ich wollte gern, daß sie mich als die Person kennen, die ich bin. Ich glaube, sie haben ein ganz unrealistisches Bild von mir, wer ich bin, worauf es mir ankommt. Aber ich fürchte, sie nehmen mich auseinander. Heute geht es mir nicht mehr so sehr um meine Geschwister. Ich habe 15 Neffen und Nichten und fürchte, daß meine Geschwister auf sie einwirken und meine Beziehung zu ihnen darunter leidet. Deshalb habe ich mit niemand aus der Familie darüber gesprochen.

Für diese lange Zeit, in der ich Verwirrung, Angst, Einsamkeit, Wut und Haß durchmachen mußte, hat meine Therapeutin eine schöne Analogie gefunden. Sie sagte, es ist, als sei ich in einen Strudel geraten; wenn ich gegen die Strömung schwimme, würde ich ertrinken. Wenn ich mich aber der Strömung überlasse, komme ich durch und auf der anderen Seite unbeschadet wieder an die Wasseroberfläche. Sie bestärkte mich darin, meinen Schmerz zuzulassen, ihn zu spüren, um ihn zu überstehen. Sie hatte recht. Und daran denke ich immer, wenn ich sehr schmerzlichen Erfahrungen ausgesetzt bin. Nicht, daß es die Sache leichter machen würde, den Schmerz zu spüren, aber es hält die Hoffnung wach. Ohne die Hoffnung, daß es einmal besser wird, ist die ganze Therapie zwecklos.

Ich dachte, ich sei okay

Nach drei Jahren intensiver Therapie hatte ich das Gefühl, das Schlimmste überstanden zu haben. Ich hatte den Tod meiner beiden Eltern und den Mißbrauch meines Bruders durchgearbeitet und war bereit, mich der Welt zu stellen. Ich brach die Therapie ab und drei Jahre lang schien alles in Ordnung zu sein. Ich ging zwar immer noch nicht mit Männern aus (nach dem Fiasko mit dem Mann, der sich als schwul herausstellte, habe ich mich für keinen Mann mehr interessiert). Es gab zwar Männer, die ich attraktiv fand, aber es passierte nie etwas. Ich sah, daß ich nicht weiter kam, und ging wieder in die Therapie. Doch irgendwie waren wir an einem toten Punkt angelangt. Also machte ich weiter wie bisher. Weil andere Bereiche meines Lebens okay waren, dachte ich, ich sei okay.

Ich stürzte mich in die Arbeit. Ich arbeitete 60 bis 70 Stunden in der Woche, arbeitete in zwei unbezahlten Freiwilligenjobs. Ich war zu beschäftigt, um mich mit meinem nicht vorhandenen Liebesleben auseinanderzusetzen. Ich freundete mich mit Frauen an, die auch keinen Liebhaber hatten. Beruflich erbrachte ich ausgezeichnete Leistungen, wurde dreimal befördert und mein Gehalt verdoppelte sich in weniger als drei Jahren. Ich dachte also, alles in allem geht es mir doch ganz gut. Was machte es schon, wenn ich nicht mit Männern ausging? Man kann schließlich nicht alles haben.

Dann trat eine Veränderung in meinem Leben ein, weil ich in eine andere Stadt zog. Ich nahm meinen üblichen Trott wieder auf, stürzte mich in eine 60-bis-70-Stundenwoche, verbrachte die Wochenenden im Büro. Einmal arbeitete ich 48 Tage durch ohne einen einzigen freien Tag. Acht Monate später war ich arbeitslos wegen einer firmenpolitischen Intrige, auf die ich keinen Einfluß hatte. Da saß ich nun, ganz allein in einer fremden Stadt, ohne Familie, ohne Freunde, ohne irgendwelche Kontakte. Ich fühlte mich völlig vernichtet, fühlte mich von meinen Arbeitgebern total verraten – zwei Männer, die mich für ihre Machenschaften benutzten und mich dann fallen ließen.

Gruppentherapie – alle sahen so normal aus!

Ich schlug mich ein paar Monate allein durch, kam nicht weiter, bis ich mich an das Frauenzentrum wandte – zunächst wegen einer Berufsberatung. Und dann erwähnte ich, daß ich auch gern psychologische Beratung hätte. Da mir das alles nicht neu war, fand ich mich schnell ein und erzählte der Therapeutin ziemlich bald, daß ich ein Inzestopfer sei. Sie antwortete, das habe sie vermutet, da ich mich von den Männern in meiner letzten Firma so verraten fühlte. Die Heftigkeit meiner Empfindungen, mich wegen einer Kündigung verraten zu fühlen, wären unangemessen.

Die Therapeutin empfahl mir eine Gruppe und ich dachte: Na schön, ich versuche alles. Aber ich hatte furchtbare Angst. Ich hatte noch nie mit einem anderen Inzestopfer gesprochen. Ich fürchtete auch, die anderen Frauen könnten mich auslachen, wenn sie hörten, daß der Täter mein Bruder war, der mich sowieso nur belästigt hatte (das war vor meiner Erinnerung an die Vergewaltigung). Sie würden sich vermutlich fragen: Was will die eigentlich? Ich war immer der Meinung, das was ich durchgemacht habe, sei nichts im Vergleich zu dem, was andere durchmachen mußten. Also was wollte ich eigentlich?

Ich hatte ein erstes Gespräch mit Monique, der Gruppenleiterin. Sie sagte, es stimme nicht, daß andere Gruppenteilnehmerinnen glaubten, ich würde mich nur wichtig machen. In der Gruppe gab es noch eine Frau, die von ihrem Bruder mißbraucht worden war. So kam ich in die Gruppe.

Die erste Sitzung werde ich nie vergessen. Ich hatte schreckliche Angst und wäre beinahe nicht hingegangen. Hätte ich

nicht zuvor bereits mit Monique gesprochen, wäre ich weggelaufen. Mich erschreckte, daß die Frauen alle so normal aussahen. Vermutlich erwartete ich Frauen mit drei Köpfen oder
was. Noch mehr erschreckte mich zu hören, daß manche verheiratet waren und Kinder hatten. Wie konnten Frauen mit
dieser Biographie heiraten und Kinder bekommen? Zum ersten
Mal wurde mir klar, daß ich glaubte, andere Frauen können
heiraten und Kinder haben, nur ich nicht, weil ich ein Inzestopfer war. Eine Sache, die mich an der Gruppe störte, war, daß
sie sich Inzest*überlebende* nannten. Ich fühlte mich nicht als
Überlebende, ich fühlte mich als Opfer und fand das Wort
Überlebende scheußlich.

Heute fühle ich mich als Überlebende

Nach einem Jahr fühle ich mich heute als Überlebende. Ich
spüre den Unterschied in den Worten. Ein Opfer ist jemand,
der immer noch unter dem leidet, was ihm angetan wurde; eine
Überlebende ist jemand, die das Schlimmste überstanden hat
und auf dem Wege der Besserung ist. Heute spüre ich, daß ich
gesund werde. Ich habe noch einen weiten Weg vor mir, aber es
ist nicht länger hoffnungslos. So beängstigend die Konfrontation mit diesen letzten Dämonen (und ich bete, daß es die
letzten Dämonen sind) ist, weiß ich aus Erfahrung, daß der
Schmerz der Auseinandersetzung mit den Dämonen weniger
schlimm ist, als mit ihnen den Rest meines Lebens zu verbringen. Vielleicht hören auch irgendwann diese Nackenschläge
aus dem Nichts auf.
Ich hoffe, in all dem Schmerz liegt ein Sinn. Ich erkenne
auch, warum es mir so schwer fällt, einfache Antworten zu
finden – es gibt sie nicht. Inzest ist komplex und heimtückisch
und braucht sehr lange, um auszuheilen. Ich befinde mich nun
seit nahezu acht Jahren im Heilungsprozeß. Es ist vermutlich
ein gutes Zeichen meiner Heilung, daß viele meiner Erfahrungen mich nicht mehr belasten. Es ist gar nicht leicht, sie für
meinen Bericht wieder hervorzuholen und einzuordnen. Ich
verbringe meine Zeit nicht mehr damit, ständig daran zu

denken; außer an den Tagen, an denen ich Gruppe oder Therapie habe. Wenn ich nach Hause komme und allein bin, arbeite ich die Ergebnisse durch. Ich denke darüber nach und mache mir Notizen. Im Zusammensein mit anderen bin ich frei davon. Ich würde nur darüber sprechen, wenn jemand Verständnis zeigt und schweigend zuhört. Ich weiß heute, daß mir niemand helfen kann. Ich kann heute akzeptieren, daß ich selbst damit ins Reine kommen muß.

Alleinsein — besser oder schlechter?

In der Gruppe stellen wir häufig Überlegungen an, ob es besser ist, den Prozeß allein oder mit einem Partner durchzuarbeiten. Als ich die Trauerarbeit über den Verlust meines Vaters durchmachte, wollte ich nur allein sein. Ich wollte niemanden um mich haben. Ich hatte das Gefühl, kein Mensch könne mich wirklich verstehen und ich hatte vermutlich Glück, daß ich allein sein durfte. Unsere Gruppe besteht aus sieben Teilnehmerinnen, davon sind vier verheiratet und eine lebt mit einem Mann zusammen, eine andere hat einen festen Freund. Ich bin die einzige ohne männlichen Anhang. Ich bin die einzige aus meiner Gruppe, die sich so stark abkapselt.

Eine der verheirateten Frauen sagte, sie beneide mich manchmal, weil ich allein sei; ich müsse mir keine Gedanken um einen anderen machen. Ich könne mich nur um mich selbst kümmern und brauche mich nicht darüber zu ärgern, wenn ein anderer mich egoistisch nennt, weil ich meine Probleme durcharbeite. Ich sagte: »Einerseits hast du ganz recht, aber es gibt auch eine Schattenseite. Ich mußte mit meinen Problemen ganz allein fertig werden, und es gab Zeiten, in denen ich wirklich lieber nicht allein gewesen wäre. Ich hätte alles gegeben, ich hätte meine Seele verkauft, nur um jemand zu haben, der mich in die Arme nimmt. Auch wenn er mich nicht in allen Punkten verstanden hätte, das wäre mir nicht wichtig gewesen. Ich wäre nur glücklich gewesen, einen Menschen bei mir zu haben.« Es ist ein wunderschöner Gedanke, einen Menschen zu haben, der mir seine Zuneigung schenkt, der mir beisteht, wenn ich diese furchtbaren Dinge durchmache. Doch diesen Menschen hatte ich nicht. Es hat eben alles seine Schattenseiten.

Ich versuchte das zu erklären, weil eine andere Frau, Brenda, mit ihrem Freund in einer total zerrütteten Beziehung lebte. Sie sagte etwas in der Richtung, wenn man mit jemand zusammenlebt, bedeutet das noch lange nicht, daß er eine Hilfe sei. Ich sagte: »Ich denke trotzdem, daß es manchmal ein Trost ist zu wissen, daß einfach jemand da ist.«

Meine Einsamkeit war wohl der schlimmste Bereich, mit dem ich fertig werden mußte. Ich glaube, das ist der Grund, warum es mir, auch in der Gruppe, so schwerfällt, mich *nicht* zu entfremden, *nicht* zu intellektualisieren. Es fällt mir schwer, über meine Gefühle zu sprechen. Ich bin so sehr daran gewöhnt, alles mit mir selbst abmachen zu müssen, weil mir nie niemand zugehört hat. Die Isolation wurde zum Bestandteil meines Lebens, ein akzeptierter Bestandteil. Ich habe es mir zur Gewohnheit gemacht, mit Menschen nicht auf emotionaler Ebene zu kommunizieren. Normalerweise reagiere ich auf emotionsgeladene Dinge mit dem Wunsch, allein zu sein, solange ich nicht die Garantie habe, daß der Mensch, mit dem ich zusammen bin, mich versteht. Doch die Garantie gibt es nicht. Also warum ein Risiko eingehen? Dann habe ich wieder das Bedürfnis nach einem Menschen in meiner Nähe. Diesen Punkt habe ich noch nicht durchgearbeitet.

Didi

Wie viele Frauen begab auch Didi sich wegen ihrer Eheproble-
me in Therapie — in ihrem Fall war das Problem ihre Sexual-
störung. Später befaßte sie sich mit dem Inzest. Denken Sie bei
der Lektüre von Didis Geschichte in diesem Kapitel daran: Uns
geht es oft schlechter, bevor wir uns besser fühlen. Es wird er-
träglicher für Sie, wenn Sie daran denken, daß Sie sich nach
einem seelischen Tief erheblich besser fühlen als zuvor.

Didi spricht auch über ihre Probleme im Umgang mit den
Kindern und den Belastungen in ihrer Ehe durch die Beschäfti-
gung mit dem Inzestgeschehen.

Wir alle müssen lernen, dem Täter die Verantwortung für
den Inzest zuzuweisen, entweder durch direkte Konfrontation
mit ihm; oder indem wir die Verantwortung aus unseren eige-
nen Herzen und Köpfen auf den Täter verlagern. Didis Erfah-
rung mit ihrem Vater in der gemeinsamen Therapie ist ein be-
sonders nützliches Beispiel einer erfolgreichen Konfrontation.
Die Täter erweisen sich selten als Hilfen. Obwohl dieser Mann
bereit war, Verantwortung zu übernehmen, erkennen wir den-
noch seine starken Verleugnungstendenzen darin, wie er das
Trauma herunterspielen will. Konfrontation ist etwas, worauf
wir uns sorgfältig vorbereiten müssen. Darüber hinaus müssen
wir bereit sein, Konsequenzen zu tragen, einschließlich die der
totalen Verleugnung. Jede Überlebende muß ihre eigene Ent-
scheidung treffen. Sie muß abwägen, welche Schritte sie zu
einem positiven Ergebnis führen. Sie muß fähig sein, die Sach-
verhalte realistisch zu beurteilen. Viele Überlebende sehen
keine Möglichkeit, dem Täter die Verantwortung an dem Miß-
brauch durch tatsächliche Konfrontation zuzuweisen. Sie
schreiben Briefe, die nicht abgeschickt werden, oder arbeiten
eine Konfrontation im Rollenspiel mit ihrem Therapeuten
durch. Beachten Sie eine Regel, wenn Sie Ihren Täter konfron-
tieren: Tun Sie nichts, was Ihnen schadet.

Therapie

Ich ging zu einem Gespräch, in der Erwartung
hinterher geheilt zu sein

Zunächst möchte ich feststellen, daß die Inzesterfahrung mein
Sexualleben mit meinem Ehemann beeinträchtigt hat. Ohne
meine Sexualstörung hätte ich mich vermutlich nie in Therapie
begeben. Für Danny ist Sex sehr wichtig, und vor der Ehe
klappte alles wunderbar. Doch nach der Hochzeit wurde Sex
immer schwieriger für mich, bis ich ihn nicht mehr ertragen
konnte. Etwa zwei Jahre hatte ich ständig Schmerzen beim Liebesakt. Ich ging zu Ärzten, die mir einstimmig erklärten, ich sei
völlig in Ordnung, es liege kein Grund für meine Schmerzen
vor. Ich erreichte einen Punkt, an dem ich es einfach nicht
mehr ertrug, auch nicht, um ihm einen Gefallen zu tun. Es
mußte etwas geschehen. Damals wandte ich mich an das Frauenzentrum.

Ich war damals der Meinung, ich müsse nur mit jemandem
reden und ein Gespräch genüge mir. Es war richtig komisch –
ich dachte, ich gehe einmal hin, erzähle meine ganze Geschichte und ziehe geheilt wieder ab! Ich ging also zu diesem Gespräch und berichtete ganz sachlich, was ich mit meinem Vater
erlebt hatte und daß ich sexuelle Probleme hatte.

Eine Gruppe finden

Die Frau war beeindruckt von meiner offenen Art, daß ich
ohne weiteres damit herausrücken und ihr erzählen konnte,
was mich bedrückte und was mir angetan worden war. Sie
sagte mir ohne Umschweife, sie wolle versuchen, mich als In-
zestgeschädigte in einer Gruppe unterzubringen, da sich der
Gedankenaustausch mit anderen Geschädigten als beste Methode in der Bekämpfung eigener Probleme erwiesen habe.

Ich glaube, jedes Mißbrauchsopfer kennt die Isolation und
dieses Sich-Fernhalten von anderen Menschen. Sobald wir uns

aber in einer Gruppe Gleichgesinnter befinden, Frauen, die ebenfalls mißbraucht wurden, verschwinden unsere Gefühle der Isolation. Ich fühlte mich im Kreise dieser Frauen wohl und war erleichtert, mit ihnen zu sprechen, besonders wenn sie ähnliche Gefühle und Schmerzen zur Sprache brachten.

Zwei Therapeuten, die Anteil nahmen

Ich hatte Glück, eine Therapeutin zu finden, die Anteil an meinem Schicksal nahm. Sie ist nicht die beste Therapeutin; sie hat noch wenig Erfahrung. Ich glaube, damals hatte sie noch nicht mal ihr Abschlußexamen. Ich hatte immer das Gefühl, nach der Therapiesitzung liest sie über meinen Fall in irgendeinem Lehrbuch nach. Ich denke auch, sie wollte mich nicht verlieren, ihr erstes Inzestopfer, ihre erste Überlebende. Sie war gut für mich, weil sie mich wirklich gern mochte; sie war eine sehr teilnahmsvolle Frau. Für mich war alles neu, deshalb war ich ein wenig nervös. Vor jeder Sitzung war ich unsicher und hinterher war ich sehr aufgeregt und aufgewühlt. Ich bin fest davon überzeugt, es hätte mir nichts besseres passieren können, als in die Gruppe zu Monique zu kommen.

Eigentlich komisch, denn ich erinnere mich an meine Ablehnung, als ich hörte: »Meine Kollegin wird Sie anrufen wegen eines Gesprächstermins für Ihre Aufnahme in die Gruppe.« Ich dachte: »Ich denke gar nicht daran, in irgendeine Gruppe zu gehen. Das brauch ich nicht. Das ist mir zu dumm.« Ein einziges Gespräch war alles, was ich wollte; mehr brauchte ich nicht. Ich hatte keine Ahnung, welcher Berg von Arbeit vor mir lag, den ich zu bewältigen hatte.

Mal besser, mal schlechter

Ich ging wegen meiner Sexualstörung in die Therapie. Als ich anfing, mich mit dem Inzest zu beschäftigen, dachte ich, alles komme bald wieder in Ordnung. Welch ein großer Irrtum! Jeden Abend ging ich völlig verkrampft zu Bett und fragte mich bang: »Ob er heute nacht was von mir will? Ob ich ihn abwimmeln kann? Was soll ich bloß tun?« Mein Ehemann machte selber eine schwere Krise durch, und ich konnte seine Berührung nicht ertragen. Schlimmer noch, ich konnte nicht einmal den Gedanken an seine Berührung ertragen. Ich schluchzte und weinte, mein Herz zerbrach in tausend Stücke. Ich brauchte und liebte ihn. Er war wirklich verständnisvoll, aber er brauchte so viel, was ich ihm nicht geben konnte.

Ich hielt mich Tag für Tag als Ehefrau, als Frau schlechthin für eine Null. Danny wollte mich nicht in Ruhe lassen. Ich wurde wütend. Ich brachte meine Bedürfnisse zum Ausdruck, und alles, was er darauf zu sagen hatte, war: »Und was ist mit mir und meinen Bedürfnissen?« Sie waren mir völlig egal, aber das konnte ich ihm nicht sagen. Ich wollte nur an mich denken, aber das durfte ich nicht. Wir kämpften lange, redeten und weinten, mal ging es besser mit uns, mal wieder schlechter.

Ich hatte es wirklich schwer als Mutter von zwei kleinen Kindern. Und in der Therapie mußte ich den Inzest aufarbeiten. Ich war mit Megan schwanger. Und es gab Zeiten, da war sie der einzige Grund, der mich davon abhielt, Selbstmord zu begehen, weil ich meinem Baby nicht wehtun wollte. Ich wußte, wenn ich mich umbrachte, würde ich auch mein Baby töten. Und wenn mein Selbstmordversuch scheiterte und ich überlebte, konnte ich meinem Baby trotzdem Schaden zufügen. Das wollte ich auf keinen Fall. Doch der Schmerz der Erinnerung an den Inzest und seine Problematik, die mein ganzes Leben beeinträchtigten, festigten in mir den Wunsch zu sterben.

Der Versuch, für meine Familie da zu sein

Es fiel mir auch schwer, mit meiner älteren Tochter umzugehen. Ich habe sie nicht schlecht behandelt, aber ich war auch nicht für sie da. Ich habe mich nicht genügend mit ihr beschäftigt. Ich lag oft auf dem Sofa im Wohnzimmer und war deprimiert. Alles kostete mich Überwindung: Aufstehen, Anziehen, Rausgehen, Einkaufen, Kochen, Waschen. Alles war mir zu viel, ich war völlig überfordert.

Ich weiß nicht, wie ich das durchgestanden habe. Irgendwie habe ich es geschafft. Ich machte einfach jeden Tag ein kleines bißchen was. Die schlimmsten Gefühle waren, wenn ich dachte, jetzt geht es voran, jetzt geht es mir besser, und dann rutschte ich wieder ab. Zwei Schritte vorwärts, ein Schritt zurück. Zwei Schritte vorwärts, ein Schritt zurück. Und dieser Schritt zurück war so unglaublich schmerzhaft. Ich glaubte, ich sei auf dem Wege der Besserung, und dann kam ein Rückschlag, ein Anruf von meinem Vater oder ein Besuch. Ich mußte meine Schwester besuchen oder sie kam aus irgendeinem Grund vorbei. Das war unerträglich. Das war wirklich grauenhaft, dieses Gefühl, es gehe mir besser, und dann der Rückfall. Im Grunde genommen machte ich ständig winzige Fortschritte, aber meine Besserung verlief nicht so schnell, wie ich es wollte.

Irgendwie erledigte ich meine Alltagspflichten automatisch, dissoziierte stark. Egal, welche seelischen Tiefen ich emotional durchlebte, ich mußte trotzdem die Wohnung aufräumen, Windeln wechseln, Essen zubereiten, Lebensmittel einkaufen, mit Leuten reden, als sei mein Leben völlig in Ordnung. Ich weiß nicht, wie ich das schaffte. Ich erinnere mich, wie Danny einmal sagte: »Du bist nicht für uns da.« Ich weinte stundenlang, weil ich glaubte, wenn ich meine täglichen Pflichten erfülle, versorge ich meine Familie ausreichend. Aber ich konnte nicht für sie da sein. Ich konnte mich kaum selbst am Leben erhalten, dazu kam die zusätzliche Belastung und Verantwortung der Schwangerschaft.

Ich war gezwungen, meinen Vater, meine Stiefmutter, meine Schwester, ihren Mann und ihre beiden Kinder zu sehen. Es verging kein Tag, an dem ich sie nicht alle haßte. Mein Vater bevorzugte meine Schwester und ihre beiden Kinder in geradezu geschmackloser Weise, und das verletzte mich tief. Meine Tochter spürte das – sie wußte, daß er kein Interesse an ihr hatte; sie sprach von ihm als ›dein Paps‹ – nicht ›Opa‹, sondern ›dein Paps‹.

Auch Dannys Familie wohnte in der Nähe. Doch sie waren für mich ein sicherer Hafen von ›normalen‹ Leuten, bei denen ich mich wohl fühlte. Sie akzeptierten und liebten mich, so wie ich war. Meine Tochter Shannon wurde von Onkeln und

Tanten verwöhnt und meine Schwiegereltern schenkten ihr viel Liebe und Aufmerksamkeit (und meinem ungeborenen Baby), ohne jemand absichtsvoll zu bevorzugen.

Es fiel mir manchmal sehr schwer, das Gesicht vor anderen Leuten zu wahren. Leute, die mir sagten, ich hätte ein wunderschönes Leben, hielt ich für zynisch. Am liebsten hätte ich herausgeschrien: »Nein! Es ist gräßlich. Ich leide furchtbar. Ihr solltet Mitleid mit mir haben!« Doch das durfte ich natürlich nicht. Das durfte ich nicht einmal zu Menschen sagen, die mich gern hatten. Ich habe meiner besten Freundin bis heute nichts davon erzählt – unter dem Vorwand, am Telefon könne ich nicht darüber reden. Ich bin sicher, alle Inzestgeschädigten kennen die Ausflüchte und Beschönigungen, die wir uns ausdenken, um die Farce aufrechtzuerhalten.

Ich fühlte mich schwach und wurde doch stärker

Ein anderes Problem, mit dem ich lernen mußte umzugehen, war meine Schwäche. Es war schlimm genug, daß ich mich meinen Rollen als Ehefrau, Mutter, Geliebte, Freundin nicht gewachsen fühlte. Ich hielt mich für völlig lebensuntüchtig. Dennoch aktivierte ich damals innere Kräfte in meinem Alltagsleben, auch wenn mir das nicht bewußt war. Damals fühlte ich mich schwach und außer Kontrolle. Jeder Tag lieferte mir in Kleinigkeiten die Bestätigung meiner Unzulänglichkeit. Ein verbrannter Finger, ein ungedeckter Scheck, die Katze, die von einem Auto angefahren wurde, der Schnupfen meiner Tochter, die Beschwerlichkeiten der Schwangerschaft.

Trotz allem ist aus mir in emotionaler Hinsicht eine wesentlich stärkere und gesündere Frau geworden, weil ich das alles durchgemacht habe. Es war weiß Gott nicht leicht. Manchmal hatte ich solche Herzschmerzen, daß ich am liebsten gestorben wäre. Meine kleine Familie bedeutet mir sehr viel. Ich konnte den Gedanken nicht ertragen, daß ich auch sie unglücklich machte. Ich wäre lieber gestorben, als meinen Mann und meine Kinder kaputtzumachen. Keine Ahnung, was ohne die unerschütterliche Liebe und den Rückhalt meines Mannes aus mir geworden wäre.

Ich möchte an dieser Stelle anmerken, daß auch der Partner einer Inzestüberlebenden eine schwere Zeit durchmacht. Auch er leidet unter Schmerzen, Haß, Wut und Rachegefühlen. Doch Danny sagte mir einmal, nachdem ich die erste Phase der Therapie hinter mir hatte, er hätte mich trotzdem geheiratet, selbst wenn er damals gewußt hätte, welchen Belastungen unsere Ehe während der Therapie ausgesetzt ist, selbst wenn er gewußt hätte, was es bedeutet, die Folgen des Inzests durchzuarbeiten. Langsam mache ich Fortschritte in der Therapie.

Die zweite Runde – mit meinem Vater ins reine kommen

Nach zehn Monaten Therapie glaubte ich, es gehe mir gut genug, um sie beenden zu können. Außerdem verstanden Danny und ich uns wieder. Wir hatten etwa acht Monate keine Probleme und dann fing das Ganze wieder von vorne an. Vermutlich war mir nur eine Ruhepause gegönnt, bevor alles wieder auf mich einstürmte, die schlechten Gefühle, Erinnerungen. Mein Vater verstand es, mich mit Kleinigkeiten zutiefst zu verletzen. Ich sah, wie er meine Schwester bevorzugte, und kam mir ausgeschlossen vor. Wie er über meine Schwester sprach, die Geschenke, die er ihr machte. Diese Dinge verletzten mich tief.

Ich glaube, es war an meinem Geburtstag, als Danny mir sagte, ich müsse mit meinem Vater ins reine kommen. Entweder müsse er mit mir in die Therapie gehen oder ich müsse den Kontakt zu ihm abbrechen. Die Krise zwischen uns hatte sich zugespitzt.

Ich war an einem Punkt angelangt, an dem ich nichts mehr mit meinem Vater zu tun haben wollte. Ich erinnere mich an einen Anruf. Danny ging ans Telefon und sagte, mein Vater wolle mich sprechen. Ich sagte: »Sag ihm, ich bin unter der Dusche«, ging ins Badezimmer, zog mich aus und stellte mich unter die Dusche. Danny machte mir Vorwürfe. Er sagte: »Du mußt etwas unternehmen. Du kannst dich nicht jedesmal unter die Dusche stellen, wenn er anruft.«

Die Situation wurde schließlich so schlimm, daß ich meine Angst überwinden und etwas unternehmen mußte. Ich ging wieder in Therapie und meine Therapeutin war mir eine große Hilfe. Ich stellte meinen Vater zur Rede und sagte ihm, was er mir angetan hatte und wie furchtbar ich damals gelitten hatte. Wie durch ein Wunder erklärte er sich einverstanden, in Therapie zu gehen, um seine eigenen Probleme als vernachlässigtes Kind zu bearbeiten. Er war als Kind seelisch und körperlich mißhandelt worden, hatte sich aber nie mit seinen Problemen beschäftigt. Seine psychischen Störungen haben mein Leben zerstört.

Als ich meinen Vater auf den Inzest ansprach und ihm sagte, welchen Schaden er bei mir angerichtet hatte, ging er sofort in die Defensive. Eines Abends rief er mich sehr aufgeregt an und sagte: »Ich habe es wirklich nur einmal gemacht. Ich lasse einen Lügendetektortest machen, um das zu beweisen.« Ich war an jenem Abend nicht zu Späßen aufgelegt. Wenn ich heute daran denke, wie er das sagte, es war einfach grotesk. Und ich antwortete ihm: »Ich bring dich nicht vor Gericht. Du mußt keinen Lügendetektortest machen. Aber die Wahrheit ist, daß du mich zwei Jahre lang mißbraucht hast.«

Ich warf ihm vor, er erinnere sich nicht, weil er sich nicht erinnern wolle. Ich ließ mich nicht kleinkriegen. Er glaubt nur das, was er für richtig hält. Er meint, wenn es nur einmal passiert ist, sei der Schmerz oder seine Verantwortung weniger groß. Er sagte auch einmal: »Ich hatte nicht wirklich Sex mit dir, es war also gar kein richtiger Inzest.« Er sagte auch: »Ich habe dir nicht weh getan. Ich verstehe nicht, wie du behaupten kannst, ich habe dir weh getan.« Schon allein deshalb mußte er mit mir in Therapie, weil ich mich ihm nicht verständlich machen konnte. Vielleicht begriff er in der Therapie, was er verbrochen hat.

Therapie mit dem Täter

Die ersten gemeinsamen Sitzungen mit meinem Vater waren für mich ziemlich schwierig, da ich den Eindruck hatte, ich sei die einzige, die ein Trauma durcharbeitet. Es wäre für mich weniger schmerzlich gewesen, wenn ich gespürt hätte, daß mein Vater leidet, aber das war nicht der Fall. Er kann sich und seine Emotionen nur sehr schlecht ausdrücken, was für einen Mann seiner Bildung erstaunlich ist. Er kann nicht einmal über seine Gefühle sprechen. Er hat keine Bezeichnungen, kein Vokabular dafür. Ich glaube aber, es hat mir irgendwo geholfen zu wissen, was für eine schlimme Vergangenheit mein Vater hatte, was für ein schwieriges Leben er hatte.

Seine Vergangenheit half mir zu erkennen, daß er seine Probleme auf mich projiziert. Seine Probleme und seine Unfähigkeit, mit dem Leben fertig zu werden, und die Tragödie des frühen Todes meiner Mutter brachten ihn dazu, seinen Schmerz auf mich zu projizieren. Es fällt mir sehr schwer zu erkennen, daß mein Vater menschliche Schwächen hat. Auch meine Mutter — sie waren nur Menschen, die Fehler machten. Und ein Großteil ihrer Probleme waren Konsequenzen aus ihrer Vergangenheit. Nicht daß meine Mutter mich schlecht behandelt hätte, keineswegs. Aber sie verstand sich meisterhaft darauf zu verdrängen. Sie war sehr verschlossen, sie redete nicht über Schmerzen und Leid.

Die Konfrontation mit meinem Vater in der Therapie war ziemlich schwierig. Monique wollte, daß ich wirklich wütend auf ihn bin, doch das schaffte ich nicht. Ich weiß nicht, ob ich ihn beschützte, weil er ein schwacher Mann ist, ein alter Mann. Er hat dieses schreckliche Herzleiden. Er hat überhaupt jede Krankheit, die man sich vorstellen kann, und er spricht gern darüber. Der Mann in der Therapie war nicht mehr derselbe Mann, der mich mißbraucht hatte. Ich bin auch nicht dieselbe Person, die ich früher war. In mancher Hinsicht habe ich heute das Gefühl, die Stärkere zu sein. Ich weiß, daß ich die Stärkere bin.

Er hat nie gelernt, ehrlich mit seinen Emotionen zu sein

Er konnte mit seinen Emotionen nicht umgehen. Wenn Monique ihm eine gezielte Frage stellte, konnte er ein wenig über sich Auskunft geben. Wenn er aber selbständig denken sollte, etwas von sich aus erzählen sollte, verstummte er total. Er ist einfach nicht gewöhnt, ehrlich mit seinen Emotionen zu sein. Das hat er nie gelernt.

Ich habe mich oft gefragt, ob er nach Hause ging und darüber nachdachte, was er getan hat, warum er es getan hat, und ob er versuchte zu begreifen, warum es sein Problem war. Doch er ging nach Hause und sagte meiner Stiefmutter, daß es mein Problem sei, etwas, das Didi durchmacht. Didi hat solche Probleme.

Ich sagte ihm, daß ich ihm das wirklich ankreide. Ich akzeptiere es nicht mehr, allein die Verantwortung dafür zu tragen. Es ist nicht meine Schuld, und es ist nicht bloß *mein* Problem. Es betrifft meine ganze Familie – meine direkte Familie, meine Geschwister – und es betrifft meinen Mann und meine Kinder. Und ich bin nicht länger bereit, die ganze Verantwortung dafür zu tragen. Ich sagte ihm, er muß sich damit abfinden und kapieren, daß er wegen seiner Person, wegen seiner eigenen Probleme, mit denen ich nichts zu tun habe, in Therapie gehen muß.

Ich schrieb alles in einem Brief – Wut, Verletzung, Schmerz

Zu Beginn unserer gemeinsamen Therapie schlug Monique vor, meine Gefühle in einem Brief niederzuschreiben. Ich schrieb einen langen Brief. Ich schrieb über den Schmerz, den ich empfand und den Schmerz, den er mir in meinem Leben zugefügt hat. Es war ein wirklich guter Brief. Danny half mir dabei. An einer Stelle wollte er mich beeinflussen. Es war eine Kleinigkeit, aber für mich klang eine Formulierung, die er vorschlug, als würde ich damit schon wieder Verantwortung übernehmen. Ich sagte zu Danny: »In diesem Brief übernehme ich keine Verantwortung für irgend etwas. Ich schreibe ihm, was er mir angetan hat, was mir weh tut und wie das mein Leben beeinträchtigt hat.«

Ich hatte keine Lust mehr, Rücksicht auf seine Gefühle zu

nehmen, ihm die Wahrheit zu ersparen. Ich schrieb also einen sehr aufrichtigen, starken Brief und sagte klipp und klar, was er mir angetan hatte. Meiner Meinung nach habe ich alles für ihn getan, was ich tun konnte. Heute sage ich mir: »Ich habe genug getan.« Auch wenn er nie begreift, auch wenn die Therapie nichts bei ihm nützt, auch wenn unsere Beziehung nie besser wird. Es ist mir mittlerweile egal.

Früher habe ich sehr unter dem Gedanken gelitten, meinen Vater zu verlieren. Dabei habe ich nie einen Vater gehabt, nicht seit meinem zehnten Lebensjahr. Also habe ich nichts zu verlieren, wenn ich ihn damit konfrontiere, außer daß es wieder mal weh tut.

Er versuchte, mir Schuldgefühle zu geben

Nachdem er den Brief gelesen hatte, rief er mich an und brachte allen möglichen Mist vor wie: »Du darfst dir nicht verlassen vorkommen. Ich habe dich nie verlassen.« Ich hatte die Nase gestrichen voll, ich hatte diesen Mann einfach satt und sagte: »Natürlich hast du mich verlassen. Oder wie würdest du das nennen? Du hast mich allein gelassen. Ich brauchte einen Vater, und du warst kein Vater. Ich mußte dich bemuttern.«

Das überging er und versuchte, mir Schuldgefühle zu geben. Ich sagte ihm noch mal, er sei wegen seiner Person und seiner Probleme in der Therapie und er entgegnete: »Oh, nein, nein. Ich will nur herausfinden, was ich tun kann, um dir zu helfen, damit du wieder glücklich wirst, weil du dein ganzes Leben noch vor dir hast und ich sowieso bald sterbe«, oder so was in der Art. Als er das sagte, hätte ich beinahe gekotzt. Ich antwortete: »Hör auf, du mußt damit fertigwerden, es ist dein Problem. Ich hatte mein ganzes Leben damit zu tun und beschäftigte mich seit zwei Jahren in der Therapie damit. Du mußt ganz allein damit fertig werden. Du mußt dich mit deinen Gefühlen zu deinem Problem aussöhnen.«

Aber das begriff er nicht. Ich erklärte ihm alles haarklein, und er war nicht fähig, es zu begreifen. Wir redeten vor kurzem in der Gruppe darüber wie manche Leute, denen man die Dinge ganz einfach und deutlich erklärt – a-b-c, eins-zwei-drei – so tun, als hätten sie keine Ahnung, wovon du eigentlich redest. Es will mir nicht in den Kopf, daß ich auf ihn einrede, und er beim nächsten Mal total vergessen hat, was ich ihm erzählt habe; er ignoriert es einfach. Vermutlich ist der Verdrängungsmechanismus zu stark.

Dann fing er an, mir zu erzählen, wie er als Kind verbal mißhandelt wurde. Und nachdem ich den Hörer aufgelegt hatte, dachte ich, daß jeder normale Mensch von seelischer Mißhandlung gesprochen hätte. Aber ein Mensch, der nichts begreift, spricht von verbaler Mißhandlung. Es ist ja bloß verbale Mißhandlung, wenn du angebrüllt wirst, es ist keine seelische Grausamkeit.

Er ist erst seit ein paar Wochen bei Monique in Therapie. Sie sagt, ich müsse Geduld haben. Ich weiß nicht, ob das etwas bringt, ich habe keine Ahnung, ob etwas dabei herauskommt. Aber schon das Wissen, daß er bei ihr in Therapie ist, und daß ich in die Gruppe gehe, lindert viele Schmerzen bei mir.

Die Gruppe ist eine große Hilfe

Die Gruppe ist eine unglaublich große Hilfe für mich. Auch wenn ich kein aktuelles Problem habe, sitze ich einfach da und höre zu. Die Frauen in der Gruppe bedeuten mir sehr viel, nicht nur weil sie ähnliches durchgemacht haben, sondern weil sie mir zuhören und weil ich ihnen sagen kann, was ich durchgemacht habe. Sie wissen mehr über mich, als irgendeine Freundin. Und sie haben mich trotzdem gern und das bedeutet mir unendlich viel. Sie wissen sogar mehr über mich als Danny und haben mich trotzdem gern. Mit Danny muß ich leben, vermutlich bin ich deshalb bei ihm zurückhaltender. In der Gruppe kann ich alles sagen; schließlich kann ich nach der Sitzung nach Hause gehen!

Ich bin an einem guten Punkt in meinem Leben angekommen, weil ich die Dinge mit meinem Vater ins reine bringen kann. Es ist aber auch sehr anstrengend, dieses Gefühl, seine Betreuerin zu sein, die darauf achtet, daß er das Richtige macht, daß er in die Therapie geht. Andererseits kann ich meine Mutterrolle meinem Vater gegenüber auch aufgeben, weil meine Therapeutin sich um mich und um meinen Vater kümmert. Ich kann mich also endlich von dem Gedanken lösen, verantwortlich für ihn zu sein, ihn bemuttern zu müssen.

Außerdem habe ich Danny, der mir hilft. Er hat mich gedrängt, etwas zu unternehmen, aber er steht mir auch zur Seite. Er hat mich nicht in etwas gedrängt und mich dann ohne Unterstützung im Regen stehen gelassen. Er drängte mich, aber er war immer da, um jede Entscheidung, die ich traf, zu unterstützen. Und er drängte mich nie in eine bestimmte Entscheidung, er drängte mich nur, irgendeine Entscheidung zu treffen.

Therapiethemen − Kinder

In der Therapie, in der Gruppe kamen viele Themen zur Sprache, die ich bewältigen mußte, abgesehen von den Problemen mit meinem Vater. Die Probleme, die ich zu Beginn der Therapie in Angriff nahm, drehten sich um meine Ehe und mein Sexualleben mit meinem Ehemann. Aber ich glaube, daß auch meine Kinder sehr darunter leiden. Ich bin verständlicherweise angespannt, nervös und ungeduldig. Mir fehlt die Geduld, die eine Mutter meiner Ansicht nach haben muß.

Ich glaube zwar nicht, daß ich meine Kinder schlecht behandle, denke aber, ich bin zu wenig für meine älteste Tochter da. Sie will mit mir spielen und ich habe keine Lust dazu. Ich sehne mich nach meiner Privatsphäre, sehne mich nach den Momenten der Einsamkeit, um etwas für mich zu tun. Ich habe eine Menge Projekte, an denen ich ständig arbeite, die ich gern tue. Es gibt mir ein Gefühl der Befriedigung, wenn ich Dinge zuende bringe. Aber es ist nicht immer möglich, das zu tun, was ich tun möchte, und wann ich es tun möchte. Das hat viele Probleme für mich zu Hause aufgeworfen: Ich will und brauche es, egoistisch zu sein, und darf es nicht sein. Aber wie viele Eltern von kleinen Kindern können eine Stunde lang in der Badewanne liegen oder sich zurückziehen und ein Buch lesen? So etwas ist einfach nicht möglich. Es ist körperlich unmöglich, aber man braucht es seelisch so sehr.

Einer der Gründe, warum ich die Therapie durchhalte und mit meinen Problemen fertigwerde, liegt wohl daran, daß Danny meinen Job zu Hause mit den Kindern immer als sehr wichtige und bedeutende Aufgabe angesehen hat. Das beweist er mir, wenn er mir Zeit für mich gibt, abends und am Wochenende. Er beschäftigt sich gern mit den Kindern, und das ist eine unendlich große Hilfe. Ich sehne mich nach Privatsphäre. Das liegt wohl daran, weil ich nie Privatsphäre gehabt habe.

Ich mache mir Sorgen, daß meine Kinder mißbraucht werden

Als ehemaliges Inzestopfer mache ich mir als Mutter Sorgen um meine Kinder. Dann mache ich mir Sorgen, daß ich mir zu viele Sorgen mache, daß ich überinterpretiere, daß ich sie zu sehr beschütze. Aber ich mache mir auch Sorgen, daß ich sie nicht genügend beschütze! Wenn meine Tochter eine schlimme Phase durchmacht – als sie eine Zeitlang nachts Alpträume hatte, was bei einer Dreijährigen nichts Ungewöhnliches ist, dachte ich: Oh Gott, sie wird mißbraucht. Ich muß aufpassen. Ich muß ihr bestimmte Fragen stellen, um das herauszufinden.

Irgendwo im Hinterkopf habe ich natürlich die beständige Angst, daß die Kinder mißbraucht werden könnten. Ich weiß genau, daß Danny nie und nimmer den Kindern etwas antun würde. Aber ich bin zu mißtrauisch, um sie in der Obhut anderer Leute zu lassen. Meine Stiefmutter sagt immer wieder zu mir: »Du kannst mir die Kinder ruhig bringen, wenn du mal ein Wochenende vereisen oder für dich haben willst.« In meinem Hinterkopf schreit eine Stimme: »Niemals, meine Gute. Wofür hältst du mich – für verrückt? Dir überlasse ich meine Kinder auf gar keinen Fall.«

Das würde ich ihr nie direkt sagen, und es ist nie ein echtes Problem daraus entstanden. Aber der Gedanke verfolgt mich ständig, den Kindern könnte etwas zustoßen. Ich hasse diesen Gedanken. Aber es ist ganz bestimmt ein Problem, wenn ich mir als Mutter solche Sorgen mache, ob meinem Kind etwas Böses zustößt. Ich mache mir manchmal Sorgen, ob ich für sie in emotionaler Hinsicht genügend da bin, um sie davor zu bewahren.

Ich wende mich immer an Danny und es ist ein Glück, daß ich ihn habe. Ich wende mich an ihn um Hilfe und Rat, ob meine Bedenken begründet sind oder nicht. Ich muß wissen, ob ich mich wie ein normaler Mensch oder wie ein mißhandelter Mensch verhalte. Es hilft mir, Ordnung in meine Gedanken zu bringen. Ich halte ihn für ausreichend gefestigt, daß er mir dabei wirklich helfen kann.

Eine andere Sache — und ich denke, daß jede Frau in meiner Situation das durchmacht: Ich frage mich oft bei Menschen, die ich kenne, ob sie als Kinder mißhandelt wurden. Ständig läuft dieses Szenario in meinem Kopf ab. Ich versuche herauszufinden, ob es im Leben des Betreffenden etwas gibt, das auf seinen Mißbrauch, wie ich ihn erleben mußte, schließen läßt, oder ob er oder sie seelisch mißhandelt wurde. Für mich ist das oft gräßlich, weil viele Menschen, die ich kenne, deutliche Eigenschaften aufweisen, die darauf schließen lassen, daß sie als Kinder mißhandelt wurden. Ich weiß nicht, ob es daran liegt, daß ich viele solche Leute kenne oder daran, daß Mißbrauch so weit verbreitet ist.

Frauenthemen

Ein weiteres Problem, das seit kurzem in der Therapie behandelt wird, betrifft Frauenthemen. Ich habe eine Menge an mir vorübergehen lassen, weil ich zu schwach war, um mich dafür zu interessieren. Ich glaubte, für mich sei es das einfachste zu heiraten, Kinder zu bekommen und Hausfrau zu sein, was gewiß nicht so wahnsinnig einfach ist, aber ich glaubte, darin würde ich Erfüllung finden. Daher ist die Frauenbewegung irgendwie an mir vorübergegangen, und ich habe wohl einiges verpaßt. Die Erfahrung, als erwachsene Frau solo und eigenständig zu leben, habe ich nie gemacht.

Ich mache eine Phase durch, in der ich Danny nicht leiden

kann, nur weil er ein Mann ist. Weil Männer den Frauen so viel angetan haben, und weil Männer glauben, sie müßten Macht über Frauen ausüben, ob Ehefrau, Tochter oder Schwester. Das ist sehr schmerzlich für mich. Armer Danny, so war er wirklich nie! Er ist in keiner Weise ein Mißbrauchstäter, und Macht ist für ihn kein Thema. Er ist kein Mann, der sich nach Macht sehnt; er ist einfach zu gut für so etwas. Ich bin in Dannys Fall nicht objektiv; ich sehe ihn an und bin furchtbar wütend auf ihn, nur weil er ein Mann ist. Auch wenn er nicht zu dieser Sorte Männer gehört — er ist nicht gewalttätig und er ist kein machthungriger Mann. Aber manchmal nehme ich ihm übel, daß er ein Mann ist.

Ich habe Glück, in guter Behandlung zu sein

In der Gruppe lerne ich die Erfahrungen anderer Frauen kennen. Das hilft mir, mich selber objektiver zu sehen, mein Schicksal in der richtigen Perspektive zu sehen. Ich habe großes Glück gehabt in der Suche nach der richtigen Therapie und in der Hilfe, die ich erhalten habe.

Ann-Marie

Gute Therapie ist etwas, wonach wir suchen müssen. Sie fällt uns nur selten in den Schoß. Ann-Marie ist eine von mehreren Frauen in diesem Buch, die bei Therapeuten und Psychiatern auf Verdrängung und Verleugnung stießen. Möglicherweise handelte es sich auch nur um mangelnde Erfahrung. Wie immer man es nennen will, Ann-Marie erhielt nicht die Hilfe, die sie suchte. Wir können daraus eine Lehre ziehen: Nie aufgeben. Es gibt gute Therapeuten, die Ihnen helfen können; Sie müssen sie nur finden.

Ann-Marie spricht zwei weitere wichtige Themen an, die in der Therapie auftauchen – die Veränderungen, die wir durchmachen und die Belastung, die auf allen unseren Beziehungen liegt, sowie die Frage inwieweit wir uns mitteilen sollen und können.

Suche nach einem Therapeuten

Ich lief jahrelang mit dem Inzest herum. Es war wie ein riesiger Eisblock, den ich herumschleppte, der an mir festgemacht war. Niemand sieht ihn, nur du selber; nur du weißt, daß er da ist. Du weißt, er ist etwa so breit und so hoch; aber du weißt nicht, wofür er ist, du weißt nicht, wieviel er wiegt, du weißt nicht, was er bei dir bewirkt. Du weißt nicht, wo er mit deinem Körper verbunden ist. So war das, bevor ich in die Therapie ging.

Ende 77, Anfang 78 ging ich zum ersten Mal in die Eheberatung, da meine erste Ehe wirklich im Eimer war. Ich brachte das Gespräch auf Inzest und alles, was die Beraterin dazu zu sagen hatte, war: »Ist es zur Penetration gekommen?« Zum Teufel, ich konnte mich nicht erinnern, ich erinnere mich bis heute nicht daran, ob es tatsächlich zur Penetration gekommen ist. Das war das Ende der Diskussion.

Ich ging eine Weile zu dieser Frau, dann trennte ich mich von meinem Mann. Bald lernte ich einen anderen Mann kennen. Das war die letzte ernsthafte Beziehung, die ich zwischen meinem Exmann und meinen jetzigen Mann hatte. Er und ich gingen in die Partnerberatung und ich brachte das Gespräch immer wieder auf den Inzest, doch die Berater gingen nicht darauf ein. Ich sagte immer wieder: »Glauben Sie, daß das Einfluß auf unsere Probleme haben könnte?« Irgendwann hörte ich auf, Fragen zu stellen, weil keine Antwort kam. Es war also nicht so, daß ich damit hinter dem Berg hielt. Es war nicht so, daß ich es verdrängt hätte, daß ich mir eingeredet hätte, das Ganze sei nie passiert.

Suche nach einem Zeichen, daß etwas nicht stimmt

Ich suchte lange nach einem Zeichen, daß etwas nicht stimmte. Schließlich las ich einen Zeitungsartikel über Inzestopfer, von dem ich jedes Wort verschlang. In dem Artikel hieß es, daß nicht alle Inzestgeschädigten zu Drogenabhängigen, Prostitu-

ierten etc. werden müssen. Das, was ich bisher in diesem Zusammenhang gelesen hatte, lief immer auf ›Drogenabhängig-
keit und Prostitution‹ hinaus. Doch in diesem Artikel hieß es,
daß Inzest auch bei Frauen, die keine Prostituierten und Dro-
genabhängige geworden sind, seelische Narben hinterläßt.

Ich weiß nicht, wie ich mich ausdrücken soll, es war, als
hätte ich danach gesucht. Ich suchte nach Menschen, die mir
bestätigen konnten, daß ich ein Problem hatte. Ich fand niemand, der über Inzest Bescheid wußte, weil ich selbst nicht darüber Bescheid wußte.

Ich hatte den Verdacht, der Inzest trage Schuld an Problemen in meiner Ehe. Mein Exmann und ich hatten ein miserab-
les Sexualleben. Das ging so weit, daß er behauptete, er wisse
nicht, wie er masturbieren solle. Jeder, dem ich das erzählte, ist
fast gestorben vor Lachen. Ich hatte zwar keinen Sex mit ihm,
mußte ihn aber masturbieren. Kommt Ihnen das bekannt vor?
Ich mußte ihm einen Orgasmus verschaffen. O Gott, wie ich es
haßte. Ich verabscheute es zutiefst. Ich wußte, was immer
›normal‹ sein mochte, das war jedenfalls nicht normal. Ich
hatte nie ein ›normales‹ Sexualleben gehabt, aber das konnte es
bei Gott nicht sein. Ich suchte weiterhin nach Hilfe, jemand,
der mir half zu verstehen, wo das Problem liegt, wie es zu bewältigen ist. Ich hatte keinen Erfolg damit, bis ich schließlich
diesen Artikel las und beschloß: »Okay, ich versuche es noch
einmal.«

Endlich erhielt ich Antworten

Ich suchte eine Nervenklinik hier in der Stadt auf, in der ich
schon einmal in meiner ersten Ehe war, und verlangte: »Ich
will nicht die Beraterin, die ich schon einmal hatte, falls sie
noch hier arbeitet.« Ich erhielt eine andere Therapeutin, von
der ich mich jedoch auch bald trennte. Sie überwies mich an
eine andere Frau, die nach der ersten Sitzung der Überzeugung
war, es handle sich nicht um Inzest.

Danach sprach ich mit zwei weiteren Therapeutinnen. Sie lei-
teten eine Selbsthilfegruppe für Frauen. Mit einer der Psycho-

loginnen hatte ich ein Gespräch unter vier Augen. Sie wußte über Inzest Bescheid und war sehr gut. Es war, als würde ein Licht aufleuchten. Endlich erhielt ich Antworten auf meine Fragen. Etwa zum Thema Vertrauen: Ich fing an zu begreifen, warum meine Vertrauensmechanismen so verdreht waren. Ich schloß mich auch einer Gruppe an. Die Gruppe selbst behandelte eine Menge Frauenthemen, schwierige Themen, aber ich hielt sie nicht für die richtige Stelle, um über Inzest zu sprechen.

Ich mußte beruflich viel verreisen und hatte wegen eines Auftrags längere Zeit in einer anderen Stadt zu tun. Jedes zweite Wochenende konnte ich nach Hause fahren. An diesen Wochenenden ging ich zur Beraterin, konnte jedoch an den Gruppentreffen während der Woche nicht teilnehmen.

Eine Gruppe finden

In der neuen Stadt lernte ich meinen Ehemann Jack kennen. Ich beschloß umzuziehen, wollte mit ihm zusammenleben, heiraten und alles. Nachdem ich etwa ein Jahr ganz in der neuen Stadt lebte, wollte ich mich wieder einer Selbsthilfegruppe anschließen und fing an, mir eine neue Gruppe zu suchen. Zufällig stieß ich über eine Zeitungsannonce auf das Frauenzentrum.

Ich setzte mich telefonisch mit der Gruppe in Verbindung und sprach mehrmals mit einer Beraterin darüber, was ich eigentlich suche. Sie war im Begriff, eine neue Gruppe zu gründen, und wir erwogen hin und her, ohne eine passende Gruppe für mich zu finden. Ich entschloß mich schließlich, Einzelsitzungen bei ihr zu nehmen. Ich interessierte mich zwar weiterhin für die Selbsthilfegruppen, fand aber die Treffen eigentlich zu groß. Ich brauchte ein Gespräch unter vier Augen. Es gab so viel zu sagen, so viel, was ich von anderen Menschen lernen wollte. Ich hatte so viele Fragen auf dem Herzen, deshalb erschien mir Einzeltherapie geeigneter.

Im ersten Jahr mit meiner Therapeutin habe ich ohne Unterbrechung geredet. Sie steuerte meine Monologe höchstens mal behutsam in eine bestimmte Richtung. Gleich zu Anfang sagte ich ihr, daß ich nur jemand zum Reden brauche. Ich sagte: »Ich habe niemand, mit dem ich reden kann. Ich bin völlig isoliert.« Ich erzählte ihr gleich zu Beginn von dem Inzest, und sie gab mir Informationen über eine Inzestgruppe. Wenn dieses Buch nichts anderes bewirken sollte, als daß die Leserinnen meinen Rat befolgen, sich einen guten Therapeuten zu suchen und sich einer Gruppe anzuschließen, so ist damit eine ganze Menge bewirkt. Die Gruppe ist für den Heilungsprozeß enorm wichtig. Für mich waren Therapeut und Gruppe die beiden wichtigsten Faktoren in meinem Heilungsprozeß.

Die Isolation beenden

Der einzige Weg, um die Isolation zu beenden, führt über die Gruppe. Jemand sagte einmal, wenn du in der Gruppe bist, ist alles kein so großes Geheimnis mehr. Es ist zwar immer noch ein Geheimnis, weil niemand wissen darf, was das für eine Gruppe ist. Meine Mutter denkt bis heute, ich besuche eine stinknormale Selbsthilfegruppe. Doch der Kreis der Vertrauten ist etwas größer geworden. Ich muß nicht mehr allein mit allem fertig werden. Ich bekomme Hilfe von Leidensgenossinnen, die ein ähnliches Schicksal erleiden mußten.

Megan war für mich sehr wertvoll in der Gruppe. Ich habe sie von der ersten Sekunde an gern gehabt. Sie strahlt etwas Wunderbares aus, das sie trotz all ihrer Leiden nicht verloren hat. Sie ist eine sehr liebevolle, aufmerksame Frau, die selber furchtbar viel durchgemacht hat. Es hat mir viel Hoffnung gegeben zu sehen, wie stark sie geworden ist. Diese Stärke fehlt mir noch. Dieser Punkt ist jedoch zweitrangig. Selbst wenn in der Gruppe nur deprimierte Frauen sitzen, ist die Erfahrung mit nichts zu vergleichen. Wir lachen uns gegenseitig aus. Ob Sie es glauben oder nicht, wir lachen viel.

Sie sind mit Menschen zusammen, die begreifen, was Sie durchgemacht haben. Sie befinden sich auf gleicher Wellenlänge mit den anderen. Das ist sehr wichtig, weil alle zu verschiedenen Zeiten verschiedene Probleme haben. Ich zum Beispiel interessiere mich augenblicklich für die Geheimnisse in meiner

Familie, seit ich ein Buch über dieses Thema gelesen habe. Ein weiteres wichtiges Thema ist für mich im Augenblick eine Beziehung zu meiner Mutter, weil ich die Tonbandaufzeichnung einer Frau hörte, die darüber ziemlich gut Bescheid weiß. Sie hat es brillant verstanden, die Dinge in Worte zu fassen, wozu ich nicht in der Lage gewesen wäre. In der Gruppe mache ich ähnliche Feststellungen. Die Teilnehmerinnen bringen Themen zur Sprache und reden darüber, in einer Weise, daß ich sie bei mir selbst erkennen kann, wozu ich vorher nicht in der Lage war.

Rasche Veränderungen

Diesmal nehme ich die Therapie ernst. Als ich mit dieser Therapeutin und mit der Gruppe zu arbeiten begann, machten wir wirklich Nägel mit Köpfen. Es sind erst zwei Jahre, aber es sind zwei harte Jahre gewesen.

Das Beängstigende zu Beginn der Therapie sind die vielen Veränderungen, die man durchmacht. Für mich passieren die Veränderungen so schnell, daß ich nicht sicher bin, wie weit mich das bringt, oder wohin es mich führt. Anfangs dachte ich – ich gehe zur Therapeutin, erzählte ihr die ganze Geschichte und dann bin ich gesund. Erst später begriff ich den Umfang des Prozesses und mußte erst die Risiken akzeptieren und wirklich daran glauben, daß ich da durch muß, um gesund zu werden. Der Prozeß, so schmerzhaft er auch sein mag, ist wesentlich weniger schmerzhaft als das, was das Leben ohne ihn wäre.

Ich mußte mich einer Sache stellen, sie war die größte Gefahr für meine Beziehung zu meinem Ehemann: Wenn es darum geht, mich selbst aufzugeben oder die Ehe aufzugeben, entscheide ich mich gegen die Ehe. Ich darf nicht mehr zu kurz kommen. Ich habe keine andere Wahl.

Ich komme mir vor, als sitze ich in einem fahrenden Zug. Ich habe nicht die Absicht, diese Kräfte in mir aufzuhalten. Selbst wenn ich damit meine Ehe aufs Spiel setze. Apropos Veränderungen – auch wenn Sie eine relativ harmonische Ehe führen, kann die Veränderung solche Unterschiede zwischen den Partnern zutage fördern, daß einer der beiden nicht mehr Schritt halten kann. Der Vorgang kann zwei Partner explosionsartig auseinanderbringen.

Ist es allein leichter?

Ich habe andere Frauen beneidet, die diesen Prozeß alleine durcharbeiten. Ihr Fortschritt ist rascher, einfacher. Ich habe schon eine Trennung in Erwägung gezogen, um frei zu sein. Wenn ich in der Beziehung Grundbedürfnisse habe, die nicht erfüllt werden, dann habe ich neben meinem schmerzhaften Heilungsprozeß noch einen weiteren schmerzhaften Sachverhalt zu bewältigen.

In der Therapie kommen neue Bedürfnisse an die Oberfläche. Bedürfnisse, die in einer Beziehung erfüllt werden müssen. Wenn das nicht möglich ist, wo liegt dann der Sinn der Beziehung? Auf irgend etwas muß man verzichten. Ich muß mit ihm darüber reden. Das wühlt wieder Emotionen bei ihm hoch.

Das alles ist mit einem hohen Risiko verbunden. Ich bin aber so weit gekommen, daß ich nicht mehr umkehren kann. Ich muß weitermachen.

Ehe unter Druck

Ich versuche Jack diese Denkweisen verständlich zu machen, und allmählich beginnt er zu begreifen. Es geht sehr langsam, aber ich denke, er macht Fortschritte. Vor ein paar Monaten hatte ich eine verzweifelte Aussprache mit ihm, in der ich ihm eine Art Ultimatum stellte: »Ich brauche ein wenig *seelischen* Rückhalt von dir. Es reicht nicht, daß du mir im Haushalt zur Hand gehst. Da kann ich mir auch jemand ins Haus nehmen.« Er wußte doch, daß ich mich mit diesen Problemen herumschlagen mußte, ich wollte lediglich hin und wieder ein Zeichen von ihm, eine Nachfrage, wie es mir geht, oder eine liebevolle Geste, wenn er sah, wie schlecht es mir ging. Und es kam nichts.

Ich sagte ihm, ich hätte kein Interesse daran, ihn als Mitbewohner zu haben. Ich verlange mehr. Ich sagte: »Ich habe dir immer wieder gesagt, daß du ein paar Kleinigkeiten für mich tun kannst. Ich verlange nicht von dir, daß du mein Therapeut bist. Ich möchte bloß deine Anteilnahme spüren. Diesmal mußt du dich nach mir richten. Ich weiß, es gibt andere Methoden, wie du mir zeigen kannst, daß dir etwas an mir liegt, mit denen *du* dich wohler fühlst, aber ich bin am Ende. Es gibt keinen anderen Weg, du mußt dich nach mir richten. Ich verlange nur von dir, daß du mich hin und wieder fragst, wie es mir geht.« Und ich sagte auch: »Wenn es um eine Entscheidung geht, ich oder die Ehe, sage ich dir jetzt ganz ernst: ich entscheide mich für mich und gegen dich.«

Sich mitteilen

Eine weitere Frage, die ich mir in der Therapie stellte, lautet: Mit wem kann ich darüber sprechen? Ich habe eine Freundin, die ich aus der High-School kenne − eine von zwei Kontakten, die ich noch aus diesem Lebensabschnitt habe. Ich wünschte, ich könnte ihr sagen, was mir passiert ist. Ich bin seit zwanzig Jahren mit ihr befreundet! Aber ich finde nicht den Mut. Sie hat eine feste Vorstellung von mir, und Inzest kommt darin nicht vor. Erst vor kurzem hat sich unsere Freundschaft vertieft. Wir haben darüber gesprochen, was wir einander als Kinder bedeuteten, daß wir uns schon damals gegenseitig respektiert haben. Ich wollte es ihr wirklich sagen − sie *kennt* mich so gut. Sie kannte mich damals, als der Inzest geschah, und ich würde ihr gerne Fragen stellen, wie ich damals war und so. Aber ich habe Angst, es ihr zu sagen. Ich fürchte, sie ändert ihre Meinung über mich, sie vergißt alle meine guten Seiten und sieht mich nur noch im Zusammenhang mit dem Inzest.

Seit ich in der Gruppe bin, arbeite ich intensiver an meiner Therapie. Ich habe meine Kontakte zur Familie auf ein Minimum reduziert. Der Inzest beherrscht mein Denken so sehr. Es ist eine Belastung, selbst mit engen Freunden zusammen zu sein, die darüber nichts wissen, weil das eine wichtige Sache für mich ist, die momentan stark im Vordergrund steht. Aber ich habe große Angst, Menschen davon zu erzählen, weil ich fürchte, sie zu verlieren. Ich habe deswegen bereits Freunde verloren, Freundschaften, die innerhalb eines Jahres eingeschlafen sind, nachdem ich darüber gesprochen habe. Ich habe den Eindruck, ich verliere die Menschen, mit denen ich darüber spreche.

Heute habe ich das Bedürfnis, das Geheimnis endlich loszuwerden. Ich glaube, mein Bruder und meine Mutter waren beide früher eifersüchtig auf mich. Ich war in vieler Hinsicht ein kluges Kind, wurde immer von meinem Vater gelobt und er liebte mich. Ich genoß in ihren Augen viele Vorteile. Sie hatten keine Ahnung, welches Elend ich durchmachte. Stellen Sie sich vor, Sie begegnen einer fremden Frau auf der Straße, die dem Anschein nach alles in sich vereinigt, Schönheit, Reichtum, Berühmtheit, was immer. Doch in ihrem Innern ist ein Kind, das an Krebs stirbt oder sonst etwas Fürchterliches. So kam ich mir vor. Sie beneideten mich um Dinge, die ich nie wirklich besaß.

Meine Mutter sagte immer, daß sie mich lieb hat, aber ich fühlte mich nie wirklich akzeptiert in meiner Familie, weil keiner die Wahrheit über mich wußte. Ich hätte grauenvolle Angst, mit meiner Mutter oder meinem Bruder darüber zu sprechen, weil ich das bißchen, was ich von meiner Familie habe, nicht auch noch verlieren möchte. Mein Vater ist tot. Ich habe keine Ahnung, wie sie reagieren würden. Vielleicht kommt der Tag, an dem ich ihre Reaktion ertragen kann.

Heute stelle ich mich den Themen

Ich brauche meine Familie, obwohl ich heute meiner Mutter mehr Wut entgegenbringe, daß sie es zuließ, als meinem Vater, der es getan hat. Deshalb habe ich Schuldgefühle. Wir haben vor Wochen das letzte Mal zusammen telefoniert. Ich rief sie an, um mich bei ihr für ein Geschenk zu bedanken. Ich hatte nach dem Gespräch ein so wunderbares Gefühl der Wärme. Es war so angenehm, mit meiner Mutter zu reden.

Sie freut sich immer, wenn ich anrufe. Wenn sie meine

Stimme erkennt, wird sie ganz warm und herzlich. Wenn ich sie besuche, umarmt sie mich jedesmal ganz liebevoll, und wenn ich gehe, hat sie Tränen in den Augen. Das ist nicht gespielt, sie empfindet wirklich so.

Sie spricht immer davon, was für gute Kinder wir sind. Manchmal beim Frühstück holt sie sich ein Blatt Papier und einen Stift und schreibt mir ein paar Zeilen.

Manchmal schwelgt sie in Erinnerungen und dankt dem lieben Gott für ihre zwei wunderbaren Kinder. Nicht, daß sie ohne uns nicht überlebt hätte, aber sie ist einfach glücklich, daß es uns gibt.

Unterschwellig spüre ich aber, daß das eigentlich nur Lippenbekenntnisse sind. Sie war nie für mich da, wenn ich sie brauchte. Sie hörte mir nie richtig zu. Das sind Dinge, die ich ihr ankreide. Ich habe eine Art Haß-Liebe zu meiner Mutter.

Allmählich decke ich die Probleme auf. Ich stelle mich ihnen. Ich arbeite sie durch. Ich finde nicht unbedingt das, was ich gerne finden würde, aber ich stelle mich den Dingen, denen ich mich stellen muß. Ich kann jetzt nicht aufhören, ich kann nicht zurück. Es ist manchmal beängstigend zu sehen, wie weit mich dieser Prozeß führen kann, aber ich werde ihn durchstehen. Ich werde nicht aufgeben.

Brenda

Brenda war jahrelang auf der Suche, bis sie einen Therapeuten fand, der ihr helfen konnte. Sie mußte in eine tiefe Krise geraten, die sie zwang, nicht nur Hilfe zu suchen, sondern sie zu fordern. Durch ihre fünfjährige Therapie lernte Brenda, ihre Probleme klar zu beurteilen und nach vorn statt nach hinten zu blicken. Sie lernt, für sich selbst zu sorgen — nicht nur zu überleben, sondern sich tatsächlich um sich zu kümmern und zuzulassen, daß andere Menschen ihr helfen. Darum geht es in der Therapie im Grunde genommen — sie macht den Inzest nicht ungeschehen. Sie hilft uns, darüber hinauszuwachsen.

Therapie

Nicht ernst genommen

Wie bereits ausgeführt, machte ich als Zwanzigjährige mehrere Ansätze, Hilfe in der Beratung zu finden und wurde nicht ernst genommen. Ich geriet an Ärzte, die von meinen Konflikten noch nie zuvor gehört hatten. Sie gaben mir zu verstehen, daß ich als verheiratete Frau zu tun habe, was mein Ehemann von mir verlangt. »Sie machen eine Riesengeschichte daraus, daß Sie als Kind sexuell mißbraucht wurden. Sie sind aber kein Kind mehr. Sie sind erwachsen.« Im Grunde genommen gab man mir zu verstehen: »Nimm dich zusammen und nimm dein Leben in die Hand. Wieso kramst du ständig in der Vergangenheit herum?« Ich hatte also kein Recht – mein Gott, ich war eine erwachsene Frau. Wieso durfte ich mich nicht mit dem befassen, was mich belastete? Also brach ich die Therapie ab. Ich wollte nicht als Nebensache behandelt werden. Und wenn man von mir erwartete, ich müsse in der Lage sein, mein Leben in die Hand zu nehmen, so würde ich das tun. Und was machte ich? Ich verschloß alles. Ich verbannte die ganze Sache aus meinem Denken.

Die Probleme verschwanden nicht

Ich war ein paar Jahre mit einem Mann befreundet; und eines Abends alberten und rangelten wir mit den Kindern im Wohnzimmer herum. Er hielt mich auf dem Boden fest und plötzlich fing ich an zu weinen. Ich rannte aus dem Zimmer; er begriff nicht, was los war. Er glaubte, er habe mir weh getan. Die Kinder waren ganz aufgeregt.

Auf einem Spaziergang wurde mir klar, daß es die gleiche Position war, die gleiche Kraft, die gleiche Hilflosigkeit, die ich als Kind verspürte, als ich mich nicht wehren konnte. Ich war entsetzt, daß jetzt alles wieder auf mich zurückkam und mich verfolgte. Es dauerte Wochen, bis ich darüber weg war. Dann verschloß ich alles wieder und schenkte ihm keine Beachtung. Schließlich war ich eine erwachsene Frau. Ich mußte imstande sein, damit fertigzuwerden.

Doch von da an ging es mit meinem Sexualleben den Bach hinunter. Ich war nicht mehr fähig, Sex zu haben; was ich machte, war reine Routine. Ich machte es, weil ich glaubte, es tun zu müssen. Ich machte es, weil ich gefallen wollte. Ich machte es aus den falschen Gründen. Diese Beziehung ging natürlich schief. Es war die erste Beziehung nach meiner gescheiterten Ehe.

Als ich meinen zweiten Mann kennenlernte, hatte auch er gerade eine Scheidung hinter sich. Er suchte eine Frau, die ihm half, und ich war schließlich erwachsen; ich hatte mein Leben im Griff. Und ich war daran gewöhnt, mich um andere Leute zu kümmern. Es gab mir ein gutes Gefühl, also kümmerte ich mich um ihn, half ihm, seine Scheidung zu überwinden und die Angelegenheiten mit seinen Kindern zu regeln.

Erneutes Behandlungsfiasko

Dann kam mein Sohn in eine psychiatrische Klinik. Wieder einmal war ich gezwungen, über mich zu sprechen, da die Ärzte, wie sie erklärten, Hintergrundinformationen brauchten, um Robert helfen zu können. Wieder einmal zeigte ich Bereitschaft. Auf der Rückfahrt von Baltimore nach solchen Gesprächen wurde ich wieder überwältigt von den aufgewühlten Emotionen, mußte an all das denken, was mir zugestoßen war und wußte nicht, wie ich damit fertigwerden sollte. Es gab niemand, der mir helfen konnte.

Nach eineinhalb Jahren dieser Tortur in denen ich drei-, viermal in der Woche in die Klinik fuhr, meinen Sohn besuchte und die Therapiesitzungen mit ihm durcharbeitete, nahte der Zusammenbruch. Mein zweiter Mann nahm an einigen Sitzungen teil, hörte sich die Horrorgeschichten an. Er nahm so sehr Anteil, daß er mich bald wie eine Behinderte behandelte, als könne ich nicht für mich selbst sorgen. Dieses arme Ding, das so viele Jahre zu leiden hatte, mußte betreut und umsorgt werden. Und natürlich konnte er nicht mein Betreuer sein. Zum Betreuer taugte doch nur ich.

Ich war völlig erschöpft. Schon von der körperlichen Anstrengung, tagsüber zu arbeiten und anschließend nach Baltimore zu fahren, dort in die Therapie zu gehen und spät nachts nach Hause zu fahren. Und gleichzeitig versuchte ich, Ehefrau und Mutter für meinen zweiten Sohn zu sein.

Endlich wirkungsvolle Behandlung

Am tiefsten Tiefpunkt meines bisherigen Lebens (gegen Ende der Ehe) betrat ich das Krisenzentrum für Frauen in der festen Überzeugung, wenn ich durch diese Tür nach draußen gehe, ohne daß mir jemand helfen kann, bringe ich mich um. Das sagte ich auch.

Gottlob übernahm meinen Fall eine der besten Psychologinnen, die mir je begegnet ist. Zu Beginn war ich sehr vorsichtig. Ich sagte Dinge, von denen ich glaubte, sie würde sie gerne hören; ich erfand Geschichten, alles, bloß um eine Stunde, zwei Stunden bleiben zu dürfen und allmählich wieder etwas Kraft zu schöpfen. Mein zweiter Mann begleitete mich gelegentlich.

Das stellte sich für mich als ganz schlecht heraus. Ich log, ich manipulierte, versuchte Rückzieher zu machen, stellte mich dar, als habe ich mich im Griff, als könne ich mich um ihn kümmern und sei nur gekommen, nun ja, weil ich ein bißchen durcheinander war. Im Grunde genommen wollte ich nur auf die Beine kommen, um die Bedürfnisse meines Mannes wieder zu erfüllen. Das klappte aber nicht.

Ich verzweifelte immer wieder an den sexuellen Anforderungen, die er an mich stellte. Er war gesund und wußte nicht, wie er mit einer kranken Frau umgehen sollte. Er hielt mir ständig vor Augen, unser ganzes Leben wäre in Ordnung, wenn unser Sexualleben besser wäre. Je mehr Schuld, je mehr Beschämung ich mir auflud, desto mehr Verantwortung akzeptierte ich. Nach etwa einem Jahr trennten wir uns schließlich. Ich konnte es nicht länger ertragen.

Versuch, es allein zu schaffen

Ich machte mit der Therapie weiter und als ich umzog, glaubte ich, über den ›Berg‹ zu sein. Ich konnte nun auch nicht länger das Krisenzentrum besuchen. Ich hatte die große Illusion, wieder gesund zu sein. Therapie brauchte ich ohnehin nicht, also war alles soweit in Ordnung.

Als ich in die neue Stadt zog, hatte ich eine Beziehung mit einem Mann. Ich lebte seit etwa sechs Monaten von meinem Ehemann getrennt, fühlte mich gestärkt und ging diese Beziehung mit einem schwachen Mann ein, der jemand brauchte, der sich um ihn kümmerte. Das heißt, jemand, der ihm seine Mutter ersetzte, die eine sehr starke und energische Frau war. Sie nahm immer noch Einfluß auf sein Leben. Jedenfalls brauchte er jemand, der sich um ihn kümmerte. Und ich erklärte mich dazu bereit.

Wieder in Therapie

Der Grund, warum ich die Therapie wieder aufnahm, lag natürlich in meinen sexuellen Schwierigkeiten. Ich hatte aber immer noch keine Verbindung zum Inzest hergestellt. Die Beraterin, zu der ich bis heute Kontakt habe, empfahl mich an die Inzestgruppe, die von Monique geleitet wurde. Ich war sehr mißtrauisch. Ich wußte nicht, was das für mich bedeutete. Nach kurzer Zeit in der Gruppe, zu deren Teilnahme ich mich sechs Monate verpflichtet hatte, wußte ich, daß ich diese sechs Monate tatsächlich durchhalten würde. Aber ich sagte nicht viel. Ich hörte zu. Später stellte ich eine Menge Fragen. Ich versuchte herauszufinden, wo ich stand.

Ich bin jetzt seit über einem Jahr in der Gruppe und fange endlich an, mich gern zu haben. Ich habe Vertrauen in meine Arbeit. Ich bin zur Vizepräsidentin meiner Firma befördert worden. Ich habe mich immer als eine Art Schachfigur gesehen, die man herumschiebt. Ich beginne, die Komplimente ernst zu nehmen, beispielsweise wenn man mir sagt, man respektiert meine Arbeit, mein Fachurteil. Ich beginne, so etwas jetzt anders zu sehen. Früher dachte ich: »Das sagen die nur, um nett zu sein.« Jetzt fange ich an, es zu glauben.

Ein echter Wendepunkt

Mein zweiter Ehemann Dave hat mir ein wunderschönes Weihnachtsgeschenk gemacht. Nach unserer Trennung hatte er mit der Therapie weitergemacht und nach eineinhalb Jahren Trennungszeit in der Weihnachtszeit besuchte er mich. Wir hatten eine lange Aussprache. Er erklärte mir, daß er nicht kapiert hatte, was ich ihm sagte, daß er meine Gefühle nicht nachvollziehen konnte. Und nach einem weiteren Jahr Therapie begriff er, was er falsch gemacht hatte, daß er mich verletzt hatte, auch wenn es unabsichtlich geschah.

Das war etwas völlig Neues für mich. Und zwar in mehrfacher Hinsicht. Erstens bestätigte ein Mensch tatsächlich meine Gefühle, jemand sagte: »Du hattest recht. Deine Instinkte waren richtig. Deine Wahrnehmungen waren richtig. Deine Gefühle waren richtig.« Das war für mich sehr wichtig; es war ein echter Wendepunkt. Ich war sehr froh, das zu hören.

Außerdem konnten wir Freunde sein, was für mich ganz ungewöhnlich war. Solange ich zurückdenken kann, schloß ich Menschen total aus meinem Leben aus, wenn es zum Krach kam, wenn jemand sich von mir trennte. Es war, als habe der Mensch nie für mich existiert. Es ist eine schöne Erfahrung zu wissen, daß man die guten Aspekte einer Beziehung bewahren kann, wenn man auseinandergeht. Es ist ja nicht so, daß die Beteiligten schlechte Menschen sind. Es ist ein wunderschönes Gefühl, wenn man sich wieder versteht. Etwas, das ich bislang nicht gekannt habe. Ich beginne das als Frieden und Freiheit zu empfinden. Ich weiß, daß ich mit meinen sexuellen Konflikten noch einen langen Weg vor mir habe, und vielleicht kriege ich das nie auf die Reihe, aber endlich finde ich Frieden mit mir selber.

Als meine Mutter vor drei Jahren starb, war ich sehr erleichtert. Ich war richtig glücklich, daß sie tot war und mich nicht mehr quälen konnte. Ich trauerte keine Sekunde um sie. Ich habe sie mein ganzes Leben gehaßt und ihr den Tod gewünscht. Als sie starb, war ich richtig froh. Aber ich brauchte Monate um zu begreifen, auch in der Therapie, daß sie gestorben ist. Daß es nicht wieder ein schrecklicher Trick war, daß sie nicht zurückkam und mir wieder etwas Grausames antat, um mir Schuldgefühle zu geben, mich runterzumachen, mir das Gefühl zu geben, ich sei häßlich. Sie war wirklich tot und ich mußte keine Angst mehr vor ihr haben. Ich mußte keine Verantwortung für sie übernehmen. Ich konnte mein Leben weiterführen, mich weiter entwickeln.

Erneute Herausforderung

Vor zwei Monaten, kurz vor dem Erntedankfest, meldete eine junge Frau sich bei mir und erklärte, sie sei meine Schwester. Sie war eines der Kinder, die meine Mutter zur Adoption freigegeben hatte. Das war natürlich ein großer Schock für mich. Ich wußte nicht, was ich damit anfangen sollte. Und wieder einmal hatte ich das Gefühl, ich müsse mich ihrer annehmen. Sie ist eine jüngere Schwester und wurde von einer sehr wohlhabenden Familie in Virginia adoptiert.

Zugegeben, sie hat auch ihre Probleme, aber mir gingen einige Gedanken durch den Kopf: Warum war sie die Auserwählte?

Warum durfte sie ein normales Leben führen? Warum hatte sie all die Vorteile, die ich nie hatte? Was gab meiner Mutter das Recht, meine Schwester wegzugeben und mich zu behalten, um mich zu quälen? Wut und Eifersucht kamen in mir hoch und ich muß mit all dem fertig werden.

Sie bekennt sich zu mir als Schwester und ich weiß nicht, wie ich mich dazu stellen soll. Aber Monique will mir helfen, daran zu arbeiten. Ich bemühe mich, Familienstrukturen zu definieren, welche Rollen den einzelnen Familienmitgliedern zukommen als Mutter, Schwester, Freundin. Für welche Rolle jeder von uns vorgesehen ist. Das verwirrt mich sehr, da ich so daran gewöhnt bin, die Betreuerin zu sein. Eine andere Aufgabe hatte ich nie.

Ich löse mich von meiner Mutter

Es geschehen eine Menge Dinge. Gute Dinge. Ich bringe endlich mehr Verständnis für meine Mutter auf, nachdem ich ihre
Akten gelesen habe, die ich von den Behörden angefordert
habe. Erst da habe ich ganz begriffen, was für ein schreckliches
Leben sie in ihrer Kindheit hatte. Der Vater prügelte seine
Kinder. Er schoß sogar auf sie. Sie litten Hunger, wurden sexuell mißbraucht und mißhandelt. Sie lebten in unsagbar ärmli-
chen Verhältnissen.

Sie war eine junge Frau, die ihre Kinder allein großziehen
mußte, sie hatte weder die Mittel, die mir heute zur Verfügung
stehen, noch wurde sie von der Gesellschaft akzeptiert. Heute
ist es keine Schande mehr, eine alleinerziehende Mutter zu sein.
Frauen haben kaum Probleme, Arbeit zu finden, Frauen
dürfen nein sagen. Früher waren Frauen wirtschaftlich völlig
auf die Männer angewiesen, die sie versorgten. Was mußte sie
als geschiedene Frau durchmachen – die Einsamkeit, die Not,
das Elend. Sie wußte nicht, was es bedeutete, ihre Kinder zu
lieben, wußte nicht, wie sie die Kinder schützen sollte.

Heute habe ich Mitleid mit ihr. Ich kann um sie trauern.
Aber ich werde ihr niemals vergeben. Mit Moniques und Joan-
nas Hilfe (meine beiden Therapeutinnen) habe ich gelernt, daß
ich ihr nicht verzeihen muß. Lange Zeit glaubte ich, ich könne
sie nur hassen und fühlte mich schuldig, weil ich sie haßte,
denn ein Teil von mir wollte Mitleid mit ihr haben und um sie
trauern. Heute kann ich darüber reden. Ich fühle mich gut. Irgendwie ist mittlerweile alles zwischen ihr und mir ins reine gekommen.

Vor kurzem mußte ich an sie denken. Ob sie im Himmel oder
in der Hölle ist? Ich hoffe, sie ist in den Himmel gekommen –
obwohl ein Teil von mir ihr die Hölle wünscht. Eigentlich wäre
es das beste für sie, wenn sie irgendwo zwischen Himmel und
Hölle ist und eine Therapeutin hat, die ebenso gut ist wie meine
beiden. Das ist gewiß ein wichtiger Abschnitt in meinem Leben.

Ich hatte nie geglaubt, ich würde einen Punkt erreichen, an
dem ich etwas Gutes über diese Frau sagen kann. Es ist gut zu
wissen, daß ich ihr nicht unbedingt verzeihen muß. Weil das,

was sie getan hat, falsch war. Wie sie uns Kinder behandelt hat, das war falsch. Aber dafür gibt es Gründe, und diese Einsicht tut mir gut. Ich neige in vieler Hinsicht dazu, die Dinge schwarz-weiß zu sehen. Es freut mich, daß ich auch Zwischentöne entdecke.

Gute Beziehung zu meinen Kindern

Ich bin heute viel aufrichtiger zu meinen Kindern. Jahrelang wußten sie nicht, wer ihre Mutter eigentlich war. Ich erfand Lügen, wer ich war, wie ich aufwuchs. Heute kann ich mich zu ihnen setzen und mit ihnen reden. Ich kann ihnen sagen, daß ich ein Inzestopfer war. Ich erzähle ihnen zwar keine Einzelheiten, aber ja, ich hatte eine schreckliche Kindheit und viele Dinge sind mir fremd, die ich wissen müßte, um eine gute Mutter zu sein, und das bedauere ich sehr. Aber heute bemühe ich mich in jeder Hinsicht, eine gute Mutter zu sein. Und ich hoffe, meine Kinder wissen, wie sehr ich sie liebe, wie sehr ich für sie sorgen möchte, wieviel Gutes ich ihnen zukommen lassen möchte. Das wird immer so sein. Solange ich lebe, werde ich für sie da sein.

Ihnen diese Dinge sagen zu können ist völlig neu für mich. Ich weiß, daß mir das später zugute kommen wird. Ich weiß auch, daß sie mich beschützen. Auf ihre Weise möchten sie für mich da sein und ich versuche, das zuzulassen. Ich erinnere mich an Zeiten, als sie für mich da sein wollten und ich mich dagegen zur Wehr setzte, weil ich diejenige war, die für alle anderen Menschen da sein mußte. Heute versuche ich Verständnis aufzubringen, wenn sie mir was Gutes tun, wenn sie mir helfen wollen, wenn sie mich unterstützen wollen.

Ich habe sie jahrelang betreut, beschützt und alles für sie getan. Heute erkenne ich, daß ich damit ihrer Selbstachtung keinen guten Dienst erwiesen habe. Ich habe ihnen keine Chance gegeben zu wachsen, ihre Talente zu entfalten, Verantwortung zu tragen und damit auch Anerkennung, Lob, das Erfolgserlebnis zu genießen, eine Leistung erbracht oder Ängste überwunden zu haben. All diese Dinge, vor denen ich sie schützen wollte, hätte ich sie erleben lassen müssen. Darüber können wir heute sprechen.

Heute habe ich Entscheidungsfreiheit

Ich kann meine gegenwärtige Partnerbeziehung analysieren. Und ich weiß, auch diese Beziehung ist wieder einmal zum Scheitern verurteilt, obwohl ich heute sagen kann, es war von Anfang an keine gesunde Beziehung. Wenn ich mich trennen kann, ohne meine Selbstachtung zu verlieren, und durchschauen kann, warum die Beziehung gescheitert ist, dann bin ich sehr viel gesünder geworden.

Heute habe ich Entscheidungsfreiheit. Ich habe keine Angst davor, nein zu sagen. Wenn das einem anderen nicht paßt, ist es sein Problem. Durch die Gruppentherapie habe ich gelernt, daß jeder Mensch Probleme hat. Ich bin ein guter und fürsorglicher Mensch, und ich tue alles, um einem anderen das Leben leicht und glücklich zu machen. Aber jetzt kommt es darauf an, daß ich glücklich bin. Jetzt muß ich betreut werden, und ich will betreut werden. Ich will keine Angst mehr haben. Ich möchte erkennen, daß ich das Recht habe, Bedürfnisse zu haben.

Ellen

Nach vielen Jahren erfolgloser Behandlung ist Ellen immer noch nicht weitergekommen. Ihr Beispiel von Mißerfolg muß uns aber durch ihre Hartnäckigkeit Mut machen und darf uns nicht entmutigen. Sie werden feststellen, daß ihre Aufenthalte in Nervenkliniken mit Schockbehandlungen in den 50er Jahren in diesem Therapiekapitel nicht aufgenommen wurden, da eine solche Erfahrung meiner Auffassung nach nicht als ›Therapie‹ zu bezeichnen ist, so wie wir sie heute verstehen.

Ellen kämpft bis heute mit ihrer Verdrängung und ist immer noch nicht sicher, ob sie wissen möchte, was ihr angetan wurde. Sie wird gewisse Fortschritte in der Therapie machen, wird damit aber nicht sehr weit kommen, wenn sie keine Zugeständnisse macht. Das ist eine Mahnung an uns alle: Wir alle sind für unsere Heilung selber verantwortlich. Selbst der beste Therapeut kann uns keinen rascheren Fortschritt verschaffen als wir bereit sind mitzumachen. Nur wir allein bestimmen das Tempo. Wir müssen aber auch unsere eigenen Bedürfnisse respektieren und unserer inneren Uhr vertrauen, die uns sagt, wann wir bereit sind, therapeutisch zu arbeiten. Ellens Fortschritt in der Therapie ist von einer inneren Notwendigkeit getragen, die wir alle respektieren und der wir vertrauen müssen.

Therapie

›Therapie‹ hörte sich an wie Strafe

Meine Erfahrungen mit Schockbehandlungen und Nervenkliniken, in denen ich von frauenfeindlichen Psychiatern Freudscher Schule mit Drogen vollgepumpt wurde, lehrten mich eins: Sie können mir nicht helfen. Ich glaube nicht, daß irgend etwas davon ›Therapie‹ war. Es waren Strafaktionen: »Oh ja, ich bin schlecht. Ich verdiene diese Behandlung.«

Erst als ich mich dagegen zur Wehr setzte und mich zusammennahm, konnte ich leben. Aber ich suchte weiterhin nach Hilfe. In meinem Kopf hörte ich ständig diese Tonbandschleife: »Hör auf, dir selbst leid zu tun. Mit dir ist alles in Ordnung.«

Als Brett mir gegen Ende unserer Beziehung sagte, seiner Meinung nach habe ich die Vergewaltigung, die mir als Achtjährige angetan worden war, nicht bewältigt, war ich bereit, Hilfe anzunehmen, nur um ihm einen Gefallen zu tun, erhoffte mir aber nicht viel. Ich fragte mich nach wie vor: »Was hat mein Großvater damals wirklich gemacht?« Ich erinnerte mich an seine ›Fummeleien‹, wie er zwischen meinen Beinen herumspielte. Warum hatte ich ständig das Gefühl, da sei noch mehr gewesen? Aber nein – so etwas darfst du nicht denken: es ist verrückt.

Ich ging also zu einer Unterredung in das Frauenzentrum und sagte: »Ich komme, weil ich Minderwertigkeitsgefühle habe und mich von dem Mann, mit dem ich zusammen bin, zu sehr ausbeuten lasse.« Er war dabei, sich das Rauchen abzugewöhnen und ich hatte ständig das Gefühl, er demütige und erniedrige mich. Das stimmte vielleicht gar nicht. Aber ich hatte das Gefühl, und dieses Gefühl wurde ständig stärker. Außerdem wollte ich von ihm eine bindende Zusage, zu der er nicht bereit war, deshalb fühlte ich mich von ihm ausgebeutet.

Die Frau im Frauenzentrum hörte sich das alles an und sagte

dann: »Sie klingen wie eine Inzestüberlebende.« Das war das *erste Mal*, daß jemand so etwas zu mir sagte und irgendwie spürte ich in mir Erleichterung, als streife mich ein kühler, belebender Windhauch. Doch gleichzeitig sagte eine Stimme in mir: »Das ist lächerlich« – als würde meine Mutter sagen: »Du darfst dieser Frau nicht glauben, sonst fängst du wieder mit deinem Selbstmitleid an.«

Dann fragte sie mich, ob mir als Kind jemand etwas angetan hatte. Und ich sagte: »Ja, bloß mein Großvater – er schob seine Hand in mein Höschen und spielte mit den Fingern an meiner Vagina herum, wenn ich auf seinem Schoß saß. Mehr war da nicht.« Und sie sagte: »Das genügt.« Und dann sagte ich: »Ich wurde auch vergewaltigt als ich acht war; und nach der Vergewaltigung untersuchte mein Vater mich und sagte mir, ich hätte etwas Schlechtes gemacht.« Sie sagte mir, das sei mehr als genug.

Dann gab es eine Explosion in meinem Kopf. Zweiundzwanzig Jahre ›Gehirnwäsche‹ hatte ihren Preis gefordert. Ich dachte: »Das ist es also – *das ist es also*. Jetzt verstehe ich, um Himmels willen. Jetzt verstehe ich.«

Ich muß mich meinen Problemen stellen

Ich kam zu einer Inzestgruppe, in der ich mir als Fremdkörper vorkam. Ich war schließlich eine reife, gebildete Wissenschaftlerin, die eine Menge durchgemacht und überlebt hatte – aber mein Vater hat nicht mit mir geschlafen, hat mich nicht geschwängert. Ich sah mir die Gruppe an und dachte: »Diese Frauen haben wirkliche Probleme. Ich weiß gar nicht, was ich hier verloren habe.«

Doch heute denke ich anderes darüber. Ich muß mich meinen Problemen stellen. Ich war immer noch bemüht, mich nach den Grundsätzen zu richten, die meine Mutter mir einprägte: »Nimm dich zusammen und führe ein anständiges Leben.« Doch das funktionierte nun nicht mehr.

Als wäre ich in zwei Teile gespalten – ein Teil, der immer sehr stark war, sagte: »Du bist in Ordnung, dir ist nicht viel passiert. Du hast nur eine Schwachstelle in deiner Psyche, deinem Gefühlsleben.« Das war quasi das Leitmotiv, nach dem ich mich orientierte. Heute bin ich irgendwie gespalten. Ein Teil von mir sagt: »Dir ist etwas angetan worden, an das du dich erinnern mußt.«

Mein Therapeut schlief in der Sitzung ein

Eine Weile hatte ich einen männlichen Therapeuten. Das war bevor ich mich der Inzestgruppe anschloß. Später ging ich immer noch zu ihm und gleichzeitig in die Gruppe. Vermutlich wegen der Dinge, die in der Gruppe hochkamen, wuchs mein Vertrauen zu ihm in einer Weise, daß ich wieder ein kleines Mädchen sein wollte, das auf seinem Schoß sitzen und von ihm gestreichelt werden wollte. Gleichzeitig wollte ich wütend auf ihn sein und ihn wie ein kleines Mädchen mit Fäusten bearbeiten. Ich hatte das Bedürfnis, das zu tun. Ich sagte ihm das auch und er antwortete: »Nein, das dürfen wir nicht tun. Sie bleiben schön auf Ihrem Stuhl sitzen und ich auf meinem.« Damit enttäuschte er mich sehr, weil ich das Gefühl hatte, er begriff mich nicht.

Kurz darauf geschah etwas, worauf ich mich entschloß, die Therapie bei ihm abzubrechen. Ich erzählte ihm von sexuellen Phantasien, die mich schwer belasteten und von meiner Wut darüber. Und der Mann *schlief dabei ein!* Und als ich ihm sagte: »Hören Sie mir überhaupt zu? Sind Sie noch wach?« – leugnete er. Ich weiß, er war eingeschlafen – und er stritt es ab. Da wußte ich, daß es Zeit war zu gehen. Er schlief ein, weil er mit meiner Wut, meiner sexuellen Wut nicht umgehen konnte.

Dann meinte er, ich müsse mich als Teil der Gesellschaft sehen, nicht nur als einer Minderheit von Frauen zugehörig, die sexuell mißbraucht wurden. Ich möchte nichts weiter, als geliebt zu werden. Nein, das will das *kleine Mädchen. Ich* möchte meine Ruhe haben und stolz darauf sein, daß ich all diese Berge erklommen habe.

Und in der letzten Therapiestunde verabschiedete ich mich,

er wünschte mir viel Glück und umarmte mich. Und ich spürte, daß der Mann eine Erektion hatte. Ich spürte sein stiefes Glied an meinem Schenkel, als er mich umarmte. Danach fragte ich mich, was er wohl mit seiner Behandlung bezweckte. Ich frage mich, ob ein Mann mit dieser Problematik überhaupt umgehen kann.

Ich glaube, meine neue Therapeutin ekelt sich vor mir

Die Therapeutin, mit der ich jetzt arbeite, ist wirklich gut, weil sie mir hilft, die Bilder an die Oberfläche zu transportieren. Doch vor kurzem begann ich, Wutgefühle zu bearbeiten. Ihre Freundin leitet einen Workshop über Wutgefühle, an dem ich teilnahm. Da ging etwas Interessantes in mir vor – mein Ich spaltete sich in zwei Teile – eines war mein emotionales Ich und das andere mein intellektuelles Ich. Ich lag ständig mit mir im Streit. Während dieses Prozesses kam eine Menge Wut an die Oberfläche. Das führte ich in einer Therapiesitzung vor und wurde sehr wütend und emotional. Am Ende dieser Sitzung hatte ich das Gefühl, die Frau ekelt sich vor mir und möchte nichts mit mir zu tun haben.

Diese Persönlichkeitsspaltung ist seither nicht wieder aufgetreten. Die Therapeutin wollte mich ein zweites Mal dazu bringen, aber etwas hält mich davon ab. Das Ausmaß an Wut in mir ist wirklich erschreckend. Ich weiß nicht, wie ich damit umgehen soll. Ich hatte beinahe das Gefühl, sie hat vor diesem Aspekt in mir Angst. Ich habe kein Vertrauen mehr zu ihr. Daran arbeiten wir.

Die Bilder, die ich habe – wenn ich sie habe –, bearbeite ich ganz allein. Sie sagt Sätze und ich höre ihre Stimme und es ist tröstlich zu wissen, daß sie da ist; aber ich fühle mich damit alleingelassen. Das ist Teil meiner Schutzhaltung. Wenn ich meinem Verlangen nachgebe und auf ihren Schoß klettere und ihr vertraue, dann wäre ich maßlos verletzlich. Und dann höre ich wieder die Stimme meiner Mutter: »Werde erwachsen. Du bist ein großes Mädchen; so etwas brauchst du doch nicht mehr.«

Gedanke: Viele meiner ›Riesenprobleme‹ sind Alltagsprobleme und beileibe nicht riesig. Ich überbewerte sie, weil ich mich als Inzestopfer fühle.

Antwort: Natürlich! Ich habe zugelassen, die Sache mit dem Inzestopfer durchzumachen. Und das heißt, ich muß mich in das kleine Mädchen zurückversetzen und seine Gefühle wieder erleben, um sie hinter mich zu bringen. Dann kann ich das geschändete ›kleine Mädchen‹ begraben. So wie die Dinge jetzt liegen, sind alle meine Belange als Erwachsene davon überlagert.

Der Haken dabei ist, daß ich mir *immer* wie ein kleines Mädchen vorgekommen bin! Bei Männern muß ich den Wunsch unterdrücken, ein kleines Kind zu sein, das männlichen Schutz braucht. Wenn ich mich bei einem Mann nicht als kleines Mädchen fühle, bin ich hart und maskulin oder stark und tüchtig und brauche ihn nicht. Es fällt mir schwer, mich weiblich und sicher zu fühlen und gleichzeitig Bedürfnisse zu haben.

Mein Therapeut sagte, wenn ich mich zu sehr von der Hoffnung entferne — wird nichts klappen. Und manchmal hoffe ich, jetzt zum Beispiel. Doch manchmal ist die Hoffnung irgendwo unerreichbar weit weg. Er sagte, wenn das vorbei ist, werde ich nicht anders *sein* — ich werde nur eine andere Einstellung zu mir haben. Dagegen habe ich nichts, ich kenne mich ein wenig damit aus. Der Rest macht mir angst. Der Teil, von dem ich weiß, er ist bereits passiert. Mein Minderwertigkeitsgefühl ist verschwunden. Ich brauche es wohl nicht mehr — kaum mehr. Gelegentlich ein kleiner Anfall, aber der geht bald vorüber — ist schnell vergessen.

Der Schmerz eines Neugeborenen

Manchmal möchte ich nicht weitergehen. Ich finde, ich war in Ordnung, bevor das alles anfing — Brett hat mich da hineinbugsiert. Die anderen Frauen in der Gruppe sind echte Opfer, ich nicht. Ich hasse meine Mutter, weil ich sie davon überzeugen muß, daß ich ein Opfer bin, obwohl ich mir darüber selber gar nicht so sicher bin. Ich will nicht weiter gehen. Vielen Dank. Ich bin weit genug gegangen.

Manchmal weine ich. Nicht aus Selbstmitleid – ich fühle einfach. Irgendwie gibt mir der Gedanke die Kraft, meinen Schmerz für mich zu beanspruchen. Ich fühle mich als Eigentümerin meines Schmerzes – bin fast stolz darauf. Ich habe mir diesen Schmerz verdient, habe schwer dafür gearbeitet. Fünfzig lange Jahre habe ich mich davor versteckt und heute kann ich Anspruch darauf erheben, ihn erreichen, ihn wirklich spüren. Ich will ihn nicht loswerden. Es ist, das wird mir allmählich bewußt, der Schmerz eines Neugeborenen.

FUSSNOTEN ZUM 7. KAPITEL

1   Gelinas, Denise J.: ›The Persisting Negative Effects of Incest‹, *Psychiatry* 46 (November 1983): 317.
2   Ebd. 315.
3   Ebd. 330.
4   Ebd. 319.
5   Schwertfeger Bärbel/Koch Klaus: *Der Therapieführer*, S. 11 – 12, München 1991, (d. Übersetzerin)

8. KAPITEL

Heilung: Wachstum durch Leiden

Wenn ich an den Heilungsprozeß denke, denke ich an eine Auster, die Jahr um Jahr mit Schmerzen lebt, weil ein Sandkörnchen in ihre Weichteile geraten ist. Da sie das Sandkorn nicht loswerden kann, wächst die Auster von ihm weg. Jahr um Jahr legt sie Schicht um Schicht ihres Sekrets zwischen sich und den Fremdkörper, bis sie keinen Schmerz mehr spürt. Daraus entsteht eine Perle!

Unsere seelische Heilung geht in ähnlicher Weise vor sich. Sie ist ein allmählicher, sehr langwieriger Vorgang. In einem nahezu unmerklichen Prozeß wachsen wir über unseren Schmerz hinaus. Es dauert lange, doch am Ende haben wir etwas hervorgebracht: eine Perle. Und sie gehört uns ganz allein. Es ist nicht bloß so, daß wir uns früher miserabel gefühlt haben und es uns heute gut geht. Wir haben das Gefühl, eine Leistung erbracht zu haben, wir sind über die schreckliche Häßlichkeit hinausgewachsen und haben etwas Schönes hervorgebracht – unser Selbst!

Heilung entsteht aus Schmerz. Das ist das Paradoxe an der Genesung. Heilung ist eine gesunde Antwort auf den Schmerz, die wir in der Therapie finden. Viele von uns haben jahrelang an destruktiven Verhaltensweisen festgehalten, die uns nicht heilen konnten, die uns lediglich entstellten, wie wir im 4. Kapitel gesehen haben. In unserer Therapie und unserem Heilungsprozeß geht es nicht nur darum, daß wir uns dem Inzest stellen, sondern auch darum, uns von unseren destruktiven Reaktionen auf das Geschehen zu befreien. Vor allem müssen wir lernen, uns von unserer Schuld und unserer Scham zu lösen und uns positiv zu sehen, um das Potential, das in uns schlummert, zu wecken und zu entfalten. Wir lernen, Gutes über uns zu denken und Gutes über uns zu tun. Am Ende sind wir Menschen, die wirklich etwas Kostbares gefunden haben. Wir haben unsere Perle – uns selbst gefunden.

In den Beiträgen zu diesem Kapitel werden Sie einen gemeinsamen Nenner finden – die Frauen sind selbstbejahend, sie sind imstande, ihre Möglichkeiten in der Gegenwart besser zu erkennen, können hoffnungsvoll in die Zukunft blicken statt voll Trauer in die Vergangenheit. Zum ersten Mal ist die Gegenwart nicht mehr von der Vergangenheit bestimmt. Wir können freie Entscheidungen treffen. Der Schmerz ist nicht verschwunden, er ist immer noch da. Aber wir haben eine Entwicklung hinter uns gebracht, die uns erlaubt, uns an innere Orte zurückzuziehen, die davon befreit sind. Wir können jederzeit zu unserem Schmerz zurückkehren, sind jedoch nicht gezwungen, es zu tun. Die Wahl liegt bei uns.

Noelle

Noelles Heilungsprozeß zeigt deutlich, wie sie über den Inzest hinauswächst. Sie spricht versöhnlich über ihre Mutter und ihren Vater, sie sieht deren Unzulänglichkeiten als nach wie vor vorhanden, aber sie stellen kein Problem für sie dar. Ihre Eltern haben sich nicht verändert. Noelle hat sich verändert. Sie lernt, glücklich zu sein.

Heilung ist ein Wachstumsprozeß. Der Inzest verschwindet nicht. Er wird nicht aus Noelles Gedächtnis gelöscht oder auf wundersame Weise verwandelt. Er bleibt Bestandteil ihrer Lebenserfahrung. Aber, wie Noelle sagt: »Er verändert sich in der Weise, daß er nicht länger ein Problem in meinem Leben ist, sondern etwas, das mir passiert ist.« *Das hat nichts damit zu tun, daß die Inzesterfahrung sich irgendwie ›verwandelt‹ hätte. Wir wissen, daß das nicht so ist. Solches Denken wäre Verdrängung, der Versuch, die Geschichte neu zu schreiben. Das funktioniert nicht, gibt uns lediglich das Gefühl, verrückt zu sein. Wir können das, was uns angetan wurde, nicht verwandeln, nicht rückgängig, nicht ungeschehen machen. Aber wie Noelle sagt, wenn wir uns dem Problem stellen und damit auf heilsame Weise umgehen, können wir darüber hinauswachsen.*

Heilung – Inzest ist etwas, das mir passiert ist

Für mich bedeutet Heilung, daß der Inzest sich allmählich von einem beherrschenden Problem in meinem Leben in etwas verwandelt, das mir passiert ist. Ich erlebe eine allmähliche Veränderung meiner Sichtweisen. Das erkenne ich daran, wie ich über meine Eltern, mich selbst und meine Kinder denke. Inzest drohte wie ein Ungeheuer über allem, beherrschte meine Emotionen und vergiftete jede meiner Beziehungen. Jetzt ist das Ungeheuer viel kleiner geworden und es gibt Wochen, wo es ganz verschwunden ist. Der Inzest ist nicht verschwunden oder kleiner geworden. Ich habe mich verändert. Ich bin gewachsen. Ich habe mich weiter entwickelt.

Zuerst war ich ein Inzestopfer, dann war ich eine Inzestüberlebende. Mittlerweile ist Inzest bloß etwas, das mir passiert ist. Meine Identität hat sich darüber hinaus entwickelt. Ich definiere mich nicht über den Inzest, nicht so sehr wie früher jedenfalls. Ich bin ihm allmählich entwachsen. Ich vergesse ihn nie, aber er bestimmt auch nicht mehr mein Denken.

Meine Mutter

Die ersten fünf oder sechs Jahre in der Therapie verbrachte ich damit, meine Wut und meinen Haß gegen meinen Vater zu verarbeiten. Diese Problematik habe ich als erstes gelöst. Die Beschäftigung mit der Rolle meiner Mutter war schwieriger, weil weniger offenkundig. Bei meinem Vater hatte ich es leichter, da alles in dieser Beziehung so deutlich war. Aber meine Mutter — bei ihr habe ich viele verschiedene Phasen durchgemacht. Heute kann ich sagen, daß ich meine Mutter als Dreijährige aufgegeben habe. Damals verlor ich den Glauben an ihre Fähigkeit, mir Sicherheit und Geborgenheit zu geben. Ich liebte sie verzweifelt. Ich brauchte sie. Aber sie war ihrerseits nur ein verletztes, mißbrauchtes Kind, verzweifelt darum bemüht, ihre Kinder zu betreuen, ohne dem gewachsen zu sein.

Ich glaube, sie stand Todesängste aus. Sie lebte in einem fremden Land, ohne Familie, ohne Hilfe, nachdem meine Großmama gestorben war, mit einem Ehemann, dessen Trinkgewohnheiten immer schlimmer wurden, und zwei kleinen Kindern. Ich spürte ihre Liebe, aber es ging eine Verzweiflung von ihr aus, die aus ihrer Angst geboren war, uns keine Sicherheit bieten zu können, weil sie selber so unsicher war. Ich sehe sie heute genau. Sie war so hübsch und sanft. Sie hielt mich oft im Arm.

Als ich meine Tochter bekam, fand ich meine Mutter in mir wieder. Ich hatte die gleichen Gefühle der Verzweiflung, fürchtete, nicht imstande zu sein, ihr Schutz zu geben — ich hatte so viele Phobien. Ich liebte meine Tochter über alles, aber so sehr ich mich auch bemühte, ich konnte nicht alle Gefahren dieser Welt ausschalten, um sie zu beschützen. Hier übertrug sich die

Angst meiner Mutter auf mich. Ich liebte mein Kind, so wie ich geliebt worden war.

Ich muß beginnen, Lebensfreude für mich glaubhaft zu empfinden. Als Kunststudentin liebte ich die Statuen der Griechischen Antike, weil sie alle dieses feine Lächeln tragen. Ihr Lächeln spiegelt Lebensfreude. Das sah ich und deutete es als den Glauben an das Gute im Universum, wußte jedoch nie, wie ich mir diesen Glauben aneignen sollte. Ich versuche es bis heute. Der Mißbrauch meines Vaters und die Angst meiner Mutter nahmen mir alle Zuversicht. Aber ich denke, heute kann ich wieder Anspruch darauf erheben.

Wenn ich heute mit meiner Mutter zusammen bin, bin ich sehr glücklich über die Liebe, die sie mir gibt. Früher machte sie mich wütend, weil sie mich nicht vor meinem Vater beschützte. Heute kann ich ihr verzeihen, weil ich verstehe, was sie durchgemacht hat. Sie hat alles für mich getan, was sie tun konnte. Sie gab Malunterricht, um uns zu ernähren. Das fiel ihr nicht leicht. Sie war oft krank und mußte sich um meinen Bruder und mich kümmern. Doch sie war fest entschlossen. Sie richtete ein Zimmer als Malstudio ein, setzte Annoncen in die Zeitung, rief die Schulen an und bekam auf diese Weise Malschüler. Sie verdiente nicht viel damit, aber wenigstens konnte sie uns etwas zu essen und Schuhe kaufen. Einmal kam sie ins Krankenhaus und mußte operiert werden. Sobald sie wieder zu Hause war, nahm sie die Malstunden wieder auf.

Wenn ich meine Mutter hätte verändern können, hätte ich sie weniger leiden lassen. Es war nicht gut für mich, dieses Bild der leidenden Mutter zu haben. Ich verbinde ihre Liebe mit Leiden. Ich erinnere mich nicht gern an all die Leiden, die sie aushalten mußte — die Krankheit, die Erschöpfung, die geflickten Kleider, das Sklavendasein für meinen Vater. Aber ich sehe mittlerweile, daß sie und mein Vater ein Team waren. Er war der Mißbrauchstäter, sie das Mißbrauchsopfer.

Das haben sie auf mich übertragen. Ich habe den Großteil meines Erwachsenenlebens damit verbracht herauszufinden, inwieweit sich das in meinen eigenen Verhaltensmustern niedergeschlagen hat und wie ich es loswerden kann. Interessanterweise ist der Inzest nur ein Teilaspekt eines ganzen Systems der

Dysfunktion, das ich korrigieren muß. Es gab bestimmte Elemente, die bezeichnend waren, doch im Grunde genommen ist der Inzest nur Bestandteil der ganzen Strukturierung unserer Familie. Das muß aber nicht länger auch auf mich zutreffen, ich muß dieses Muster nicht weitertragen.

Mein Vater

Ich habe Fortschritte gemacht, mich immer wieder in der Therapie mit meinem Vater zu beschäftigen. Das Schwierigste war wohl, die Verdrängung zu überwinden. Im ersten Jahr, nachdem ich mich an den Inzest erinnerte, blockierte ich nach wie vor eine Menge ab. Ich bin mir noch immer nicht im klaren darüber, wie sich das in meinem weiteren Leben niederschlägt. Jeder Tag bringt neue Erkenntnisse. Aber in diesem ersten Jahr konnte ich eine Reihe von Sachverhalten nur schwer konfrontieren. Einer davon war meine Scham über meine sexuelle Erregung, wenn mein Vater mich berührte. Es war ungemein schwer, mich dem zu stellen. Meiner Überzeugung nach bedeutete das, daß ich schlecht sei; wäre ich gut und anständig, hätte ich keine sexuellen Empfindungen gehabt. Weil ich etwas dabei fühlte, machte ich mich zur Mitschuldigen, zur Komplizin. Ich hielt mich für widerlich. Und das war der Beginn meiner Unfähigkeit, Sex zu haben. An diesem Gefühl arbeite ich bis heute.

Die andere Sache, mit der ich gekämpft habe, sind meine Gefühle für meinen Vater. Gleichzeitig mit der Erinnerung an den Inzest kam die große Liebe wieder, die ich für ihn damals empfand. Ich war wie von Sinnen, als er mir sagte, man würde ihn wegbringen. Der Schmerz, den ich bei diesen Worten verspürte, war unerträglich. Aber gleichzeitig hatte er mir furchtbare Dinge angetan. Es schien mir nicht richtig zu sein, daß ich ihn liebte, und dennoch liebte ich ihn. Und als ich heranwuchs und er mich seelisch mißhandelte, wurden die Verletzung und der Schmerz noch unerträglicher, eben weil ich ihn so sehr liebte.

Ich schäme mich noch heute, wenn ich zurückdenke und zugeben muß, daß ich meinen Vater trotz all seiner Mißhandlungen liebte. Es ist, als habe meine Liebe zu ihm mich zu seiner

Komplizin gemacht. Ich habe ihn aufgegeben, aber ein Rest von Liebe für ihn ist immer noch vorhanden. Und ich hatte immer das Gefühl, auch wenn er mich mißhandelte, liebte er mich irgendwo.

Seltsamerweise war ich immer Papas kleiner Liebling. Ich fühlte mich immer als etwas Besonderes. Ich war überzeugt, wenn ein Unglück passierte und ich ihn brauchte, würde er mir das Leben retten, ich konnte mich nur nicht in alltäglichen Bereichen auf ihn verlassen.

Ich glaube, das fügte mir den größten Schaden zu. Ich wurde auf mißbräuchliche Art geliebt. Ich lernte, wenn man liebt, fühlt man sich trostlos, deprimiert und verlassen. Ich lernte, wenn man liebt, lädt man zu Mißbrauch ein. Ich fragte mich oft, ob ich in meinem kindlichen Denken glaubte, daß ich für Sex, für meine Liebe bestraft würde. Ich glaubte, Liebe und Sex sind mit Zurückweisung verbunden.

Ich weiß heute, daß mein Vater mich nicht um meinetwillen lieben kann, daß er mich nur in der einzigen Form lieben kann, die er kennt. Das heißt, er kann mich nur um seinetwillen lieben. Wenn es aber Formen gibt, die für mich akzeptabel sind, bin ich damit einverstanden. Ich kann keine schädliche Liebe von ihm akzeptieren.

Wenn er auf eine Tatsache in meinem Leben mit einem Satz reagiert wie: »Was denkst du, wie *ich* mich dabei fühle?« gebe ich ihm darauf keine Antwort. Aus. Ende des Gesprächs. Mit der Nummer kommt er bei mir nicht mehr durch, wenn er versucht, mir zu verbieten, mich verletzt zu fühlen, Schmerzen oder Probleme zu haben, nur weil das ein schlechtes Licht auf ihn wirft.

Ich liebe ihn, und ich habe Mitleid mit ihm. Ich muß ihn nicht bestrafen. Er hat sich genug gequält. Ich will nur mit meiner Heilung vorankommen. Mir tut es sehr leid, daß unsere Familie so leiden mußte. Die wirkliche Tragödie meiner Familie liegt gar nicht so sehr darin, daß Inzest und Mißbrauch geschehen sind, sondern daß niemand wußte, wie man aus diesem Schlamassel wieder herauskommt. Es war eine Tragödie, all die Jahre an seinen Zorn und an die Ängste meiner Mutter zu verschwenden. Aber das ist nun vorbei. Es ist vorbei.

Ich

Jetzt versuche ich, meine Scham loszuwerden, zu akzeptieren, daß ich machtlos war und daß ich keine Verantwortung dafür hatte, was er mir angetan hat. Dann kann ich die schlechten Gefühle über mich selbst loswerden, die Sichtweisen, die mir durch den Mißbrauch aufgezwungen wurden. Schließlich werde ich mich selbst wieder in den Vordergrund stellen können − dann kann ich mich einfach umdrehen und gehen, wenn mein Vater sagt: »Was denkst du, wie ich mich dabei fühle?«

Heilung heißt für mich, glücklich sein, mich um mich selbst kümmern, einen Mittelweg finden zwischen nur an mich denken und nur an andere denken. Heilung bedeutet, daß ich ohne Gewissensbisse von meiner Tochter verlangen kann, daß sie eine halbe Stunde leise in ihrem Zimmer spielt, wenn ich mich ausruhen möchte; daß ich das verlangen kann, ohne das Gefühl zu haben, sie schlecht zu behandeln, bevor ich einen Punkt völliger Verzweiflung erreiche. Heilung bedeutet, daß ich mir die Zeit nehmen kann zu duschen, auch wenn andere Pflichten deshalb warten müssen. Alles Kleinigkeiten, die, hundertmal wiederholt, sich zu Selbstfürsorge addieren, die Verzweiflung oder Wut ausschließen. Heilung bedeutet, daß ich glücklich bin, ohne Angst zu haben, daß ich dafür büßen muß.

Meine Kinder

Meine vierjährige Tochter ist nicht ohne Probleme, Probleme, die aus meiner Unfähigkeit als Mutter herrühren. Doch jeden meiner Schritte zur Besserung, zur Selbstsicherheit kann ich auf sie übertragen. Ich kann ihr etwas vermitteln. Ich habe immer noch schlimme Phasen, wenn die Erinnerungen zurückkehren, und ich meine Selbstbeherrschung über das Vergangene verliere. Wenn das geschieht, sehe ich, wie es sich auf sie überträgt. Aber wenn es mir wieder besser geht, kann ich ihr ihre Fröhlichkeit wiedergeben. Ich darf die Zuversicht nicht verlieren.

Ich habe sehr schwer daran gearbeitet, nicht die Nerven zu verlieren, meine Tochter nicht anzuschreien, wenn sie sich weigert zu gehorchen. Sie wird stabiler, kann nachts durchschlafen und kann alleine in ihrem Zimmer bleiben.

Dann habe ich eine schlechte Phase, in der einige schmerzhafte Gefühle wiederkehren. Ich mache wieder mal einen Schritt zurück, fühle mich überfordert und schreie sie an. Dann wacht sie nachts auf und kommt in mein Zimmer. Sie näßt ins Bett. Sie möchte nicht alleine bleiben und ein Bild malen.

Noch vor wenigen Monaten haßte ich mich wegen solcher Vorkommnisse, verabscheute mich und wäre am liebsten gestorben.

Ich machte die Sache für mich noch schlimmer, weil ich meine Zuversicht verlor und mich der Verzweiflung überließ. Ich glaubte, ich würde es nie richtig machen, ich würde sie verlieren, ich würde nie gesund werden. Ich ließ mich immer tiefer in Hoffnungslosigkeit fallen. Es war wie eine Spirale in einen schwarzen Abgrund.

Ich weiß, daß ich Fortschritte mache, weil ich nicht mehr in diesen bodenlosen Abgrund stürze. Nicht mehr so oft. Wenn es schlimm wird, fällt es mir schwer, mich an den Gedanken zu klammern, daß ich mich wieder aufraffen kann, aber ich kann mich daran klammern.

Ich vergesse die guten Tage nicht und deshalb stürze ich nicht so tief in den Abgrund. Und ich kann die Zuversicht bewahren, daß ich meiner Tochter helfen kann, daß ich richtig mit ihr umgehen kann.

Ich habe ein Bild im Kopf, zu dem meine Therapeutin mir verholfen hat. Sie sagte: »Erinnern Sie sich daran, daß Sie als kleines Mädchen jederzeit auf den Schoß Ihrer Mutter klettern konnten, wenn sie sich weh getan haben, und daß alles gleich viel besser wurde, wenn Ihre Mutter Sie in den Arm nahm?« Irgendwie habe ich dieses Bild behalten, daß ich die Macht habe, meine kleine Tochter zu trösten, ihr Gutes zu tun, wenn ich an diese Macht glaube.

Und weil ich glaube, diese Macht zu haben und ihr damit zu helfen, kann ich auch mir helfen.

Glück

Ich möchte über Glücksgefühle sprechen, was sie für mich bedeuten. Heute kann ich glücklich sein, und es gibt Augenblikke, in denen ich erkenne, welches Glück ich habe. Ich sitze gern an meinem Schreibtisch und arbeite oder schreibe Briefe und höre meiner Kleinen zu, wenn sie spielt.

Sie geht in ihr Zimmer, schaltet ihren Kassettenrecorder an und spielt die niedlichen Kinderlieder, Lieder, von denen ich in ihrem Alter nichts wußte. Und sie singt mit in ihrer winzigen Piepsstimme dazu. Wenn ich sie singen höre, erfaßt mich ein Glücksgefühl. Sie strahlt eine kindliche Freude aus, die ich als Kind nicht kannte, von der ich gar nicht wußte, daß es sie überhaupt gibt. Und heute erlebe ich das, durch meine Tochter. Ich höre ihre kleine Stimme ein Lied singen und denke, sie wird einmal ein glücklicheres Leben haben.

Ich sehe meinem kleinen Sohn gern zu, wie er wächst und größer wird, er lernt gerade krabbeln. Am liebsten sehe ich ihm zu, wenn er auf dem Teppich liegt, umgeben von seinen Spielsachen. Und wenn eines außer Reichweite ist, versucht er auf die Knie zu kommen und mit den Händen danach zu greifen. Und er brummt richtig vor Anstrengung, sein Spielzeug zu bekommen. Er will es haben und strengt sich richtig an. Und schließlich packt seine Hand das Spielzeug und er quietscht vor Vergnügen, es geschafft zu haben. Er lernt jetzt schon, daß er selbständig etwas zuwege bringt, daß er dafür belohnt wird, daß das Leben schön sein kann – und das gefällt mir. Ich sitze gerne auf der Couch mit meinen Kindern auf dem Schoß und lese ihnen eine Geschichte vor. Ich kann mir nichts Schöneres denken.

Megan

Megan erlebt als 36jährige fröhlich ihre Pubertät. Die Freude der Heilung ist in ihren vorsichtigen Schritten ins Leben zu spüren. Endlich kann sie die guten Gefühle über sich selbst und ihre Sexualität genießen, die sie nicht erleben durfte, als sie mit Inzest verbunden waren. Aufregend und abenteuerlich sind ihre ersten Schritte, frei von Angst und Beschämung. Nach acht Jahren Therapie ist das Leben nicht mehr etwas, das es zu ertragen gilt, sondern ein Abenteuer, dem man sich hingeben darf.

Als 36jährige erlebe ich die Pubertät

Dieses Gefühle habe ich seit kurzem − als erlebe ich die Pubertät − nicht noch einmal, sondern zum ersten Mal. Ich beginne, mich mit meinen sexuellen Gefühlen wohlzufühlen und zu überlegen, wie ich damit umgehen kann. Ich darf sie empfinden, ohne sie für etwas Schlechtes zu halten.

Ich gehe oft ins Kino, in Filme für junge Leute. Ich weiß nicht, warum. Einen Film habe ich mir zweimal angesehen. Er handelt von einem 18jährigen Mädchen und er hat eine Saite bei zum Klingen gebracht. Gestern habe ich ihn mir noch einmal angesehen, alleine. Und dann habe ich mir die Platte mit der Filmmusik besorgt.

Der Film spielt 1963. Ein gut gemachter Film. Er hat etwas in mir angesprochen. Ich bin sicher, das hat etwas mit der Phase zu tun, in der ich mich gerade befinde. Das Mädchen erlebt in den Sommerferien ihre erste Liebesgeschichte. Sie lernt einen Tanzlehrer kennen und verliebt sich in ihn. Ich denke, der Film hat mich deshalb so berührt, weil ich mich oft frage, was aus mir geworden wäre, wenn ich aus einer gesunden Familie käme, wenn ich eine normale Pubertät gehabt hätte, die ersten sexuellen Regungen, die Aufregung, das Abenteuer. Ich weiß, Sie verstehen, wovon ich rede, jedes Inzestopfer weiß, was ich damit meine.

Die einzige Form, diese Dinge kennenzulernen, besteht darin, am Leben von Romanfiguren und Filmheldinnen teilzunehmen und es dann später selbst zu probieren. Deshalb hat mich das Mädchen in dem Film so interessiert. Eine 18jährige, die ihre erste Liebesgeschichte hat, ohne sich ihres Körpers zu schämen. Sie ist nicht von Schuldgefühlen zermartert, weil sie sich in einen jungen Mann verliebt hat.

Ich habe wieder Träume von einem normalen Leben

Ich möchte gerne wissen, wie es ist, Sex zu haben ohne automatisch die Gefühle zu haben, die ich hatte, als ich mißbraucht wurde. Ich möchte gerne wissen, wie es ist, ganz normalen, simplen Sex und eine ganz normale Beziehung zu haben, die nicht von der Vergangenheit überfrachtet ist. Jede Beziehung beschwört in irgendeiner Weise die gleichen Gefühle und Ängste herauf, die ich bei meinem Bruder hatte, und ich würde gerne wissen, wie es ohne diese scheußlichen Gefühle ist.

Das Verhalten meines Bruders hat mich meiner Träume beraubt, die Träume vom Heiraten und Kinderkriegen. Ich glaube, diese Dinge sind mir wegen ihm verschlossen. Und ich hatte deshalb immer eine Wut im Bauch; ich hatte immer eine Stinkwut.

Ich wüßte heute nicht, wie ich mich verhalten soll, wenn ich mit einem Mann ausginge. Wenn er beispielsweise anfinge, mir sexuelle Avancen zu machten, würde ich mich einerseits nach Sex sehnen, andererseits würde ich lieber damit warten. Aber ich weiß nicht, wie ich Grenzen setzen soll. Wie macht man das? Mir wurde nie beigebracht, Grenzen zu setzen. Für mich hieß es bisher: Alles oder nichts. Neu für mich ist, daß ich es zum ersten Mal in meinem Leben ausprobieren möchte. Ich möchte anfangen zu leben, auch wenn es bedeutet, mit 36 in die Pubertät zu kommen.

Ich akzeptiere die Vergangenheit – Selbstfindung

Ich weiß, daß ich die Vergangenheit nicht auslöschen kann. Ich akzeptiere, daß ich sie erlebt habe – das Mädchen aus der heilen irisch katholischen Bilderbuch-Familie. Ich habe Wut und Haß durchgemacht, und ich kann meinem Bruder nicht verzeihen – ich möchte nichts mit ihm zu tun haben. Ich kreide es meinen Schwestern an, mich zurückzuweisen und von mir verlangt zu haben, das Familiengeheimnis zu wahren. Ich werde ihnen wohl nicht verzeihen, daß sie nicht für mich da waren. Weil ich ihnen das nicht verzeihe, akzeptiere ich, daß meine Beziehung zu meiner Familie immer oberflächlich bleiben wird. Und ich akzeptiere, daß mich das schmerzt.

Ich bin im Begriff, mir ein neues Leben in einer neuen Stadt mit alten und neuen Freunden aufzubauen, die meine neue Familie sein werden. Ich weiß noch nicht, wohin mein Weg mich führt, aber ich denke, ich bin auf dem richtigen Weg. Ich glaube, wenn ich gesund bin, werde ich die Antworten erhalten, die mir jetzt noch verborgen sind. Mir ist, als sei ich zur Mitte meiner Seele vorgedrungen und habe entdeckt, daß sie mein Freund und nicht mein Feind ist.

Didi

Die Fürsorge um uns selbst kommt nicht auf natürlichem Wege. Wir müssen sie erlernen, wir müssen lernen, daß wir nicht ›schlecht‹ sind, weil wir unsere Bedürfnisse erfüllen. Didi ist heute imstande, ihre Bedürfnisse zu spüren, sich ihrer anzunehmen.

Sie ist weiterhin imstande, eine Zukunft für sich zu sehen. Sie beansprucht ihr Leben wieder für sich selbst. Wie bei Brenda ist ihr Blick seltener nach hinten gerichtet. Sie ist fähig, mehr Möglichkeiten in der Zukunft zu sehen, ohne die Gegenwart aus den Augen zu verlieren.

Ich tue etwas für mich

Zu Beginn der Therapie war ich sehr ungeduldig. Ich wollte mich beeilen und mit meinem Leben vorankommen. Ich hatte es satt, dieses Unheil, das drohend über mir hing. Das geht mir noch heute so, aber ich bin seither wesentlich geduldiger geworden.

Momentan bin ich an einem sehr guten Punkt in meinem Leben angelangt. Ich fühle mich stabil, bin glücklich und gestatte mir das Vergnügen, meine Zukunft zu betrachten und zu sagen: »Ich tue etwas für mich selbst. Ich tue Dinge, die ich immer tun wollte; und ich darf sie tun.« Ich beginne, mich für so gut zu halten, daß ich etwas für mich tun darf. Ich darf alles Mögliche tun, was ich mir oft gewünscht hätte, woran ich aber nicht einmal gewagt habe zu denken, weil ich glaubte, ich sei nicht gut genug dafür.

So hielt ich mich beispielsweise nie für klug genug, um das College zu besuchen. Heute denke ich, ich würde es schaffen. Und eines Tages gehe ich vielleicht noch aufs College. In der High-School habe ich nicht einmal ans College oder einen richtigen Beruf gedacht.

Das hielt ich nicht für möglich, nicht für mich. Ich denke, das wäre heute anders.

Ich denke an mich

Ich darf eigensüchtig sein, eigensüchtig insofern, als ich etwas
für mich tue, um mich wohl und stark zu fühlen. Ich liebe
meine Kinder, weiß aber auch, daß ich Zeit für mich brauche,
für meine eigenen Projekte und Aktivitäten. Ich gehe in einen
Aerobic-Kurs. Ich ziehe mich an, packe meine Gymnastikta-
sche und warte auf der Veranda auf Danny. Wenn der Wagen
vorfährt, setze ich mich ans Steuer und winke ihm kurz zum
Abschied zu. Soll er ruhig eine Weile Mama spielen; soll er mal
die Verantwortung tragen. Ich habe kein schlechtes Gewissen,
nicht im geringsten. Ich nehme mir Zeit für mich.

Ich stricke gerne und habe auch noch andere kleine Pläne.
Ich kümmere mich um die Kinder und gebe ihnen viel von mir.
Wenn ich ihnen aber alles geben würde, wäre nichts mehr für
mich übrig. Deshalb stehe ich dazu, süchtig zu sein, wenn man
das überhaupt so nennen kann. Es ist ein gesunder Egoismus,
sich um sich selbst zu kümmern.

Einen Vorschlag möchte ich Hausfrauen mit Kindern
machen, oder Frauen, die mit Kindern zu tun haben und
Inzestprobleme verarbeiten müssen. Führen Sie Tagebuch.
Machen Sie jeden Tag eine Eintragung. Das hilft, Gefühle jeder
Art zu reinigen und loszuwerden. Die Selbstanalyse der Gefüh-
le ist meiner Ansicht nach eine gute Therapie.

Ann-Marie

Die meisten von uns waren getriebene Menschen, bis die Therapie uns half, einige grundsätzliche Entscheidungen in unserem Leben zu treffen. Es fiel uns leichter, uns von Menschen oder Umständen lenken zu lassen, da uns von Kindesbeinen an eingetrichtert wurde: »Du hast kein Recht...« Wenn wir uns einmal davon befreit haben, stehen wir vor der beängstigenden Verantwortung, Entscheidungen zu treffen. Ann-Marie kennt die Qualen, Entscheidungen zu treffen – in der Ehe, in der Kinderfrage, in Familienbeziehungen. Schmerzliche Entscheidungen, die dennoch unendlich viel besser sind als die Bindung an die Vergangenheit.

Ich komme mit meiner Mutter ins reine

In der Therapie habe ich mich viel mit meiner Mutter beschäftigt. Ich glaube nicht, daß meine Mutter zu einer gemeinen Handlung fähig wäre. Sollte sie bewußt oder unbewußt wahrgenommen haben, daß ich mißbraucht wurde, hätte sie nichts dagegen unternehmen können, da sie ebensolche Angst vor meinem Vater hatten wie wir Kinder, obwohl er sie nie körperlich mißhandelte.

In meiner Familie gab es viele unterschwellige Strömungen, die ich jetzt endlich aufspüre. Auf ihre Weise versucht meine Mutter mir zu sagen: »Ich weiß, was du durchgemacht hast. Das bedaure ich. Ich habe mein Bestes getan, und ich liebe dich sehr.« Deshalb sage ich mir heute, wenn ich sie so anfeinde, wie ich das früher getan habe, mache ich sie vielleicht kaputt.

Ich erinnere mich, wie wichtig meiner Mutter die Liebe ihrer Kinder war. Sie war Kellnerin und arbeitete in einem hübschen, kleinen, gepflegten Lokal in unserer Heimatstadt. Ein Lokal für gehobene Ansprüche. Wenn wir Kinder am Samstag in der Stadt waren, schauten wir kurz bei ihr rein, um ihr guten Tag zu sagen. Manchmal spendierte sie uns eine Cola oder so. Gewohnheitsmäßig gaben wir ihr zur Begrüßung und zum Abschied einen Kuß. Wenn sie grade bediente, gaben wir ihr im Vorbeigehen rasch einen Schmatz auf die Wange. Eines Tages sagte meine Mam − und das habe ich nie vergessen − sie sagte zu mir: »Heute war Mrs. Soundso da« (Mam kannte alle Gäste) und weiter: »Weißt du, du gibst mir im Vorbeigehen doch immer einen Kuß. Und Mrs. Soundso sagte mir: ›Ich wünschte, meine Kinder würden das auch tun.‹« Ich spürte, wie stolz meine Mutter darauf war, daß wir sie lieb hatten. Selbst damals freute ich mich für sie, weil sie stolz darauf war, daß die Leute sahen, wie lieb wir sie hatten.

Die Qual der Wahl

Meine Mutter hat viel Leid und Not durchgemacht, und deshalb habe ich große Achtung vor den anderen Frauen in der Gruppe, die Kinder haben. Wenn ich denke, welche Not und welches Elend die Frauen früher ertragen mußten, sagte ich mir: »Du kannst aus diesem Teufelskreis ausbrechen.« Ich möchte vieles ändern, aber ob ich es schaffe, sechs oder sieben Generationen von Leiden, Alkoholismus und Inzest hinter mich zu bringen?

Wie kann ich mich bewußt dafür entscheiden, ein Kind zu bekommen, nachdem ich das alles weiß, nachdem ich so viel Leid erfahren habe? Wie kann ich das verantworten? Darüber muß ich unbedingt mit Jack reden und ihm sagen: »Weißt du eigentlich, was wir auf unsere Kinder übertragen? Die Gleichgültigkeit deiner Familie und den Mißbrauch und Alkoholismus meiner Familie und und und.«

So sehr ich mir Kinder wünsche, ich möchte keine Entscheidung darüber fällen, ich möchte, daß es einfach geschieht, weil ich diese Entscheidung nicht treffen kann. Mein Freund im College sagte mir mal, er hätte mich oft gern geschüttelt, weil er mich für den Inbegriff des Bibelwortes: »Selig sind die Armen im Geiste, denn ihrer ist das Himmelreich« hielt. Heute 10 oder 15 Jahre später denke ich an seine Worte, weil ich bis heute bete, manche Dinge nicht zu durchschauen, wegen all der furchtbaren Wahrheiten. Dieses Festhalten an meiner Unwissenheit, das ist mir heute klar, geschah mit Absicht, um dem Leiden zu entgehen. Es war mein Schutzmechanismus gegen den Schmerz.

Der Schmerz läßt immer mehr nach

Ich spreche soviel über Schmerz und Leid, doch es kommt häufig vor – jetzt zum Beispiel –, daß er für eine Weile aufhört. Vor ein paar Wochen saß ich am Samstag abend an meinem Schreibtisch, um Rechnungen zu überweisen. Dabei hörte ich schöne Musik. Jack werkelte irgendwo herum oder saß vor dem Fernseher. Mein Kater kam an und umschnurrte mich. Wenn er gestreichelt werden will, legt er sich einfach auf das Blatt Papier, auf dem ich grade schreibe. Wenn ich am Schreibtisch sitze, wirft er sich der Länge nach vor mich hin. Wenn ich ihn vertreibe, macht er kehrt und legt sich wieder vor mich hin. Nein ist für ihn keine Antwort. Ich habe die Wahl, ihn entweder runterzuwerfen oder die Arbeit für ein paar Minuten zu unterbrechen, mich mit ihm aufs Bett zu legen und richtig mit ihm zu schmusen, bis er genug hat und wieder geht. Dann läßt er mich in Ruhe. Also stand ich auch diesmal auf, legte mich mit ihm aufs Bett und schmuste mit ihm, und dabei überkam mich ein Gefühl – das habe ich in letzter Zeit öfter – von Frieden, von Zufriedenheit. Es ist nicht unbedingt ein Glücksgefühl. Mehr so etwas wie: »So soll es sein. So ist es gut.« Und ich weiß, daß es viele solche Augenblicke für mich geben wird, immer mehr und immer öfter.

Brenda

*Brenda kann voll Stolz auf das blicken, was sie erreicht hat,
und guten Mutes in die Zukunft sehen. Das ist ein gesunder
Standpunkt, der Wandel von dem schmerzerfüllten Zustand, in
dem wir traurig nach hinten schauen und die guten Dinge in der
Gegenwart gar nicht sehen — bis auch sie der Vergangenheit
angehören und wieder zu Verlusten werden. Brenda hat ein
›echtes Gefühl des Friedens‹, das sie überkommt, wenn sie sich
von der Vergangenheit löst und sich selbst akzeptiert. Brenda
läßt sich von anderen Leuten Rückhalt geben, läßt sich von anderen betreuen. Sie sagt, darauf zu bauen, daß Menschen für
sie da sind, war ein Wendepunkt in ihrer Therapie. Es war auch
ein Wendepunkt für sie, zuzulassen, daß andere für sie da sind.*

Ein echtes Gefühl des Friedens

Endlich kann ich stolz darauf sein, daß ich einen steinigen,
langen Weg gegangen bin und siegen werde. Ich werde es schaffen. Darauf bin ich stolz. Ich bin stolz darauf, welche Aufgaben ich mir in der Therapie gestellt und gelöst habe. Ich bin
stolz darauf, daß ich mich mit mir selber wohler fühle. Selbst
wenn ich noch vierzig Jahre lebe, werde ich nicht bedauern,
etwas verpaßt zu haben; oder daß ich nicht früher angefangen
habe, an mich zu denken, etwas für mich zu tun. Denn heute
tue ich etwas, und es liegen noch viele glückliche Jahre vor mir.
Ich werde ein normaler Mensch sein, was immer das ist.

Oft überkommt mich ein echtes Gefühl des Friedens. Kürzlich sagte ich meiner Therapeutin, wenn das innere Reife ist,
wenn das bedeutet, erwachsen zu werden, so ist es ein gutes
Gefühl. Was aber wichtiger ist, es macht mir Spaß, mich frei
entscheiden zu können. Ich hoffe, im Lauf der Zeit noch mehr
Entscheidungsfreiheit zu haben.

Was ich ebenfalls als sehr wichtig empfinde, ist die Zuneigung, die ich von meinen beiden Beraterinnen erhalte. Es dauerte einige Monate in der Inzestgruppe und noch mal einige

Monate in der Einzeltherapie, bis ich ihnen vertrauen konnte, daß sie mich gern haben, daß sie für mich da sind. Und glauben zu können, was sie sagten, das war wirklich ein Wendepunkt in der Therapie für mich.

Vermutlich muß man das in der Therapie erleben, oder man muß den Therapeuten wechseln.

Gespräche mit anderen Frauen

Vor kurzem haben Frauen mich angesprochen, denen die Veränderungen in mir aufgefallen ist. Und sie brachten Sorgen über Dinge zum Ausdruck, die in ihrem Leben geschehen. Zwei Frauen haben mich angesprochen, die sexuellen Mißbrauch und Inzest durchgemacht haben. Und ich kann darüber reden, ich kann über mich reden. Natürlich gehe ich nicht herum und posaune meine Probleme in die Welt hinaus. Aber wenn jemand mich anspricht, fühle ich mich heute freier, darüber zu sprechen, ohne das Schamgefühl, das mich früher so sehr gehemmt hat. Ich bin nicht stolz auf das, was mir zugestoßen ist, aber ich trage nicht länger die Last der Schuld und Verantwortung, wenigstens längst nicht mehr in dem Maße wie früher.

Ich habe beide Frauen an meine Therapeutinnen empfohlen. Und beide sind jetzt in Beratung. Eine andere Freundin lebt mit starkem Alkoholmißbrauch und körperlicher Gewalt in der Familie. Auch sie ist jetzt bei meiner Therapeutin in Behandlung.

Es ist sehr angenehm, offen miteinander reden zu können, wenn uns danach ist. Wir haben einen gemeinsamen Nenner. Keine von uns will eine professionelle Beraterin für die andere sein, aber es ist wohltuend, keine Geheimnisse mehr voreinander zu haben.

Es ist gut zu wissen, daß ein anderer Mensch ähnliche Erfahrungen gemacht hat, daß eine andere Frau ihr Leben in die Hand nimmt, ein Leben, das nicht länger belastet ist mit Schuldgefühlen und Verantwortung für Dinge, die sie gar nichts angehen.

Wenn ich etwas zu sagen hätte, würde ich den Lesern sagen: Zögern Sie nicht, Hilfe von außen in Anspruch zu nehmen. Sie können großen Nutzen daraus ziehen, auch wenn der Prozeß sich nicht über Nacht vollzieht. Als ich mit der Therapie anfing, dachte ich: Okay nach sechs Monaten bin ich gesund; in sechs Monaten habe ich dieses Problem überwunden, ob es meine sexuellen Probleme sind oder weil ich deprimiert bin, aus welchem Grund auch immer. Doch es ist ein langer Prozeß. Es ist kein leichter Prozeß. Es ist ein Prozeß, der Bereitschaft, Hingabe und Ausdauer erfordert. Er verlangt von Ihnen, daß Sie die Herausforderung annehmen, Ihr eigener Herr zu werden, um Frieden und Glück wieder in Ihr Leben einzulassen; um sich von Schuld zu befreien, die nichts mit Ihnen zu tun hat; um Verantwortung abzuschütteln, die Sie nicht tragen müssen; um sich von falschen Schamgefühlen zu befreien.

Wenn Sie Erfolg haben, wenn Sie die Herausforderung annehmen und meistern, werden Sie am Ende sehr stolz auf sich sein. Ich fühle mich heute so viel gesünder. Ich will nicht prahlen oder marktschreierisch für mich werben, aber ich bin heute ein völlig anderer Mensch, als damals vor viereinhalb Jahren, als ich mit der Therapie begann, und das ist phänomenal. Ich nehme begeistert am Leben teil. Ich habe die Energie, Herausforderungen anzunehmen. Ich weiß, es liegt noch ein weiter Weg vor mir. Es gibt Probleme, mit denen ich noch fertigwerden muß, aber ich bin bereit, die Herausforderung anzunehmen. Ich bin bereit, mich zu stellen.

Ich bin davon überzeugt, daß Therapie eine große Hilfe ist. Sie können aber nur dann Nutzen daraus ziehen, wenn Sie Ihren Therapeuten gut kennen, ihm vertrauen und sich bei ihm sicher fühlen. Gehen Sie mit Sorgfalt und Überlegung vor, wenn Sie sich Ihren Therapeuten aussuchen. Es ist fast wie eine Stellungssuche. Es ist wichtig, sich mit dem Menschen wohlzufühlen, sonst finden Sie kein Vertrauen zu ihm. Sie müssen ihn sorgfältig befragen. Ich wünschte, es gäbe Hunderte von Moniques auf dieser Welt, damit jeder zu ihr kommen könnte. Sie ist eine wundervolle, sensible Frau. Mit ungeheurem Scharfblick.

Ich habe großen Nutzen aus ihrer Zuneigung gezogen, die Bestandteil der Therapie ist.

Es wird jeden Tag ein bißchen besser

Ich habe heute nicht mehr den großen Wunsch, um jeden Preis zu begreifen, warum der Inzest passiert ist. Mein größter Wunsch besteht darin, mit dem, was passiert ist, klarzukommen und die Verantwortung dorthin abzugeben, wohin sie gehört. Ich möchte meine Schuldgefühle loswerden, mehr Selbstbejahung haben und zum Ausdruck bringen. Ich habe das Gefühl, das alles wird jeden Tag ein bißchen besser.

Nachwort

In der Zeitspanne, seit wir unsere Erfahrungen für dieses Buch aufgezeichnet haben, ist jede von uns Frauen weitergewachsen und gesünder geworden. Jede hat mir über den neuesten Stand ihres Lebens berichtet, den ich meinen Lesern nicht vorenthalten möchte.

Noelle hat endlich begonnen, sich ihrer sexuellen Angst zu stellen, die sie als letzten und vielleicht schlimmsten Aspekt ihres Traumas empfindet. Dabei erlebt sie ›schreckliche Tiefpunkte‹ und muß gegen ›zwanghafte Selbstmordimpulse‹, wie sie sich ausdrückt, kämpfen. Es war entmutigend für sie, sich nach so großen Fortschritten wieder ›im Abgrund‹ zu befinden. »Es ist demütigend«, schreibt sie, »wieder in diesem Zustand zu sein.« Aber sie sagt auch: »Ich klammere mich an den Gedanken, daß dies der letzte Schritt in meiner Genesung ist. Wenn ich das überstanden habe, bin ich vielleicht imstande, meine Sexualität wieder zu finden, und auch diesen Bestandteil meines Lebens wieder für mich zu beanspruchen.«

Obwohl Noelle erneut gegen Dissoziation und selbstzerstörerische Impulse ankämpft, zeigt sich das heute anders. »Ich weiß, was mit mir geschieht, und ich kann mich an den Gedanken klammern, daß es vorübergeht. Es ist wie eine riesige Flutwelle, die über mich hinwegschwappt, aber ich werde nicht ganz fortgerissen von Angst, Verzweiflung und Hoffnungslosigkeit. Ein Teil von mir, ein winziger Teil, ist auf festem Boden verankert.« Noelle zeigt uns, was Genesung ist – wir können auch in schlimmen Zeiten etwas in uns vorfinden, das stabil genug ist, um uns in der Gegenwart zu halten, wenn das Entsetzen der Vergangenheit unser Leben wieder überflutet. Noelle tut sehr viel für ihre Selbstfürsorge. »Ich bin in engem Kontakt mit meiner Therapeutin, die sich immer wieder bei mir meldet und jederzeit einen Klinikplatz für mich bereit hält, falls das nötig sein sollte. Es gibt noch andere Leute, die ich anrufen kann, wenn mich die Hoffnungslosigkeit packt. Dazu gehört eine Beratungsstelle für Selbstmordgefährdete, die rund um die

Uhr telefonisch erreichbar ist. Ich treffe im Moment keine Entscheidungen und verlasse mich auf meinen Ehemann, der sich um den Haushalt kümmert, wenn ich dazu nicht in der Lage bin. Ich habe gelernt, mir helfen zu lassen, und ich bin sehr dankbar, daß ich meine Therapeutin und meinen Ehemann habe.«

Das ist für Noelle ein großer Fortschritt — sie erkennt, was mit ihr geschieht. Sie ist fähig, sich um sich selbst zu kümmern. Und was noch wichtiger ist, sie läßt sich von anderen Menschen helfen. »Ich habe nicht das Gefühl, daß ich die positiven Dinge, die ich gelernt und erreicht habe, wieder verloren habe — ich bin immer noch zufrieden mit meinen Kindern, meinem Ehemann und meiner Arbeit. Im Hinblick auf meine Eltern hat sich nichts verändert. Meine Gefühle sind nach wie vor distanziert. Aber ich stoße immer wieder auf neue Informationen, wobei ich das, was ich für mich selbst erreicht habe, nicht verliere.« Das ist vermutlich die wichtigste Erkenntnis, die Noelle uns geben kann — den Glauben an die Unwiderruflichkeit unserer Genesungsschritte. Selbst wenn wir gelegentlich das Gefühl haben, wieder den Boden unter den Füßen zu verlieren, wenn die alten Empfindungen uns überwältigen, dürfen wir nicht vergessen, daß diese Gefühle vorübergehen, der Fortschritt, den wir gemacht haben, aber bleibt. Er ist der feste Boden, auf dem wir stehen. Sobald wir diesen Platz erreicht haben, verlieren wir ihn nicht mehr. Wir mögen ins Wanken geraten, aber wir werden den Boden unter den Füßen nicht verlieren.

Megan berichtet von einer anderen Erfahrung, seit ihr Bericht aufgezeichnet wurde. Sie konnte ihre Genesung festigen und einige neue Dinge in ihrem Leben ausprobieren. Sie bekam einen vielversprechenden neuen Job und zog in eine andere Stadt. Nach der ersten Begeisterung über den geglückten Neuanfang war sie mit einem belastenden Problem am Arbeitsplatz konfrontiert. Eine ihrer Kolleginnen scheint eine ›Borderline‹-Persönlichkeit (wie sie der Film *Eine verhängnisvolle Affäre* berühmt machte) zu sein, die alle Mitarbeiter ihrer Abteilung in Aufruhr versetzt. Megans Reaktion war gesund und angemessen: »Was mich am meisten stört, ist die Erkenntnis, daß es offensichtlich zu meinem Leben gehört, ständig gestörten Menschen zu begegnen und mit ihnen zusammenzuarbeiten. Das ist mit ein Grund, warum ich bisher noch nicht gekündigt habe. Ich liebe meine Arbeit in der Firma und verstehe mich gut mit allen anderen Kollegen. Und wer garantiert mir denn, daß ich woanders bessere Bedingungen vorfinde? Deshalb habe ich einen neuen Weg zu meinem Selbstschutz gewählt. Ich pflege Geschäftskontakte, halte mir sozusagen einen Fluchtweg offen für alle Fälle.«

Megan hat die richtige Antwort gefunden, die ihr jedoch nicht leicht fiel. Als ihre Kollegin anfing, dieses irrationale, wütende und paranoide Verhalten an den Tag zu legen, sagte Megan: »Es hat mich lange Zeit belastet, da ich wie gewöhnlich davon ausging, daß ich Fehler gemacht habe. Warum sollte sie mich sonst so behandeln?« Nach einer Weile erkannte sie, daß »es nichts mit mir zu tun hatte...« und sie konnte sich von dem Verhalten distanzieren. Obgleich ihre ursprüngliche Reaktion die typische ›parentifizierte‹ Reaktion war, der wir in diesem Buch so häufig begegnen, beweist sie ihren Fortschritt in der Genesung durch ihre Fähigkeit, die alte Reaktion zu überwinden und sich eine neue, vernünftigere Sichtweise anzueignen.

Megan lernt ganz allgemein, Freuden zu genießen, mit einem Besuch bei ihrer jüngeren Schwester, einem Wochenendtrip zu einem Jazz-Festival, einem Abend mit alten Freunden, Urlaub mit ihren Cousinen. Sie überstand den Schock, als bei einem Mammogramm ein ›Knoten‹ in ihrer Brust festgestellt wurde, der sich später als harmlos erwies. Daraufhin entschloß sie sich zu einem Fitneßprogramm und zur Diät: »Etwas, das ich mein Leben beibehalten kann.« Sie hat abgenommen und fragt sich heute: »Was passiert eigentlich, wenn ich eine gute Figur habe und weiß, daß ich auf Männer attraktiv wirke und keine Ausreden mehr habe, hinter denen ich mich verschanzen kann? Ich habe keine Ahnung! Ich halte Sie auf dem laufenden. Ich hoffe, daß ich schließlich doch eine gute Beziehung finde. Ich könnte sie wirklich gut gebrauchen.«

Megans positives und gesundes, neues Leben ist ermutigend und realitätsbezogen – es gibt nach wie vor Probleme, nach wie vor Höhen und Tiefen in ihrem Leben, aber sie geht damit

mit einer gesunden Einstellung um und erzielt bessere Ergebnisse.

Auch Didi steht vor neuen Herausforderungen in ihrer Genesung. Ihr Vater ist immer noch in Therapie und sie hat immer noch Probleme mit ihm. »Er hat gelernt, mit seinem Selbsthaß im Hinblick auf den Mißbrauch umzugehen, aber ich auch. Ich behandle ihn anders, ich habe mehr Achtung vor mir selber. Ich habe gelernt, meine eigenen Grenzen zu setzen und sie andere wissen zu lassen.«

Didi hat noch ein anderes Gebiet bearbeitet, das Bild ihrer Mutter, die starb, als Didi neun war. »Ich habe erfahren, daß meine Mutter Alkoholikerin war... das eröffnete mir neue Sichtweisen. Ich beginne zu verstehen, warum meine Schwester so ist, wie sie ist. Was aber noch wichtiger ist, ich habe gelernt, daß nur ich mich verändern kann. Ich kann weder meine Familie noch die Vergangenheit ändern, aber ich kann die Art meiner Beziehung zu meiner Familie und meine Einstellung zur Vergangenheit ändern. Ich fange an, das Kind in mir zu sehen. Es tut weh, aber ich beginne, Licht im Dunkel zu sehen. Ich fange an, mich gern zu haben; und ich lerne, Spaß am ›Spielen‹ zu haben.«

Didi hat große Fortschritte gemacht, ihr Leben aus der Verzerrung der Vergangenheit wieder für sich in Anspruch zu nehmen, nicht nur, indem sie ihren Vater mit der Realität seines Mißbrauchs konfrontierte, sondern auch, weil sie sich der Wahrheit stellte, was ihre Mutter anging. Sie mußte sich mit ihrem Vater aussöhnen. Erst als sie das geschafft hatte, konnte sie sich von ihrer Mutter lösen und das Kind in sich wahrnehmen und umsorgen. Ihr Fortschritt auf diesem Gebiet zeigt sich in ihrem wachsenden ›Ichsein‹.

Didi hat auch in ihrer Ehe Fortschritte gemacht: »Meine Beziehung zu Danny ist viel besser geworden. Wir sind in der Partnerberatung und jeder macht Einzeltherapie. Er hat begriffen, daß er selbst Probleme hat. Im großen und ganzen wendet sich alles zum Guten.«

Wie Didi macht auch Ann-Marie Fortschritte in ihren Beziehungen. Sie berichtet: »Vor kurzem habe ich meinem Bruder von dem Inzest erzählt. Ich hatte mit ihm eines Abends ein sehr persönliches und vertrauliches Telefongespräch. Ich stellte ihm ein paar generelle Fragen über unsere Kindheit. Ich weiß, daß er von meinem Vater körperlich mißhandelt wurde, der ihn oft geschlagen hat. Ich glaubte, diese Prügel hätten aufgehört, als der Inzest mit mir anfing. Als ich ihn fragte, wann diese Prügelstrafen aufgehört hätten, antwortete er: ›Erst als Papa wegen seiner Krankheit zu schwach war, mich zu prügeln.‹ Es tat mir sehr weh, das zu hören.

Während wir miteinander redeten, hatte ich das Gefühl, es sei vermutlich die beste Gelegenheit, mit ihm über den Inzest zu sprechen. Ich faßte all meinen Mut zusammen und erzählte ihm davon. Natürlich war er zunächst verblüfft und sprachlos, doch dann wurde er sehr hilfsbereit und bot mir an, mir jederzeit zu helfen, wenn ich ihn brauche. Ich zitterte vor Erleichterung. In der Gruppe haben mehrere Frauen die üblichen Reaktionen erlebt − absolutes Schweigen und Ablehnung; oder es wurde ihnen der Vorwurf gemacht, sie lügen und so weiter. Er zeigte keine dieser Reaktionen. Ich sagte ihm, er sei eine große Ausnahme.

Nach dem Gespräch überfiel mich große Trauer um die beiden kleinen Kinder, die von ihrem Vater mißhandelt wurden und die niemand beschützt hatte. Ich weinte um sie − ich war damals erst acht oder neun und mein Bruder ein Jahr jünger. Was konnten wir verbrochen haben, um in diesem Alter eine solche Behandlung zu verdienen? Nach einer Weile fand ich Trost. Ich sagte mir, ja, das alles ist passiert, aber es liegt in der Vergangenheit und hat nichts mehr mit mir zu tun; und uns beiden geht es heute gut. Wichtig war, daß ich Trost finden konnte. Ich wußte, was ich für mich zu tun hatte, wenn solche Gefühle mich übermannten, und es klappte! Ich konnte mir selbst helfen; es war tröstlich, mich um das kleine Mädchen in mir zu kümmern.

Die Aussprache mit ihrem Bruder versetzte Ann-Marie in die Lage, Ihre Trauer zu spüren und gab ihr Gelegenheit, sich zu trösten und zu heilen. Wir haben das immer wieder gesehen − daß wir durch eine ehrliche und direkte Konfrontation mit unserem Schmerz unsere Wunden heilen können.

Ann-Marie weiß nach wie vor nicht, ob sie eine Aussprache

mit ihrer Mutter wagen kann. Sie ist vorsichtig und das zu Recht – sie will nur mit ihr sprechen, wenn sie die Gewißheit hat, daß ihr das hilft. Es war ein wichtiger Schritt für sie, sich das Verständnis und den Rückhalt ihres Bruders zu sichern: »Mein Bruder erwies sich auch als hilfsbereit, als ich ihm sagte, ich werde möglicherweise mit Mama darüber sprechen. Er sagte nicht, das könne oder dürfe ich nicht tun, er akzeptierte einfach, daß ich das Bedürfnis habe. Ich sagte ihm aber auch, daß ich, falls ich mich dazu entschließe, zuerst mit ihm darüber spreche, um ihn auf das vorzubereiten, was möglicherweise auf ihn zukommt.«

Eine andere von Ann-Maries Beziehungen ist im Wandel begriffen: Die Beziehung zu ihrem Ehemann. Beide haben mit gutem Erfolg eine Partnertherapie begonnen. »Bald feiern wir unseren vierten Hochzeitstag und ich denke, er wird wesentlich harmonischer sein als letztes Jahr – entspannter jedenfalls, weil wir unsere Probleme nicht länger unterdrücken. Wir lassen sie heraus und gehen damit um. Wir haben es nach wie vor schwer, aber unser Therapeut hilft uns, die Probleme zu entwirren und Lösungen zu finden.«

Die Frage, ob Kinder oder nicht, bleibt ein Thema in ihrer Ehe. Doch Ann-Marie sagt: »Ich möchte erst gesünder sein, bevor ich eine endgültige Entscheidung treffe.« Ihre Vorsicht beweist ihre wachsende Fähigkeit, sich um die eigene Person anzunehmen – eines der wichtigsten Kriterien der Genesung.

Ein Großteil ihres Fortschritts ist ihrer zunehmenden Selbstachtung zuzuschreiben. »Ich habe einen guten Start gemacht, meine Selbstachtung und meinen Selbstwert aufzubauen. Ich trete neuerdings beherzter für mich ein. Ich habe eine klarere Vorstellung davon, was ich brauche, und ich bin besser geworden, etwas zu verlangen *und* auch anzunehmen. Ich habe noch einen weiten Weg vor mir, aber ich sehe ständig neue Aspekte in mir.«

In der Genesung können wir stolz auf unser Wachstum sein und gleichzeitig die Bereiche erkennen, an denen wir weiter arbeiten müssen. Ann-Marie erklärt: »Ich habe mich im letzten Jahr sehr verändert. Ich fühle mich im Wandel begriffen, irgendwie in der Schwebe. Mittlerweile erkenne ich meine Verhaltensweisen – solche, die für mich nicht mehr funktionieren – und die versuche ich durch gesündere zu ersetzen, doch dieser Austausch hat noch nicht stattgefunden. Mit anderen Worten, ich weiß, was ich *nicht* wieder tun will, aber ich weiß noch nicht, was ich tun will, um solche Verhaltensweisen zu ersetzen. Zum Glück ist diese Übergangsphase nicht *allzu* schmerzhaft – sie ist nur verwirrend, frustrierend und zu langwierig für meinen Geschmack! Aber das trifft ja auf den ganzen Heilungsprozeß zu.«

Ann-Marie ist ein gutes Beispiel dafür, wie wir lernen, unsere Begrenzungen zu akzeptieren, wie wir lernen, geduldig zu sein und zu wissen, daß Veränderung so wenig geradlinig verläuft wie sie unvermeidbar ist.

Unser Schmerz wird zum Signal unseres Wachstums: »Der Schmerz kommt und geht wie bisher. Das ist auch etwas, das ich zu erkennen gelernt habe: Wann ich leide und weshalb ich leide. Ich habe jahrelang emotionale Schmerzen erlitten – meist in einer Partnerbeziehung –, die zunächst zu einer überwältigenden Intensität anwachsen mußte, bevor ich sie spürte. Heute spüre ich Schmerzen früher und weiß, weshalb ich sie spüre. Ich kann sie durchstehen, ohne in eine Krise zu geraten.«

Brenda hat ebenfalls einige wichtige Schritte getan, seit sie ihren Bericht für dieses Buch aufgezeichnet hat. Sie beendete die Beziehung, von der sie glaubte, sie beruhe auf alten Verhaltensweisen, und machte sich selbstständig. Sie hat auch ihre Therapiegruppe hinter sich gelassen, macht aber Einzeltherapie weiter. Außer diesen Veränderungen spricht sie davon, daß die Dinge in etwa gleich geblieben sind. Sie freut sich über ihren Fortschritt, fühlt sich positiv und trifft Entscheidungen, welchen Weg sie in ihrem Leben einschlagen will.

Auch Ellen steht vor Entscheidungen – vorwiegend Entscheidungen, wie weit sie in ihrer Therapie gehen kann. Es geht ihr wie vielen von uns, auch für sie gibt es kein Zurück, sobald die Tür geöffnet ist. Sie ist sich aber noch nicht sicher über ihre Schritte nach vorn. Ihr ›Instinkt‹ sagt ihr, daß die Zeit ihr die Erinnerungen zurückbringt, die sie verdrängt hat. Sie glaubt, das geschieht, wenn sie dafür bereit ist. Ellen weist uns damit auf ein wichtiges Prinzip in der Genesung hin – auf den günstigsten Zeitpunkt. Abwarten, bis der richtige Zeitpunkt gekommen ist – sie hat ja ihr Segelboot, auf dem sie in Ruhe abwarten kann! Sie sagt, sie fühle den Sachverhalten gegenüber, denen sie sich stellen muß, eine neue Akzeptanz, einen neuen Frieden, beinahe eine Unterwerfung. Wenn die Zeit reif ist, wird sie es wissen. Sie hält uns vor Augen, daß wir auf unsere innere Stimme hören müssen.

Nachdem ich diese Briefe gelesen hatte, erfaßte mich eine große Zuversicht. Jede dieser Frauen stellt sich neuen Herausforderungen, keine war von Schmerzen oder gar von Widerständen verschont geblieben. Doch jede Betroffene schafft es, auf diesem kleinen Stück Boden, den sie sich erkämpfte, festen Stand zu finden. Und dieses Stück Boden wird immer größer. Selbst Noelle, die weitere Wiedererlebnisse durcharbeiten muß, sieht darin keine Rückschläge sondern Fortschritte. Sie und die anderen Frauen haben ihr eigenes Ich aus der Vergangenheit zurückgeholt und für sich in Anspruch genommen.

Alle an diesem Buch beteiligten Frauen machten die Erfahrung, daß der Austausch ihrer Erlebnisse und Gedanken mit anderen ihnen viel Kraft für ihre Genesung gab. Sie wollen weiterhin anderen helfen, auch nachdem ihre Arbeit an diesem Buch beendet ist. Gemeinsam beschlossen sie, ein Netzwerk ›Großer Schwestern‹ für junge Inzestopfer aufzubauen. Sie hoffen, damit jungen Opfern die Möglichkeit zu geben, sich an erwachsene Überlebende zu wenden, die ihre Erlebnisse bestätigen, ihnen Trost und Zuspruch geben und ihnen Freundschaft anbieten, die sie so dringend brauchen. Das war die beglückendste Nachricht von allen.

Die Geschichten dieser Frauen enden nicht mit diesem Buch; sie gehen weiter. Wir werden nicht genau wissen, was die Zukunft jeder dieser Frauen bringt, doch das ist nicht nötig. Der Wert ihrer Geschichte liegt nicht im Happy-End, sondern darin, was wir über den Prozeß ihrer Genesung lernen können. Genesung kann keine Garantie für unser Glück sein, sie kann uns aber das Rüstzeug geben, das wir brauchen, um unser Glück zu finden. Das Übrige liegt an uns.

Zusammenfassung des Heilungsprozesses

Viele Überlebende haben gefragt: »Wie kann es mir besser gehen, solange ich solche Schmerzen habe? Wie kann bloßes Darüberreden mir helfen?« Dieses Buch verfolgt den Heilungsprozeß von der ersten Einsicht im 1. Kapitel, daß wir unseren Mißbrauchstätern machtlos ausgeliefert waren, bis hin zu den letzten Phasen der Heilung im 8. Kapitel. Nachfolgend eine schrittweise Zusammenfassung dieser Vorgänge.

Der erste Schritt zur Besserung ist unser Akzeptieren, daß wir durch den Inzest Schaden genommen haben und daß wir der Heilung bedürfen. Ein wichtiges Kriterium dieses Schrittes ist das Akzeptieren, daß wir unseren Mißbrauchstätern hilflos ausgeliefert waren. Wir müssen anerkennen, daß wir willenlose Opfer waren. Selbst wenn wir unsere Täter liebten, uns nach ihrer Zuwendung sehnten und sexuelle Erregung verspürten, waren wir willenlose Opfer. Wir konnten nicht wirklich begreifen, was uns angetan wurde, aber unsere Täter wußten das ganz genau. Wir hatten nicht einmal die Fähigkeit, unsere Zustimmung zu geben, deshalb waren wir gleichermaßen ohnmächtig, ob wir nun unter Gewaltanwendung gezwungen oder emotional manipuliert wurden. Wir haben genau so wenig dazu beigetragen, daß es geschah, wie wir etwas dagegen hätten unternehmen können.

Solange wir nicht akzeptieren können, daß wir machtlos waren, werden wir eine Abwehrhaltung gegen das erlittene Schicksal einnehmen, da wir bewußt oder unbewußt uns immer noch Vorwürfe machen und Schuldgefühle haben. Sobald wir unsere Machtlosigkeit akzeptiert und unsere Schuldgefühle und Selbstvorwürfe abgelegt haben, können wir beginnen, wirklich ehrlich zu analysieren, was der Inzest uns angetan hat. Wir können beginnen, etwas Positives für uns zu tun.

Wenn wir unsere Ohnmacht gegen unsere Mißbrauchstäter eingestehen, können wir uns von ihnen lösen und unsere Aufmerksamkeit anderen Themen zuwenden. Sie konnten uns damals nicht helfen und sie können uns auch heute nicht helfen. Es war ungerecht und falsch, daß wir uns jahrelang mit Problemen herumschlugen, die andere verursacht haben. Wir alle empfinden bittere Wutgefühle darüber. Doch wir müssen akzeptieren, daß die Mißbrauchstäter zwar allein verantwortlich sind für den Mißbrauch, daß wir aber allein verantwortlich sind für unsere Heilung. Niemand kann das wiedergutmachen, ganz gewiß nicht unsere Schänder.

An diesem Punkt angelangt, erkennen viele von uns, daß wir uns immer wieder in Mißbrauchsbeziehungen begeben und jedesmal erwarten, daß der Täter sein Verhalten ändert und uns hilft. Und jedesmal erlitten wir wieder Schmerzen und Wut, weil der Täter sich nicht änderte und uns nicht half. Wir waren in diesen Beziehungen gefangen und konnten nicht entkommen, weil wir uns weiterhin verhielten, als hätten wir Macht über unsere Mißbrauchstäter; weil wir glaubten, alles würde gut werden, wenn wir sie nur ändern könnten. Dieses Muster begegnete uns in vielen Berichten des 4. und 5. Kapitels wieder. Wenn wir unsere Machtlosigkeit gegen unsere Primärtäter akzeptieren, akzeptieren wir auch, daß wir sie nicht verändern können und daß sie das, was geschehen ist, nicht ›wiedergutmachen‹ können. Das ist uns allen vom Verstand her klar, doch erst wenn wir diese Wahrheit spüren und emotional erfassen, wird der Gedanke zur Realität. Erst dann können wir uns von unseren Tätern abwenden, nicht nur von den Primärtätern, sondern auch von denen, die wir uns in unseren Erwachsenenbeziehungen ausgesucht haben. Es ist eine allmähliche Veränderung, eine fundamentale Ablösung, die wächst und sich auf alle unsere Beziehungen überträgt.

Diese Ablösung ist begleitet von einer Verlagerung der Schwerpunkte. Nachdem wir so lange darüber gesprochen haben, was *uns angetan* wurde, und was uns nach wie vor in vieler Hinsicht angetan wird, fangen wir an, auf uns zu hören. Wir werden wütend. Unsere Wut ist eine gesunde und berechtigte Reaktion. Damit haben wir endlich dem Mißbrauchstäter die Verantwortung an dem Mißbrauch zugewiesen. Jetzt reagieren wir darauf, indem wir mehr darüber sprechen, was *wir für uns tun können*. Das ist eine subtile Veränderung von passiver zu aktiver Haltung, von der Opferhaltung zur freien

Entscheidung. Ironischerweise erhalten wir erst dann wirkliche Macht, wenn wir akzeptieren, daß wir unseren Mißbrauchstätern machtlos ausgeliefert waren. Dies ist der Anfang unserer Heilung. Im Naturgeschehen ist das Phänomen der Heilung seit Urzeiten als neues Wachstum zu beobachten.

Es gibt keine Abkürzung für diesen Vorgang. Das Wachstum, die Veränderung geschehen als Antwort auf den Schmerz und die Wut, die wir erleben. Wir müssen wieder Verbindung aufnehmen mit dem Inzestgeschehen und uns dem berechtigten Schmerz und Zorn überlassen, die wir so lange Zeit unterdrückt und verleugnet haben. Wenn wir Schmerz zulassen, erreichen wir schließlich einen Punkt, in dem uns das Leid unerträglich wird. An diesem Punkt können wir uns von dem Täter lösen und Veränderungen an uns vornehmen, die uns auf den Weg zur Besserung führen.

Viele Überlebende bleiben in diesem Stadium stecken. Hier muß kompetente, professionelle Hilfe ansetzen, weil die wenigsten von uns Familie oder Freunde haben, die uns zu heilendem Wachstum führen. Hätten wir sie, wären wir nicht in dem Zustand, in dem wir uns befinden. Und Gesellschaftsmodelle von weiblichem Rollenverhalten sind uns keine große Hilfe – da sie uns meist nur zu verstehen geben, wie wir uns besser in die Opferrolle einfinden. Es fällt uns leicht, zerstörerisch auf Zorn und Wut zu reagieren, da wir diese Reaktionen gut gelernt und sie in der Vergangenheit ständig angewandt haben – Verdrängung, ausbeuterische Beziehungen, zwanghaftes Essen, Drogen- oder Alkoholmißbrauch, Rückzug, Isolation. Durch diese Reaktionen konnten wir Dinge erdulden, die uns unerträglich hätten sein müssen, die uns mehr verletzt als geheilt haben. Mit Hilfe von außen können wir neue wachstumsfördernde Antworten finden – Fähigkeiten zur Problemlösung, gesunde Betätigungen für Körper und Geist, gesunde Ventile für unsere Wut, echte Intimität und ehrliche Beziehungen, Entfaltung unserer Talente.

In einer allmählichen Schwerpunktsverlagerung beginnen wir, uns weniger damit zu beschäftigen, was andere Menschen uns angetan haben und immer noch antun, und uns mehr darauf zu konzentrieren, was wir für uns selbst tun können.

Wir unterscheiden zwischen Dingen, die uns berechtigterweise betreffen, und Dingen, die uns nichts angehen, sondern andere betreffen. Damit errichten wir gesunde Grenzen, wozu wir in unserer frühen Entwicklung nicht imstande waren. Wenn wir deutlich unterscheiden können zwischen dem, was uns betrifft, und dem, was andere betrifft, können wir uns mit anderen Menschen wohlfühlen. Wir ›verlieren‹ uns nicht länger in einer Beziehung. Wir isolieren uns auch nicht mehr, um sie zu vermeiden. Unser Groll beginnt zu schwinden, weil wir Entscheidungen für uns selbst treffen. Wir erleben eine neue Nähe mit anderen Menschen, die dann entsteht, wenn wir unser Selbst in einer Beziehung behalten.

Wenn wir uns mit unserer Selbstfürsorge befassen, beginnt die Tatsache, daß wir keine Kontrolle über andere Menschen, aber freie Entscheidung für uns selbst haben, zur Realität zu werden. Wir erleben unsere neue Selbstbestimmung in vielfacher Hinsicht. So werden wir beispielsweise das Interesse an Menschen verlieren, die uns Schmerz zufügen, werden uns von denen lösen, die wir früher nicht loslassen konnten. Wir tragen unseren Groll nicht mehr schweigend mit uns herum, wir lernen vielmehr, unsere Wut zu spüren, herauszulassen und uns davon zu befreien. Wir lernen auch, daß Worte und Taten anderer, über die wir uns ärgerten, im Grunde gar nichts mit uns zu tun haben. Sich abgrenzen heißt, den fundamentalen Unterschied zu erkennen zwischen dem, was wir ändern können, und dem, was wir nicht ändern können. Damit nehmen wir unser Selbst wieder in Besitz. Zum ersten Mal in unserem Leben wissen wir, was uns gehört.

Heilung ist das neue Wachstum, das geschieht, wenn wir beginnen, Entscheidungen zu treffen und die Dinge verändern, die wir verändern können. Wir können nichts an der Tatsache ändern, daß der Inzest geschehen ist, aber wir können aufhören, das Geschehen in jeder Einzelheit immer wieder zu erleben. Das 7. Kapitel schildert die Frühstadien des Heilungsprozesses und das 8. Kapitel zeigt die Heilung in seiner Entwicklung. Megan schildert, wie sie zerstörerische Beziehungen zu Geschwistern oder Freundinnen ›aufgibt‹ und Entscheidungen für neue Beziehungen trifft. Noelle stellt fest, daß sie sich zum ersten Mal bei ihren Eltern wohlfühlt, weil sie gelernt hat, Grenzen zu setzen. Ann-Marie nimmt es nicht länger übel, daß ihr Geschäftspartner ihr nicht ›gestattet‹, etwas zu tun, sondern vertritt ihren Standpunkt und übernimmt dafür die Verantwortung. Didi nimmt sich Zeit und besucht einen Aerobic-Tanzkurs, zieht eine Fortbildung und eine berufliche Karriere in Erwägung. Brenda läßt eine ausbeuterische Beziehung hinter sich und ist stolz auf ihre Leistungen. Noelle geht lieber unter die Dusche, bevor ihr der Kragen platzt, wenn die Kinder ständig Ansprüche an ihre Zeit stellen. Das sind nur einige Beispiele aus einer Vielfalt von Möglichkeiten, wie Heilung erlebt wird. Die Erfahrung von Wachstum reicht von Nebensächlichkeiten, wie sich Zeit für eine Dusche zu nehmen, bis hin zu großen Entscheidungen, wie sich aus einer Partnerbeziehung zu lösen. In jedem Fall handelt es sich um freie Entscheidungen.

Wenn wir unser Selbst wirklich besitzen, haben wir etwas zu geben und kennen die Freuden der Intimität. Wir können unsere Körperlichkeit und unsere Sexualität wieder in Anspruch nehmen und Sex positiv erleben, als etwas, das *wir machen*, statt etwas, das uns aufgezwungen wird.

Heilung ist ein allmählicher Prozeß, dem Inzest zu entwachsen, sich von alten uns aufgezwungenen Verhaltensweisen zu trennen und uns neue Verhaltensweisen und neue Formen des Ichseins anzueignen. Das ist etwas, das wir sehr schnell auf intellektueller Ebene verstehen können, aber es dauert seine Zeit, bis wir es wirklich als Teil von uns integriert haben. Wichtig ist stets, nicht den Mut zu verlieren. Geben Sie nicht auf. Hier einige Tips, die Sie beherzigen sollten:

Tips, die Sie beherzigen sollten

1. Wir sind Opfer, wenn wir die Folgen des Inzests ertragen. Wir sind Überlebende, wenn wir uns dem Inzest stellen. Wir sind frei, wenn wir darüber hinaus wachsen.
2. Wachstum geschieht durch Schmerz — wenn wir zulassen, daß wir unseren Schmerz erkennen und zum ersten Mal mit Selbstfürsorge, Selbstliebe, Selbstbejahung und Selbstachtung darauf reagieren. Ein intellektuelles Verständnis von Inzest reicht für unsere Heilung nicht aus.
3. Wir lernten als Kinder, mit Verdrängung zu reagieren. Verdrängung verstärkte die Verbindung zwischen unseren Gefühlen und dem Inzesttrauma, erschwerte so einen Heilungsprozeß. Um geheilt zu werden, müssen wir wieder Verbindung mit unseren Gefühlen und mit dem Inzesttrauma aufnehmen. Das ist schmerzhaft.
4. Um diese Verbindung wieder aufzunehmen, müssen wir auf uns hören, müssen wir zum ersten Mal unserer inneren Stimme Gehör schenken. Tagebuch zu führen ist eine Methode, das zu tun. Oder Sie versuchen Ihre eigene Geschichte aufzuschreiben und verwenden dabei dieses Buch als Vorlage.
5. Akzeptieren Sie, daß Sie machtlos gegen Ihren Mißbrauchstäter waren, und Sie werden die Fähigkeit erlangen, sich von Ihren Schamgefühlen zu lösen.
6. Akzeptieren Sie, daß Sie Schaden genommen haben durch etwas, das nicht Ihre Schuld war, und Sie werden fähig sein, die Hilfe von außen in Anspruch zu nehmen, die Sie für Ihre Heilung brauchen.
7. Heilung erfordert Bereitschaft, einen guten Therapeuten und im Idealfall eine Selbsthilfegruppe oder Therapiegruppe anderer Überlebender. Nur Sie können Ihre Heilung in Angriff nehmen, aber Sie müssen dabei nicht allein sein.
8. Im Prozeß der Heilung haben wir oft das Gefühl, keinen Schritt vorwärts zu kommen. Vergessen Sie nicht: Sobald wir den Satz: »Ich bin schlecht« umdrehen und daraus:

»Mir ist etwas Schlechtes angetan worden« machen, begeben wir uns auf einen steinigen Weg nach vorn, auf dem es keine Umkehr gibt, weil die Wahrheit unwiderruflich ist. So lange Sie auf die Wahrheit reagieren, statt sie zu verleugnen, verlieren Sie nichts, was Sie sich erarbeitet haben, sondern stehen vor neuen Herausforderungen.

9. Mit der Selbsterkenntnis kommt der Anspruch auf unser wahres Selbst. Solange wir nicht erkennen, wie sehr unser Inzesttrauma aus der Vergangenheit unsere Gegenwart beherrscht, sind wir nach wie vor Opfer und ›gehören‹ nach wie vor unseren Tätern.

10. Wir können unser Selbst wieder in Besitz nehmen, wir können uns von der zerstörerischen Vergangenheit befreien, wenn wir bereit sind, die Verpflichtung einzugehen und den Mut haben, uns dem Schmerz zu überlassen.

11. Unterwerfung im Heilungsprozeß ist nicht gleichbedeutend mit Machtlosigkeit. Es bedeutet vielmehr das bereitwillige Akzeptieren der Wahrheit Ihrer Erlebnisse. Es ist das Gegenteil von Verdrängung und versetzt Sie endlich in die Lage, sich selbst zu helfen.

12. Ihre Heilung ist möglich. Selbst wenn Sie glauben, es sei alles hoffnungslos, wenn Sie keinen Ausweg sehen, wenn alle Mauern einstürzen, denken Sie an die Vergänglichkeit aller Lügen. Ihr Gefängnis von heute ist erbaut mit den Lügen aus der Vergangenheit:

»Es ist nur deine Schuld.«

»Du wolltest es doch so.«

»Es ist nichts dabei – wovon redest du überhaupt?«

»Ich habe dir nie wirklich weh getan.«

»Das hast du dir nur eingebildet.«

»Wie kannst du so etwas sagen?«

»Du solltest dich schämen.«

Diese Lügen verhinderten unseren Heilungsprozeß. Doch wie alle Lügen haben sie keinen Bestand unter dem hellen Licht der Wahrheit. Seien Sie voll Zuversicht, lassen Sie nicht zu, daß die Verzweiflung endgültige Entscheidungen für Sie trifft und Sie werden wachsen.

Wir wünschen
allen Überlebenden
eine gute
und dauerhafte
Genesung.

Postskriptum

Haben Sie den Wunsch, der Verfasserin oder einer der Frauen
aus der Gruppe Überlebender in diesem Buch zu schreiben?
  Wenn ja, adressieren Sie Ihren Brief, Ihre Anmerkungen
oder Vorschläge an:

Parkside Publishing Corporation
Attn: Incest Survivors Group
205 W. Touhy Avenue
Park Ridge, Illinois 60068

(Alle Briefe werden ungeöffnet und vertraulich an die Autorin
weitergeleitet. Danke schön!)

Therapieführer

Kurz, prägnant und aus kompetenter Sicht werden hier die wichtigsten Therapieformen vorgestellt. Nicht nur für den Laien eine wertvolle Orientierungshilfe, auch der Fachmann findet darin das Wichtigste auf einen Blick.

Bärbel Schwertfeger/Klaus Koch

DER THERAPIE-FÜHRER

Die wichtigsten Formen und Methoden

Klassische Psychoanalyse ■ Individualpsychologie
Logotherapie ■ Primärtherapie ■ Verhaltenstherapie
Gestalttherapie ■ Transaktionsanalyse ■ Focusing
Bioenergetik ■ Rolfing ■ Biofeedback ■ Hypnotherapie

Ein Leitfaden

17/25

Anita Bachmann

DER NEUE THERAPIE FÜHRER

Die wichtigsten Formen und Methoden

Farbtherapie ■ Heilen mit Kristallen ■ Aikido
Alexandertechnik ■ Shiatsu ■ Kundalini
Atmen und Tönen ■ Chakra- und Energiebewußtsein
I Ging ■ Reinkarnationstherapie
Transzendentale Meditation ■ Rituale Maskenarbeit
Tarot als Selbsterfahrung

Ein Leitfaden

17/61

Außerdem lieferbar:

Martin Hambrecht
Das Leben neu beginnen
Wenn Therapie zur
»Lebensschule« wird
17/74

Wilhelm Heyne Verlag
München

Grundfragen der Psychologie Praktische Lebenshilfen

Wilhelm Heyne Verlag
München